企业内部控制研究

——基于中国上市公司调查数据

赵立新　林斌　郭军旺　胡为民　林东杰　著

中国财政经济出版社

图书在版编目（CIP）数据

企业内部控制研究／赵立新等著．—北京：中国财政经济出版社，2015.10
ISBN 978－7－5095－6420－2

Ⅰ.①企…　Ⅱ.①赵…　Ⅲ.①上市公司－企业内部管理－研究－中国
Ⅳ.①F279.246

中国版本图书馆CIP数据核字（2015）第231216号

责任编辑：蔡丽兰　　　　　　　　　　　责任校对：李　丽

中国财政经济出版社 出版

URL：http：//www.cfeph.cn
E－mail：cfeph@cfeph.cn

社址：北京市海淀区阜成路甲28号　邮政编码：100142
营销中心电话：88190406　北京财经书店电话：64033436　84041336
北京中兴印刷有限公司印刷　各地新华书店经销
787×1092毫米　16开　23印张　483 000字
2015年10月第1版　2015年10月北京第1次印刷
定价：66.00元
ISBN 978－7－5095－6420－2/F·5172
（图书出现印装问题，本社负责调换）
质量投诉电话：010－88190744
打击盗版举报热线：010－88190492、QQ：634579818

本书系以下课题的阶段性成果：

国家自然科学基金重点项目

“基于中国情境的企业内部控制有效性研究”

（项目批准号 71332004）

目 录

第一章 总 论

第一节 研究背景

21 世纪初，安然、世通等财务舞弊案的发生，重创了美国资本市场。为了重塑投资者信心，美国国会通过了萨班斯—奥克斯利法案（以下简称“SOX 法案”），这个法案被喻为自 1933 年《证券法》和 1934 年《证券交易法》颁布以来最为重要的证券法案（Zhang，2007）。SOX 法案改变了公司治理、信息披露和财务报告规则，要求上市公司执行严格的内部控制制度。自 SOX 法案实施以来，实务界和学术界对它的优缺点进行了激烈争论。支持者认为该法案可以提高公司信息披露的质量，加大对公司管理层违规行为的处罚，增加公司财务透明度，从而为投资者带来利益；而反对者则认为 SOX 法案是为了回应几个大丑闻而仓促完成，它给公司带来沉重的成本却没有显著的收益（Ribstein，2002；Solomon and Brian - Low，2004；FEI，2005；Romano，2005）。

我国资本市场在建立过程中，一直非常重视企业内部控制的建设和实施工作。2001 年证监会发布了《证券公司内部控制指引》，2005 年《国务院批转证监会关于提高上市公司质量意见的通知》明确提出了建立健全内部控制制度、进行内部控制进行定期检查和评估以及外部审计等要求。2008 年 5 月和 2010 年 4 月，财政部等五部委先后制订并发布《企业内部控制基本规范》（以下简称《基本规范》）及其配套指引，这构成了我国现阶段的企业内部控制规范体系。2011 年 2 月，为推动上市公司实施企业内部控制规范体系，证监会发布了《关于做好上市公司内部控制规范试点有关工作的通知》（以下简称《内部控制规范试点通知》），要求境内外同时上市的 68 家公司需按规定于 2011 年实施内部控制规范体系；并且在上市公司自愿的基础上，根据证监会和地方证监局推荐，选取 216 家上市公司参加内部控制规范试点。2012 年 8 月，财政部和证监会联合发布了《关于 2012 年主板上市公司分类分批实施企业内部控制规范体系的通知》（以下简称《分类分批实施内控规范通知》），要求除境内外同时上市公司外，主板上市公司应当自 2012 年起，按照公司控制权属性、市值规模等条件科学划分，稳步逐年推进企业内部控制规范体系的实施。2014 年 1 月，证监会发布《公开发行证券的公司信息披露编报规则第 21 号——年度内部控制评价报告的一般规定》（以下简称《信息披露编报规则第21号》），规定了上市公司年度内部控制评价报告披露格式与内容的规范模板，要求按规定实施内部控制规范体系的上市公司，在披露年度内部控制评价报告时应按此要求执行。此外，自2006年起，上海、深圳证券交易所结合年报通知，每年要求上市公司在遵循证监会现行内部控制信息披露规定的基础上，按照交易所提出的具体工作指引披露内部控制信息。目前，主板上市公司实施内部控制规范，在披露年报的同时要求披露董事会对公司内部控制自我评价以及注册会计师出具财务报告内部控制审计报告，中小板和创业板上市公司尚未强制实施内部控制规范体系。

我国资本市场内部控制建设工作连续开展逾十年，上市公司内部控制建设从无法可依到有规可循，从不知内部控制为何物到已基本掌握内部控制的原理和方法；从一开始的每年十几份内部控制自我评价报告至2014年98.29%的沪深A股上市公司披露内部控制自我评价报告；从基本没有公司聘请会计师事务所进行内部控制审计到2014年77.88%的沪深A股上市公司聘请会计师事务所进行内部控制审计，上市公司内部控制建设无疑取得了长足的发展。

上市公司建立、完善内部控制机制，对于提升公司经营效率、管控内外风险、发挥内部监督作用、实现公司战略目标都具有重要意义。为全面了解我国上市公司内部控制运行过程的现状、内部控制规范或指引的实施效果、存在的困难等，我们对上市公司的内部控制作了全面、深入的调研，以稳步推进上市公司有效实施企业内部控制规范，确保内部控制体系建设落到实处、取得实效，为制订监管政策提供参考。

第二节　研究意义

自SOX法案实施以来，学者对其进行了大量研究，取得了较为丰硕的成果。然而，学术界和实务界的讨论基本上是以美国为代表的成熟市场的内部控制问题，对我国内部控制的研究并不够深入。我国正处于经济转型过程中，由于宏观经济政策的调整和企业产权制度的改革，以及中西方不同的文化背景等，使得我国上市公司的内部控制机理与发达国家之间可能存在较大差异。内部控制规范体系实施效果究竟如何？存在哪些问题？这些都是学术界、实务界和监管层密切关注的问题。因此，对我国上市公司内部控制规范体系实施现状进行全方位的调查，具有重大的理论和现实意义。

一、理论意义

（一）为内部控制实施的成本与收益提供来自我国的经验证据

关于SOX法案实施的成本与收益一直是学术界争论的焦点，目前并没有形成统一的结论。《基本规范》的实施需要上市公司重新梳理公司流程，满足合规性等要求，在一定程度上给企业增加了成本。本研究通过对我国上市公司内部控制规范体系实施现状进行较为全面的调查，统计与分析内部控制实施的相关成本及收益，提供了来自我国内部控制实施成本与收益的证据，丰富了我国内部控制研究的文献。

（二）为深入了解内部控制运行机制提供了新的视角

我国内部控制规范体系实施通过分类分批，稳步逐年推进企业内部控制规范体系的实施。截止到2014年，《基本规范》已在主板上市公司全部实施。本研究从内部控制制度建立健全、对内部控制的认知、内部控制投入及机构设置、内部控制实施效果，内部控制评价与信息披露等角度系统的、多维度的调查了上市公司内部控制现状，并选取12家上市公司进行实地调研，深入现场，掌握第一手资料，为深入了解内部控制运行机制提供了新的视角。

二、现实意义

（一）为上市公司内部控制建设和评价提供依据

上市公司建立、完善内部控制机制建设，对于提升公司经营效率、管控内外风险、发挥内部监督作用，实现公司战略目标具有重要意义。本研究总结了上市公司内部控制现状和特点，有助于公司管理层吸收和借鉴内部控制建设的经验，持续推进内部控制建设，确保内部控制体系建设落到实处、取得实效，促进公司实现战略。

（二）为监管层持续有效推进主板上市公司内部控制建设提供依据

2012年，主板上市公司开始分类分批实施企业内部控制规范体系。实施至今，主板上市公司内部控制建设的效果如何？存在哪些困难？如何进一步推进主板上市公司的内部控制建设？这些都是监管层目前需了解的重要问题。本研究有助于帮助监管层全面评估主板上市公司内部控制现状及实施效果，为监管层继续推进主板上市公司的内部控制建设提供参考。

（三）为监管层制定中小板和创业板上市内部控制监管政策提供依据

目前，中小板和创业板上市公司尚未强制实施内部控制规范体系。企业处于不同发展阶段对内部控制需求存在较大差异，中小板和创业板上市公司规模通常较小，多数公司处于成长期，应当平衡内部控制与企业发展的关系，既要防止控制不足而导致企业产生经营管理问题，又要防止过度内部控制影响效率，需要权衡内部控制成本与效益。本研究有助于监管层了解中小板和创业板上市公司的内部控制现状、内部控制建设的困难，为监管层制定中小板和创业板上市公司内部控制监管政策提供依据。

第三节　研究内容

本书的研究框架如图 1 – 1 所示，研究内容分为十章和三个附录。

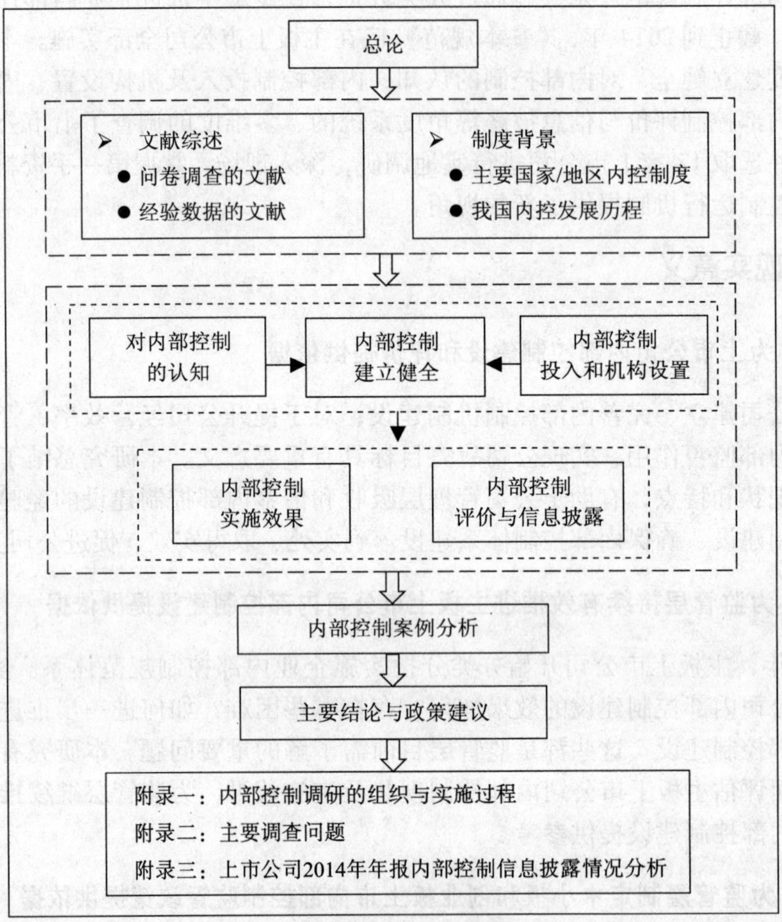

图 1 – 1　企业内部控制研究框架

第一章为总论，概述本书的研究背景、研究意义、研究内容。

第二章和第三章梳理内部控制文献和制度，探索企业内部控制运行机制。其中，第二章为文献综述，分别综述内部控制问卷调查的文献和内部控制经验数据的文献；第三章为制度背景，分别阐述了境外主要国家（地区）内部控制制度和我国内部控制的发展历程。

第四章至第八章，分为两部分，第一部分为内部控制制度建立健全情况及其影响因素。第四章从公司总体内部控制制度、公司层面和业务层面分析我国上市公司内部控制的建立健全情况。在此基础上，我们进一步探讨影响内部控制建立健全的因素，包括相关方对内部控制的认知，内部控制的投入和机构设置。第五章为对内部控制的认知，分别分析了公司管理层、会计师事务所和机构投资者对内部控制的认知。第六章为内部控制投入和机构设置，主要分析上市公司内部控制和内部审计的投入和机构设置情况。第二部分为内部控制的经济后果，从内部控制实施效果、内部控制评价与信息披露两个维度进行分析，第七章和第八章对此进行了研究。

第九章为内部控制案例分析，我们对 12 家上市公司进行实地调研，了解上市公司内部控制的特点，总结与借鉴内部控制建设经验，补充和验证基于调查问卷分析而得到的结论。

第十章为主要结论与政策建议，对全文进行总结，并提出政策建议。

附录一为内部控制调研的组织与实施过程，阐述了上市公司内部控制调研课题组的调研过程。附录二为主要调查问题，列示了本书第四章至第八章所涉及到的调查问卷问题。附录三为上市公司 2014 年年报内部控制信息披露情况分析，对我国上市公司内部控制信息披露现状做了较全面的分析。

第二章　文献综述

SOX 法案颁布以来，国内外内部控制相关的论文不断出现，是近几年来高产的研究领域之一。据我们统计，自 2005 年以来，仅在国际会计学 TOP 5[①] 学术期刊发表或被接受的内部控制相关论文多达 88 篇，突出反映了学术界和实务界对企业内部控制问题的高度关注。总体上看，实证研究的文献数据来源有三种途径：一是从公司公开披露信息中获取相关的经验数据；二是通过实验获得数据；三是通过问卷调查的方式获取数据。我们对国内外内部控制的高质量文献进行了整理，在此基础上，分别对内部控制问卷调查的文献和内部控制经验数据的文献进行综述[②]。

第一节　关于问卷调查的文献综述

采用问卷调查法进行研究的文献主要关注以下两方面的主题：内部控制实施现状和内部控制影响因素。

一、内部控制实施现状

国内外不少文献采用问卷调查的方法，研究企业内部控制实施现状（Gupta，2006；Alexander，2013；德勤，2007 - 2014；王君彩和李宇立，2010；刘向伟等，2012；宗文龙等，2012；缪艳娟和杨雄胜等，2014）。本节分别对美国证券交易委员会（Securities and Exchange Commission，以下简称“SEC”）、美国管理会计师协会（The Institute of Management Accountants，以下简称“IMA”）和德勤（Deloitte & Touche）的问卷调查进行概述，并对现有的其他有关企业内部控制实施现状的文献进行综述。

（一）SEC 对企业执行 SOX 404 条款情况的调查

2008 年，SEC 采用问卷调查的方式，对 2091 家公司内部人员进行调查以评估

① TOP 5 分别为 *The Accounting Review*，*Journal of Accounting Research*，*Journal of Accounting and Economics*，*Contemporary Accounting Research* 和 *Review of Accounting Studies*。

② 由于使用实验方法研究的内部控制文献较少，而且这些文献主要集中探讨内部控制对投资决策的影响，是内部控制经济后果的一部分，因此我们将该部分文献综述放于本章第二节。

企业遵循 SOX 404 条款的成本与收益及 2007 年法案变更的效果①。研究结果表明，遵循 SOX 404 条款会给公司带来一定的收益，但平均来看收益小于成本，在初始遵循成本较高的小型公司，这种情况更为明显。随着遵循年数的增加、对重大缺陷的修正等，企业遵循 SOX 404 条款的成本会下降。特别地，2007 年的改革作为“催化剂”降低了 SOX 404 条款的执行成本，且其下降幅度预期会进一步加大。以下对此次调查的调查背景、调查目的、调查问卷设计、调查问卷发放及回收、调查结果及研究结论进行综述。

1. 调查背景

一系列的财务丑闻促使了 SOX 法案在 2002 年 7 月份的诞生，但 SOX 404 条款因其执行成本高昂成为人们不断批判和攻击的焦点，因此，SEC 在 2007 年发布了一系列改革，包括 SEC 针对 SOX 404（a）条款的要求，在 2007 年 6 月 20 日发布的《管理层指引》② 以及 PCAOB 针对 SOX 404（b）条款的要求，在 2007 年 7 月 27 日发布的审计准则第 5 号③——AS5（后文将《管理层指引》和 AS5 的发布统称为“2007 年法案变更”）。其中，2007 年 6 月发布的《管理层指引》旨在为管理层评估财务报告内部控制有效性提供指引，特别是为首次执行 SOX 404（a）条款的非加速申报公司④（公众持股量低于 7500 万）关于如何开展内部控制有效性的评估提供一套有指导性意义的指南。该指引提供了一整套详细的从上到下、基于风险的方法来帮助管理层遵循第一个原则——管理层应该评估公司是否施加了充分的内部控制来防范财务报告重大缺陷没有被及时预防或发现的风险。指引还提供了一系列的风险评估方法，帮助公司更有效地开展风险导向的审计，以遵循第二个原则——管理层对企业内部控制执行有效性评估所依据的证据必须以风险评估为基础。AS5 的立场与《管理层指引》是一致的，其发布是为了改变以往外部审计师在审计过程中对大量繁琐的测试分配同样的精力，而没有将重点放在风险集中的领域的程序化工作方式。AS5 重申了“审计师将审计资源投向高风险领域，尽量减少不必要的审计程序，有效提高审计效率和效果”观点。2007 年法案变更的初衷是在保证企业有效执行 SOX 法案的同时尽量降低 SOX 404 条款的执行成本，但其实施效果如何有待进一步验证。

2. 调查目的

基于以上背景，SEC 对企业执行 SOX 法案的具体实践情况展开问卷调查，调查

① 该部分的统计结果参见 Alexander et al.，2013，Economic effects of SOX Section 404 compliance：A corpcrate insider perspective，*Journal of Accaunting and Economics*。

② 见 SEC 在 2007 年 6 月 20 日发布的解释条款，发文编号为 No. 33 – 8810，标题为 Commission Guidance Regarding Management's Report on Internal Control over Financial Reporting Under Section 13（a）or 15（d）of the Securities Exchange Act of 1934，Interpretation，后文简称《管理层指引》。

③ 见 SEC 在 2007 年 7 月 27 日发布的准则更新说明，发文编号为 No. 34 – 56152，标题为 Order Approving Proposed Auditing Standard No. 5，An Audit of Internal Control over Financial Reporting that is Integrated with an Audit of Financial Statements，a Related Independence Rule，and Conforming Amendments。后文简称为“AS5”。

④ 2006 年 8 月 9 日，SEC 调整了非加速申报公司执行 SOX 404（a）条款的时间，规定执行 SOX 404（a）条款的时间延迟至 2007 年 12 月 15 日，执行 SOX 404（b）条款的时间延迟至 2008 年 12 月 15 日。

目的在于：（1）了解公司执行 SOX 404 条款的成本和收益；（2）评价 2007 年法案变更对公司执行 SOX 404 条款的影响，从而为 2007 年法案变更效果的评价提供证据，同时也为非加速申报公司应用 SOX 404 条款提供经验证据。

3. 调查问卷设计

为了提高调查问卷问题的质量，问卷在被正式发布之前经历了三轮的预测试，预测试的形式包括面对面访问和电话访问。最终的调查内容主要涉及上市公司执行 SOX 404 条款的成本、收益以及 2007 年法案变更对执行 SOX 404 条款的影响，具体包括以下六方面的内容：（1）不同公司执行 SOX 404 条款的收益、成本和净收益。其中，成本用员工工作的小时数或支付的费用来衡量，而收益采用三分量表衡量，净收益采用七分量表衡量。SOX 404 执行的收益方面，“1” 表示正面影响，“0” 表示没有影响，“ -1” 表示负面影响，SOX 404 执行的净收益方面，“3” 表示收益远远大于成本（净收益为正），“0” 表示净收益为 0，“ -3” 表示成本远远大于收益。（2）公司在 2007 年法案变更前后执行 SOX 404 条款的成本趋势变化。（3）公司执行 SOX 404 条款成本的各成分之间差异比较及 2007 年法案变更之后的变化。（4）公司管理层对执行 SOX 404 条款收益的评价及效益与成本之间的比较。（5）外部信息使用者对公司执行 SOX 404 条款收益的评价。（6）2007 年的改革对公司执行 SOX 404 条款程序的影响。

4. 调查问卷发放及回收

问卷发布在 SEC 官方网站，调查时间从 2008 年 12 月至 2009 年 1 月。所有具有执行 SOX 404 条款经历的公司管理人员都是潜在的受访对象，他们基于自愿原则参与该问卷调查。为了提高调查问卷的回复率，SEC 经过筛选，最后列出了 8215 家公司作为潜在的受访对象，其中 SOX 404（a/b）条款的公司有 4286 家，执行 SOX 404（a）条款的公司有 3929 家，并且这些公司还有以下两个特征：第一，2006 年和 2007 年公司向 SEC 递交 10 - K、10 - KSB、20 - F、40 - F 表格；第二，公司股票价格和其他财务数据等信息可从指定的网站上获取。在调查期间，研究人员通过 SEC 的 EDGAR 办公室取得联络方式等信息，在不同阶段以纸质材料邮寄或网络邮件两种方式向名单上 8215 家公司发出参与问卷调查的邀请。采用纸质材料邮寄方式发出邀请时，每家公司的 CEO、CFO 和法律总顾问都将接到邀请信，邀请信注明收信人可以利用信上提供的登录信息直接参与问卷调查，或者由收信人认为的公司里最适合参与此项活动的人完成问卷调查；采用网络邮件方式发出的邀请信也包括以上的内容。同时，为了获取外部信息使用者对 SOX 404 条款执行的评价，SEC 会计主管办公室的成员对 30 名财务报告使用者进行了深度的电话访谈。最后，8215 家公司中有 2091 家公司回复，回复率为 35%。其中 4286 家执行 SOX 404（a/b）的公司有 2057 家回复，占回复的公司数的 73.76%，回复率是 48%，表 2 - 1 从职位分布和任职时间两个角度描述最终样本的特征。

5. 调查结果及研究结论

SEC 围绕实施公司执行 SOX 404 条款的成本、收益和净收益的主题展开研究，

表 2－1 最终样本分布

样本的职位分布			样本的任职时间分析		
受访者职位	数量	占比	任职时间	数量	占比
首席财务官（CFO）	922	31.78%	少于或等于1年	232	8.00%
首席行政官（CAO）	216	7.45%	2年	476	16.41%
首席执行官（CEO）	205	7.07%	3年或4年	668	23.03%
首席运营官（COO）	64	2.21%	大于或等于5年	1519	52.36%
首席风险官（CRO）	44	1.52%	未填写	6	0.21%
财务总管	291	10.03%	合计	2901	100.00%
财务副总裁	88	3.03%			
法律总顾问	60	2.07%			
审计委员会成员	5	0.17%			
其他	1001	34.51%			
合计	2901	100.00%			

调查公司执行 SOX 404 条款的成本及成本构成、公司执行 SOX 404 条款成本的各成分之间差异比较、公司在 2007 年法案变更前后执行 SOX 404 条款的成本趋势变化、2007 年的改革对公司执行 SOX 404 条款程序的影响、公司管理层对执行 SOX 404 条款的效益评价、外部信息使用者对公司执行 SOX 404 条款收益的评价等方面，得出的主要结论如下：

执行 SOX 404 条款的收益方面，总体上看，SOX 404 的执行提高了企业信息环境的质量（80%），具体表现为公司内部控制结构质量的提升（73%）、审计委员会对财务报告内部控制信心的增加（71%）、财务报告质量的提高（48%）、公司识别和预防欺诈能力的增强（47%）、公司运营效率的提高（29%）、投资者对公司信心的增加（24%）、财务报告审计的及时性程度提高（21%）、公司价值的提升（15%）等。特别地，基于内部人员的视角，SOX 404 条款的执行提高了财务报告内部控制的质量及审计委员会对财务报告内部控制的信心程度。基于外部信息使用者的视角，SOX 404 条款的执行提高了外部信息使用者对财务报告信息信心程度，外部信息使用者认为公司采取财务报告内部控制是非常有必要的。与小规模公司相比，大规模公司对执行 SOX 404 的肯定程度较高，因此对 SOX 404 的效益评价在不同规模的公司中差异比较大。

执行 SOX 404 条款的成本方面，从成本的构成上看，执行 SOX 404 条款的成本主要由内部人力成本、与财务报告内部控制相关的审计费用、其他外部咨询费用（以帮助公司执行 SOX 404）和其他的非人力成本（包括与执行 SOX 404 相关的软件、硬件等）四部分构成，大多数公司在最近的年度里（2007 年或 2008 年）执行

SOX 404 条款的平均年总成本是 121 万美元。对于执行 SOX 404（a/b）的公司，审计费用是最大的成本构成（676000 美元），所占的成本比例最高（35%），人力成本是第二大成本构成（按照 50 美元/时计算，总支出 434000 美元），接下来依次是外部咨询费用（208000 美元）和其他非人力成本（83000 美元）。从成本的影响因素上看，公司规模、执行法案的时间和 2007 年法案变更都会影响执行 SOX 404 条款的成本，公司规模越大、执行法案的时间越长，公司执行 SOX 404 条款的平均成本越低。规模方面，由于执行 SOX 404 的成本中包含着与公司规模无关的固定成本，所以规模较小的公司执行法案的总成本虽然比较小，但其平均成本比较高；执行法案的时间方面，执行法案的初始成本较高，执行时间满一年以后，执行成本稳步下降，表明 SOX 404 执行的初始成本随着时间推移而逐渐降低；2007 年法案变更的影响方面，2007 年的法案变更降低了执行成本，公司在 2007 年改革之后的第一年里执行 SOX 条款的成本与 2007 年改革之前最后一年的执行成本相比显著下降，其中规模较大或者执行 SOX 404 的时间超过一年的公司成本下降非常明显，表明 2007 年改革显著降低了公司执行 SOX 404 条款的成本，并且预期该成本幅度会更大。

执行 SOX 404 的净收益方面，与 SOX 404 执行成本随着执行时间的增加而降低相对应，公司执行 SOX 404 的净收益随着执行时间的增加而增加，并且 2007 年法案变更也促进了净收益的增加，不过虽然 SOX 404 的执行给企业同时带来了收益和成本，但只有少部分的公司（约 19%）在最近的会计年度里有正的净收益，因此，平均来看，执行 SOX 404 的成本大于收益，特别是对于初始遵循成本较高的小型公司。

总体上看，SEC 的问卷调查研究表明，遵循 SOX 404 条款会给公司带来一定的收益，但平均上看，执行 SOX 404 条款的成本大于收益，尤其是在初始遵循成本较高的小型公司，2007 年的改革作为“催化剂”显著降低了 SOX 404 条款的执行成本，且其下降幅度预期会进一步加大。以上结果对于评价 2007 年法案变更的效果提供了有用的证据。

（二）IMA 对管理层内部控制评估的实施及 COSO 1992 框架应用情况的调查

2005 年开始，IMA 对 COSO 1992 框架和管理层内部控制报告实施情况展开问卷调查研究（Gupta and Thomson，2006）。研究结果表明，COSO 1992 框架的实用性在 SOX 执行中存在很大的局限性，管理层很难仅仅依赖 COSO 1992 框架作出公允和一致的评价，由 SEC 和 PCAOB 倡导的风险导向评估方法的实际采用情况并不理想，大多数公司并未将 COSO 1992 框架作为内部控制评价中赖以指导的框架。以下对此次调查的调查背景、调查目的、调查问卷设计、调查问卷发放及回收、调查结果及研究结论进行综述。

1. 调查背景

PCAOB 审计准则第 2 号（AS2）的第 13 和第 14 条明确地认可并推荐了 COSO

1992 框架。虽然 SOX 并未强制要求将 COSO 1992 框架作为评估所依赖的指南，但 SOX 明确指定了内部控制评估中使用的框架需要达到的标准："一个合适的框架必须没有偏见，允许合理地定性和定量分析公司的内部控制，足够完整以至于没有忽视可能改变公司内部控制有效性结论的任何重要因素，并且与评估财务报告内部控制相关。"原则上，SEC 与 PCAOB 对 COSO 1992 框架的认可是一致的，这也使得 COSO 1992 框架可能成为公司评价和报告内部控制有效性的主要框架，但关于 COSO 1992 框架是否能被管理层和外部审计师在评估内部控制有效性的实务当中有效应用是有待核实的，且公司对 COSO 1992 框架的依赖程度强弱有待进一步检验。

2. 调查目的

基于以上背景，也鉴于 SOX 404 条款在实际执行中遇到的强大阻力，2005 年，IMA 对管理层内部控制评估的实施及 COSO 1992 框架的应用情况展开了问卷调查。此次问卷调查的主要目的包括四方面：（1）调查在实施 SOX 302/404 条款过程中，实施 SOX 的责任主体和实施成本的动因；（2）调查管理层和外部审计师在应用风险导向的评估方法时存在的问题；（3）征集在实施 SOX 法案的过程中，COSO 1992 框架存在的问题；（4）找出公司 SOX 法案实施团队、顾问和外部审计师在执行 SOX 法案时所需的技能。

3. 调查问卷设计

在对相关文献和监管法规回顾的基础上，2005 年第四季度至 2006 年初，IMA 首先与来自注册会员公司和从事内部审计、外部审计的员工进行访谈，以更加清楚地了解他们在执行 SOX 404 条款过程中可能遇到的问题，之后进一步地整理形成调查问卷的第一稿。为了提高调查问卷问题的质量，IMA 对 9 位拥有丰富的私营企业会计和审计经验的受访者进行小规模的试调查，这些受访人员对第一稿的调查问卷提出了意见，比如调查问卷中遗漏的重要问题、调查问卷中措辞不明确的地方等。在对小规模试调查反馈意见整理的基础上，IMA 完成了调查问卷的第二稿。最终的调查问卷分为四个部分，共有 47 个问题。

第一部分为个人信息，包含十个问题，涉及受访者的职务、专业资格证书认证、会计与财务工作经验、公司所处行业、公司营业额及资产总额、公司雇员人数、执行 SOX 302/404 条款的总体情况等。

第二部分与 SOX 302/404 相关，包含十个问题，涉及负责 SOX 执行活动的团队或部门、执行 SOX 活动成本的大小及其潜在动因、外部审计师在认证程序中执行综合审计的程度、对"风险导向"方法的应用、对潜在风险识别的程度等。

第三部分为 COSO 1992 框架在 SOX 404 条款规定的内部控制评价中的应用情况，包含 22 个问题，涉及 SOX 法案实施之前企业和外部审计师及内部审计部门对 COSO 1992 框架的使用程度、公司评估 IT 内部控制和财务报告内部控制过程中分别采用的框架或标准、使用 COSO 1992 框架得出控制有效性结论的可靠性及管理层和外部审计师得出结论的一致性、公司执行 SOX 法案对 COSO 1992 框架的依赖程度、

COSO 1992 框架各要素在 IT 执行中的适用性等。

第四部分为高效执行内部控制评价所需要的基本技能，包含 5 个问题，涉及评估内部控制有效性过程中应用 COSO 1992 框架的个人能力、个人和外部审计师及顾问有效地完成 SOX 相关活动分别需要的基本技能和相关知识等。

4. 调查问卷发放及回收

IMA 把调查问卷发布在 www. surveymonkey. com 网站上。为了提高回复率，该网站发布了两份除了封面之外其他部分没有任何差别的问卷，其中一份以 IMA 的 CEO（兼主席）的公开信作为封面，另一份则以内部审计师协会 IIA 会长的公开信作为封面，以期该调查能得到更多关注从而提高问卷调查的回复率。表 2-2 呈现了问卷发放及回收的具体情况。调查基础问卷数为 21916 份，其中，IMA 以工作代码分类为基础选择 17249 名 IMA 成员作为潜在受访者，占比 78. 71%，IIA 列出了职位为内部审计主管或更高职位的 3793 名 IIA 会员作为潜在受访者，占比 17. 31%，余下 874 名潜在受访者来自研究人员通讯录，占比 3. 98%。以上潜在的受访对象主要为会计和审计领域的工作人员，包括首席财务官、副总裁、财务主管、助理财务主管、SOX 法案实施负责人或专家、会计经理或主管、外部审计师、内部审计师等。最后收回的问卷数是 2098 份，回复率是 10. 01%，其中，IMA 会员回馈的问卷数是 1603 份，占回收问卷总数 76. 41%，回复率为 9. 78%，IIA 会员回馈的问卷数是 324 份，占回收问卷总数 15. 44%，回复率为 8. 54%，研究人员回馈的问卷数是 171 份，占回收问卷总数 8. 15%，回复率为 21. 87%。在以上的 2098 份样本中，受访者职务占比最高的三个职务分别是财务主管、内部审计师、首席财务官，分别占比 21. 9%、15. 14% 和 12. 7%。总体上看，此次调查拥有一个深入参与 SOX 相关活动并且经验丰富的受访者群体。在样本的进一步筛选过程中，如果受访者所在公司未采取任何与 SOX 302/404 相关活动或其公司在内部控制评价中不使用 COSO 1992 框架，则该样本被排除，最终的样本量从 2098 变成 374。因此，该研究最后确定的样本数为 374。

表 2-2　　问卷发放及回收

受访者	发放问卷数	回收问卷数	回复率
IMA 会员	17249	1603	9. 78%
IIA 会员	3793	324	8. 54%
研究人员	874	171	21. 87%
合计	21916	2098	10. 01%

5. 调查结果及研究结论

IMA 围绕公司内部控制具体实施情况及 COSO 1992 框架应用情况的主题展开研究，调查实施 SOX 的责任主体和实施成本的动因、管理层和外部审计师在应用风险导向的评估方法存在的问题、实施 SOX 法案的过程中应用 COSO 1992 框架存在的问题、SOX 法案实施团队、顾问和外部审计师在执行 SOX 法案时所需的技能等，得出以下结论：

（1）关于与 SOX 302/404 相关的问题。研究表明，大多数公司的内部审计部门而不是公司的管理层在执行 SOX 302/404 时发挥了重要的主导作用，管理层过度地将实施内部控制评价的职责分配给了内部审计师，这与内部审计师应当在审计相关程序的过程中保持独立性和客观性的立场定位相矛盾。并且管理层在实施 SOX 404 时借鉴的指南非常模糊，审计行业存在过度审计行为。以下两个因素是执行 SOX 404 条款的主要成本动因：第一，缺乏 SEC 或其他专业组织制定的实务指南，因而在执行任务时无法确定什么是有效的控制系统，什么是无效的控制系统；第二，外部审计师和内部审计师或 SOX 执行团队之间不能相互合作，导致多余的测试被执行。

（2）关于风险导向的评估方法。研究表明，许多公司在评价内部控制时，采用了从下到上的方法，针对所有流程、控制进行数据收集和测试，但没有关注到剩余风险状况；管理层和审计师对风险导向的内部控制评估和风险导向审计认识比较模糊，因而可能在评估内部控制有效性时忽略似是而非的潜在风险。

（3）关于将 COSO 1992 框架作为控制评估框架。研究表明，管理层应用 COSO 1992 框架难以对财务报告内部控制得出可靠的结论，且管理层和外部审计师用 COSO 1992 框架得出的结论难以能够达到较高的一致性。在执行 SOX 302/404 条款时，COSO 1992 框架并没有在很大程度上为公司提供内部控制评估指南，公司对 COSO 1992 框架指南的依赖程度并不高。

（4）关于执行内部控制评价的基本技能。研究表明，缺乏风险与控制评估方面的充分的技能和适当的培训是导致 SOX 执行挫败和高昂实施成本的重要动因。SOX 实施团队、外部审计师和 SOX 顾问对所需技能的重要性排序观点有所差异，但都认可了以下两种技能的重要性，即确定需要进行多少内部控制测试的能力和识别内部控制不足的能力。

总体上看，IMA 的问卷调查研究表明，公司在应用 COSO 1992 框架执行 SOX 活动过程中存在许多问题，大多数公司并未将 COSO 1992 框架作为内部控制评价中赖以指导的框架，实施指南的"实用性"在 SOX 执行中存在很大的局限性。因此，监管机构和准则制定者应该反思将 COSO 1992 框架作为管理层评价财务报告内部控制有效性所遵循的指南这一做法的可行性，应该重新评估 COSO 1992 框架的适用性。2013 年 5 月，COSO 委员会在 COSO 1992 框架发布时隔 20 多年之后，在各利益相关方积极寻求更可靠、更有效的内部控制整合体系的努力下，为适应企业业务及经营环境日益复杂的变化，发布了整合框架的更新版本——COSO 2013 框架，与旧框架相比，新框架有显著的变化，如以原则为导向，报告目标类型的扩展和应对技术、商业模式等环境变化的调整（林斌等，2012）。

表 2－3 对比了 SEC 与 IMA 关于企业内部控制现状调查的基本情况。

表 2-3　SEC 与 IMA 对内部控制调查情况对比

调查主体	调查时间	调查形式	回复率	调查目的	调查对象	调查内容	主要研究结论
SEC	2008 年 12 月至 2009 年 1 月	SEC 官方网站发布问卷，并通过电子邮件或邮寄信件等形式邀请潜在受访者参与。	共发放问卷 8215 份，收到 2091 份问卷，回复率为 35%。	(1) 调查公司执行 SOX 404 条款的成本和收益，提供公司遵循 SOX 法案的经济后果的证据； (2) 调查 2007 年法案变更是否促使公司进行了成本有效的内部控制评价和审计，评价 2007 年法案变更对公司执行 SOX 404 条款的影响。	调查对象为公司的首席执行官、首席财务官和法律总顾问等高级管理人员。	围绕公司执行 SOX 404 条款的成本、收益和净收益的主题，问卷主要包括以下内容：(1) 公司执行 SOX 404 条款的成本及成本构成；(2) 公司执行 SOX 404 条款成本的各成分之间差异比较；(3) 公司在 2007 年法案变更前后执行 SOX 404 条款的成本趋势变化；(4) 2007 年的改革对公司执行 SOX 404 条款程序的影响；(5) 公司管理层对执行 SOX 404 条款的效益评价；(6) 外部信息使用者对公司执行 SOX 404 条款收益的评价等方面。	研究表明，遵循 SOX 404 条款会给公司带来一定的收益，但平均上看，执行 SOX 404 条款的成本大于收益，尤其是在初始遵循成本较高的小型公司；2007 年的改革作为"催化剂"显著降低了 SOX 404 条款的执行成本，且其下降幅度预期会进一步加大。以上结果对于评价 2007 年法案变更的效果提供了有用的证据。
IMA	2005 年第四季度至 2006 年年初	在网站上发布问卷。	共发放问卷 21916 份，收到 2098 份问卷，回复率为 10.01%。	(1) 调查实施 SOX 的责任主体和实施成本的动因； (2) 调查管理层和外部审计师在应用风险导向的评估方法中存在的问题； (3) 征集在实施 SOX 法案的过程中，COSO 1992 框架存在的问题； (4) 调查 SOX 法案实施团队、顾问等在执行 SOX 法案时所需的技能。	调查对象为 IMA 的注册会员，主要为目前在会计和审计两个领域工作的人员，分为内部审计师和管理人员。	围绕公司内部控制具体实施情况的主题，问卷主要包括以下内容：(1) 基本信息，包括受访者的职务、任职时间与工作年限、在执行 SOX 法案上花费的时间、职业资格以及公司情况等信息；(2) 公司执行 SOX 302/404 条款时遇到的问题；(3) COSO 1992 框架在公司执行 SOX 404 条款的应用情况；(4) 高效执行内部控制评价需要的基本技能。	研究表明，COSO 1992 框架的实用性在 SOX 执行中存在很大的局限性，管理层很难仅仅依赖 COSO 1992 框架作出公允和一致的评价，且由 SEC 和 PCAOB 倡导的能够降低评估成本的风险导向评估方法实际采用情况并不理想，大多数公司并不将其作为内部控制评价中赖以指导的框架。

（三）德勤对中国上市公司内部控制实施情况的调查

一个社会对公司治理、一个公司对自身治理的关注和重视程度，直接体现在其对公司内部控制制度的关注和重视上，内部控制已成为现代公司治理的基础（杨雄胜等，2007）。因此，基于内部控制的重要性，德勤从2007年开始，连续多年对中国上市公司内部控制实施现状进行调查分析，以期从更深的层面上了解内控规范实施过程中存在的问题，并寻求利用内部控制进一步改善和提升企业运营水平的途径。被访公司在行业、地域、规模上都有一定的代表性，受访企业涉及消费和运输业、能源与运输业、金融服务业、制造业、房地产业等，调查对象主要由企业董事会秘书、内部建设部门负责人、内控评价部门负责人和财务总监组成，调查内容主要涉及上市公司内部控制的建设和内部控制的评价两方面。

1. 2007年中国上市公司内部控制调查报告

（1）调查目的

2006年，上海证券交易所和深圳证券交易所分别发布了《上市公司内部控制指引》。为了了解国内上市公司在内部控制领域所处的阶段、存在的疑惑以及所需要的支持，德勤在2007年6月对中国近百家上市公司内部控制现状进行了调查。

（2）调查内容

问卷内容围绕以下角度展开：①对外部监管要求的了解；②内部控制体系的建设及其有效性；③内部控制评价机制的建立；④内部控制实施的主要障碍。

（3）调查对象

最终样本数是86，受访公司在行业、地区、规模上具有代表意义。问卷填写者由上市公司的董事会秘书、财务总监、证券事务代表或相当职位的管理人员组成。

（4）调查结论

结果显示，对外监管要求的了解方面，大部分的企业清楚了解监管机构对内部控制的要求（74%）；企业内部控制体系的建设及其有效性方面，大多数公司内部控制体系建设正处在初级阶段，还不能完全满足监管要求（80%），并且对风险管理缺乏了解，不了解或不确定如何有效地进行风险管理工作（76%）；内部控制评价机制的建立方面，相当比例的公司缺乏持续监控内部控制的有效机制（72%）。总体上看，2007年调查结果表明，上市公司在内部控制建设方面存在较大的欠缺，大部分的上市公司缺乏完善的内部控制体系，无法满足监管机构的要求。

2. 2008年中国上市公司内部控制调查报告

（1）调查目的

为了了解国内上市公司在内部控制领域所处的阶段、存在的疑惑以及所需要的支持，德勤在2008年5月对中国百家上市公司内部控制现状进行了调查。

（2）调查内容

问卷内容包括以下四方面：①对外部监管要求的了解；②企业内部控制体系的建设及其有效性；③内部控制评价机制的建立；④内部控制实施的主要障碍。

（3）调查对象

最终样本数是126，受访公司为上海证券交易所公开发行A股的上市公司。从行业类型看，样本涉及航空与交通运输服务行业、消费行业、能源与资源行业、金融服务行业、生命科学与医疗行业、制造业行业、房地产行业、科技传媒和电信行业等。从控股股东所有制类型看，72%为国有控股企业，24%为民营控股企业，4%为外资控股企业。问卷填写者由上市公司的董事会秘书、财务总监、证券事务代表或相当职位的管理人员组成。

（4）调查结论

在对外部监管要求的了解方面，结果显示，绝大部分的企业清楚了解监管机构对内部控制的要求（74%），认为应由统一的框架或模型指导内部控制实施（96%）。

企业内部控制体系的建设及其有效性方面，结果显示，越来越多的企业认为公司已经建立起内部控制体系（44%）；认同内部控制与风险管理相结合（98%），但对风险管理的方法论了解有限；在内部控制体系域信息化结合方面，金融行业和外资控股公司表现突出；在内部控制体系职能设置方面，仍有许多公司由其他部门负责或尚未建立内部控制职能部门（38%）；在内部控制效果及长效机制建立方面，大部分公司认为实施内部控制能有效提高财务报告的编制效率，提高财务报告的可靠性（76%）。

内部控制评价机制的建立方面，结果显示，企业缺乏持续监控内部控制的有效机制（72%），与往年相比，企业在持续监控方面未得到任何改善；但几乎所有的公司都认为应高度重视内部控制监督机制（96%），认可配备专业人员的重要性（92%），认为审计师对内部控制进行审计评价有利于企业完善内部控制工作（90%）。

内部控制实施的主要障碍方面，结果显示，企业内部控制实施的主要障碍有：缺乏完善的指导性和可操作性强的理论框架或模型（84%）；缺乏硬性的监督检查机制要求，未与考核机制相关联，奖惩机制不到位（63%）；管理层意识不到位，不能有力支持和倡导内部控制工作（57%）。

总体而言，德勤开展的2008年中国上市公司内部控制调查报告表明，上市公司在内部控制体系建设方面取得一定的进步，表现在对监管机构内控要求的积极回应、内部控制体系的初步建立、对内部控制重要性的认识程度加强等。但是，企业在内部控制体系建设过程中也存在一些问题：缺乏完善的指导性和可操作性强的理论框架或模型，内部控制的执行力不足，内部控制未纳入考核体系进行监督，内部控制的长效机制尚未成形、管理层意识不到位等。

3. 2009年中国上市公司内部控制调查报告

（1）调查目的

随着上市公司对监管要求的理解以及对内部控制和风险管理认知度的提升，可获得的内控公开信息有所增加。因此，德勤2009年5月采用统计分析和问卷调查相结合的方法分析上市公司内部控制现状。具体地：①通过对上交所2008年年报中内部控制的披露信息进行统计分析，了解上市公司的内控现状和内控外部审计情况；②通过问卷调查的形式，针对上市公司在金融危机下对内部控制的思考和其工作开展情况进行调查研究，以期在更深的层面了解上市公司内部控制建设和评价的情况和存在的问题。

（2）调查内容

问卷调查问题主要涉及三个方面的内容：①金融危机背景下上市公司对内部控制的思考：2009年内部控制的整体推进情况和经济形势相关程度有多大？经济形势是否导致企业在建立健全内控的时候特别考虑成本？②上市公司内部控制的实施现状：企业实施内部控制是仅仅为了合乎监管机构的要求，还是认识到了内控对企业实质的意义？③上市公司内部控制的评价状况：公司的内部控制评价工作是否有效？

（3）调查对象

德勤挑选了上交所和深交所有代表性的公司进行调查，样本量相当于上交所披露内控审计意见公司数量的10%，样本涉及制造业、房地产业、航空与交通运输业、能源与资源业、金融业、公用事业等8个行业，调查对象主要由企业的董事会秘书、内部控制建设部门负责人和内部控制评价部门负责人组成。

（4）调查结论

金融危机下上市公司内部控制的特点方面，结果显示，金融危机使上市公司更加重视内部控制（88.24%），从而促进了企业内控工作（76.47%），但落实内部控制考核工作的企业不多（仅约17.65%），仅有部分企业认为加强内部控制有助于企业监控并降低成本和费用（29.41%），表明企业管理层对于内部控制作用认识不全面。

企业内部控制实施现状方面，结果显示，内部控制实施工作中存在一定盲目性，管理层对内部控制认识不到位、不准确；并且内控建设的老问题没有得到改善，集中体现在：内控制度执行效果没有达到预期（58.82%），缺乏与内部控制相关的信息系统（52.94%），内控制度执行不力（41.18%）。

企业内部控制评价现状方面，结果显示，仍有相当比例的企业在编制内部控制评价报告前，并未对企业自身的内部控制进行全面自查并保存检查的证据或工作底稿（26.67%），评价报告的可靠性难以保证，表明内部控制评价报告的编制基础有待加强；许多企业内部控制评价并非由内部审计部门牵头实施（35.29%），评价结果缺乏说服力和客观性，表明内部控制的牵头部门有待进一步完善；大部分的企业未进行内部控制外部审计（70.59%），表明内部控制外部审计的实践不足。

总体而言，德勤开展的2009年中国上市公司内部控制调查报告表明，上市公司在内部控制的实施以及评价等各方面有了积极的发展。在金融危机的形势下，企业提高了对内部控制和风险管理的重视程度，进一步加深对内部控制防范风险作用的认识。越来越多的上市公司开始编制并披露内部控制评价报告，以符合监管要求，并且部分公司聘请了会计师事务所对企业内部控制进行审计并披露报告。但该调查也发现以下一些问题：内控体系的建设出现一定的盲目性，企业偏重控制活动的建设，而缺少对内部控制环境的建设；内部控制评价的牵头部门不合适，评价基础经不起考验；此外，2008 年发现的部分问题依然存在。

4. 2010 年中国上市公司内部控制调查报告

（1）调查目的

2010 年 4 月 26 日，五部委联合发布了《内部控制配套指引》（后文简称《配套指引》）。2010 年 5 月，基于前三年调查结果，德勤进行了 2010 年中国上市公司内部控制调查，调查目的在于深入地了解并研究中国上市公司在后金融危机时代内部控制建设和评价的现状，以及在配套指引正式颁布后企业为了满足监管要求采取的应对措施，从而在更深的层面了解上市公司在内部控制建设和评价中存在的问题，寻求利用内部控制进一步改善和提升企业运营水平的途径。

（2）调查内容

问卷调查主要涉及三方面内容：①企业对于 2010 年 4 月 26 日五部委联合下发的《配套指引》的理解以及解读；②企业内部控制的实施现状；③企业为满足监管要求拟对内部控制采取的改进措施。

（3）调查对象

受访公司数为 215 家。样本选择保持了在行业、控股股东所有制类型、规模等方面的广泛分布。从行业类型看，参与调查的企业涉及制造业、房地产业、航空与交通运输业、能源与资源业、金融业等行业；从控股股东所有制类型看，50% 为国有控股企业，35% 为民营控股企业，15% 为外资控股企业；从资产规模看，65% 为大型企业，22% 为中型企业，13% 为小型企业。

（4）调查结论

企业对于《配套指引》的理解及解读方面，结果显示，大部分企业认为《配套指引》有助于本企业防范风险、改善日常运营管理中的控制不足（88%），有助于规范业务流程（76%）、加强管理层实施内部控制自评估过程（67%）、加强公司组织架构的设计与运行（65%），表明指引为企业提供了指导性和可操作性的框架。

企业内部控制实施现状方面，结果显示，大部分企业由风险管理部门/内部审计部门牵头进行内控评价的工作（69%），但仍有少部分通过财务部门进行内部控制评价，其内控评价职责的独立性问题有待解决；内部控制评价报告编制基础方面，仍有部分企业的董事会在评价内部控制时，未形成书面的工作底稿，表明内部控制评价报告编制基础仍有待加强；企业内控建设中还存在内部控制专业人才储备不足（68%）、缺乏与内部控制相关的信息系统（46%）、内部控制制度不健全或设计存在缺陷（43%）等问题。

企业为满足监管要求拟采取的措施方面，结果显示，为了满足配套指引的监管要求，许多企业组织内部控制指引解读专题培训会（53%）、强化评价工作的考核机制和报告机制（45%）、对当前内控体系进行全面梳理诊断（34%）；为了提升企业内控建设水平，企业将制定有效的控制措施以保证设计有效（64%）、制订风险管理措施以识别关键风险点（61%）。

总体而言，德勤开展的2010年中国上市公司内部控制调查报告表明，上市公司在内部控制体系的评价及执行等方面取得了长足的进步，主要表现在：上市公司正在深化对内部控制的理解和认识，企业设立的内部控制评价部门更为合理客观，《配套指引》对于公司内控工作产生了积极影响。但调查也显示上市公司在内部控制体制建设及评价过程中存在的问题：内部控制专业人才储备不足，企业缺乏与内部控制相关的信息系统，制度的执行力不强等。

5. 2011年中国上市公司内部控制调查报告

（1）调查目的

自2011年1月1日，境内外同时上市的公司开始施行内部控制规范体系。在前四年调查结果的基础上，德勤在2011年3月开展中国上市公司内部控制调查，以进一步了解并研究中国上市公司内部控制建设和评价的现状，以及为了满足监管要求采取的应对措施，从而在更深层面上了解上市公司内部控制规范实施进程的状况及存在问题，寻求利用内部控制进一步改善和提升企业运营水平的途径。

（2）调查内容

问卷调查主要涉及四方面内容：①企业对内部控制的认知；②企业内部控制的实施现状；③企业内部控制实施中存在的主要问题；④实施内部控制给企业经营管理带来的转变。

（3）调查对象

受访公司数为226。调查对象主要由企业的董事会秘书、内控建设部门负责人、内控评价部门负责人以及财务总监组成。从行业类型看，参与调查的企业涉及航空与交通运输行业、制造业、房地产业、能源与资源业、金融业等行业；从控股股东所有制类型看，44%为国有控股企业，51%为民营控股企业，5%为外资控股企业。

（4）调查结论

企业对于内部控制的认知方面，结果显示，大部分的企业了解五部委、证监会及交易所发布的有关内部控制的规定（74%），但仍有相当比例的企业不了解全面内部控制和财务报告内部控制的区别（45%），绝大部分的受访者完全同意应该设立权威的内部审计机构（76%），并将内部控制与风险管理工作相结合（95%）。

内部控制实施的现状方面，结果显示，许多内控工作的直接负责人不了解关于内部控制自我评价和审计的工作安排（51%），反映出内控工作直接负责人对内控工作重视程度不足；大部分的受访企业不认为企业内部控制与管理体系能够有效融合（75%），企业存在内控要求与实际运营的“两张皮”的现象；实施内控成本方面，认为企业花费成本过高的受访企业与否认成本过高的受访企业数量相当，表明内控长期效果还没有显现出来。

内部控制实施进程中存在的主要问题方面，结果显示，相比于往年，企业在高管重视、内控人才及系统支持方面的情况并未有所改善。此外还存在以下问题：企业未能将内控要求与日常运营结合（55%）、监督和惩罚不到位（59%）、内部人员对内控相关工作不了解或不重视。

实施内部控制给企业经营管理带来的转变方面，结果显示，关于监管机构对上市公司在财务报告内部控制的基本要求，仍有受访企业不确定企业实施内控是否能够提高财务报告编制效率和可靠性（15%）、不确定实施内部控制是否能有效地遏制了舞弊（19%），相当比例的受访企业认为内控只是“面子工程”（43%），即管理水平未有显著改变，只是表面上满足了监管要求。

总体上看，德勤开展的2011年中国上市公司内部控制调查报告表明，上市公司内部控制工作在持续进步，如绝大部分企业认为内控使业务流程规范化、提升了管理基础，使管理层对重大风险有更好的识别和监控；但仍有相当一部分企业在内控工作中存在误区，如内部人员认为实施内控仅仅为了满足监管要求等，高管重视程度不够、缺乏专业内控人才、信息系统对内部控制不足、内部控制与企业管理体系无法恰当融合等，企业内部控制在以前年度中存在的问题依然没有改善。

6. 2012年中国上市公司内部控制调查报告

（1）调查目的

基于2007年至2011年五年的调查分析结果，德勤在2012年12月开展了2012年中国企业内部控制调查，旨在更加深入地了解中国上市及非上市公司内部控制工作的现状，寻求利用内部控制进一步改善和提升公司经营管理的途径。

（2）调查内容

问卷调查主要涉及四方面内容：①企业对内部控制的认知；②企业内部控制的实施现状；③企业内部控制实施中存在的主要问题；④内部控制实施未来采取的措施。

（3）调查对象

受访公司数为267。调查对象主要由企业的董事会秘书、内控建设部门负责人、内控评价部门负责人以及财务总监组成。从行业类型看，参与调查的企业涉及消费与运输业、能源与资源业、金融服务业、生命科学与医疗业、制造业、房地产业、科技/电信和传媒业等行业；从控股股东所有制类型看，中央国有控股企业占21%，地方国有控股企业占41%，民营控股企业占27%，外资控股企业占11%。

（4）调查结论

企业对于内部控制的认知方面，结果显示，企业已比较充分了解监管机构的内控相关规定（76%），绝大部分的受访者了解本企业的内部控制披露时间表（96%）、能够区分全面内部控制和财务报告内部控制（75%）。

企业内部控制实施现状方面，结果显示，较之往年，更多企业能够将内部控制要求与现有管理体系恰当融合（64%），表明企业在内控持续建设过程中，逐步提高了认识，避免了内控要求与实际运营“两张皮”的现象，但相当多的企业对内部控制与现有管理体系融合的认识还无法完全落实到业务管理中（64%），需要继续强化内部控制工作的落地；绝大部分的受访者认为内控工作的实施能满足财务报告控制有效性的基本目标（91%）、能有效遏制舞弊显现（86%），但仍有相当比例的企业高管将内部控制建设工作看成“面子工程”。

内部控制中存在的主要问题方面，结果显示，企业内控存在以下问题：管理层意识不到位，或监督检查、惩罚机制不到位，导致建立的内部控制体系难以有效运行（55%）；企业缺乏内控人才（54%）；企业花费成本过高，内控长期效果没有显现出来（45%）等。

内部控制实施的未来改进措施方面，结果显示，企业将继续在内控工作上加大投入（94%），邀请中介机构协助内控体系的建设和优化（68%），在风险管理、风险量化及预警监控、授权优化等方面对内部控制体系进行延伸（70%）。

总体上看，德勤开展的2012年中国上市公司内部控制调查报告表明，内部控制的效果逐渐显现，如绝大部分受访者认为企业内部控制实施工作有助于规范流程、遏制舞弊等，但这种进步是较为缓慢的。企业内部工作还存在一些问题：对内部控制的认识存在误区，如部分受访者认为企业实施内控的成本过高、仅仅为了满足监管要求等，内部控制在风险管理、授权优化、流程优化等领域仍有待进一步延伸，管理层意识不到位，监督检查、惩罚机制不到位，导致建立内部控制体系难以有效运行；实施内部控制的专业人才仍比较缺乏。

7. 中国企业内控十年专题报告

2014年德勤（2014）基于过去十年为中国上市公司提供内控合规服务和各种问题的整合解决方案服务等经验，并通过与监管机构、企业代表及学者的探讨和交流，总结了过去十年中国企业内部控制实施的现状，包括取得的成绩、面临的危机与挑战，并深度探索了中国经济体制下的有效的内部控制的建设，在2014年6月5日发布了《危机·变革·价值——中国企业内控十年专题报告》，该报告从内控目标、内控建设、内控评价三个层面总结了过去十年中国企业内部控制存在的七方面的问题，最后从创新推动、资源整合和系统监督三方面指出了化解内控危机、推动中国内控从迷茫与混乱中走向规范和卓越的途径。该报告指出，过去十年中国企业内部控制存在的问题：（1）在内部控制层面上，企业缺乏实现战略目标和管理提升的内在诉求和本源动力，内控建设未能与企业战略等有机结合；（2）内部控制要求被随意逾越，管理问题层出不穷；（3）许多企业缺失独立内控或风险管理部门，归属混乱；（4）内部控制手册被“遗忘”，内控脱离业务，被逐步虚化；（5）内外部信息失真，同级、上下级之间信息不能有效共享、传递，对外信息披露透明度严重不足；（6）企业难以根据现有指引全面客观评价企业内控有效性；（7）企业未能积极采取措施整改已经存在的内部控制缺陷。

表2-4总结了2007—2012年德勤发布的中国上市公司内部控制调查报告的研究结论。

（四）其他文献

国内也有不少文献通过问卷调查的方法获取企业内部控制实施的现状。问卷调查涉及不同类型组织，如民营企业、家族企业、事业单位（刘向伟等，2012）、行政

表 2-4　德勤：上市公司内部控制调查报告

报告题目	调查时间	样本量	调查目的	调查对象	调查内容	主要结论
2007 年中国上市公司内部控制调查分析报告	2007 年 6 月	86	了解国内上市公司在内部控制领域所处的阶段、存在的疑惑以及所需要的支持。	企业的董事会秘书、财务总监、证券事务代表或相当职位的管理人员。	(1) 对外部监管要求的了解； (2) 企业内部控制体系的建设及其有效性； (3) 内部控制评价机制的建立； (4) 内部控制实施的主要障碍。	上市公司在内部控制建设方面存在较大的欠缺，大部分的上市公司缺乏完善的内部控制体系，无法满足监管机构的要求。
2008 年中国上市公司内部控制调查分析报告	2008 年 5 月	126	了解国内上市公司在内部控制领域所处的阶段、存在的疑惑以及所需要的支持。	企业的董事会秘书、财务总监、证券事务代表或相当职位的管理人员。	(1) 对外部监管要求的了解； (2) 企业内部控制体系的建设及其有效性； (3) 内部控制评价机制的建立； (4) 内部控制实施的主要障碍。	上市公司在内部控制体系建设方面取得一定的进步，但仍存在缺乏统一技术标准、执行力不足等问题。
2009 年中国上市公司内部控制调查分析报告	2009 年 5 月	18（深度访谈）	在更深的层面了解上市公司内部控制建设和评价的情况和存在的问题。	企业的董事会秘书、内部控制建设部门负责人和内部控制评价部门负责人。	(1) 金融危机背景下上市公司对内部控制的思考； (2) 上市公司内部控制的实施现状； (3) 上市公司内部控制的评价状况。	上市公司在内部控制的实施及评价等各方面有了积极进展，且在金融危机形势下，提高了对风险管理的重视程度，但内控建设出现一定的盲目性，企业偏重控制活动的建设，对内部控制环境重视程度不足，内部控制评价的牵头部门不合适，评价基础有待考量。

续表

报告题目	调查时间	样本量	调查目的	调查对象	调查内容	主要结论
2010年中国上市公司内部控制调查分析报告	2010年5月	215	在更深的层面了解上市公司在内部控制建设和评价中，实际存在的问题，寻求利用内部控制进一步改善和提升企业运营水平的途径。	企业的董事会秘书、内控建设部门负责人、内控评价部门负责人。	(1) 企业对于五部委联合下发的《企业内部控制配套指引》的理解以及解读； (2) 企业内部控制的实施现状； (3) 公司为满足监管要求拟对内部控制采取的改进措施。	内部控制的效果逐渐显现，部分企业的内控工作达到了管理层的期望，但仍存在内部控制专业人才储备不足、企业缺乏与内部控制相关的信息系统、制度的执行力不强等问题。
2011年中国上市公司内部控制调查分析报告	2011年3月	226	在更深层面上了解上市公司内部控制规范实施进程的状况及存在的问题，寻求利用内部控制进一步改善和提升企业运营水平的途径。	企业的董事会秘书、内控建设部门负责人、内控评价部门负责人以及财务总监。	(1) 企业对内部控制的认知； (2) 企业内部控制的实施现状； (3) 企业内部控制实施中存在的主要问题； (4) 实施内部控制给企业经营管理带来的转变。	上市公司内部控制工作在持续进步，但仍有相当一部分企业在内控工作中存在误区，如内部人员认为实施内控仅仅为了满足监管要求等，高管重视程度不够。
2012年中国企业内部控制调查分析报告	2012年12月	267	更加深入地了解中国上市及非上市公司内部控制工作的现状，寻求利用内部控制进一步改善和提升公司经营管理的途径。	企业的董事会秘书、内控建设部门负责人、内控评价部门负责人以及财务总监。	(1) 企业对内部控制的认知； (2) 企业内部控制的实施现状； (3) 企业内部控制实施中存在的主要问题； (4) 内部控制实施未来采取的措施。	内部控制的效果逐渐显现，内部审计在内部监督中的作用已得到认同。但内部控制在风险管理、授权优化、流程优化等领域仍有待进一步延伸；管理层意识不到位，监督检查、惩罚机制不到位，导致建立内部控制体系难以有效运行；实施内部控制的专业技术人才仍比较缺乏。

单位（宗文龙等，2012）等，而且分布在不同行业，如房地产行业（张川等，2009）、担保行业等；问卷对象主要是来自有工作经验的在职学员，如 MBA 学员、MPAcc 学员等。调查研究结果表明，总体上看，企业内部控制实施效果有所提升，但仍存在许多问题，如高管重视程度不足（缪艳娟等，2014）、责任人不明确，内部控制实施发挥的效果与期望水平仍存在比较大的差距（王君彩和李宇立，2010）等。

于增彪和倪汝炜（1997）于 1996 年 7 月 13 日对河北涿鹿化肥有限公司的责任成本管理的现状进行了调查，实地考察涿化生产经营系统的运作，寻访工人及中下层管理人员，与董事长、总经理多次座谈，通过从行为科学、“泰罗制”精神实质角度的比较，分析了推行责任会计的实质和存在的问题，进而提出了如何结合我国实际，建立适应我国国情的企业内部管理控制制度的初步思路。为了详细探讨企业如何设计和应用内控评价体系，以及了解企业构建内控评价体系的一些关键问题，于增彪等（2007）选取了亚新科下属的亚新科安徽子公司作为调查对象，于 2004 年 6 月和 2005 年 6 月两次对其展开实地调查和测试研究，根据调查结果，从内部控制评价的目标、理念、评价标准和评价内容四方面，总结了企业构建内部控制评价体系的经验。

为了了解我国企业货币资金内部控制方面的情况，杨雄胜等（2001）在全国范围内对有关企业财务负责人进行了一次问卷调查，针对企业货币资金内部控制的三个实务问题（现金开支审批权的分配、现金开支审批权限的划分、内部银行制度），共发出问卷 234 份，回收 77 份。研究结果表明，加强我国企业货币资金内部控制制度，关键是建立货币资金控制的规范流程及重点控制环节，重视货币开支审批权制衡制度建设，同时，现金开支审批权限的设置必须考虑我国企业尚不完善的治理结构的现状。刘向伟和王艳丽（2012）通过问卷调查的方法获取高校的货币资金内部控制的现状，受访对象是新疆维吾尔自治区 23 所高等院校的财务部门负责人，问卷内容包括货币资金内部控制具体目标的实现情况和具体措施的实施情况。研究结果表明高校的货币资金的控制目标达到“良好”程度，但部分措施的实施情况有待进一步强化。

陈关亭和张少华（2003）在 2003 年 2 月至 8 月实施专项问卷调查，旨在探究我国上市公司是否在年报中披露内部控制评价报告及该报告应否由独立审计师进行审核等问题，采用邮寄和在内部控制培训班中发放问卷的方式，发出问卷 320 份，收回 206 份，回收率为 64.4%，调查对象由公司高层管理者、财务主管、注册会计师、监管机构及高校学者组成，调查内容包括内部控制、内控报告、强制性内控报告和内控报告的审核，问卷设计采用李克特量法，即对每个问题的意见，从 1 到 5 表示极为反对到极为同意。调查结果显示，我国应强制要求所有上市公司在年报中披露内部控制评价报告，并且内控报告应该由注册会计师审核并发表意见。

王君彩和李宇立（2010）调查企业对内部控制目标、内部控制要素的认同度以及企业的实施现状，进而对认同度与实施现状进行比较分析。调查对象是北京和新疆两地的高级会计师和其他管理人员，问卷分为两类，第一类为认同度调查，旨在了解被调查对象对于五大控制目标的重要性和可实现程度以及内部控制五要素对控制目标实现重要性两方面的认识，共发放600份，有效回收388份；第二类为现状调查，旨在获取企业内部控制的现状，共发放600份，有效回收254份。通过比较分析，该研究发现内部控制的重要性已经获得普遍认可，但实施现状不容乐观，经营目标和战略目标受重视程度较为不足。

宗文龙等（2012）在2011年4月至5月间，以中国某局举办的各省（市）财务人员培训班学员为对象进行问卷调查，受访对象包括省局财务处长等中层干部和市县财务科长等基层干部，发放80份问卷，得到有效问卷57份，问卷内容涉及受访者对事业单位内部控制目标、内部控制风险点、影响内部控制不利因素及改进措施四方面的认识，结果表明事业单位内部人员对战略、管理效率等认知度较低，事业性业务收入、工程项目、"小金库"是事业单位内部控制运行中面临的主要风险，因此应努力提高事业单位的风险管理水平，促进事业单位体制改革，实行重大事项集体决策、引入外部审计监督等措施。

此外，为了提高内部控制评价结果的可靠性，陈关亭等（2013）基于COSO框架和我国企业内部控制规范设计了内控评价指标体系，先后发放调查问卷1500份，有效回收466份，有效回收比例为31.07%，调查对象由注册会计师、企业中高层管理者和专家学者组成，通过层次分析法（AHP）和调查问卷确定指标权重，构建了内部控制模糊评价模型，从而更客观地评价企业内部控制实施效果。

缪艳娟和杨雄胜等（2014）以江苏省企业为调查对象，采用问卷调查方法研究企业内部控制实施现状及实施过程中遇到的问题，调查时间从2012年10月到2013年1月，通过邮寄和现场填写两种方式发放600份问卷，调查对象所在职位有董事、总经理、监事、财务总监、总会计师、审计部门负责人、财务部门负责人、内控部/风险管理部负责人、业务部门负责人等，问卷发放范围覆盖苏南（南京、苏州、常州）、苏中（扬州、泰州）、苏北（徐州、盐城、连云港）大部分地区，有效回收400份，有效回收率为66.67%，400个样本公司中30.8%为上市公司，69.2%为非上市公司。调查内容涉及企业内控实施情况（如实施时间进程、内控培训、责任人明确）、内控制度的参照标准和内控制度的影响因素（包括有利因素和不利因素）。研究结果表明，首先，从内控规范实施进程时间表的执行情况看，许多企业自愿提前执行实施内控规范，高管开始重视内控制度；其次，内控实施存在内控执行参照标准多重、责任人不明确、内控制度与企业流程不融合等问题。

表2-5对以上采用问卷调查法研究企业内部控制实施现状的文献进行了总结。

二、内部控制影响因素

部分文献采用问卷调查的方法，探索影响企业内部控制有效性的因素。调查结果显示，审计委员会（Cohen et al.，2010）、内部审计职能（Lin，2011；Prawitt et al.，2012；Abbott er al.，2007；张颖等，2010）、公司治理结构（张先治等，2010；张颖等，2010；李铁宁等，2011；张继德等，2013）、领导风格（于而立，2009；

表 2-5 内部控制实施现状①

作者	样本量	调查时间	调查对象	调查目的	主要结论
于增彪和倪汝炜（1997）	N/A②	1996 年 7 月	河北涿鹿化肥有限公司的董事长、总经理等。	调查企业责任成本管理的现状。	分析了推行责任会计的实质和存在的问题，进而提出了如何结合我国实际，建立适应我国国情的企业内部管理控制制度的初步思路。
于增彪等（2007）	N/A	2004 年 6 月、2005 年 6 月	亚新科下属的亚新科安徽子公司。	详细探讨企业如何设计和应用内控评价体系，以及了解企业构建内控评价体系的一些关键问题。	从内部控制评价的目标、理念、评价标准和评价内容四方面，总结了企业构建内部控制评价体系的经验。
杨雄胜等（2001）	77	2000 年初	有关企业财务负责人。	了解我国企业货币资金内部控制方面的情况。	结果表明，加强我国企业货币资金内部控制制度，关键是建立货币资金控制的规范流程及重点控制环节，重视货币开支审批权制衡制度建设，同时，现金开支审批权限的设置必须考虑我国企业尚不完善的治理结构的现状。
陈关亭和张少华（2003）	206	2003 年 2 月至 8 月	公司高层管理者、财务主管、注册会计师、监管机构及高校学者。	探究我国上市公司是否应该在年报中披露内部控制评价报告和该报告是否应该由独立审计师进行审核等问题。	调查结果显示，我国应强制要求所有上市公司在年报中披露内部控制评价报告，并且内控报告应该由注册会计师审核并发表意见。
王君彩和李宇立（2010）	642③	N/A	北京和新疆两地的高级会计师和其他管理人员。	调查企业对内部控制目标、要素的认同度以及企业的实施现状，进而对认同度与实施现状进行比较分析。	研究发现内部控制的重要性已经获得普遍认可，但实施现状不容乐观，经营目标和战略目标受重视程度较为不足。

① 表 2-3、表 2-4 已对 SEC、IMA 和德勤关于企业内部控制实施现状的调查内容进行总结，故表 2-5 不再包含这部分内容。
② 表格中 N/A 表示对应的文献未提及该指标，或者表示对应的文献不适用该指标。
③ 问卷分为两类：第一类问卷为认同度调查，有效回收问卷 388 份；第二类问卷为现状调查，有效回收问卷 254 份。

续表

作者	样本量	调查时间	调查对象	调查目的	主要结论
刘向伟和王艳丽（2012）	23	N/A	新疆维吾尔自治区23所高等院校的财务部门负责人。	获取高校的货币资金内部控制的现状。	研究结果表明高校的货币资金的控制目标达到“良好”程度，但部分措施的实施情况有待进一步强化。
宗文龙等（2012）	57	2011年4月至5月	中国某局举办的各省（市）财务人员培训班学员。	了解受访者对事业单位内部控制目标、内部控制风险点、影响内部控制不利因素及改进措施四方面的认识。	结果表明，事业单位内部人员对战略、管理效率等认知度较低，事业性业务收入、工程项目、“小金库”是事业单位内部控制运行中面临的主要风险，因此应努力提高事业单位的风险管理水平，促进事业单位体制改革，实行重大事项集体决策、引入外部审计监督等措施。
陈关亭等（2013）	466	N/A	注册会计师、企业中高层管理者和专家学者。	确定内部控制评价指标的权重。	通过层次分析法（AHP）和调查问卷确定指标权重，构建了内部控制模糊评价模型，从而更客观地评价企业内部控制实施效果。
缪艳娟和杨雄胜等（2014）	400	2012年10月至2013年1月	董事、总经理、监事、财务总监、总会计师、审计部门负责人、财务部门负责人、内控部/风险管理部负责人、业务部门负责人等。	研究企业内部控制实施现状及实施过程中遇到的问题。	研究结果表明，从内控规范实施进程时间表的执行情况看，许多企业自愿提前执行实施内控规范，高管开始重视内控制度；但是，内控实施存在内控执行参照标准多重、责任人不明确、内控制度与企业流程不融合等问题。

郑石桥等，2009;)、企业发展阶段（张颖等，2010）等因素都可能影响内部控制的有效性。

Cohen et al.（2010）利用半结构式访谈（Semi - structured interview）的方法，通过与来自三大会计师事务所的30名合伙人或经理进行访谈，从外部审计师对公司治理的角度检验了SOX法案后的公司治理现状。样本是2006年从美国东北部较大城市的三大会计师事务所中选取的自愿参加本次研究的30位外部审计师（包括11名经理，19名合伙人），受访的外部审计师认为SOX法案后，审计委员会更加活跃，更加尽责，拥有更好的财务专家以及更强的能力来实现其职责，使得公司治理环境得到显著的提高，促进内部控制有效性的提高。外部审计师在审计过程中会更多地参考公司治理的信息。然而在审计师选择与替换方面，审计委员会没有达到SOX法案的预期效果。总体而言，该调查研究表明，SOX法案颁布以后，公司治理水平得到了提升，从而促进了内部控制有效性的提高。

Lin et al.（2011）检验了内部审计职能（Internal audit function，IAF）在依据SOX 404条款披露内部控制重大缺陷中所发挥的作用。内部审计初始样本来源于在2003年和2004年进行调查所获得的1356份回复，剔除缺失财务数据、股票数据、10 - K报告、必要的内审数据，以及仅在SOX 302条款下报告重大缺陷的和非加速申报公司的观测值。利用2004年调查的214个样本公司的数据，检验重大缺陷披露与IAF属性（IAF attributes）及IAF活动（IAF activities）的关系。结果表明，重大缺陷的披露与内审人员的教育水平、现场工作质量保证技术（Quality assurance techniques）的使用程度、财务报告相关的内审活动强度以及对于内控缺陷修正的后续监督都显著负相关，IAF质量的提升有助于减少重大缺陷的发生。

SOX法案严格限制公司将任何形式的内部审计外包给为公司提供审计服务的外部审计师，其背后暗含的假设是内部审计外包行为会产生审计和客户之间的经济绑定（economic bonding)，导致审计师在审计工作中不够客观，所审计的财务报表的可靠性降低。然而，另一种观点则认为，内部审计服务可以创造出“知识外溢效应”（knowledge spillover)，审计师在财务报表审计时对公司的了解会更加全面，审计更有效果。为了检验以上两种观点，Prawitt et al.（2012）研究了SOX法案前，有外包内部审计活动的公司的财务报表错报或发生舞弊的风险情况。内部审计外包的情况来自国际内部审计协会的IIA GAIN数据库，该数据库通过问卷调查的方法，搜集了各种组织机构首席审计师的问卷回复，包括上市公司、私营公司、教育机构、子公司和分公司以及政府机构等，问卷内容几乎涵盖了内部审计活动的各方面。与知识外溢效应的观点一致，该文发现，在SOX法案前，与完全自主的或外包给其他第三方的内部审计活动相比，将内部审计外包给外部审计师时，公司的会计风险更低，从而表明内部审计的外包行为影响内部控制有效性。该文的研究结果指出了SOX法案禁止公司内部审计外包给外部审计师的规定是不合理的。

Abbott et al.（2007）通过问卷调查的方法，向美国财富1000强企业的首席内部审计师或类似职位的人员询问他们公司在2000年有关内部审计外包的情况，考察了不同类型的内部审计外包对外部审计的行为是否会产生不同的影响以及审计委员会对内部审计和外部审计的监管作用。选择在2000年内部审计外包的企业作为样本主要是出于两点的考虑：首先，在2000年之前，很少有相关规定限制企业外包内部审计活动的选择和性质；其次，1990年中后期，大量的企业选择外包内部审计活动，直到2000年外包活动达到了顶峰。调查问卷设计的主要问题包括：（1）企业在过去的一年是否存在内部审计外包的活动？（2）内部审计外包服务的提供者是谁？（是企业当前的外部会计事务所，还是其他服务提供者）（3）在过去的一个会计年度，外部服务提供者和内部审计师大约为内部审计花费多少时间？最终，作者获得了287份有效的问卷回复，回复率达到了29%。研究结果表明，当企业拥有独立性高、主观能动性强和财务专家较多的审计委员会时，更不可能将常规性的内部审计外包给外部的审计师。而外包非常规性内部审计的行为与有效的审计委员会之间并不存在显著的负向关系。同时，当内部审计外包给其他服务提供者时，无论外包何种类型的内部审计，均与有效的审计委员会不相关。总之，该文的研究结果支持有效审计委员会对企业总体审计范围的监督作用，同时肯定了审计委员会对外部审计师独立性的影响，进而表明了审计委员会在企业内部控制建设中的重要作用。

国内学者对内部控制因素进行了有益的探索，张川等（2009）以136家地产公司为样本，研究了内部控制的有效性、审计师评价和企业绩效之间的关系。回收245份问卷，有效问卷136份，其中有46家属于国有控股企业，90家为民营控股企业，受访者为房地产公司中层以上管理人员，问卷从内部控制的执行严格程度、实施频率和实施效果三个维度衡量企业内部控制制度的执行情况。研究发现，审计师对公司内部控制实施情况的评价与企业内部控制的执行严格程度、内部控制自我评价的实施频率、内部控制的实施效果成正比，表明审计师能够准确识别企业内部控制的执行和实施程度；同时，研究还发现内部控制的有效性对于提高企业绩效有显著作用。

张先治和戴文涛（2010）利用问卷调查的方法，研究内部环境中的公司治理结构如何影响企业内部控制。调查问卷从董事会特征、高管激励、内部监督、股权结构四方面衡量公司治理结构，调查对象包括从事内部控制研究的专家、金融、证券、行业的高级分析人员和企业主管内部控制的高层管理人员，发放问卷数为250份，有效问卷数为168份，有效占比67.20%。研究发现，独立董事比例、董事会规模、高管持股比例、审计委员会的设立、董事会和监事会会议频率等正向影响着内部控制质量；董事长与总经理二职合一、国有控股、股权集中度负向影响着内部控制，表明公司治理结构在不同层面影响着内部控制的运行质量。

李铁宁和罗建华（2011）关注担保企业中的人员风险控制，认为高管领导能力对企业内部控制的影响有两种可能的作用途径：直接和间接，后者被称为中介效应，即高管领导能力可能通过作用于中介变量“人员管理活动”来影响企业内部控制的绩效。作者采用问卷调查的方法，用李克特7分量表法衡量高管领导能力，选取广东、湖南两家担保集团股份有限公司下属的20家子公司为受访对象，发放问卷511

份，有效问卷 442 份。研究发现，人员管理活动在高管领导能力与企业内部控制绩效之间起到中介作用，并且中介效应的强度高于直接效应。

张继德等（2013）采用问卷调查方法展开对企业内部控制影响因素的调查，问卷采用李克特量表的方法衡量组织结构、管理层重视、资金、管理成熟度、人员素质和信息技术六个因素，分析其对内部控制有效性的影响，受访对象主要为企业的管理者和普通员工，发放 300 份问卷，有效回收 167 份。研究结果表明，在以上诸多影响因素中，管理层重视程度是影响内部控制有效性的最关键因素，同时企业应制定科学合理的治理结构。

张先治和张晓东（2004）从投资者需求的角度，通过问卷调查的方法探索上市公司投资者需求偏好对内部控制的影响，以回答两个基本问题，即“投资者是否需要内部控制”和“投资者需要什么类型的内部控制”。该研究通过问卷的方法获取投资者对于不同内部控制类型（内部管理控制和内部会计控制）偏好的信息。问卷内容涉及不同类型的内部控制的差异，共 22 个问题，用李克特量表的“五分制”衡量受访者的偏好，“1”表示强烈反对，“5”表示非常同意。问卷调查对象是在职 MBA 学员、研究生和公司职员中的投资者或潜在投资者，发放问卷 326 份，收回问卷 300 份，有效问卷 249 份。调查结果表明，投资者在进行投资活动的时候，会关注上市公司内部控制的情况，对内部控制有着比较强烈的需求，且不同类型的投资者对内部控制类型需求不同，短期投资者对会计层面的内部控制有着较强偏好，而长期投资者对公司层面的内部控制需求较强烈。

部分学者将内部控制要素划分为“软”要素（软控制）和“硬”要素（硬控制），研究不同性质和强度的要素对企业内部控制的影响（于而立，2009；郑石桥等，2009）。于而立（2009）以浙江省企业为对象，将控制模式分为文化伦理控制、家族控制和制度控制三种类型，调查民营企业的内部控制环境和控制模式的现状。问卷调查时间从 2008 年 6 月至 9 月，发放问卷 493 份，回收问卷 433 份，有效问卷 354 份，受访企业涉及 13 个行业。通过对不同类型的内部控制环境要素和内部控制模式的比较分析，研究发现，相比控制硬环境要素，控制软环境要素，如道德价值观、管理哲学及领导风格、企业文化等对浙江民营企业内部控制整体状况的影响程度更高；从内部控制环境要素与控制模式实现的关系上看，文化伦理控制实现程度最高，家族控制实现程度最低。

郑石桥等（2009）围绕企业控制环境（“软”控制）和控制活动两要素（“硬”控制），研究企业内部控制结构类型、影响因素及效果。调查对象为大学 MBA 学员，共发放 200 份问卷，回收 156 份，最后得到有效问卷 146 份。根据企业控制环境重视程度和控制活动重视程度，企业内部控制结构类型被划分为控制环境主导型、控制活动主导型、环境活动并重型和环境活动双弱型。研究结果表明，四种类型中，环境及活动并重型的企业最多，领导风格和企业发展阶段影响企业内部控制结构类型的选择，且不同类型的内部控制结构类型影响企业控制目标的实现。

部分文献基于企业内部控制目标实现的角度探索影响企业内部控制有效性的因

素。张颖和郑洪涛（2010）借鉴 Michael 的研究方法，采用李克特量法度量内部控制有效性，通过问卷调查的方法研究我国企业内部控制的总体水平及影响因素。调查对象是来自北京国家会计学院的财务总监培训和总会计师培训班的学员，发放200份有效问卷，回收率是63%。调查内容包括两部分，第一部分是关于企业内部控制有效性的调查，从四个维度衡量内控的有效程度，即合规性目标、报告目标、经营目标和战略目标，第二部分是关于企业股权集中度、审计机构有效性等内容。研究结果发现，企业发展阶段、企业规模、内审机构运行效率、管理的集权化程度等因素通过作用于对不同目标的实现来影响内部控制有效性。

基于内部控制目标的相互关联性，李宇立（2011）认为控制缺陷之间也构成相互影响的态势，作者将合法合规控制缺陷、资产安全控制缺陷、报告控制缺陷、经营控制缺陷、战略控制缺陷的关系归为三个层次，通过问卷调查的方法，检验与内控目标相对应的内控缺陷之间的关系。受访者是北京和新疆两地的高级会计师和其他管理人员，发放600份，有效回收254份。研究结果表明，合法合规控制缺陷、资产安全控制缺陷与报告控制缺陷之间关联性很强；报告控制缺陷对经营控制缺陷影响最大；经营控制缺陷显著影响企业战略目标的实现，导致战略控制缺陷产生。

表2-6对采用问卷调查研究内部控制影响因素的文献进行了总结。

第二节　关于经验数据的文献综述

现有关于内部控制研究文献，除了采用问卷调查的研究方法，还有许多文献利用上市公司的经验数据进行实证研究。对于这部分高质量的内部控制文献，本节将从内部控制影响因素和经济后果两方面进行综述。

一、内部控制影响因素

杨雄胜（2011）认为，“内部控制是运用专门手段工具及方法，防范与遏制非我与损我，保护与促进自我与益我的系统化制度。”然而我国内部控制信息披露和体系建设仍存在不少问题（周守华等，2013），那么影响内部控制有效性有哪些因素呢？国内外已有的研究从企业内部因素和外部环境因素分析企业内部控制有效性。其中，内部因素主要包括企业规模、成长性、交易的复杂程度等公司特征（如，Doyle et al.，2007；Ashbaugh-Skaife et al.，2007；林斌和饶静，2009；方红星等，2009；田高良等，2010）、董事会、审计委员会和高管治理能力（Krishnan，2005；Naiker and Sharma，2009；Hoitash et al.，2009；Li et al.，2010；Johnstone et al.，2011）、内部治理机制的健全程度（Abbott et al.，2007）、公司治理结构（Goh，2009；Sun et al.，2012；张旺峰等，2011）、管理层动机（Earley et al.，2008；

表 2-6　内部控制影响因素

作者	样本量	调查时间	调查对象	调查目的	主要结论
Abbott et al.（2007）	287	2000 年	美国财富 1000 强企业的首席内部审计师或类似职位的人员。	考察不同类型的内部审计外包对外部审计的行为是否会产生不同的影响以及审计委员会对内部审计和外部审计的监管作用。	研究结果肯定了有效的审计委员会对企业总体审计范围的监督作用，表明了审计委员会在企业内部控制建设中的重要作用。
Cohen et al.（2010）	30	2006 年	会计师事务所的名合伙人或经理。	从外部审计师对公司治理的角度检验了 SOX 法案后的公司治理现状。	研究表明，SOX 法案颁布以后，公司治理水平得到了提升，促进了内部控制有效性的提高。
Lin et al.（2011）	214	2003 年至 2004 年	问卷来自 GAIN 数据库，参与问卷调查的对象所在机构包括上市公司、私营公司、教育机构、公司分部、政府机构等。	检验内部审计职能（internal audit function，IAF）在依据 SOX 404 条款披露内部控制重大缺陷中所发挥的作用。	结果表明，重大缺陷的披露与内审人员的教育水平、现场工作质量保证技术的使用程度、财务报告相关的内审活动强度以及对于内控缺陷修正的后续监督都显著负相关，IAF 质量的提升有助于减少重大缺陷的发生。
Prawitt et al.（2012）	334	2000 年至 2002 年	上市公司、私营公司、教育机构、政府等机构的首席审计师。	研究 SOX 法案前，有外包内部审计活动的公司的财务报表错报或发生舞弊的风险情况。	研究发现，在 SOX 法案前，与完全自主的内部审计活动或外包给其他第三方的内部审计活动相比，将内部审计外包给外部审计师时，公司的会计风险更低，表明内部审计的外包行为影响内部控制有效性。

续表

作者	样本量	调查时间	调查对象	调查目的	主要结论
张先治和张晓东（2004）	249	N/A①	在职 MBA 学员、研究生和公司职员中的投资者或潜在投资者。	探索上市公司投资者需求偏好对内部控制的影响。	调查结果表明，投资者在进行投资活动的时候，会关注上市公司内部控制的情况，对内部控制有着比较强烈的需求，且不同类型的投资者对内部控制类型需求不同，短期投资者对会计层面的内部控制有着较强偏好，而长期投资者对公司层面的内部控制需求较强烈。
张川等（2009）	136	N/A	房地产公司中层以上管理人员。	研究内部控制的有效性、审计师评价和企业绩效之间的关系。	研究表明，审计师能够准确识别企业内部控制的执行和实施程度；同时内部控制的有效性对于提高企业绩效有显著作用。
于而立（2009）	433	2008 年 6 月至 9 月	浙江省内的杭州、温州等民营企业。	调查民营企业的内部控制环境和控制模式的现状及其影响因素。	研究发现，相比于控制硬环境要素，控制软环境要素，如道德价值观、管理哲学及领导风格、企业文化等对浙江民营企业内部控制整体状况的影响程度更高。
郑石桥等（2009）	156	N/A	大学 MBA 学员。	获取企业控制环境重视程度、控制活动重视程度、控制目标重视程度、集权程度和领导风格等信息，以研究企业内部控制结构类型、影响因素及效果。	研究结果表明，四种类型中，环境及活动并重型的企业最多，领导风格和企业发展阶段影响企业内部控制结构类型的选择，且不同类型的内部控制结构类型影响企业控制目标的实现。

① 表格中 N/A 表示对应的文献未提及该指标。

续表

作者	样本量	调查时间	调查对象	调查目的	主要结论
张颖和郑洪涛（2010）	126	N/A	北京国家会计学院的财务总监培训和总会计师培训班的学员。	研究我国企业内部控制的总体水平及影响因素。	研究结果发现，企业发展阶段、企业规模、内审机构运行效率、管理的集权化程度等因素通过作用于对不同目标的实现来影响内部控制有效性。
张先治和戴文涛（2010）	168	N/A	从事内部控制研究的专家、金融、证券、行业的高级分析人员和企业主管内部控制的高层管理人员。	研究内部环境中的公司治理结构如何影响企业内部控制。	研究发现，独立董事比例、董事会规模、高管持股比例、审计委员会的设立、董事会和监事会会议频率等正向影响着内部控制质量，董事长与总经理二职合一、国有控股、股权集中度负向影响着内部控制，表明公司治理结构在不同层面影响着内部控制的运行质量。
李铁宁和罗建华（2011）	442	N/A	广东、湖南两家担保集团股份有限公司下属的 20 家子公司。	研究高管领导能力对企业内部控制的影响及其可能的作用途径。	研究发现，人员管理活动在高管领导能力与企业内部控制绩效之间起到中介作用，并且中介效应的强度高于直接效应。
李宇立（2011）	254	N/A	北京和新疆两地的高级会计师和其他管理人员。	检验与内控目标相对应的内控缺陷之间的关系。	研究结果表明，合法合规控制缺陷、资产安全控制缺陷与报告控制缺陷之间关联性很强；报告控制缺陷对经营控制缺陷影响最大；经营控制缺陷显著影响企业战略目标的实现，导致战略控制缺陷产生。
张继德等（2013）	167	N/A	企业的管理者和普通员工。	对企业内部控制影响因素的调查。	研究结果发现，管理层重视程度是影响内部控制有效性的最关键因素，表明企业应制定科学合理的治理结构。

Wolfe et al.，2009）、公司财务状况的好坏（Rice and Weber，2012）以及管理层乐观主义（Bedard and Graham，2011）等。外部因素主要包括投资者保护环境、内部控制政策的变革等制度因素（Moerland，2007；Piotroski and Srinivasan，2008；Hochberg et al.，2009；Cohen et al.，2010；Lu et al.，2011；Gong et al.，2013；刘启亮等，2012）、外部审计师的监督（Ashbaugh – Skaife et al.，2008；Hogan and Wilkins，2008；Kinney and Shepardson，2011；田高良等，2011；方红星和戴敏杰，2012）、债权人的约束（Costello and Wittenberg – Moerman，2011；Kim et al.，2011；Dhaliwal et al.，2011）、新的内控监督技术（Masli et al.，2010）等。

首先，内部因素主要从公司基本特征和公司治理两方面展开研究。公司基本特征方面，Doyle et al.（2007）和 Ashbaugh – Skaife et al.（2007）是目前关于内部控制缺陷披露影响因素的文献中影响最大的两篇。Doyle et al.（2007）和 Ashbaugh – Skaife et al.（2007）研究了组织复杂度和范围、组织变革、内部控制投入和会计风险（Accounting Risk）对内部控制缺陷披露的影响，研究发现，上市年限较长、财务状况较好的公司披露内部控制缺陷的可能性较低，而组织复杂度较高、组织变革程度较大的公司披露内部控制缺陷的可能性较大。Ge and McVay（2005）也认为重大缺陷的披露与经营复杂程度正相关，与公司规模和公司利润负相关。田高良等（2010）以 2008 年深市 494 家披露内部控制自我评价报告的公司为研究样本，发现存在内部控制缺陷的公司一般经营更加复杂、存在的会计风险更高、内部控制建设更不完善，经历审计师变更和财务报告重述的公司更可能披露内部控制缺陷。同时，学者们也注意到，信息技术在内控实践中的广泛应用，能够在实时反映、信息集成基础上实现知识共享及创新，为实现内部控制适应大环境的变化这一任务提供了可能性（杨雄胜，2007），企业将基于权利控制的内部控制转变为基于信息观的内部控制有着深远的意义（杨雄胜，2005），因此，有部分文献围绕信息技术对内部控制的影响进行研究。此外，刘桂英和于增彪等（2006）强调了战略、风险管理与内控制度具有内在联系，企业内部制度的设计和运行必须而且能贯彻战略。

公司治理方面，许多文献关注高管、审计委员会等专业技能对内部控制的影响。Li et al.（2010）研究了 CFO 的专业技能（CFO's Professional Qualifications）对内部控制缺陷披露的影响，CFO 的专业技能越高，公司越不可能存在内部控制缺陷。Krishnan（2005）、Hoitash et al.（2009）、Naiker and Sharma（2009）、Lisic et al.（2014）都研究了审计委员会特征对内部控制缺陷披露的影响。Krishnan（2005）、Hoitash et al.（2009）、Naiker and Sharma（2009）研究发现，审计委员会的独立性和专业能力越强，公司披露内部控制缺陷的概率越低。Lisic et al.（2014）认为这一效应还取决于 CEO 权力，CEO 权力过大时，可能削弱审计委员会的作用，为 CEO 攫取公司利益提供了条件。Lin et al.（2011）研究了内部审计质量对内部控制缺陷披露的影响，发现内部审计质量越高，内部控制缺陷披露的概率越低。

Balsam et al.（2014）研究了 CEO 股权激励对内部控制缺陷披露的影响。实证结果证明，管理层的股权激励水平越高，公司披露内部控制缺陷的概率越低。逯东等（2014）发现，给予 CEO 适度的超额薪酬激励和股权激励有助于内部控制有效性的提高，而且与其他 CEO 相比，具有行政经历的 CEO 会削弱激励机制在内部控制有效性中的提升作用。刘焱和姚海鑫（2014）实证检验了高管权力是否会干预审计委员会专业性对内部控制的监控效力，发现专业的审计委员会有助于提高上市公司内部控制质量，但高管权力会干预审计委员会专业性作用的发挥，随着高管权力的增加，审计委员会专业性对内部控制的监控作用将被削弱。林钟高和徐虹（2009）论证了分工、控制权配置对内部控制效率的影响，认为内部控制是基于分工的一种权力制衡机制，分工的技术效率影响着内部控制制度效率，剩余控制权配置是实现内部控制效率的核心。徐虹和林钟高（2011）基于控制制度的选择与设计的角度，发现信任水平与组织结构对内部控制制度设计与选择确定具有重要影响，企业应根据组织结构和信任水平特征，设计或者选择与之相适应的、具有效率的内部控制方式及其实现路径。

除了以上因素，管理层动机及治理机制也影响了内部控制缺陷识别过程，进而影响了上市公司的内部控制披露行为。Rice and Weber（2012）研究发现，当公司存在融资需求时，管理层更有动机隐瞒内部控制缺陷。Earley et al.（2008）和 Wolfe et al.（2009）则通过实验设计的方法，详细探讨了管理层动机对外部审计师识别、评估内部控制缺陷的影响。

由于管理层通常要对账户余额或内部控制的信息进行汇总，而审计师必须收集证据来评估这些信息是否公允，管理层被认为是“先行者”（First Mover），审计师被视为“后发者”（Second Mover），当审计师是后发者时，他们很容易受到知识性偏差的影响，不能忽略先前已处理的信息（Fischhoff，1977）。因此，Earley et al.（2008）采用实验设计的方法探讨审计师作为“后发者”的一般性问题，即通过调查管理层对内部控制缺陷的严重性分类是如何影响审计师对财务报告内部控制缺陷的初步评估。实验的参与者是来自国际四大会计师事务所从事审计工作的审计师，具有一定的 SOX 404 条款工作经验。作者做了两个实验：第一个实验是测试审计师在财务报告内部控制缺陷严重程度上是否表现出了“知识偏差”，以及管理层对审计师判断的潜在影响是由于对管理层分类的有意认知偏差，还是无意识认知偏差；第二个实验是检验重新构建内部控制缺陷评估任务的潜在修正影响。研究发现，当管理层对财务报告内部控制缺陷的分类较轻或对管理层有利时，审计师更容易受到管理层缺陷分类的影响，从而表明了管理层“先行者”的角色影响了审计师的判断。

由于内部控制问题评估和结论具有主观性，管理层可能试图说服审计师降低对已观察到的控制偏差评估的严重程度，因此，Wolfe et al.（2009）通过实验分析了 106 位高级审计经理在受到管理层“承认”（即管理层承认内部控制缺陷存在）或“否认”（即管理层否认内部控制缺陷存在）的说服策略之后，如何评估可能隐含重要缺陷的 IT 或人工控制偏差。实验的参与者来自参加一个国际培训会议的四大会计事务所高级审计经理。剔除了四名未充分回答该项目的参与者，最终得到 106 个样本。研究实验是让高级审计经理阅读一个案例材料，然后评估两种内控偏差。作者发现，对于IT控制偏差，审计师评估缺陷的重要性降低，与管理层“否认”相比，审计师更接受管理层承认的充分解释；对人工控制偏差，研究并没有发现承认与否认的结果存在差异。

国内也有不少文献研究公司内部控制信息披露行为的影响因素。林斌和饶静（2009）发现内部控制资源充裕、快速成长、设置了内审部门的上市公司更愿意披露内部控制鉴证报告；而上市年限长、财务状况差、组织变革程度高以及发生违规的公司更不愿意披露鉴证报告。方红星等（2009）研究发现是否海外交叉上市、独立董事占董事总人数百分比和资产净利率是影响上市公司内部控制信息自愿披露的显著因素。林斌等（2012）以上市公司自愿参加内部控制试点的事件为背景，从信号理论角度，研究企业参与内部控制试点的影响因素，研究结果发现，内部控制质量较好的企业更愿意参加内部控制试点，有高管股权激励计划、上市时间较早的大型上市公司更愿意参加内部控制试点。方红星和戴捷敏（2012）进一步发现降低代理冲突和传递信号不仅是上市公司自愿披露内部控制鉴证报告的主要动机，而且是其自愿提高鉴证信息披露质量（扩大鉴证范围和提高保证程度）的主要动机。

其次，外部因素。Gong et al.（2013）利用美国证券市场上的Cross - listed样本，研究了母国投资者保护和所有权结构对内部控制缺陷披露的影响。作者用CONTROL_WEDGE变量来衡量管理者是大股东且控制权超过现金流权的情况。实证结果表明，当跨国上市公司位于弱投资者保护的国家时，CONTROL_WEDGE与内部控制缺陷误报显著正相关。但是跨国上市公司位于强投资者保护的国家时，正相关关系并不显著。Masli et al.（2010）研究了内部控制监督技术（Internal Control Monitoring Technology）对内部控制缺陷披露的影响，发现公司实施内部控制监督技术后可以降低内部控制缺陷风险，从而更不可能披露内部控制缺陷。刘启亮等（2012）研究了政府控制和市场化程度等外部环境对企业内部控制质量影响，发现相比于中央政府控制的公司，地方政府控制的公司内部控制质量相对较差；并且，上市公司所在地区的市场化程度越高或政府对经济的干预程度越低，公司的内部控制质量越高。佟岩等（2012）则重点研究了市场集中程度对内部控制鉴证报告披露的影响，发现内部控制鉴证报告披露的概率随着市场集中程度的变化呈倒U型关系，且当市场从极度分散向相对集中变化时，民营控股企业更倾向于披露内部控制鉴证报告。

值得注意的是，国外大部分研究采用上市公司披露的内部控制缺陷衡量内部控制质量，国内研究则采用多种方法衡量内部控制质量，例如过程导向的内部控制指数（孙烨和林斌，2008；陈汉文和张宜霞，2008；陈汉文，2010；陈关亭，2010）、目标导向的内部控制指数（张兆国，2011；张先治和戴文涛，2011；中国上市公司内部控制指数研究课题组，2011；林斌等，2014）、内部控制缺陷指数（李万福等，2011，田高良等，2010）。

部分文献从理论上讨论了影响内部控制效率的因素。林钟高和郑军（2007）指出了内部控制的契约属性是一种评价利益关系的契约装置，追求利益分配的公平和正义是内部控制的伦理基础。舒伟等（2015）基于系统科学的熵、耗散结构理论，提出了“内控熵”和“内控耗散”的概念，阐述了内部控制有效性演变的机理，研究表明，企业内部控制效率的提高，一方面可以通过延缓或阻止“内控熵增”来实现；另一方面可以通过完全开放，不断地与外部环境进行物质、能量、信息的交换，增加负熵值来实现。

二、内部控制经济后果

国外关于内部控制的实施效果进行了大量实证研究，但是研究结论并不一致。有的学者发现内部控制具有正面作用，研究发现内部控制水平的提高能够提高会计信息质量（Ashbaugh - Skaife et al.，2008）、会计稳健性（Goh and Li，2011）、审计质量的整体水平（DeFond and Lennox，2011）和公司治理水平（Cohen et al.，2010），增加了企业内部交易的信息含量（Brochet，2010）等。有的学者认为内部控制给企业带来负面的影响，研究发现 SOX 法案增加了企业的成本负担（Zhang，2007；Engel et al.，2007；Leuz et al.，2008；Gao et al.，2009；Gordon and Wilford，2012）。然而，一些学者认为这些研究可能忽略了某些重要的控制变量，SOX 法案对企业成本的影响实际上并不明显（Piotroski and Srinivasan，2007；Leuz，2007；Hayes，2009）。

国内关于内部控制的效果研究取得了一些成果。研究发现，内部控制是企业生态系统中的“控制链”（杨雄胜，2006），提高内部控制有效性能够提高会计信息质量（张龙平等，2010；董望和陈汉文，2011）、盈余质量（方红星和金玉娜，2011）、会计稳健性（方红星和张志平，2012）、投资效率（李万福等 2011）、投资者决策有用性（张继勋等，2011；池国华等，2012）和企业绩效（张川等，2009），有助于抑制大股东资金占用（杨德明等，2009）、降低审计费用（张宜霞，2011）、资本成本（林斌等，2012）、代理成本（杨玉凤等，2010；杨德明等，2012）和实际税负（李万福和陈晖丽，2012）、规避财务困境（李万福等，2012）等。研究还发现内部控制质量与管理层薪酬业绩的敏感度高度正相关（卢锐等，2011）。

如何评价内部控制经济后果是一个复杂的问题，不同文献从不同角度对该问题进行研究。现有文献分别从财务报告质量、审计公司治理、经营效率、投资决策、债务成本、权益成本和市场反应的角度研究内部控制的经济后果。

（一）内部控制与财务报告质量

这一主题的文献主要从会计稳健性和应计质量（Accrual Quality）两个角度研究内部控制对财务报告质量的影响。

在内部控制与会计稳健性方面，Goh and Li（2011）研究了内部控制与条件稳健性（即损失确认及时性）的关系，发现内部控制质量和稳健性存在正相关关系。Altamuro and Beatty（2010）检验了联邦存款保险公司改进法案（FDICIA）中内部控制条款对财务报告的影响，发现 FDICIA 的强制内控条款提高了受约束公司货款损失准备金的有效性、盈余持续性和现金流量的稳定性，减少了扭亏为盈的操纵（benchmark - beating），同时也降低了会计稳健性。方红星和张志平（2012）也发现内部控制质量与会计稳健性正相关。

在内部控制与应计质量方面，Doyle et al.（2007）和 Ashbaugh - Skaife et al.（2008）发现报告内控缺陷的公司的应计质量更低。Lu et al.（2011）则利用加拿大内部控制披露数据，进一步证实了在加拿大制度背景下，内部控制缺陷和应计质量整体上存在负向净效应。Carter et al.（2009）发现 SOX 法案的执行及相关的改革促进了盈余管理的减少，而且公司在红利契约中更注重盈利。Cook et al.（2008）则从纳税筹划的角度，发现 SOX 法案改变了管理层通过 ETR 来进行盈余管理的倾向。Cohen et al.（2008）发现在 SOX 法案颁布之后，公司从应计项盈余管理转向真实活动盈余管理；而且，同 SOX 法案前相比，在 SOX 法案后达到一定盈余标准的公司，其更少的通过应计项目，而是通过真实活动来进行盈余管理。

国内也有许多学者从应计质量的角度探讨了内部控制对财务报告质量的影响。张龙平等（2010）、方红星和金玉娜（2011）发现披露内部控制鉴证报告的上市公司的可操纵应计更低，内部控制鉴证提升了公司会计盈余质量。董望和陈汉文（2011）研究发现，高质量的内部控制提高了应计质量。刘行健和刘昭（2014）研究了内部控制作为企业内部监管机制，探讨其对公允价值与盈余管理间关系的影响，发现上市公司普遍采用公允价值进行盈余管理，内部控制缺陷对公允价值和盈余管理的关系产生影响。李万福等（2014）探讨了不同性质内部控制缺陷对财务报告的影响，发现内部控制重大缺陷会导致更大的盈余噪音和更多的异常应计，并且这种负面效应主要由治理层面内部控制缺陷引起。田高良等（2011）则从价值相关性的角度，证实了当公司存在财务报告内部控制缺陷时，净利润和账面价值对股票价格的总体解释能力下降，财务报告信息的价值相关性下降，投资者在确定股票价格时会更多的参考账面价值。刘启亮等（2013）发现公司的内部控制质量与会计信息质量正相关，但公司内部控制对会计信息质量的提升作用受制于公司内部高管的权力配置结构，在高管权力集中的情况下，内部控制的改善对会计信息质量并没有明显的提升作用。

总体来看，现有的国内研究证据基本一致认为，内部控制确实可以实现保证财务报告质量的目标。内部控制越好的公司，财务报告质量越高。

（二）内部控制与审计

内部控制对外部审计师的影响主要体现在两个方面：内部控制对审计质量的影响和内部控制对审计收费的影响。

首先，审计质量方面。Ashbaugh - Skaife et al.（2008）发现，披露内部控制缺陷并随后收到无保留 SOX 404 审计意见的公司，其非正常应计项目（相对于最初披露内部控制缺陷的当年来说）有所减少；内部控制被识别出缺陷并随后收到非标 SOX 404 审计意见的公司，其非正常应计项目没有多大变化。这表明审计师对内部控制报告进行评估，有助于其出具与企业盈余质量相一致的审计意见，对审计质量起到了积极的作用。但 Patterson and Smith（2007）研究结果则表明了 SOX 法案的执行增加了审计的风险与成本。Patterson and Smith 通过数学模型分析，研究了 SOX 法案对审计师工作强度和内部控制强度的影响。研究结果表明，当内部控制强度可以提供管理层欺诈的可能性的信息时，内部控制测试对于审计师来说是非常有价值的工具；SOX 法案可以诱导产生更强的内部控制体系，并减少管理层欺诈，但是它并不一定能够引起更高的内部控制测试水平，SOX 法案增加了审计的风险与成本。

其次，审计收费方面。Hogan and Wilkins（2008）通过模型分析认为，披露内部控制缺陷的公司，其审计费用显著较高。Kinney and Shepardson（2011）发现，在 2004 年就执行 404（b）条款的公司，其审计费用较往年增加了近一倍，并在随后的年份里保持高位运行，而受到 404（b）条款豁免的公司，其审计费用的年增长率为 10% 左右。戴捷敏和方红星（2010）发现，控制风险（内部控制质量）和审计收费之间存在正相关关系，审计收费中包含了一定程度的风险溢价。李越冬等（2014）对内部控制重大缺陷与审计定价进行研究，结果表明内部控制与外部审计间具有相互替代作用，即审计费用与内部控制重大缺陷间存在显著正相关关系。

方红星和刘丹（2013）以我国 2010 年变更审计师的上市公司作为样本，研究内部控制质量与审计师变更的关系，发现变更审计师的公司对高质量审计的需求概率与内部控制质量变化表现为倒 U 型曲线关系，即高质量审计需求与内部控制质量的变化表现出先上升、后下降的趋势，表明当内部控制足够有效时，内部控制与高质量审计之间具有替代关系。

（三）内部控制与公司治理

内部控制首先要以体现公司治理的本质并实现其目标为起点，公司治理制度的落实寓于内部控制制度的建立之中（杨雄胜，2005）。目前关于内部控制与公司治理的文献主要主要从 CFO 和董事会、审计委员会两个角度探讨两者的相互作用。

首先，基于 CFO 的角度，Li et al.（2010）发现收到内部控制否定意见（SOX 404 条款）公司的 CFO 辞职率较高，更倾向于聘请新的 CFO。Wang（2010）发现 SOX 法案后内部控制较差公司的 CFO 薪酬更少且 CFO 强制更换率（Forced Turnover Rates）更高。Hoitash et al.（2012）则发现公司 CFO 当年薪酬（奖金，权益报酬以及薪酬总额）较前一年的变化值与内部控制重大缺陷披露负相关。

其次，基于董事会、审计委员会的角度，Johnstone et al.（2011）从董事会、审计委员会和高管角度较为全面地探讨内部控制对公司治理的影响，结果发现内控重大缺陷的披露和后续董事会成员、审计委员会成员和高管的变更显著正相关，而且内控重大缺陷的修正和董事会、审计委员会、高管特征的改进（Improvements in the Characteristics）显著正相关。

内部控制发端于会计、审计领域而升华于公司治理领域（缪艳娟和杨雄胜，2012），国内有不少文献从公司治理的角度考察内部控制的经济后果。杨德明等

（2009）以2007年至2008年A股上市公司为样本，研究了内部控制对代理成本的影响，发现内部控制质量的提高有助于抑制大股东与中小股东的代理成本，降低经理人与股东之间的代理成本。卢锐等（2011）研究内部控制对管理层薪酬业绩敏感度的影响，发现内部控制质量越高的公司，其管理层薪酬业绩的敏感度也越高。而且相对于民营控股的上市公司，国有控股上市公司的内部控制质量和薪酬业绩敏感度之间的协同性更加显著。杨德明等（2009）发现内部控制质量的提高有助于抑制大股东资金占用，但该现象仅在低审计质量样本中成立，表明内部控制与外部审计之间存在一定的替代效应，在审计质量较低的环境下，内部控制所发挥的作用更为明显。林钟高等（2014）检验关系投资、内部控制及其交互作用对大股东资金占用行为的影响，研究发现，内部控制对大股东资金占用的抑制作用因关系（供应商关系/客户关系）投资角色不同发生变化。

（四）内部控制与经营效率效果

部分文献考察了内部控制对经营效率效果的作用。方红星（2002）从理论上证明了内部控制是影响组织效率的内在因素之一，内部控制和审计都是追求组织效率的必然结果。李万福等（2011）探讨了内部控制在公司投资中的角色，研究发现，当公司很可能面临投资过度境况时，更低的内部控制质量加剧了该现象的发生；当公司很可能面临投资不足境况时，更低的内部控制质量同样加剧了投资不足现象的发生，表明加强企业内部控制建设是提高公司投资效率的重要途径。方红星和金玉娜（2013）发现公司治理和内部控制能够抑制公司的非效率投资，公司治理能够有效抑制意愿性非效率投资，内部控制能够有效抑制操作性非效率投资，从而理清了公司治理与内部控制在抑制非效率投资方面的作用差异。李万福等（2012）研究内部控制对公司税负的影响，发现内部控制质量与公司税负负相关，随着内控质量的提高，公司税负显著下降；相对于内控较差组公司，内控较好组公司有更低的实际税负；相对于未披露内控鉴证报告的公司，披露鉴证报告的公司实际税负更低，这些结果表明内部控制可对企业的税收经营活动产生积极影响。李万福等（2012）研究内部控制对财务困境的影响，发现存在重大内部控制缺陷的公司更可能陷入财务困境。林斌等（2013）以企业经营的合法合规为核心，以2000－2007年沪深主板A股上市公司为样本，实证检验了内部控制对公司诉讼以及企业价值的影响，发现加强内部控制有助于实现公司经营合法合规的目标，最大限度地避免因诉讼而遭受的损失，进而提升公司的价值。孙芳城等（2011）则选取反倾销的角度，发现公司内部控制越好，被最终裁定的反倾销税率就越低。张会丽和吴有红（2014）研究了内部控制质量对于企业现金持有的影响，发现内部控制质量改善能够显著提高企业的现金持有价值。杨道广等（2014）研究了内部控制对并购的影响，发现收购方的内部控制质量越高，并购完成当年及其后3年内破产风险增大的幅度越小、并购业绩也越好，总体来看，学者普遍认可内部控制可以提升企业经营效率效果。

（五）内部控制与投资决策

学者基于不同视角探索内部控制对投资者风险感知的影响，如内部控制的实施（Wu and Tuttle，2014）、内部控制信息披露详细程度（Rose，2010；张继勋等，2011；池国华等，2012）、内部控制审计意见（Asare and Wright，2012；张继勋等，2011）等。这部分文献的特色在于细致研究了普通投资者的心理行为，为该领域的研究提供了新的视角。

Rose et al.（2010）通过对97名和53名非专业投资者分别进行实验室实验，研究投资者是否会根据重大控制缺陷披露、重大控制缺陷普遍性（Pervasiveness）和重大控制缺陷普遍性的细节解释来调整他们对投资风险的评估。47名参与调查的MBA学生回答了以下三个问题：（1）一般而言，公司高管的可信度是否影响公司的市场价值？（1表示“完全不”，5表示“适中”，9表示“完全是”）；（2）一般而言，公司高管可信度是否影响公司财务披露风险？（1表示“完全不”，5表示“适中”，9表示“完全是”）；（3）一般而言，如果管理层可信度较低，公司的长期财务业绩会受何影响？（-5表示“非常差的业绩”，1表示“无影响”，5表示“非常高的业绩”）。统计结果显示，问题一和问题二的回答显著异于“完全不”，而且显著高于“适中”。问题三的回答显著小于“无影响”。研究结果表明，投资者会根据重大缺陷披露调整他们的投资风险评估，当重大缺陷披露包括对控制缺陷普遍性特定且详细的讨论时，对于非普遍性缺陷，投资者会增加投资风险评估，而对于普遍性缺陷，投资者会降低投资风险评估。

Asare and Wright（2012）采用实验的方法，研究否定的财务报告内控审计（Internal Control Over Financial Reporting，ICOFR）和标准无保留审计报告（Standard Unqualified Audit Report，SAR）之间的不一致性，是否会影响投资者对财务报告的信心和投资决策。实验包括两部分，实验1的参与者是65名证券分析师，参与者需要单独完成一个案例分析，上市公司的背景信息包括了财务报表标准的审计意见和否定的内控报告，参与者被随机分配到存在会计层面或公司层面的重大缺陷的情形，参与者被要求评价该公司最近季度普通股票的投资吸引力，并对以下三点作出判断：（1）对前一年度标准无保留审计报告的信心；（2）在接下来两年内，股票显著下跌（20%）的投资风险；（3）股票推荐。实验2的参与者是大约70名EMBA的学生，代表普通的投资者，旨在于把实验1的结果推广到另一个使用群体。实验1的研究发现，分析师在评估否定的ICOFR时，公司层面缺陷对SAR信心的负面影响比会计层面的缺陷更大。同时，分析师对SAR的信心与股票价格下跌的风险和股票推荐相关。实验2的结果显示，与无保留的内控报告相比，普通的投资者面对否定的内控报告时，SAR的信心更低。投资者对信息风险和鉴证风险的评价缓解了ICOFR和SAR信心之间的关系。该研究表明了两份审计报告传递的信息一致性程度影响报告使用者的信心，并且，相比于会计层面（Account - specific）的重大缺陷，公司层面（Entity - level）的重大缺陷对使用者的信心影响更大，进而影响到投资判断。

但投资者风险感知是非常复杂的问题，关于管理层承担财务报告内部控制和强制实施内部控制审计两种机制的实施会否会影响投资者风险感知，学术界持有不同观点。Wu and Tuttle（2014）运用实验的方式，研究了管理者责任（Manager Liability，ML）和强制实施内部控制审计（Internal Control Audits，IC Audits）对投资者信心和股票价格影响的交互效应，以及 ML 和 IC Audits 对投资者信心和股票价格的影响。实验参与者选自一所专业的公立大学的 76 名 MBA 学生。将这 76 名参加者分为 19 个组合，每个组合中有 4 名参与者，该设计使用一个 2（ML 缺失或存在）×2（IC Audits 缺失或存在）组间设计，用 Z-Tree 软件（Fischbacher 2007）来实施和分析，用四个市场对四种处理条件进行分析。每一期间在一个市场内，假设一名参与者是管理者，另外三名参与者是投资者，这些投资者出资购买管理者的盈余。一旦分配好角色后，角色将贯穿整个试验。每组实验大约花费 90 分钟，包括三次练习回合和后面的 21 次实验回合，参与者不知道回合的次数。每次回合包含两个阶段，依次是管理者的决定、投资者的决定。实验结果表明：第一，投资者的反应并没有真实反映管理者的行为，因为投资者是在一个更为模糊的决策背景下作出决定；第二，ML 和 IC Audits 各自独立地促使管理者通过增加对内控的投入来提升财务报告的可靠性，而且 IC Audits 能提升管理者披露的准确性，但 ML 并不能提升；第三，尽管这两种监管机制是独立的，投资者信心和市场价格的实证结果却显示，投资者认为两者可相互替代。

国内也有学者研究内部控制缺陷披露对投资者风险感知的影响。张继勋等（2011）采用实验研究的方法，研究上市公司内控披露详细程度、内部控制审计意见类型对投资者感知重大错报风险和投资决策的影响。研究采用 2×4 的被试间设计，实验对象是某重点大学商学院的 218 名 MBA 学员，平均工作年限为 7.5 年，被试在阅读完概括性地（或详细地）披露企业内部控制制度的建立健全情况及注册会计师关于内控有效性的审计意见的材料之后，回答两个问题：一是在 11 分量表上标出对该公司进行投资的可能性；二是在 9 分量表上标出公司存在重大错报的可能性。该研究结果表明，投资者披露内部控制状况的详细程度和注册会计师的内部控制审计意见类型都会影响投资者对重大错报风险的感知，进而影响投资决策，即企业内部控制披露越详细，内部控制审计意见越好，投资者感知的重大错报风险越低，越有可能进行投资决策。

池国华等（2012）基于归因理论和信任理论，采用实验设计的和路径分析方法，探究内部控制等信息披露与投资者风险水平感知是否存在中介效应。实验采用 2×2 被试间设计，实验因素为内部控制缺陷的严重程度和内部控制控制缺陷的描述程度，实验对象是 60 名在职 MPAcc 学生，平均工作年限为 6.13 年，参与者在阅读企业内部控制信息前后对企业未来股票价格进行预测。研究结果表明，内部控制缺陷的严重程度、审计报告使用程度和对管理者的信任显著影响个人投资者的风险认知，对管理者的信任是内部控制缺陷与个人投资者风险水平关系路径上的一个中介变量。

（六）内部控制与债务成本

Kim et al.（2011）对比了披露内控缺陷与没有披露内控缺陷的公司银行贷款合约中各种特征的差异，结果发现，存在内控缺陷的公司比没有内控缺陷的公司的贷款利率更高、非价格条款更严格、每笔贷款协议中的债权人的数量更少，而且存在公司层面内控缺陷的公司比存在会计层面内控缺陷的公司，负担更高的借款利率。Dhaliwal et al.（2011）检验了在公司首次申报的SOX 404条款报告中至少存在一个重大内控缺陷对债务成本变动的影响，发现披露重大内控缺陷会使公司公开交易债券的利率增加。Costello and Wittenberg－moerman（2011）则发现，当公司公布存在重大内控缺陷的时候，债权人减少了借款合同中财务约定事项（Financial Covenants）和以财务比率为基础的绩效定价条款（Financial－ratio－based Performance Pricing Provisions）的使用，相应地增加了价格和抵押保护，以及以信用评级为基础的绩效定价条款（Credit－rating－based Performance Pricing Provisions）的使用。Gao（2011）对比SOX法案执行期前后外国公司（非美国公司）是否选择在美国公共债券市场发行债券，发现外国公司在SOX法案之后减少了在美国公共债券市场发债。

郑军等（2013）采用2007－2011年中国上市公司的数据，从货币政策变更的视角考察了内控质量对企业商业信用融资的影响。结果发现，相对于内控质量较低的企业而言，内控质量较高的企业能获得更多的商业信用融资。李晓慧等（2013）发现企业内部控制较高时，债权人倾向持有更多的债务资本以及偏好更低的债务资本成本和更长的债务期限。陈汉文等（2014）考察了内部控制质量对企业债务融资成本的影响，发现企业内部控制质量越好，所获取的银行债务融资成本越低。方红星等（2015）发现上市公司自愿披露正面意见的内部控制审计报告，能够向资本市场传递内部控制有效和财务信息可靠的积极信号，并显著降低其债券融资成本。

（七）内部控制与权益成本和市场反应

首先，内部控制对权益成本的影响方面。Ogneva et al.（2007）发现，在单因素分析时，与没有披露内部控制缺陷的公司相比，披露内部控制缺陷公司的权益成本较高。然而，在控制公司特征和分析师预测误差之后，它们之间不存在显著的关系，即内部控制缺陷和权益成本的上升并无直接关系。但Ashbaugh－Skaife et al.（2009）通过差分分析发现，审计师评估内部控制有效性（包括已经修正的前期披露内部控制缺陷）变化会引起权益成本50%到150%程度不等的波动，即内部控制报告对公司权益成本产生显著影响。张然等（2012）研究发现，在控制其他因素的情况下，披露内控自我评价报告、内控鉴证报告的公司资本成本相对较低。

其次，内部控制对市场反应的影响。已有文献表明，实施SOX法案增加了企业负担，导致市场消极的反应（Zhang，2007；Brochet，2010），内部控制缺陷的披露引起市场负的反应（Beneish et al.，2008；Hammersley et al，2008）；但也有研究表明SOX法案为投资者带来的收益超过其合规成本，引起市场正的反应（Jain and

Rezaee，2006；Burks，2011），内控缺陷披露对股票价格没有显著影响（Beneish et al.，2008）。

Zhang（2007）研究 SOX 法案相关立法事件的市场反应，发现 SOX 关键事件前后市场反应显著为负，表明相关成本大于收益。Brochet（2010）发现 SOX 法案后超额回报和内部股票购买交易量比法案前明显增多，内部出售的非正常交易量也明显增加，而且内部出售的回报和 SOX 法案之间负相关。这些研究表明 SOX 法案增加企业负担，导致市场消极反应。但 Jain and Rezaee（2006）检验了 SOX 法案的市场反应，发现在法案通过可能性增大（降低）的事件前后，市场反应正面（负面），即 SOX 法案为投资者带来的收益超过其合规性成本。Burks（2011）检验了 SOX 法案前后重述的市场反应，结果显示，SOX 法案后股票价格减少了负面波动，即 SOX 法案后股价偏离其真实价值的程度降低、定价效率提高。Beneish et al.（2008）发现 SOX 302 条款下披露内部控制信息的公司存在 -1.8% 的异常收益，但 SOX 404 条款下内部控制缺陷披露对股票价格、分析师预测和资本成本没有显著影响。Hammersley et al.（2008）检验了 SOX 302 条款下管理层的内部控制缺陷披露的市场反应，发现内部控制缺陷披露和重大缺陷披露有负的市场反应，而且内部控制缺陷披露的信息含量取决于内部控制缺陷的严重性。Asare and Wright（2012）直接检验了内部控制报告类型对财务报表审计报告使用者信心的影响，发现公司层面的重大缺陷比会计层面的重大缺陷对使用者的信心影响更大。

国内关于内部控制与权益成本的研究，林斌等（2012）从融资的角度研究内部控制的经济后果，发现严重内部控制缺陷与资本成本显著正相关。陈汉文等（2015）研究发现，总体上内部控制更好的公司股权成本更低，但在不同的生命周期阶段有所差异。在新生期、动荡期和衰退期的样本中，内部控制对股权成本没有显著的影响；在成长期和成熟期的样本中，内部控制越好，股权成本越低。

国内关于内部控制与市场反应的研究，黄寿昌等（2010）实证结果表明，内部控制报告的自愿披露，提高了公司整体的信息披露水平，降低了市场主体之间信息不对称水平。邱冬阳等（2010）发现 IPO 公司上市首日开盘价对于明确的内控信息披露有显著的正向反应。杨清香等（2012）将内部控制信息分类，发现强制性披露较自愿性披露更具有价值相关性，且详细披露会引起股票价格上涨，而简单披露则不一定。林斌等（2012）以上市公司自愿参加内部控制试点的事件为背景，研究企业参与内控试点的经济后果，发现内部控制试点企业的事件日市场超额回报显著为正，表明内控试点行为向投资者传递了一个积极的信号，并得到市场的认可。

本章小结

自 SOX 法案颁布以来，内部控制已成为国际顶级期刊中学术论文高产的领域之一。本章对国内外高质量的实证文献进行了整理，分别内部控制问卷调查的文献和内部控制经验数据的文献进行综述。

本章从调查时间、调查对象、调查目的、调查内容和调查结论等角度，详尽地对内部控制问卷调查的文献进行综述。该主题的文献主要关注了内部控制实施现状和内部控制影响因素两方面。内部控制实施现状方面，本章先分别对 SEC、IMA 和德勤的系列调查进行详细的阐述，再对现有的其他有关企业内部控制实施现状的文献进行综述。调查结果表明，总体上看，企业内部控制实施效果有所提升，但仍存在许多问题，如高管重视程度不足、责任人不明确，内部控制实施发挥的效果与期望水平间较大的差距等。内部控制影响因素方面，调查结果显示，审计委员会、内部审计职能、公司治理结构、领导风格、企业发展阶段等因素影响内部控制的有效性。

其次，我们从内部控制影响因素和经济后果两方面，对内部控制经验数据的文献展开综述。在内部控制影响因素方面，国内外已有研究发现，企业内部因素和外部环境因素对企业内部控制有效性有显著影响，内部因素主要包括公司基本特征(如企业规模、成长性、交易的复杂程度等)、高管和审计委员会等专业技能、公司治理、管理层动机等，外部因素主要包括投资者保护环境、内部控制政策的变革等制度因素、外部审计师的监督、债权人的约束、新的内控监督技术等。经济后果方面，现有文献从财务报告质量、审计、公司治理、经营效率效果、债务成本、投资决策、权益成本和市场反应等角度进行研究，学者对 SOX 法案的成本与收益存在较为激烈的争论。

第三章　制度背景

内部控制从早期的内部牵制开始逐步发展，经历了内部控制系统、内部控制结构阶段，直至现在的内部控制整合框架阶段。在内部控制发展的历程中，内部控制法律法规及相关制度对内部控制的发展起到了重要的推动作用。因此有必要对内部控制制度进行全方位分析。在本章中，我们综述了境外主要国家（地区）上市公司内部控制制度和我国内部控制发展历程，为完善我国内控制度提供参考借鉴。

第一节　境外主要国家（地区）上市公司内部控制制度

我们首先梳理境外主要国家（地区）内部控制制度，从经济发达程度和制度背景相似性两个角度考虑，选择了美国、英国、加拿大、澳大利亚、新加坡、日本、中国香港地区和中国台湾地区为代表，通过对上述地区内部控制制度进行分析，为我国沪深两市上市公司内部控制制度建设提供思路。

一、美国内部控制制度

美国拥有世界上最发达、最多样化的金融市场，目前拥有纽约证券交易所和纳斯达克证券交易所，共有超过9300个上市公司。在内部控制制度方面，美国颁布并执行了目前最为严格的内部控制披露法规。

1992年9月，COSO委员会（The Committee of Sponsoring Organizations of the Treadway Commission）发布《内部控制——整合框架》（Internal Control - Integrated Framework，简称“COSO内控框架”）。COSO内控框架认为内部控制是一个受企业董事会、经理层和其他人员影响的，为实现经营的效果和效率、财务报告的可靠性、法律法规的遵循性而提供合理保证的程序。内部控制包括五项要素：控制环境、风险评估、控制活动、信息和沟通、监控。

2002年，美国颁布SOX法案。SOX法案是美国现行最重要的内部控制披露法规。根据法规的要求，内部控制披露内容包括以下两方面：一是披露控制与程序（Disclosure Controls and Procedures），二是财务报告内部控制（Internal Control over

Financial Reporting）。

关于披露控制与程序的主要条款是SOX 302条款。该条款要求所有在SEC注册并递交年报和季报的公司CEO和CFO必须按季度评价并在季报中披露上市公司控制与程序的有效性。具体的披露内容包括：（1）季度报告覆盖的90天内控制与程序的有效性结论；（2）内部控制或影响内部控制的其他因素在该季度内是否发生重大变化；（3）对重大缺陷和重要缺陷的修正措施。该条款自2002年8月29日起开始执行，且自执行以来没有发生实质性的变化。值得注意的是，国外非上市发行者由于不需要向SEC提交季报，因此只需在年报中披露相关情况。

关于财务报告内部控制披露的主要条款是SOX 404条款。该条款要求所有在SEC注册并递交年报的公司在年度报告中应包括管理层的财务报告内部控制年度评价报告，具体包括：（1）关于管理层建立并维护合理的财务报告内部控制责任的说明；（2）关于管理层评价财务报告内部控制有效性时使用框架的说明；（3）管理层对该会计年度上市公司财务报告内部控制有效性的评价结论以及财务报告内部控制重大缺陷；（4）会计师事务所对管理层财务报告内部控制评价报告出具的鉴证意见。除此之外，管理层还必须按季度评价财务报告内部控制，并且披露报告期内财务报告内部控制的重要变化，包括重大缺陷和重要缺陷的整改措施。

由于SOX 302、404条款给上市公司（特别是小型公司）带来很高的执行成本。SEC担心SOX法案对小型公司监管过度，因此多次调整SOX法案相关条款的执行日期，具体的调整过程如表3-1所示。

表3-1　　SOX法案执行日期的调整过程

日期	调整内容
2002年9月5日	SEC定义了“加速申报公司”，并要求加速申报公司率先执行关于10-K和10-Q报表披露截止日期加速的最终规定。 其中，加速申报公司需要满足以下条件①： • 在最近第二财务季度的最后一个交易日，公共持股量大于7500万美元； • 会计年度不少于12个日历月； • 在《证券交易法》下，至少提供一份年度报告； 不需要提交10-KSB和10-QSB简要报告②。
2003年5月27日	SEC对SOX 404（a）条款的执行进行投票，要求加速申报公司自2004年6月15日起开始执行，其他上市公司则从2005年4月5日起开始执行。

① 一旦公司成为加速申报公司，无论其公共持股量是否大于7500万美元，它都一直是加速申报公司。除非它后续开始使用表格10-KSB和10-QSB，它将不再是快速申报企业，当公司再次满足“加速申报公司”的定义（SEC，2002b）时，公司再次成为加速申报企业。

② 一般情况下，如果发行人的年度收入和会计年度结束之前的60天内的任何一天的公共持股量均少于2500万美元，那么发行人应当使用10-KSB和10-QSB。

续表

日期	调整内容
2004 年 2 月 24 日	SEC 推迟内部控制报告的执行日期，要求加速申报公司自 2004 年 11 月 15 日起开始执行，而非加速申报公司和外国私人上市公司则自 2005 年 7 月 15 日起开始执行。
2005 年 3 月 2 日	SEC 决定将非加速申报公司和外国私人发行人的 SOX 404 条款执行日期推迟至 2006 年 7 月 15 日。
2005 年 9 月 21 日	SEC 决定将非加速申报公司的 SOX 404 条款执行日期推迟至 2007 年 7 月 15 日，同时调整了加速申报公司的定义。
2005 年 12 月 21 日	SEC 修改加速申报公司定义。根据新规则，如果公司当年的公共持股量已低于 5000 万美元，则公司可以退出加速申报公司身份。
2006 年 8 月 9 日	SEC 进一步放宽非加速申报公司 SOX 404 条款的执行期限：将执行日期变为 2007 年 12 月 15 日；另外 SOX 404（b）条款（提供外部审计师内部控制鉴证报告）的执行日期也延迟至 2008 年 12 月 15 日。另外，对于外国上市公司的加速申报公司，将其 SOX 404（a）的执行日期推迟 2006 年 7 月 15 日，SOX 404（b）的执行日期推迟至 2007 年 7 月 15 日。
2008 年 6 月 20 日	SEC 进一步放宽小型报告公司 SOX 404（b）的执行日期，将其推迟至 2009 年 12 月 15 日。
2009 年 10 月 2 日	SEC 再次将小型报告公司 SOX 404（b）条款的执行日期推迟至 2010 年 6 月 15 日。
2010 年 7 月 21 日	美国政府颁布多德弗兰克法案（Dodd – Frank Act），其中 989G 节是对小型报告公司（即非加速申报公司）的豁免条款，即 SOX 404（b）关于提供内部控制审计报告的条款不再适用于小型报告公司。
2012 年 4 月 5 日	美国总统奥巴马签署颁行乔布斯法案（Jobs Act），通过简化 IPO 发行程序、降低信息披露义务、减轻审计成本、增加公众认知度等方式解决中小创业型公司通过证券市场获得支持发展的资金。在内部控制监管方面，法案对符合条件的“新兴成长公司”（Emerging Growth Company）① 豁免聘请注册会计师对财务报告内部控制进行鉴证。

另外，关于披露控制与程序和财务报告内部控制之间的差异，SEC（No. 33 – 8238）认为，披露控制与程序和财务报告内部控制两者范围相交但并不相同。披露控制与程序包含财务报告内部控制中的一些内容，但并不包含所有财务报告内部控制内容。同时，披露控制与程序和财务报告内部控制都属于内部控制的范畴。

2004 年 4 月，COSO 委员会在《内部控制——整合框架》的基础上，结合 SOX

① “新兴成长公司”是指最近一个会计年度总收入小于 10 亿美元的公司。

法案在报告方面的要求，同时吸收各方面风险管理研究成果，颁布了《企业风险管理框架》（Enterprise Risk Management Framework），旨在为各国的企业风险管理提供一个统一术语与概念体系的全面应用指南。《企业风险管理框架》指出：企业风险管理是一个过程，它由一个主体的董事会、管理当局和其他人员实施，应用于战略制订并贯穿于企业之中，旨在识别可能会影响主体的潜在事项，管理风险以使其在该主体的风险容量之内，并为主体的实现提供合理保证。企业风险管理由八个要素构成：内部环境、目标设定、事项识别、风险评估、风险应对、控制活动、信息与沟通、监控。

2004 年 6 月，美国公众公司会计监督委员会（Public Company Accounting Oversight Board）发布《第 2 号审计准则》（Auditing Standard No. 2），以规范外部审计师的内部控制审计工作。

2006 年 6 月，COSO 委员会针对小型企业的内部控制建设问题发布了专门指引《财务报告内部控制——小型上市公司指引》（Internal Control over Financial Reporting—Guidance for Smaller Public Companies）。该指引对小型公众公司如何按照成本效率原则使用《内部控制——整合框架》设计和执行财务报告内部控制提供指导，包括了小型公众公司在财务报告内部控制方面的主要观点以及解释性工具。

2007 年 6 月，美国公众公司会计监督委员会（Public Company Accounting Oversight Board）发布第 5 号审计准则（Auditing Standard No. 5），替代了之前的第 2 号审计准则，进一步对整合审计工作进行了详细的规定。

2013 年 5 月，COSO 委员会修订了《内部控制——整合框架》（Internal Control—Integrated Framework）。新的 COSO 框架依然沿用了原 COSO 报告的内部控制定义和内部控制要素，但与原 COSO 报告不同的是，新的 COSO 框架针对内部控制的构成要素提炼了十七项原则。新的原则更好地解释了 COSO 的核心要素以及如何构建有效的控制。

对于美国上市公司，值得注意的是，美国 SOX 法案要求上市公司强制披露内部控制审计报告，这给上市公司增加了很高的合规成本。不少公司，特别是小公司对此提出了反对意见。一些实证研究也发现，为了规避内部控制审计，不少小公司自愿退市或转向其他证券市场，这给美国证券市场的发展带来了不利影响。因此，美国在 2010 年颁布了《多德弗兰克法案》（Dodd Frank Act），豁免了小企业进行内部控制审计的义务。

由于全球经济低迷，美国国内失业率居高不下，为了给中小公司创建良好的资本环境，促进其发展，美国在 2012 年 4 月颁布《乔布斯法案》（Jobs Act），简化和降低了"发展阶段的成长型公司"（EGC 公司）IPO 和公开披露的相关要求和标准。EGC 公司是指在最近一个财务年度总收入少于 10 亿美元的公司。《乔布斯法案》规定 EGC 公司不需要依据 SOX 404（b）条款的要求聘请独立外部审计师对财务报告内控进行鉴证。

二、英国内部控制制度

英国股票市场是欧洲最大的股票市场，也是世界上最具有国际性的股票市场之一。英国股票流通市场包括伦敦证券交易所、英国另类投资市场（AIM 市场）、未挂牌股票市场和第三市场。其中，伦敦证券交易所是世界上最古老的证券交易所之一，拥有超过 2400 个上市公司。而英国的内部控制制度是原则导向为基础的披露政策代表，影响了很多国家内部控制政策的制订。

英国的内部控制准则是其公司治理准则（Corporate Governance Code）的一部分。英国公司治理准则最早起源于 1992 年的卡德伯利报告（Cadbury Report）。卡德伯利报告是原则导向的法规，虽然涉及财务、审计和公司治理多方面内容，但其核心在于提出了三个基本原则：（1）公司的 CEO 和董事长应当由不同的人担任；（2）董事会应当至少包含三个非执行董事，并且至少包括两个独立董事；（3）每个董事会都应当设立由非执行董事组成的审计委员会。这三条基本建议对后续“最佳实践”（Best Practice）的形成产生了重要影响。1994 年，卡德伯利报告提出的三条基本原则被编入伦敦证券交易所的上市规则，上市公司应当在考虑自身实际情况的基础上，尽量遵守这三条公司治理基本原则。而不能遵循公司治理原则的上市公司，需要向证券市场解释其不能执行的具体原因。

1996 年，格林伯瑞报告（Greenbury Report）发布，对卡德伯利报告中的公司治理基本原则进行了补充，主要关注高管薪酬问题。1998 年，卡德伯利报告和格林伯瑞报告进行了合并，共同构成了《公司治理联合准则》（Combined Code）。《公司治理联合准则》中的条款 D. 2 和条款 D. 2. 1 对上市公司的内部控制建设和披露情况进行了原则性的规定，具体如下：

条款 D. 2：董事会应当构建合理的内部控制系统，以保证股东投资和公司资产的安全。

条款 D. 2. 1：董事会应当每年评价内部控制系统的有效性，并且向股东进行披露。内部控制评价应当涉及内部控制的所有方面，包括财务控制、运营控制、合规控制和风险管理。

1999 年，为了促进《公司治理联合准则》中上述条款的具体实施，在伦敦证券交易所的要求下，英格兰和威尔士特许会计师协会（Institute of Chartered Accountants of England and Wales，ICAEW）发布了《特恩布尔指引》（Turnbull Guidance）。《特恩布尔指引》是英国颁布的最早的关于上市公司内部控制建设的具体指引和框架。2003 年，《特恩布尔指引》并入公司治理联合准则，成为公司治理联合准则的一部分。

《特恩布尔指引》认为，内部控制系统由一系列的内部控制政策、过程、任务、行为等构成。内部控制的目标在于：（1）对重大商业风险、运营风险、财务风险、合规风险和其他实现公司目标过程中产生的风险进行适当反应；（2）确保公司内部报告和外部报告质量；（3）确保公司遵循法律法规和内部规章制度。内部控制的要素包括：控制活动、信息与沟通过程、监督过程。

董事会负责制定公司的内部控制政策，并对公司的内部控制体系负责。董事会在决定内部控制政策时，应基于公司的实际情况，考虑以下因素：（1）公司面临的风险性质和程度；（2）公司可接受的风险程度和风险类型；（3）风险实际发生的可能性；（4）公司降低商业风险发生和风险影响的能力；（5）特定内部控制方法的成本和收益。对于董事会制定的内部控制政策，由管理层负责具体执行，公司的所有员工都应参与内部控制并对内部控制负有相应的责任。

在内部控制信息披露方面，《特恩布尔指引》要求：董事会应当每年评价内部控制系统，并在年报中披露其内部控制评价过程以及内部控制重要缺陷的修复过程，以促进利益相关者对公司风险管理过程和内部控制系统的理解。如果董事会无法披露上述内容，那么董事会应当陈述其无法披露的事实并提供相应的解释。

2004 年，美国 SOX 404 条款开始实施，SEC 将《特恩布尔指引》视为符合其要求的上市公司内部控制框架，美国上市公司在进行内部控制评价时可以依据《特恩布尔指引》所提出的内部控制框架。因此，2004 年 12 月，为了帮助那些将《特恩布尔指引》作为内部控制框架的上市公司更好地遵循 SOX 404 条款的规定，英国财务报告理事会（Financial Reporting Council）发布《为实现 SOX 404（a）要求的特恩布尔指引》（The Turnbull Guidance as an Evaluation Framework for The Purposes of Section 404（A）of the Sarbanes – Oxley Act），不仅介绍了 SOX 404 条款的核心要求，也对《特恩布尔指引》中与 SOX 404（a）的要求最相关的内容进行了重点强调。

2005 年 10 月，英国财务报告理事会对《特恩布尔指引》进行了一次细节修订。这次修订的改动范围很小，绝大部分内容与上一版《特恩布尔指引》一致。

2014 年 9 月，英国财务报告理事会再次修改了内部控制指引，发布《风险管理、内部控制和相关财务、商业报告指引》（Guidance on Risk Management，Internal Control and Related Financial and Business Reporting，以下简称为《风险指引》）。该《风险指引》替代了《特恩布尔指引》，成为英国现行的内部控制指引。《风险指引》由引言、董事会责任、责任执行、建立风险管理和内部控制系统、监督和评价风险管理和内部控制系统、相关财务和商业报告 6 个部分组成。2014 年 10 月 1 日起，在伦敦证券交易所上市的优质上市公司（Premium Listing）开始实施该《风险指引》，普通上市公司（Standard Listing）自愿实施。

《风险指引》指出：风险管理和内部控制系统的目标在于：（1）帮助公司评价和应对潜在风险，保证资产安全，进而促进公司的有效运营；（2）降低决策判断失误、过度风险暴露、人为失误、控制过程失效的可能性和影响；（3）保证内部报告和外部报告质量；（4）确保公司遵循法律法规和内部规章制度。公司风险管理和内部控制系统的要素包括：风险评价、风险管理或风险抑制（包括控制过程）、信息和沟通系统、控制和评价过程。上市公司在执行《风险指引》时，需要在年报中披露其风险管理和内部控制系统的评价过程以及重要缺陷的修复措施。

总体来看，对比美国的内部控制政策，英国采取了发布最佳实践准则的方式，要求上市公司在最佳实践准则的指导下，自愿披露公司内部控制情况，在披露内容方面给予公司相当大的自由度，并且不要求上市公司强制进行内部控制审计，这大大降低了上市公司的内部控制成本。

三、加拿大内部控制制度

加拿大主要有两大交易所，分别为多伦多证券交易所与加拿大创业交易所。其中多伦多证券交易所是北美地区仅次于纽约证券交易所和纳斯达克的第三大证券交易所，有超过3500个上市公司。因为与美国地理位置较近且贸易关系密切，加拿大上市公司政策（包括内部控制政策）很大程度上受美国政策影响。

1992年加拿大特许会计师协会（CICA）成立了控制基准委员会（The Canadian Criteria of Control Board，简称COCO委员会）。该委员会的使命是发布与内部控制系统设计、评估和报告有关的指导性文件。经过两年的研究，COCO委会员于1995年10月正式发布了COCO内部控制框架。COCO内部控制框架在一定程度上借鉴了美国的COSO内部控制框架，同时也提出了有别于COSO内部控制框架的观点。

COCO内部控制框架认为内部控制是一个企业中的要素集合体，包括资源、系统、过程、文化、结构和任务等，这些要素结合在一起，支持企业实现组织目标。COCO内部控制框架提出了20条控制标准，并运用四个基本要素将20条控制标准分为四类。这四个基本要素分别是目标、承诺、能力、监督和学习。其中目标要素包括企业目标、风险和机遇、政策、计划、业绩指标。承诺标准包括道德价值观、人力资源政策、授权、责任和可计量性、相互信任。能力标准包括知识、技能和工具、沟通过程、信息、合作、控制活动。监督和学习标准包括追踪内部和外部环境、监督绩效、挑战固有假设、重新评估信息需求和系统、建立追踪机制、评价控制的有效性。值得注意的是，COCO内部控制框架仅是一个建议性的内部控制框架，并不是监管机构颁布的需要强制执行的法规。

我们首先对加拿大独特的证券法规制订和上市公司监管模式进行说明。加拿大各州的证券委员会具有独立制定并监管执行本州证券法规的权力。加拿大不存在统一的全国性证券管理机构。一项证券法规必须在所在州证券委员会通过，才能在该州实施。各州的证券委员会共同形成加拿大证券管理机构（Canadian Securities Administrators，CSA）。加拿大证券管理机构仅是一个伞状组织，主要供各州证券委员会共同讨论和设计法规，其目的在于促进各州证券法规的协调和证券市场的顺利运行。而加拿大证券管理机构本身并不具有决策权。

2003年6月，加拿大证券管理机构提议，要求上市公司在管理层讨论与分析报告（MD&A Report）中，披露管理层对财务报告内部控制、披露控制及程序（Disclosure Controls and Procedures）有效性的意见。但是由于英属哥伦比亚证券委员会的反对，该项提议并未获得完全通过。

2005年9月，英属哥伦比亚证券委员会同意了加拿大证券管理机构关于财务报告内部控制披露的基本提议，但是将财务报告内部控制披露分为两个阶段进行，以降低上市公司的合规成本。

具体来说，第一个阶段：自 2006 年 6 月 29 日起，加拿大上市公司每年评价并披露公司的内部控制系统设计有效性。第二个阶段：自 2008 年 12 月 15 日起，加拿大上市公司每年在评价内部控制系统设计有效性的基础上，评价内部控制执行有效性，并且披露管理层对财务报告内部控制的评估证明。截至目前，加拿大证券管理机构并不要求上市公司进行内部控制鉴证或审计，这主要也是出于降低合规成本的考虑。

2011 年 7 月，加拿大证券管理机构在证券组合经理营销指南中提议，为了避免证券组合经理在营销中违反证券法规或误导投资者，在营销中应该披露其内控信息。

四、澳大利亚内部控制制度

澳大利亚的澳洲证券交易所是世界十大证券交易所之一，有超过 150 年历史，拥有约 2200 个上市公司，总市值约 1.5 万亿美元。澳大利亚内部控制制度与英国相似，以原则导向为基础，通过颁布公司治理原则和最佳实践指引来规范上市公司的公司治理和内部控制行为。

2002 年 8 月，澳洲证券交易所成立了公司治理委员会，以制定上市公司治理原则和最佳实践。2003 年 3 月，公司治理委员会发布了《公司治理原则和最佳实践推荐》(Principles of Good Corporate Governance and Best Practice Recommendations)，提出了 10 条公司治理基本原则。其中第 7 条原则为识别和管理风险，即建立有效的风险监督、管理和内部控制系统。针对这项原则，该指引给出了 3 条最佳实践建议：(1) 董事会或相关委员会应当建立风险监督和管理政策；(2) CEO 应当向董事会书面证明公司的财务报告是建立在牢固的风险管理系统上的，并且公司遵守了董事会制定的控制政策，公司的风险管理和内部控制系统在所有重大方面均有效；(3) 在年报中披露与本原则相关的信息。

2007 年 8 月，公司治理委员会对公司治理原则进行了修订，其中针对第 7 条"识别和管理风险"原则，新的建议如下：(1) 公司应当建立重大经营风险监督和管理政策，并且披露这些政策；(2) 董事会应当要求管理层设计并执行风险管理和内部控制系统，来管理公司的重大经营风险，并向董事会报告这些风险是否被有效控制。董事会应当根据管理层的报告，披露公司重大经营风险管理的有效性；(3) 董事会应当披露管理层关于风险管理和内部控制系统有效性的声明，以及系统在与财务报告风险相关的所有重大方面有效运行；(4) 在年报中披露与本原则相关的信息。

2009 年 6 月，为了帮助中小企业进行内部控制建设，澳洲证券交易所颁布了《原则 7：识别与管理风险——中小企业上市公司指引》(Principle 7: Recognise and Manage Risk ——Guide for Small - mid Market Capitalised Companies)。

2010 年 6 月，澳洲证券交易所公司治理委员会再次修订了公司治理原则，但是对于原则 7 和相关的最佳实践建议并没有做重大修改。

2014年3月，公司治理委员会对公司治理原则进行了新一轮修改，颁布了最新的《公司治理原则和建议》（Corporate Governance Principles and Recommendations），并于2014年7月1日起开始实施。新的《公司治理原则和建议》对“识别和控制风险”原则，进行了重大修订。原则7要求上市公司建立风险管理框架并定期评价该框架的有效性。具体的实践建议如下：（1）上市公司董事会应当建立专门的风险监管委员会，如果无法建立风险委员会，则应当披露公司监督风险管理框架的具体程序；（2）董事会或委员会应当每年复核风险管理框架，并在年报中加以披露；（3）上市公司应当披露内部审计机构的职能和作用，没有内部审计机构的公司应当披露其评价和提升风险管理及内部控制体系的过程；（4）上市公司应当披露其是否受经济、环境和社会可持续性风险的重大影响，如果是，则应当披露公司如何应对这些风险。

上市公司应当在每年的公司治理报告中披露上述内部控制信息，如果上市公司不能实现上述指引的要求，则应当在公司治理报告中解释其不能实现的具体原因。澳大利亚内部控制制度与英国相似，更侧重于自愿披露，其合规成本相对较低。

五、新加坡内部控制制度

新加坡证券交易所成立于1973年，是亚洲仅次于东京、中国香港的第三大交易所。新加坡的内部控制制度与英国制度相似。2001年3月21日，新加坡公司治理委员会（Corporate Governance Committee）发布了《公司治理准则》（The Code of Corporate Governance）。该准则以原则导向为基础，并不要求上市公司完全按照规定执行，但是上市公司需要在年报中披露公司治理情况并对与准则违背的情况作出解释。特别地，该准则提出了内部控制原则，要求董事会保证管理层建立了内部控制系统以保护股东投资和公司的资产安全。同时，该准则针对内部控制原则，给出了两项具体指引：（1）审计委员会应当每年复核公司内部控制（包括财务控制、经营控制和合规控制）的有效性，并且将复核的意见向内部审计师和（或）外部审计师报告；（2）董事会应当在公司年报中对内部控制的适当性发表意见。

2005年7月14日，公司披露和治理委员会（Council on Corporate Disclosure and Governance）修订了《公司治理准则》。新的准则没有对内部控制原则进行大的修改，只是在内部控制原则的具体指引中补充了一项：“审计委员会的年度内部控制复核应当由内部审计师或者外部审计师执行。如果该外部审计师是公司的年度报告审计师时，审计委员会应当确保外部审计师的独立性不受影响。”

2012年5月2日，新加坡公司治理委员会对《公司治理准则》再次进行了修订，新的准则于2012年11月1日起开始实施。新的准则将内部控制原则修改为风险管理和内部控制原则，具体要求“董事会对风险管理负责。董事会应当保证管理层建立风险管理和内部控制体系以保障股东利益和公司资产安全，同时董事会应当决定公司为实现战略目标而愿意承担的风险的性质和程度。”新的准则针对风险管理和内部控制原则，在总结原有指引的基础上，增加了两项新的具体指引：（1）董事会应当决定公司风险容忍水平和风险政策，并且在风险管理和内部控制系统设计、执行和监督过程中对管理层进行监督；（2）董事会应当建立专门的风险委员会，或者采用其他有效方式帮助其实现企业风险管理框架和政策监督责任。

总体来看，新加坡的内部控制制度也与英国相似，侧重于自愿披露，其合规成本相对较低。

六、日本内部控制制度

日本目前拥有东京证券交易所和名古屋证券交易所。其中东京证券交易所是日本最大的证券交易所，也是全球第二大的证券交易所，有超过3400个上市公司。在内部控制政策方面，与美国类似，日本也将上市公司内部控制披露要求列入法律。

2006年6月7日，日本国会通过了被称之为日本版“萨班斯法案”的《金融商品交易法》（Financial Instruments and Exchange Act），对企业内部控制评价及审计的要求列入法律。其中，《金融商品交易法》第24-4-4（1）条文要求：公司应当在提交年度报告的同时，提交内部控制报告，以说明公司财务、会计及其他相关信息报告在适当的内部控制系统下生成。第193-2（2）条文要求，上市公司应当聘请独立的注册会计师或审计师事务所对内部控制报告进行审计。

2007年2月15日，日本企业会计审议会正式发布了《财务报告内部控制的管理层评价与审计准则》以及《财务报告控制的管理层评价与审计准则实施指引》，该准则从2008年4月1日开始实施，为上市公司内部控制评价及内部控制鉴证提供了技术规范和指导。《财务报告内部控制的管理层评价与审计准则》提出，内部控制的目标包括提升经营的有效性、提升财务报告的可信度、保证经营活动合法合规以及保证资产安全。内部控制包含控制环境、风险评价、控制活动、信息沟通、监控、信息技术反馈六大要素。在内部控制信息披露方面，《财务报告内部控制的管理层评价与审计准则》要求管理层建立、实施内部控制，并对与财务报告相关内部控制的有效性进行自我评价，编制并对外报告《内部控制报告》。同时要求注册会计师对财务报告内部控制进行审计，出具审计报告，对管理层内部控制评价报告发表审计意见。内部控制审计的内容包括评价管理层对内部控制评价范围的适当性，确定该评价范围所选择方法和依据的合理性，对内部控制有效性评价是否适当，内部控制重大缺陷的报告是否适当等几个方面。

2009年12月，东京交易所修订了《上市公司公司治理原则》，其中新增要求内审部门和内控部门联合支持上市公司审计工作。

日本的内部控制制度与美国相似，用法律的形式强制要求上市公司进行内部控制评价和审计，给上市公司增加了较高的内部控制成本。但是与美国对内部控制成本的负面疑虑不同的是，日本更倾向于认为严格的内部控制政策可以提升组织内的学习能力，更好地应对国际化环境的挑战。

七、中国台湾地区内部控制制度

台湾证券交易所成立于1961年，是掌管台湾股票交易市场的机构。1986年6月，台湾财政部证券暨期货管理委员会发布《证券商建立内部控制制度实施要点》，以促使证券商制定内部控制制度。法规认为，内部控制包括内部会计控制和内部管理控制。其中，内部会计控制的目标在于保护资产安全、提高会计信息的可靠性及完整性，而内部管理控制的目标在于增进经营效率、促使遵行管理政策、达成预期目标。法规要求证券经纪商建立书面的内部控制制度。该法规于1996年9月废止。

1992年3月，台湾财政部证券暨期货管理委员会发布《公开发行公司建立内部控制制度实施要点》，以促进公众公司建立内部控制制度。法规要求，首次办理公开发行的公司，应自核准之日起六个月内，委托会计师就内部控制制度设计有效性进行项目审查，并将审查意见报送证券管理委员会备查。该法规于2002年11月废止。

1993年3月，台湾财政部发布《金融机构建立内部控制制度实施要点》，以促进金融机构内部控制制度的建立。该法规要求金融机构建立内部控制制度，总经理应评估内部控制制度执行情形，就是否已遵守相关法规自我评估后出具声明书，并于每个年度末与营业报告书一起报给主管机关备查。该法规于2001年10月废止。

1996年9月，台湾财政部证券暨期货管理委员会发布《证券暨期货市场各服务事业建立内部控制制度实施要点》，以促进证券暨期货市场各服务事业建立内部控制制度并切实执行。其中，各服务事业包括证券商、证券金融事业、证券投资信托事业、证券集中保管事业、期货业、证券交易所、柜台买卖中心、期货交易所、信用评级等事业及其他证券管理委员会指定之服务事业。法规要求，各服务事业应确实执行内部控制制度，并自行检讨或评估内部控制制度，确保制度设计及执行持续有效；并应于每年五月底前将上一年度的检讨修正情形报证券管理委员会备查。对于未能很好建立并执行内部控制制度的单位，证券管理委员会委托独立会计师专案审查其内部控制制度，并出具审查报告报证券管理委员会备查。台湾财政部证券管理委员会配套地发布了《会计师执行公开发行公司内部控制制度项目审查作业要点》，这两项法规于2003年废止。

2002年11月，台湾财政部证券暨期货管理委员会发布《公开发行公司建立内部控制制度处理准则》，该法规替代了之前的《公开发行公司建立内部控制制度实施要点》，并于2003年12月、2004年12月，2007年7月、2009年3月、2011年12月、2012年6月和2014年9月进行了7次修订。法规的最新版本于2014年9月22日发布，于2015年1月1日起施行。该法规是目前台湾上市公司内部控制的核心法规。新的法规认为，公开发行公司的内部控制制度是由经理人所设计，董事会通过，并由董事会、经理人及其他员工执行的管理过程，其目的在于促进公司的健全经营，以合理确保下列目标的达成：营运的效果及效率；报告具可靠性、及时性、透明性及符合相关规范；相关法令规章的遵循。法规要求：首次办理股票公开发行及公开发行公司，应每年自行评估内部控制制度设计及执行的有效性，并依规定格式做成内部控制制度声明书，于每会计年度结束后三个月内于指定网站办理公告申报。在内部控制审计方面，公开发行公司可委托会计师对其内部控制制度进行专项审查，并出具审查报告。

2003 年 1 月，台湾财政部证券暨期货管理委员会发布《证券暨期货市场各服务事业建立内部控制制度处理准则》，替代了之前的《证券暨期货市场各服务事业建立内部控制制度实施要点》。

《证券暨期货市场各服务事业建立内部控制制度处理准则》于 2014 年 9 月 22 日进行了修订，修订后的法规于 2015 年 1 月 1 日起施行。新的法规要求，各服务事业应每年自行评估内部控制制度设计及执行之有效性，并依主管机关规定格式做成内部控制制度声明书，除各服务事业的相关法令另有规定外，应于每会计年度结束后三个月内申报主管机关备查。另外各服务事业可聘请会计师对其内部控制制度进行专项审查。目前，台湾并没有要求上市公司强制进行内部控制审计，因此公众公司的内控合规成本相对较低。

八、中国香港地区内部控制制度

香港联合交易所目前总市值达 24.4 亿元，是香港证监会所认可的交易公司。2004 年 11 月，香港联合交易所发布了《企业管治常规守则》（Code on Corporate Governance Practices）和《企业管治报告》（Corporate Governance Report），这两项准则于 2005 年 1 月 1 日起生效。其中，《企业管治常规守则》要求上市公司建立坚固而有效的内部控制体系，并且要求董事会每年复核内部控制体系的有效性。内部控制核查应当覆盖所有重大控制，包括财务控制、经营控制、合规控制和风险管理功能。在披露方面，发行人须在其半年度报告及年报中说明其于有关会计期间有否遵守《守则》所载的守则条文。发行人须在年报中刊载《企业管治报告》，内容包括有关其企业管治常规的指定披露资料。发行人如有任何偏离载于《守则》的行为，须提供经过深思熟虑得出的理由。如属年报，发行人须于《企业管治报告》中载述有关理由；如属半年度报告，发行人则须就每项偏离行为提供经过深思熟虑得出的理由，或在合理和适当的范围内，提述载于上一份年报的《企业管治报告》以及详细说明任何转变，并就未在该年报内申报的任何偏离行为提供经过深思熟虑得出的理由。法规鼓励发行人说明有否遵守建议最佳常规，并且就任何偏离行为提供经过深思熟虑得出的理由；但这并非一项强制规定。

2005 年 6 月，香港会计师公会（Hong Kong Institute of Certified Public Accountants）受香港联合交易所的委托发布了《内部控制和风险管理——基本框架》（Internal Control and Risk Management – A Basic Framework）。该框架以英国的《特恩布尔指引》为基础，采纳了美国 COSO 报告的内部控制定义和概念框架，并结合了香港市场的实际情况制定而成。该框架旨在帮助提升上市公司对内部控制和风险管理概念框架的理解，为设计和评价内部控制有效性提供实用性的框架和基础。

2012 年，香港联合交易所修订了《企业管治常规守则》，该守则于 2012 年 4 月 1 日起施行。但是该守则并没有对内部控制的原则和相关条款进行重要修改。整体来看，香港的内部控制制度也与英国相似，侧重于自愿披露，其合规成本相对较低。

2014 年 12 月，香港联合交易所修订了《企业管治守则》及《企业管治报告》中有关风险管理及内部监控中的部分（2016 年 1 月 1 日起实施），见表 3－2。修订后的《企业管治守则》及《企业管治报告》更加关注风险管理，更为清晰地区分发行人的董事会、管理层及内部审核功能在风险管理及内部监控系统方面的角色与职责，并列出发行人在《企业管治报告》内最低限度应披露的具体内容，以提高透明度。修订内容包括：（1）新增要求：在内部监控守则中要求发行人董事会至少每年检讨一次公司风险管理系统是否有效；（2）新增要求：发行人应在《企业管治报告》披露其风险管理的特点、董事会承认其对风险管理系统负责、检讨风险管理有效性的程序、处理及发布内幕消息的程序和内部监控措施；（3）将“发行人应设立内部审核功能，没有内部审核功能的发行人需要每年检讨是否需要增设此功能，并在《企业管治报告》内解释为何没有此功能”从建议最佳常规上升至守则；（4）新增要求：审核委员会应检讨发行人的风险管理系统，确保管理层建立了有效的风险管理系统；（5）新增要求：在《企业管治报告》中强制披露审核委员会如何履行检讨风险管理系统的职责、发行人内部审核功能的有效性；以及风险委员会（如有）如何履行检讨风险管理及内部监控系统的职责和发行人内部审核功能的有效性报告；（6）将《企业管治报告》有关内部监控部分的披露从建议披露资料上升为强制披露要求，并增加董事会对风险管理系统检讨的内容。

表 3－2　《企业管治守则》及《企业管治报告》2014 年修订内容

主要修订点	修订前主要内容	修订后主要内容
C. 2. 1 内部监控守则条文	董事会至少每年检讨一次公司发行人及其附属公司内部监控系统是否有效。	董事会至少每年检讨一次公司发行人及其附属公司风险管理和内部监控系统是否有效。
建议最佳常规 C. 2. 4	发行人应在《企业管治报告》披露其如何遵守内部监控的守则条文。	发行人应在《企业管治报告》披露其如何遵守风险管理及内部监控的守则条文。 新增内容主要包括：风险管理的特点、董事会承认其对风险管理系统负责、检讨风险管理有效性的程序、处理及发布内幕消息的程序和内部监控措施。 C. 2. 4 从建议最佳常规上升至守则。

续表

主要修订点	修订前主要内容	修订后主要内容
建议最佳常规 C. 2. 5	发行人应确保所披露的是有意义的资料，而且没有给人有误导的感觉。	发行人应设立内部审核功能，没有内部审核功能的发行人需要每年检讨是否需要增设此功能，并在《企业管治报告》内解释为何没有此功能。 C. 2. 5 从建议最佳常规上升至守则。
C. 3. 3 审核委员会职权范围	监管发行人财务申报制度及内部监控程序。	监管发行人财务申报制度、风险管理及内部监控程序。 新增内容主要包括：审核委员会应检讨发行人的风险管理系统，确保管理层建立了有效的风险管理系统。
《企业管治报告》强制披露要求 L. 董事会辖下的委员会	在《企业管治报告》中强制披露审核委员会如何履行检讨内部监控系统的职责。	在《企业管治报告》中强制披露审核委员会如何履行检讨风险管理及内部监控系统的职责、发行人内部审核功能的有效性；以及风险委员会（如有）如何履行检讨风险管理及内部监控系统的职责和发行人内部审核功能的有效性报告。
《企业管治报告》建议披露的资料 S. 内部监控	若发行人根据 C. 2. 1 说明董事会已执行有关内部监控的检讨，则鼓励发行人披露内部监控检讨的具体情况。	若发行人根据 C. 2. 1 说明董事会已执行有关风险管理及内部监控的检讨，则发行人必须披露风险管理及内部监控检讨的具体情况 将建议披露的资料上升为强制性披露资料。

九、境外主要国家（地区）上市公司内部控制制度的总结与比较

综上所述，我们对上述国家（地区）上市公司的内部控制制度进行归纳总结，并对比这些制度与我国内部控制制度的差异。具体如表 3 – 3 所示。

表 3 – 3　　国际内部控制法规总结与比较

国家（地区）	现行内部控制法规	现行内部控制规定	内部控制范围	法规实施方式	法规实施成本	与我国内部控制制度的主要差异
美国	《萨班斯 – 奥克斯利法案》、《多德弗兰克法案》、《乔布斯法案》	（1）所有在 SEC 注册并递交年报和季报的公司 CEO 和 CFO 必须按季度评价并在季报中披露上市公司披露控制与程序的有效性；（2）在 SEC 注册并递交年报的加速申报公司在年度报告中应包括管理层的财务报告内部控制年度评价报告和内部控制审计报告，非加速申报公司只需在年报披露同时披露管理层的财务报告内部控制年度评价报告。	财务报告内部控制	强制实施	高	要求 CEO 和 CFO 按季度评价并在季报中披露上市公司披露控制与程序的有效性，但内部控制范围仅限于财务报告内部控制。
英国	《风险管理、内部控制和相关财务、商业报告指引》	优质上市公司需要参照《指引》的最佳实践要求构建风险管理和内部控制系统，并在年报中披露其风险管理和内部控制系统的评价过程以及重要缺陷的修复措施。普通上市公司自愿实施。	内部控制所有方面	建议公司按照指引实施，如果公司不能符合指引要求，则需要给出合理解释。	低	采用原则导向的方法，给予公司更多的自主权，同时不要求上市公司进行内部控制审计。
加拿大	无全国性法规	加拿大上市公司需每年评价内部控制系统设计和执行的有效性，并且披露管理层对财务报告内部控制的评估证明。	财务报告内部控制	强制实施	中	不要求上市公司进行内部控制审计，同时内部控制范围仅限于财务报告内部控制。
澳大利亚	《公司治理原则和建议》	上市公司应当在每年的公司治理报告中披露内部控制信息，如果上市公司不能实现内部控制原则及指引的要求，则应当在公司治理报告中解释其不能实现的具体原因。	内部控制所有方面	建议公司按照指引实施，如果公司不能符合指引要求，则需要给出合理解释。	低	采用原则导向的方法，给予公司更多的自主权，同时不要求上市公司进行内部控制审计。

续表

国家（地区）	现行内部控制法规	现行内部控制规定	内部控制范围	法规实施方式	法规实施成本	与我国内部控制制度的主要差异
新加坡	《公司治理准则》	上市公司需要在年报中依据《公司治理准则》披露内部控制情况并对与准则违背的情况作出解释。	内部控制所有方面	建议公司按照指引实施，如果公司不能符合指引要求，则需要给出合理解释。	低	采用原则导向的方法，给予公司更多的自主权，同时不要求上市公司进行内部控制审计。
日本	《金融商品交易法》、《财务报告内部控制的管理层评价与审计准则》、《财务报告控制的管理层评价与审计准则实施指引》	管理层建立、实施内部控制，并对与财务报告相关内部控制的有效性进行自我评价，编制并对外报告《内部控制报告》。同时注册会计师需对财务报告内部控制进行审计，编写审计报告，对管理层内部控制评价报告发表审计意见。	财务报告内部控制	强制实施	高	所有上市公司必须披露内部控制审计报告，但内部控制范围仅限于财务报告内部控制。
中国台湾地区	《公开发行公司建立内部控制制度处理准则》	首次办理股票公开发行及公开发行公司，应每年自行评估内部控制制度设计及执行的有效性，并依规定格式做成内部控制制度声明书，同时公开发行公司可委托会计师对其内部控制制度进行专项审查，并出具审查报告。	内部控制所有方面	强制实施	中	上市公司（特殊公司除外）自愿披露内部控制审计报告。
中国香港地区	《企业管治常规守则》	发行人须在年报中刊载《企业管治报告》，内容包括企业管治常规指定披露的内部控制资料。发行人如有任何偏离载于《守则》内《守则条文》的行为，须提供经过深思熟虑得出的理由。	内部控制所有方面	建议公司按照指引实施，如果公司不能符合指引要求，则需要给出合理解释。	低	采用原则导向的方法，给予公司更多的自主权，同时不要求上市公司进行内部控制审计。

第二节 我国内部控制发展历程

1999 年 10 月 31 日，为了规范会计行为，保证会计资料真实、完整，加强经济管理和财务管理，提高经济效益，维护社会主义市场经济秩序，全国人大常务委员会颁布《中华人民共和国会计法》，要求各单位建立、健全内部会计监督制度，包括明确记账人员与经济业务事项和会计事项的审批人员、经办人员、财物保管人员的职责权限，明确重大对外投资、资产处置、资金调度和其他重要经济业务事项的决策和执行的相互监督、相互制约程序，明确财产清查的范围、期限和组织程序，明确对会计资料定期进行内部审计的办法和程序。

2001 年 6 月 22 日，为了促进内部会计控制建设，加强内部会计监督，维护社会主义市场经济秩序，财政部颁布《内部会计控制规范——基本规范（试行)》，明确了内部会计控制的目标、原则、内容以及贯彻内部会计控制的方法，规范了内部会计控制的检查工作。2001 年 6 月，财政部颁布了《内部会计控制基本规范——货币资金（试行)》。2002 年 12 月，财政部发布了《内部会计控制规范——采购与付款（试行)》和《内部会计控制规范——销售与收款（试行)》，之后相继发布《内部会计控制规范——担保（征求意见稿)》、《内部会计控制规范——成本费用（征求意见稿)》、《内部会计控制规范——工程项目（试行)》。这些规定明确了单位建立和完善内部会计控制体系的基本框架和要求，以及货币资金、销售与收款和工程项目等业务内部控制的要求。

2001 年 1 月 31 日，证监会发布《证券公司内部控制指引》，2005 年 10 月 19 日，国务院发布了《国务院批转证监会关于提高上市公司质量意见的通知》，要求上市公司加强内部控制制度建设，强化内部管理，对内部控制制度的完整性、合理性及其实施的有效性进行定期检查和评估，同时要通过外部审计对公司的内部控制制度以及公司的自我评估报告进行核实评价，并披露相关信息。通过自查和外部审计，及时发现内部控制制度的薄弱环节，认真整改，堵塞漏洞，有效提高风险防范能力。

2006 年起，我国政府部门开始重视内部控制问题，并着手制订专门的内部控制法规。经过两年的讨论和周密论证，2008 年 5 月 22 日，我国财政部、证监会、审计署、银监会、保监会五部委联合制订并发布了《基本规范》。《基本规范》对内部控制的基本概念、目标、原则、要素等进行了清晰地定义。《基本规范》认为，“内部控制是由企业董事会、监事会、经理层和全体员工实施的、旨在实现控制目标的过程。内部控制的目标是合理保证企业经营管理合法合规、资产安全、财务报告及相关信息真实完整，提高经营效率和效果，促进企业实现发展战略。”企业建立与实施有效的内部控制，应当包括内部环境、风险评估、控制活动、信息与沟通、内部监督五个要素。在上市公司内部控制信息披露方面，与SOX法案相似，《基本规范》要求，“执行本规范的上市公司，应当对本公司内部控制的有效性进行自我评价，披露年度自我评价报告，并可聘请具有证券、期货业务资格的会计师事务所对内部控制的有效性进行审计。”

2010年4月26日，五部委联合发布《企业内部控制配套指引》（以下简称《配套指引》），包括18项《应用指引》（以下简称《应用指引》）、1项《企业内部控制评价指引》（以下简称《评价指引》）和1项《企业内部控制审计指引》（以下简称《审计指引》），进一步细化指导我国企业内部控制设计、执行、评价和审计工作。《配套指引》和之前颁布的《基本规范》共同构成了我国现阶段的企业内部控制规范体系。

为了保证企业内部控制规范体系的过渡实施，五部委在颁布《配套指引》的同时制订了实施时间表：“自2011年1月1日起首先在境内外同时上市的公司施行，自2012年1月1日起扩大到在上海证券交易所、深圳证券交易所主板上市的公司施行；在此基础上，择机在中小板和创业板上市公司施行；同时，鼓励非上市大中型企业提前执行”。

2011年2月14日，为了进一步推动企业内部控制规范的实施，证监会发布《内控规范试点通知》。《内控规范试点通知》指出，除境内外同时上市的68个公司需按规定于2011年实施内控规范以外，证监会还选取了216家上市公司参加内控规范试点。试点公司需要按照内部控制规范体系的要求，做好母公司及重要子公司财务报告内部控制的建设、自我评价和审计工作。

2012年2月、9月，财政部分别发布《企业内部控制规范体系实施中相关问题解释第1号》（以下简称《内部控制相关问题解释第1号》）与《企业内部控制规范体系实施中相关问题解释第2号》，针对企业在实施《基本规范》的过程中所遇到的部分问题作出了解答。

2012年8月14日，财政部和证监会联合发布《分类分批实施内控规范通知》，推迟了主板上市公司实施内控规范体系的时间。该通知指出：“（1）中央和地方国有控股上市公司，应于2012年全面实施企业内部控制规范体系，并在披露2012年公司年报的同时，披露董事会对公司内部控制的自我评价报告以及注册会计师出具的财务报告内部控制审计报告。（2）非国有控股主板上市公司，且于2011年12月31日公司总市值（证监会算法）在50亿元以上，同时2009年至2011年平均净利润在3000万元以上的，应在披露2013年公司年报的同时，披露董事会对公司内部控制的自我评价报告以及注册会计师出具的财务报告内部控制审计报告。（3）其他主板上市公司，应在披露2014年公司年报的同时，披露董事会对公司内部控制的自我评价报告以及注册会计师出具的财务报告内部控制审计报告。（4）特殊情况：一是主板上市公司因进行破产重整、借壳上市或重大资产重组，无法按照规定时间建立健全内控体系的，原则上应在相关交易完成后的下一个会计年度年报披露的同时，披露内部控制自我评价报告和审计报告，且不早于参照上述（1）至（3）原则确定的披露时间；二是新上市的主板上市公司应于上市当年开始建设内控体系，并在上市的下一年度年报披露的同时，披露内部控制自我评价报告和审计报告，且不早于参照上述（1）至（3）原则确定的披露时间。”

2013 年 12 月，财政部出台《石油石化行业内部控制操作指南》，为石油石化行业内控建设提供指导。该指引根据石油石化行业特点，明确了石油石化行业内控原则以及石油石化行业内控体系基本要素，提出了内控建设过程中须注意的要点，提供石油石化行业建立并实施内控体系的基本思路。

2014 年 1 月，证监会和财政部制定《信息披露编报规则第 21 号》。该指引规范了公开发行证券的公司内部控制信息披露行为，规定了公司年度内控评价报告应该包括的要素及相应的具体内容。

2014 年 9 月，银监会发布《商业银行内部控制指引》，为商业银行内部控制建设提供指导。在该指引中，银监会明确了商业银行内部控制目标、商业银行内部控制应当遵循的基本原则、商业银行内部控制职责、商业银行内部控制措施、商业银行内部控制保障、商业银行内控评价内容。商业银行内控监督措施。

2014 年 12 月，财政部出台《电力行业内部控制操作指南》，为电力行业内控建设提供指导。该指引规划了电力企业内部控制体系建设方法以及实施方案，提出了以内部控制环境为基础，以风险管理控制为导向，以控制活动为手段，以信息与沟通为桥梁，以内部监督为促进的闭环运行的电力企业内部控制体系。

除了各部委制订的内部控制信息披露总体规定以外，自 2006 年起，上海证券交易所、深圳证券交易所在各部委总体要求的基础上，结合所辖上市公司的基本情况，对上市公司内部控制信息披露时间提出了更具体的规定。表 3－4 详细总结了我国内部控制政策的发展历程。

表 3－4　中国内部控制政策历程

发文时间	发文机构	文件名称	主要内容	生效时间
1999 年 10 月 31 日	全国人民代表大会常务委员会	《中华人民共和国会计法》	规范会计行为，保证会计资料真实、完整，加强经济管理和财务管理。要求各单位建立、健全本单位内部会计监督制度。	2000 年 7 月 1 日
2001 年 1 月 31 日	证监会	《证券公司内部控制指引》	根据《中华人民共和国证券法》等法律法规，要求证券公司建立健全内部控制。	2001 年 1 月 31 日
2001 年 6 月 22 日	财政部	《内部会计控制规范——基本规范（试行）》	要求各单位建立健全不相容职务相互分离控制、授权批准控制、会计系统控制、预算控制、财产保全控制、风险控制、内部报告控制、电子信息技术控制等。	2001 年 6 月 22 日
2003 年 12 月 15 日	证监会	《证券公司内部控制指引》	对 2001 年 1 月 31 日颁布的《证券公司内部控制指引》进行修订。	2003 年 12 月 15 日

续表

发文时间	发文机构	文件名称	主要内容	生效时间
2005年10月19日	国务院	《国务院批转证监会关于提高上市公司质量意义的通知》	要求上市公司加强内部控制制度建设，强化内部管理，要求上市公司对内部控制定期检查和评估，聘请外部审计进行核实评价。	2005年10月19日
2006年5月18日	证监会	《首次公开发行股票并上市管理办法》	要求发行人的内部控制在所有重大方面是有效的，并由审计师出具了无保留结论的内部控制鉴证报告。	2006年5月18日
2006年6月5日	上交所	《上海证券交易所上市公司内部控制指引》	公司董事会应在年度报告披露的同时，披露年度内部控制自我评估报告，并披露会计师事务所对内部控制自我评估报告的核实评价意见。	2006年7月1日
2006年6月6日	国资委	《中央企业全面风险管理指引》	要求中央企业开展全面风险管理。	2006年6月6日
2006年9月28日	深交所	《深圳证券交易所上市公司内部控制指引》	公司应于每个会计年度结束后四个月内将内部控制自我评价报告和注册会计师评价意见报送本所，与公司年度报告同时对外披露。	2007年7月1日
2007年4月6日	保监会	《保险公司风险管理指引（试行）》	规范保险公司的内部控制。	2007年7月1日
2007年7月3日	银监会	《商业银行内部控制指引》	指导商业银行进行内部控制管理，要求根据不同的银行业务建立流程层面控制和信息系统控制。	2007年7月3日
2007年12月28日	证监会	《关于做好上市公司2007年年度报告及相关工作的通知》	鼓励央企控股、金融类及其他有条件的上市公司在披露2007年年报的同时披露董事会对公司内部控制的自我评估报告和审计机构对自我评估报告的核实评价意见。	2007年12月28日
2007年12月28日	深交所	《关于做好上市公司2007年年度报告工作的通知》	鼓励有条件的公司聘请审计机构就公司财务报告内部控制情况出具评价意见。	2007年12月28日
2008年1月2日	上交所	《关于做好上市公司2007年年度报告工作的通知》	本所鼓励有条件的上市公司同时披露董事会对公司内部控制的自我评估报告和审计机构对自我评估报告的核实评价意见。	2008年1月2日
2008年6月28日	财政部、证监会、审计署、银监会、保监会	《企业内部控制基本规范》	执行本规范的上市公司，应当对本公司内部控制的有效性进行自我评价，披露年度自我评价报告，并可聘请具有证券、期货业务资格的会计师事务所对内部控制的有效性进行审计。	自2011年1月1日分类分批执行

续表

发文时间	发文机构	文件名称	主要内容	生效时间
2008 年 12 月 4 日	上交所	《关于做好上市公司 2008 年履行社会责任的报告及内部控制自我评估报告披露工作的通知》	规定在上交所上市的"上证公司治理板块"样本公司（231 家）、发行境外上市外资股的公司（50 家）及金融公司（21 家），根据《上海证券交易所上市公司内部控制指引》的要求在披露 2008 年年度报告的同时，披露社会责任报告和内部控制报告，鼓励其他公司披露社会责任报告和内部控制报告。	2008 年 12 月 4 日
2008 年 12 月 30 日	深交所	《深圳证券交易所关于做好中小企业板上市公司 2008 年年度报告工作的通知》	在本所上市的所有中小板上市公司必须披露内部控制自我评价报告，同时，中小企业板公司应当至少每两年要求会计师事务所对公司与财务报告相关的内部控制有效性出具一次内部控制审计报告。	2008 年 12 月 30 日
2008 年 12 月 30 日	上交所	《上海证券交易所关于做好上市公司 2008 年年度报告工作的通知》	在本所上市的"上证公司治理板块"样本公司、发行境外上市外资股的公司及金融类公司必须披露内部控制自我评价报告，其他公司鼓励披露。同时，鼓励上市公司披露内部控制鉴证报告。	2008 年 12 月 30 日
2008 年 12 月 30 日	深交所	《深圳证券交易所关于做好上市公司 2008 年年度报告工作的通知》	在本所上市的所有主板公司必须披露内部控制自我评价报告，同时，鼓励上市公司披露内部控制鉴证报告。	2008 年 12 月 30 日
2009 年 12 月 31 日	上交所	《上海证券交易所关于做好上市公司 2009 年年度报告工作的通知》	在本所上市的"上证公司治理板块"样本公司、发行境外上市外资股的公司及金融类公司必须披露内部控制自我评价报告，其他公司鼓励披露。同时，鼓励上市公司披露内部控制鉴证报告。	2009 年 12 月 31 日
2009 年 12 月 31 日	深交所	《深圳证券交易所关于做好上市公司 2009 年年度报告工作的通知》	在本所上市的所有主板公司必须披露内部控制自我评价报告，同时，鼓励上市公司披露内部控制鉴证报告。	2009 年 12 月 31 日
2010 年 4 月 26 日	财政部、证监会、审计署、银监会、保监会	《企业内部控制配套指引》	包括 18 项《企业内部控制应用指引》、1 项《企业内部控制评价指引》和 1 项《企业内部控制审计指引》，对企业内部控制设计、执行、评价和审计工作进行了详细的规范和指导。	自 2011 年 1 月 1 日分类分批执行

续表

发文时间	发文机构	文件名称	主要内容	生效时间
2010年12月31日	上交所	《上海证券交易所关于做好上市公司2010年年度报告工作的通知》	在本所上市的“上证公司治理板块”样本公司、发行境外上市外资股的公司及金融类公司必须披露内部控制自我评价报告，其他公司鼓励披露。同时，鼓励上市公司披露内部控制鉴证报告。	2010年12月31日
2010年12月31日	深交所	《深圳证券交易所关于做好上市公司2010年年度报告披露工作的通知》	在本所上市的所有主板公司必须披露内部控制自我评价报告，同时，中小企业板和创业板公司应当至少每两年要求会计师事务所对公司与财务报告相关的内部控制有效性出具一次内部控制审计报告。	2010年12月31日
2011年2月14日	证监会	《关于做好上市公司内部控制规范试点有关工作的通知》	除境内外同时上市的68个公司需按规定于2011年实施内控规范以外，证监会还选取了216家上市公司参加内控规范试点。试点公司需要按照内部控制规范体系的要求，做好母公司及重要子公司财务报告内部控制的建设、自我评价和审计工作。	2011年2月14日
2011年4月11日	证监会	《上市公司实施企业内部控制规范体系监管问题解答一》	就财务报告内部控制，执行基本规范在年报披露信息、董事会自评报告格式、并购交易的豁免、核心商业秘密发生重大变化或缺陷的豁免披露进行解答。	2011年4月11日
2011年12月30日	证监会	《证监会公告〔2011〕41号》	对于上市公司建立健全内部控制制度，内部控制信息在年报上的披露作出了相关规定。	2011年12月30日
2011年12月30日	上交所	《上海证券交易所关于做好上市公司2011年年度报告工作的通知》	在本所上市的“上证公司治理板块”样本公司、境内外同时上市的公司及金融类公司必须披露内部控制自我评价报告，其他公司鼓励披露。同时，境内外同时上市的公司应披露注册会计师出具的财务报告内部控制审计报告，其他上市公司鼓励披露。	2011年12月30日
2011年12月30日	深交所	《深圳证券交易所关于做好上市公司2011年年度报告披露工作的通知》	在本所上市的所有主板公司必须披露内部控制自我评价报告，同时，2011年1月1日起先行执行《基本规范》的A+H公司和内控试点企业必须披露内部控制审计报告。中小企业板和创业板公司应当至少每两年要求会计师事务所对公司与财务报告相关的内部控制有效性出具一次内部控制审计报告。	2011年12月30日

续表

发文时间	发文机构	文件名称	主要内容	生效时间
2012 年 1 月 30 日	上交所	《上市公司 2011 年年度报告工作备忘录第一号内控报告的编制》	规定了内部控制报告的编制、审议和披露。	2012 年 1 月 30 日
2012 年 2 月 8 日	证监会	《上市公司实施企业内部控制规范体系监管问题解答二》	就会计师事务所所进行内部控制审计时所关注的问题、对自愿试点类企业的内部控制审计报告、被审计单位出现重大审计调整对内部控制审计结论的影响进行了解答。	2012 年 2 月 8 日
2012 年 2 月 23 日	财政部	《企业内部控制规范体系实施中相关问题解释第 1 号》	对企业在执行《基本规范》及其配套指引过程中反映的问题的解释。	2012 年 2 月 23 日
2012 年 8 月 14 日	财政部、证监会	《关于 2012 年主板上市公司分类分批实施企业内部控制规范体系的通知》	推迟主板上市公司实施内控规范体系的时间（详细内容见正文）。	2012 年 8 月 14 日
2012 年 9 月 24 日	财政部	《企业内部控制规范体系实施中相关问题解释第 2 号》	对境内主板上市公司正式实施内部控制规范体系过程中出现的新问题进行解释。	2012 年 9 月 24 日
2012 年 12 月 31 日	上交所	《上海证券交易所关于做好上市公司 2012 年年度报告工作的通知》	在本所上市的“上证公司治理板块”样本公司、金融类公司、境内外同时上市的公司、《分类分批实施内控规范通知》要求的上市公司必须披露内部控制自我评价报告，其他公司鼓励披露。同时，境内外同时上市以及符合《分类分批实施内控规范通知》要求的上市公司必须披露内部控制审计报告，其他公司鼓励披露。	2012 年 12 月 31 日
2012 年 12 月 31 日	深交所	《深圳证券交易所关于做好上市公司 2012 年年度报告披露工作的通知》	在本所上市的所有主板公司必须披露内部控制自我评价报告，同时，先行执行《基本规范》的 A + H 上市公司和内控试点上市公司，以及《分类分批实施内控规范通知》中所述的主板中央和地方国有控股上市公司必须披露内部控制审计报告。	2012 年 12 月 31 日
2013 年 12 月 28 日	财政部	《石油石化行业内部控制操作指南》	根据石油石化行业特点，明确了石油石化行业内控原则以及石油石化行业内控体系基本要素，提出了内控建设过程中须注意的要点，提供石油石化行业建立并实施内控体系的基本思路。	2013 年 12 月 28 日

续表

发文时间	发文机构	文件名称	主要内容	生效时间
2013年12月31日	上交所	《上海证券交易所关于做好上市公司2013年年度报告工作的通知》	在本所上市的“上证公司治理板块”样本公司、金融类公司、境内外同时上市的公司、《分类分批实施内控规范通知》要求的上市公司必须披露内部控制自我评价报告，其他公司鼓励披露。同时，境内外同时上市以及符合《分类分批实施内控规范通知》要求的上市公司必须披露内部控制审计报告，其他公司鼓励披露。	2013年12月31日
2014年1月3日	证监会、财政部	《公开发行证券的公司信息披露编报规则指引第21号——年度内部控制评价报告的一般规定》	规范公开发行证券的公司内部控制信息披露行为，规定了公司年度内控评价报告应该包括的要素及相应的具体内容。	2014年1月3日
2014年9月12日	银监会	《商业银行内部控制指引》	明确商业银行内部控制目标、商业银行内部控制应当遵循的基本原则、商业银行内部控制职责、商业银行内部控制措施、商业银行内部控制保障、商业银行内控评价内容。商业银行内控监督措施。	2014年9月12日
2014年12月23日	财政部	《电力行业内部控制操作指南》	规划电力企业内部控制体系建设方法以及实施方案，提出以内部控制环境为基础，以风险管理控制为导向，以控制活动为手段，以信息与沟通为桥梁，以内部监督为促进的闭环运行的电力企业内部控制体系。	2014年12月23日

本章小结

在本章中，我们全面地疏理了内部控制制度背景，包括境外主要国家（地区）上市公司内部控制制度和我国内部控制发展历程。

在境外主要国家（地区）上市公司内部控制方面，我们阐述了美国、英国、加拿大、澳大利亚、新加坡、日本、中国台湾地区和中国香港地区的上市公司内部控制制度，并对各国家（地区）的上市公司内部控制制度进行对比分析。

我国内部控制制度最早可追溯到1999年《中华人民共和国会计法》。2008年5月和2010年4月，财政部等五部委先后颁布了《基本规范》及其配套指引，基本形成了我国现阶段的企业内部控制规范体系。目前，主板上市公司实施内部控制规范体系，中小板和创业板上市公司尚未强制实施内部控制规范体系。

第四章　内部控制制度的建立健全

内部控制可以帮助上市公司实现经营目标，保护资产的安全完整，保证会计信息资料的正确可靠，确保经营方针的贯彻执行，保证经营活动的经济性、效率性和效果性。因此，上市公司内控制度的建立健全具有重要意义。本章内容分为三个部分，包括上市公司内部控制整体情况，公司层面和业务层面内部控制制度的建立健全情况。

第一节　内部控制制度整体情况

在本节中，我们从两个方面调查了上市公司内部控制制度整体情况，分别为内部控制建设依据，以及内控制度的建立健全情况。

一、内部控制建设依据

根据上市公司内部控制建设实务，内部控制建设依据主要有财政部等五部委发布的《基本规范》，上交所、深交所于2006年发布的《内部控制指引》，COSO发布的内部控制整合框架。我们对上市公司内控建设依据进行了调查，以了解内部控制制度建设最基础的情况。

（一）总体情况

表4－1及图4－1总体描述了上市公司内部控制建设依据情况。我们发现绝大部分的上市公司依据上述三份文件进行内控建设。具体来看，高达95%左右的上市公司会选择《基本规范》和《内部控制指引》作为其内部控制建设的依据，远多于选择以COSO内部控制整合框架作为依据的上市公司。

表4－1　　内部控制建设依据

建设依据	全样本
COSO内部控制框架	39.91%
财政部、证监会等《基本规范》	96.03%
上交所、深交所《内部控制指引》	94.43%
其他	6.66%
不清楚	0.16%

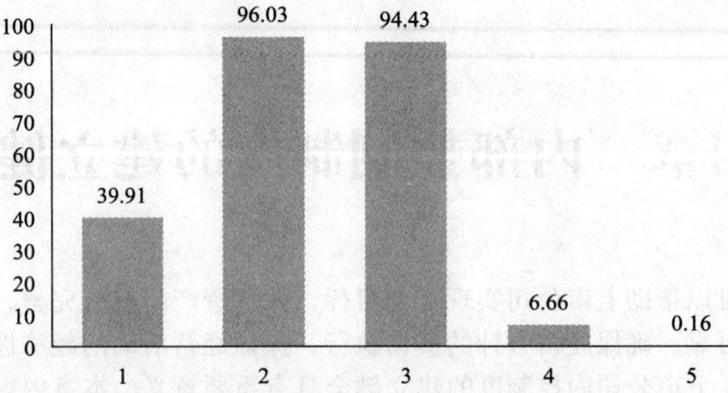

注：1 = COSO 内部控制框架；2 = 财政部等《基本规范》；3 = 上交所、深交所《内部控制指引》；4 = 其他；5 = 不清楚。

图 4－1　内部控制建设依据

《内部控制指引》由上交所和深交所分别制定，要求在这两个交易所上市的公司执行该指引中的相关规定。由于我们调查的对象均来源于上交所和深交所，因此高比例的公司会选择上交所、深交所《内部控制指引》作为内控建设的依据。《基本规范》由财政部等五部委制定，要求 2009 年 7 月 1 日起在上市公司范围内施行。由于该基本规范结合了我国实际，具有我国自身特色，并且来源于政府部门，具有一定的监管压力，因此绝大部分上市公司选择《基本规范》作为内控建设依据。而 COSO 内部控制整合框架来源于美国，强制性不足，因此仅作为参考文件。

（二）按板块分组

在表 4－2 中，我们将调查结果分为主板、中小板和创业板进行对比。表中数据显示三个板块的公司选择《内部控制指引》作为内部控制建设依据的比例相差不大，均为 94% 左右。另一方面，主板上市公司选择《基本规范》作为内控建设依据的比例比中小板、创业板公司高了 7 个百分点，这是由于政府部门在发布《基本规范》配套指引的同时，制订了相应的实施时间表。该时间表要求在境内外同时上市的公司首先施行内控规范体系，其次是在主板上市的公司，最后是在中小板和创业板上市的公司。

表 4－2　　内部控制建设依据（按板块分组）

建设依据	主板	中小板	创业板
COSO 内部控制框架	43.19%	33.58%	31.37%
财政部、证监会等《基本规范》	98.31%	91.13%	91.18%
上交所、深交所《内部控制指引》	94.64%	93.75%	94.44%
其他	7.28%	4.94%	6.21%
不清楚	0.05%	0.44%	0.33%

（三）按控制权性质分组

从表4－3的数据中发现，国有控股上市公司选择《基本规范》作为内控建设依据的上市公司比例比民营控股上市公司高大约4个百分点，选择《内部控制指引》作为依据的比例差异不大。

表4－3　　内部控制建设依据（按控制权性质分组）

建设依据	国有控股	民营控股
COSO内部控制框架	41.56%	38.50%
财政部、证监会等《基本规范》	97.92%	94.42%
上交所、深交所《内部控制指引》	94.23%	94.59%
其他	8.06%	5.47%
不清楚	0.07%	0.24%

（四）按内部控制规范体系实施情况分组

我们将调查结果按内控规范体系实施情况进行划分，分为已实施内控规范体系组与未实施内控规范体系组，并分别统计其内部控制的建设依据。统计结果列示于表4－4中。从表4－4中，我们发现已实施内控规范体系的上市公司依据COSO内控框架建设内控的比例为44.07%，明显高于未实施内控规范体系上市公司(35.97%)。依据我国《基本规范》与《内部控制指引》来建设内控的比例差异并不明显，均高于90%。已实施内控规范体系上市公司建设内控依据不清楚的比例为0%，说明已实施内控规范体系的上市公司均按照相应内控文件建设内控。

表4－4　　内部控制建设依据（按内部控制规范体系实施情况分组）

建设依据	已实施	未实施
COSO内部控制框架	44.07%	35.97%
财政部、证监会等《基本规范》	98.68%	93.52%
上交所、深交所《内部控制指引》	94.53%	94.33%
其他	8.04%	5.36%
不清楚	0.00%	0.31%

二、内部控制制度建立健全情况

对于上市公司内部控制制度的建立健全情况，我们希望获得上市公司自我评估的情况，因此向上市公司的总经理、财务总监、内审负责人和内控负责人进行调查，询问其对自已公司内控制度建立健全情况的看法。

（一）总体情况

从总体上来看，上市公司管理人员对其公司内部控制制度的建立健全情况较为乐观。超过80%的管理人员认为其公司的内控制度较健全或非常健全，见表4-5及图4-2。

表4-5　　内部控制制度建立健全情况

样本量	1	2	3	4	5	均值	标准差
6294	0.21	1.06	14.30	68.38	16.05	3.99	0.60

注：1=非常不健全，2=较不健全，3=一般，4=较健全，5=非常健全。“1”至“5”列单位为“%”。

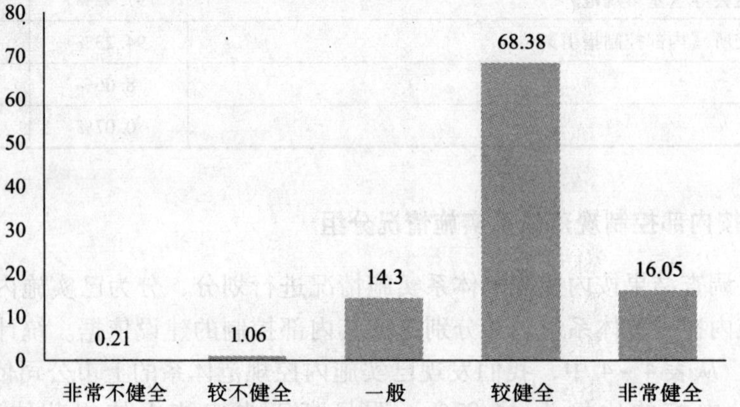

图4-2　内部控制制度建立健全情况

（二）按板块分组

为了调查管理人员对其公司内控建立健全的认同程度是否会因板块不同而有所差别，我们根据板块将样本进行划分，并进行相互对比，结果列示于表4-6中。从调查结果中我们发现，尽管三个板块的均值均为4左右，但是主板上市公司的均值要高于中小板和创业板。进一步地，我们对上述调查结果进行了T检验，检验结论的显著性，结果列示于表4-6的Panel B中。我们可以发现，就内控建立健全而言，主板上市公司显著优于中小板上市公司，中小板上市公司显著优于创业板上市公司。

表4-6　　内部控制制度建立健全情况（按板块分组）

Panel A 描述性统计

板块	样本量	1	2	3	4	5	均值	标准差
主板	4312	0.28	1.18	13.08	67.83	17.63	4.01	0.62
中小板	1375	0.07	1.02	15.27	69.31	14.33	3.97	0.59
创业板	607	0.00	0.33	20.76	70.18	8.73	3.87	0.54

续表

Panel B 均值检验		
	T 值	P 值
主板 VS. 中小板	2.41 **	0.02
主板 VS. 创业板	5.33 ***	0.00
中小板 VS. 创业板	3.40 ***	0.00

注：1 = 非常不健全，2 = 较不健全，3 = 一般，4 = 较健全，5 = 非常健全。“1”至“5”列单位为“%”。***、**、* 分别表示 1%、5%、10% 统计水平显著。

（三）按控制权性质分组

我们依据控制权性质对调查结果进行了分组对比。表 4 - 7 列示了按照控制权性质分类后的调查结果。我们发现国有控股上市公司均值为 4.06，高于民营控股上市公司的均值 3.93，国有控股上市公司内控建立健全情况显著优于民营控股上市公司。

表 4 - 7　内部控制制度建立健全情况（按控制权性质分组）①

Panel A 描述性统计

控制权性质	样本量	1	2	3	4	5	均值	标准差
国有控股	2925	0.17	0.85	10.94	68.75	19.28	4.06	0.59
民营控股	3369	0.24	1.25	17.22	68.06	13.24	3.93	0.61

Panel B 均值检验

	T 值	P 值
国有控股 VS. 民营控股	8.77 ***	0.00

注：1 = 非常不健全，2 = 较不健全，3 = 一般，4 = 较健全，5 = 非常健全。“1”至“5”列单位为“%”。***、**、* 分别表示 1%、5%、10% 统计水平显著。

（四）按内部控制规范体系实施情况分组

我们依据内控规范体系实施情况对调查对象进行划分，将调查对象分为已实施内控规范体系的样本和未实施内控规范体系的样本。表 4 - 8 列示了按内控规范体系实施情况分组的统计结果。从 Panel A 中，我们发现已实施内控规范体系的样本均值为 4.07，明显高于未实施内控规范体系样本的均值 3.91，说明已实施内控规范体系的上市公司内控制度建立健全情况优于未实施内控规范体系的上市公司。

我们对上述均值差异进行 T 检验，结果列示于表 4 - 8 的 Panel B 中。我们发现已实施内控规范体系的上市公司内部控制建立健全情况在 1% 统计水平上显著优于

① 在部分情况下，各项百分数之和不等于 100%，这是由于对百分数的四舍五入所导致的计算误差，后文亦同。

未实施内控规范体系的公司。

表4-8　内部控制制度建立健全情况（按内部控制规范体系实施情况分组）

Panel A 描述性统计

内部控制规范体系实施情况	样本量	1	2	3	4	5	均值	标准差
已实施	3086	0.23	0.81	10.14	69.02	19.80	4.07	0.59
未实施	3208	0.19	1.31	18.30	67.77	12.44	3.91	0.61

Panel B 均值检验

	T值	P值
已实施VS. 未实施	10.87***	0.00

注：1＝非常不健全，2＝较不健全，3＝一般，4＝较健全，5＝非常健全。“1”至“5”列单位为“%”。***、**、*分别表示1%、5%、10%统计水平显著。

第二节　公司层面的内部控制制度

公司层面内控制度是上市公司整体内控制度的重要组成部分，上市公司内部控制是否有效很大程度上取决于公司层面内控制度是否建立健全。针对公司层面内控制度，我们主要调查内部控制五要素的建立健全情况。在内部控制五要素中，我们选择内部环境、控制活动以及信息与沟通的内控制制度建立健全情况作进一步分析。

一、内部控制五要素建立健全情况

COSO报告明确了内部控制的内容，即内部控制包括五个相互独立而又互相联系的构成要素：控制环境、风险评估、控制活动、信息与沟通和监督。内部控制五要素与内控目标紧密相连，是实现内控目标过程中不可或缺的要素。我们向上市公司的内审以及内控负责人询问其公司内部控制五要素的建立健全情况。

（一）总体情况

表4-9列示了上市公司内部控制五要素建立健全的总体情况。我们首先研究内部环境建立健全的总体情况，共3127位内审或内控负责人对该问题作出了回答。我们发现85%以上的回答者认为其公司内部环境较为健全或非常健全。均值为4.00，说明上市公司认为其内部环境较为健全。

总体来看，回答者认为上市公司其他各控制要素建立健全情况均较好，均值均在4左右。具体而言控制活动建立健全情况最好，均值为4.01。上市公司风险评估建立健全情况在五要素中最为薄弱，仅有约74%的管理层认为其公司风险评估较为健全或非常健全，均值仅为3.84。

表4-9　内部控制五要素建立健全总体情况

控制要素	样本量	1	2	3	4	5	均值	标准差
内部环境	3127	0.00	0.29	13.85	71.92	13.94	4.00	0.54
风险评估	3125	0.00	0.74	25.31	63.55	10.40	3.84	0.60
控制活动	3124	0.03	0.10	11.91	74.39	13.57	4.01	0.51
信息与沟通	3125	0.00	0.16	18.69	69.34	11.81	3.93	0.55
内部监督	3124	0.03	0.06	13.67	71.41	14.82	4.01	0.54
合计	15625	0.01	0.27	16.68	70.12	12.91	3.96	0.55

注：1=完全没有，2=基本没有，3=一般，4=较为健全，5=非常健全。“1”至“5”列单位为“%”。

（二）按板块分组

我们将调查对象按照板块进行细分，并分别统计其内部控制五要素建立健全情况。结果如表4-10所示。

在内部环境建立健全方面，统计结果显示，主板上市公司内部环境的均值为4.02，高于中小板均值3.96和创业板均值3.92，而中小板均值也高于创业板均值。说明就内部环境而言，主板上市公司比中小板上市公司健全，而中小板上市公司要比创业板上市公司健全。我们对内部环境建立健全的板块差异进行了T检验，检验上述差异是否具有显著性。表4-10的Panel B列示了分板块T检验结果。我们发现主板上市公司内部环境建立健全情况在1%水平上显著优于中小板和创业板上市公司，中小板与创业板上市公司的内部环境建立健全情况不具有显著差异。

对于风险评估而言，主板上市公司均值为3.88，显著高于中小板均值3.76和创业板均值3.72，说明主板上市公司风险评估建立健全情况优于中小板与创业板。

不同板块上市公司在控制活动建立健全方面存在显著差异，T检验显示，主板与中小板和创业板的控制活动建立健全差异在1%的程度上显著，中小板和创业板公司在控制活动建立健全方面不存在显著差异，说明主板上市公司控制活动建立健全情况明显优于中小板和创业板。

在信息与沟通建立健全方面，主板上市公司信息与沟通的建立健全情况均值为3.94，高于中小板均值3.92和创业板均值3.89。进一步T检验显示，信息与沟通的建立健全情况在三个板块之间的差异均不具有显著性，说明就信息沟通而言，主板、中小板和创业板上市公司建立健全情况差异不大。

在内部监督建立健全方面，主板上市公司均值为4.03，高于中小板均值3.97和创业板均值3.94。均值T检验显示主板均值显著高于中小板均值和创业板均值，中小板上市公司和创业板上市公司均值不具有显著差异，说明主板上市公司内部监督的建立健全情况显著优于中小板和创业板上市公司，中小板和创业板上市公司不存在显著不同。

表 4-10　　内部控制五要素建立健全情况（按板块分组）

Panel A 描述性统计

控制要素	板块	样本量	1	2	3	4	5	均值	标准差
内部环境	主板	2134	0.00	0.23	12.28	72.91	14.57	4.02	0.53
	中小板	688	0.00	0.29	17.15	68.90	13.66	3.96	0.56
	创业板	305	0.00	0.66	17.38	71.80	10.16	3.91	0.54
风险评估	主板	2134	0.00	0.52	22.96	65.00	11.53	3.88	0.59
	中小板	687	0.00	1.16	29.55	60.99	8.30	3.76	0.61
	创业板	304	0.00	1.32	32.24	59.21	7.24	3.72	0.61
控制活动	主板	2132	0.05	0.05	9.52	75.80	14.59	4.05	0.49
	中小板	687	0.00	0.29	16.01	71.32	12.37	3.96	0.54
	创业板	305	0.00	0.00	19.34	71.48	9.18	3.90	0.53
信息与沟通	主板	2133	0.00	0.19	18.05	69.76	12.00	3.94	0.55
	中小板	687	0.00	0.15	19.65	68.12	12.08	3.92	0.56
	创业板	305	0.00	0.00	20.98	69.18	9.84	3.89	0.54
内部监督	主板	2133	0.05	0.09	12.33	71.78	15.75	4.03	0.54
	中小板	687	0.00	0.00	16.45	69.87	13.68	3.97	0.55
	创业板	304	0.00	0.00	16.78	72.37	10.86	3.94	0.52
合计	主板	10666	0.02	0.22	15.03	71.05	13.69	3.98	0.55
	中小板	3436	0.00	0.38	19.76	67.84	12.02	3.92	0.57
	创业板	1523	0.00	0.39	21.34	68.81	9.46	3.87	0.55

Panel B 均值检验

控制要素	主板 VS. 中小板		主板 VS. 创业板		中小板 VS. 创业板	
	T值	P值	T值	P值	T值	P值
内部环境	2.51 **	0.01	3.20 **	0.00	1.16	0.25
风险评估	4.25 ***	0.00	4.16 ***	0.00	0.97	0.33
控制活动	4.07 ***	0.00	4.91 ***	0.00	1.61	0.11
信息与沟通	0.59	0.55	1.40	0.16	0.86	0.39
内部监督	2.48 **	0.01	2.75 **	0.01	0.85	0.40
合计	6.17 ***	0.00	7.25 ***	0.00	2.40 **	0.02

注：1=完全没有，2=基本没有，3=一般，4=较为健全，5=非常健全。“1”至“5”列单位为“%”。***、**、* 分别表示1%、5%、10%统计水平显著。

（三）按控制权性质分组

除板块因素外，我们还分析了内部环境、风险评估、控制活动、信息与沟通和内部监督建立健全情况在不同控制权性质的企业中是否存在差异，统计结果列示于表4-11中。

表 4-11　　内部控制五要素建立健全情况（按控制权性质分组）

Panel A 描述性统计

控制要素	控制权性质	样本量	1	2	3	4	5	均值	标准差
内部环境	国有控股	1460	0.00	0.14	10.27	74.11	15.48	4.05	0.51
	民营控股	1667	0.00	0.42	16.98	70.01	12.60	3.95	0.56
风险评估	国有控股	1460	0.00	0.27	21.64	66.23	11.85	3.90	0.58
	民营控股	1665	0.00	1.14	28.53	61.20	9.13	3.78	0.61
控制活动	国有控股	1458	0.00	0.00	8.44	76.89	14.68	4.06	0.48
	民营控股	1666	0.06	0.18	14.95	72.21	12.61	3.97	0.54
信息与沟通	国有控股	1459	0.00	0.07	17.20	70.46	12.27	3.95	0.54
	民营控股	1666	0.00	0.24	19.99	68.37	11.40	3.91	0.56
内部监督	国有控股	1459	0.00	0.00	10.90	73.68	15.42	4.05	0.51
	民营控股	1665	0.06	0.12	16.10	69.43	14.29	3.98	0.56
合计	国有控股	7296	0.00	0.10	13.69	72.27	13.94	4.00	0.53
	民营控股	8329	0.02	0.42	19.31	68.24	12.01	3.92	0.57

Panel B 均值检验（国有控股 VS. 民营控股）

控制要素	T 值	P 值
内部环境	5.29***	0.00
风险评估	5.29***	0.00
控制活动	4.99***	0.00
信息与沟通	2.01**	0.04
内部监督	3.50***	0.00
合计	9.35***	0.00

注：1 = 完全没有，2 = 基本没有，3 = 一般，4 = 较为健全，5 = 非常健全。“1”至“5”列单位为“%”。***、**、* 分别表示 1%、5%、10% 统计水平显著。

对于内部环境的建立健全情况，国有控股上市公司均值为 4.05，高于民营控股上市公司均值 3.95，说明国有控股上市公司内部环境更为健全。T 检验结果显示，国有控股上市公司内部环境建立健全情况显著优于民营控股上市公司。

除内部环境外，我们还研究了风险评估、控制活动、信息与沟通、内部监督的建立健全情况在不同控制权性质的企业中是否存在差异。从 Panel A 中我们可以发现，国有控股上市公司各控制要素的建立健全情况均优于民营控股上市公司。国有控股上市公司风险评估均值为 3.90，高于民营控股上市公司风险评估均值 3.78；国有控股上市公司控制活动均值为 4.06，高于民营控股上市公司控制活动均值 3.97；国有控股上市公司信息与沟通均值为 3.95，高于民营控股上市公司均值 3.91；国有控股上市公司内部监督均值为 4.05，高于民营控股上市公司均值 3.98。T 检验结果显示，国有控股上市公司各要素建立健全情况均显著优于民营控股上市公司。

（四）按内部控制规范体系实施情况分组

我们将调查对象按照是否已实施内控规范体系进行分组，并分别进行统计，结果列示于表4-12中。Panel A列示了分组描述性统计结果。我们发现已实施内控规范体系的上市公司在各内部控制要素建立健全方面均明显优于未实施内控规范体系的上市公司。具体来看，已实施内控规范体系的上市公司内部环境均值为4.06，高于未实施内控规范体系的上市公司均值3.94；已实施内控规范体系的上市公司风险评估均值为3.91，高于未实施内控规范体系的上市公司均值3.76；已实施内控规范体系的上市公司控制活动均值为4.08，高于未实施内控规范体系的上市公司均值3.95；已实施内控规范体系的上市公司信息与沟通均值为3.97，高于未实施内控规范体系的上市公司均值3.88；已实施内控规范体系的上市公司内部监督均值为4.07，高于未实施内控规范体系的上市公司均值3.95。

表4-12　　内部控制五要素建立健全情况（按内部控制规范体系实施情况分组）

Panel A 描述性统计

控制要素	内部控制规范体系实施情况	样本量	1	2	3	4	5	均值	标准差
内部环境	已实施	1535	0.00	0.13	9.77	74.33	15.77	4.06	0.51
	未实施	1592	0.00	0.44	17.78	69.60	12.19	3.94	0.56
风险评估	已实施	1535	0.00	0.20	20.52	66.97	12.31	3.91	0.57
	未实施	1590	0.00	1.26	29.94	60.25	8.55	3.76	0.62
控制活动	已实施	1533	0.00	0.00	6.85	78.02	15.13	4.08	0.46
	未实施	1591	0.06	0.19	16.78	70.90	12.07	3.95	0.55
信息与沟通	已实施	1534	0.00	0.07	15.06	72.43	12.45	3.97	0.53
	未实施	1591	0.00	0.25	22.19	66.37	11.19	3.88	0.58
内部监督	已实施	1534	0.00	0.00	9.26	74.12	16.62	4.07	0.50
	未实施	1590	0.06	0.13	17.92	68.81	13.08	3.95	0.56
合计	已实施	7671	0.00	0.08	12.29	73.17	14.46	4.02	0.52
	未实施	7954	0.03	0.45	20.92	67.19	11.42	3.90	0.58

Panel B 均值检验（已实施 VS. 未实施）

控制要素	T值	P值
内部环境	6.38***	0.00
风险评估	7.19***	0.00
控制活动	7.48***	0.00
信息与沟通	4.44***	0.00
内部监督	6.60***	0.00
合计	14.20***	0.00

注：1=完全没有，2=基本没有，3=一般，4=较为健全，5=非常健全。“1”至“5”列单位为“%”。***、**、*分别表示1%、5%、10%统计水平显著。

我们对各控制要素的均值差异进行了T检验，结果列示于Panel B中。根据Panel B的结果，我们发现已实施内控规范体系的上市公司在各控制要素建立健全方面均在1%统计水平上显著优于未实施内控规范体系的上市公司。

（五）内部环境建立健全对其他要素的影响

完善的内部环境是企业内部控制有效性的保障。COSO《内部控制——整合框架》认为，内部控制由五个相互独立而又相互联系的要素构成，而且内部环境是其他四个要素的基石。如果内部环境不健全，其他四个要素无论多么健全，都不可能实现有效的内部控制。另一方面，内部环境不健全会导致上市公司缺乏有效的监督制衡机制，从而内部控制制度形同虚设，无法得到有效的执行。即，内部环境决定了上市公司风险评估、控制活动、信息与沟通、内部监督发挥的效果。我们认为与内部环境建立健全情况相对较好的公司相比，内部环境较差的公司内控其他四要素对总体内控建立健全和有效执行的作用更弱。

我们采用分组相关性检验的方法对内部环境建立健全重要性进行分析。首先，由于有关内控要素建立健全的问题询问了上市公司内审负责人和内控负责人，因此我们将两者回答的数据取平均数作为衡量内控各要素建立健全情况的指标。

就内部环境而言，我们采取上述方法获取了上市公司内部环境的建立健全情况。具体如表4－13所示。从表4－13中，我们发现内部环境建立健全情况基本符合正态分布。绝大部分（68.48%）的上市公司内部环境建立健全情况分布于4，其他公司则较为对称地分布于3至5之间。内部环境基本不健全的公司仅有5家，占比仅为0.24%，我们将其作为极端值做剔除处理。

表4－13描述了上市公司内部环境情况。我们把内部环境建立健全数值为3.0的公司视为内部环境相对较差的公司，把内部环境建立健全数值为5.0的公司视为内部环境相对较好的公司。内部环境数值为3.0和5.0的上市公司各占比10%左右，该两类上市公司的内部环境建立健全情况应该具有显著的差异，适合作为分组的依据。因此，我们从样本中选取了276家内部环境建立健全数值为3.0的公司和243家内部环境建立健全数值为5.0的公司做分组相关性分析。

表4－13　内部环境建立健全情况

内部环境建立健全	数目（家）	百分比（%）	累计百分比（%）
2.0	5	0.24	0.24
3.0	276	13.20	13.44
3.5	65	3.11	16.55
4.0	1432	68.48	85.03
4.5	70	3.35	88.38
5.0	243	11.62	100.00
合计	2091	100.00	100.00

我们采取与衡量内部环境建立健全类似的方法，获取了风险评估、控制活动、信息与沟通以及内部监督的建立健全情况指标。在此基础上，依据上述划分方法将上市公司区分为内部环境较好的公司和内部环境较差的公司，并分别统计风险评估、控制活动、信息与沟通以及内部监督和内控总体建立健全以及内控执行有效的相关系数。相关系数越大说明该要素对内控总体建立健全以及执行有效的作用越大。

表4-14列示了分组相关性统计结果。我们发现，无论内部环境建立健全情况如何，风险评估、控制活动、信息与沟通以及内部环境的建立健全均可显著推动公司总体内控的建立健全与有效执行，具有显著的正向效应。进一步分析，我们发现相比于内部环境较差的公司，内部环境较好的公司风险评估、控制活动、信息与沟通以及内部监督的建立健全与公司总体内控建立健全具有更强的相关性（内部环境较好的公司相关系数均在0.35以上，而内部环境较差的公司相关系数均在0.30以下）。在内控制度执行有效方面，我们发现类似结论。这些结果说明内部环境的建立健全情况确实会影响其他内控要素对内控制度有效性的作用，表明了内部环境是上市公司实施内部控制的基础。内部环境是否健全决定了风险评估、控制活动、信息与沟通以及内部监督能否发挥有效作用。

表4-14　内部环境建立健全重要性分析（相关性分析）

控制要素	内部控制建立健全		内部控制执行有效	
	内部环境较好	内部环境较差	内部环境较好	内部环境较差
风险评估	0.386*** (0.000)	0.141** (0.020)	0.384*** (0.000)	0.156*** (0.010)
控制活动	0.373*** (0.000)	0.282*** (0.000)	0.385*** (0.000)	0.282*** (0.000)
信息与沟通	0.350*** (0.000)	0.237*** (0.000)	0.416*** (0.000)	0.258*** (0.000)
内部监督	0.380*** (0.000)	0.206*** (0.001)	0.395*** (0.000)	0.252*** (0.000)

注：***、**、*分别表示1%、5%、10%统计水平显著。

二、各要素内部控制制度建立健全情况

在上一节中，我们已经描述了上市公司内部控制五要素的总体建立健全情况。我们在此处进一步分析上市公司内部环境、控制活动、信息与沟通的内部控制制度建立健全情况。

（一）内部环境方面内部控制制度

为了从多个角度综合了解上市公司内部环境方面内控制度的建立健全情况，我

们向上市公司董事会秘书了解其公司内部环境具体内控制度的建立健全情况。具体题目包括：（1）公司通过多种渠道表明诚信和道德价值的重要性；（2）董事会独立于管理层，并对内部控制的开展与成效实施监督；（3）公司授予不同管理人员合理的权力与责任；（4）公司拥有一套吸引、培养和留用符合企业发展目标要求的人才机制。

与问题（1）相关的内控制度是诚信和道德价值观控制。内部控制制度的建立、执行都需要人的参与。人是决定内部控制能否有效实施的关键因素。人的行为受到价值观的影响，企业的员工是否具备良好的诚信和道德价值观对内控制度的有效实施非常重要。对于企业而言，建立一套员工可以接受的诚信和道德体系是非常必要的，因此企业需要通过多种渠道表明诚信和道德价值的重要性，使员工可以充分理解诚信和道德的重要性。

问题（2）和问题（3）考察上市公司是否在组织架构控制方面建立健全了具体的内控制度。组织架构是企业按照国家有关法律、法规、股东（大）会决议、企业章程，结合本企业实际情况，明确董事会、监事会、经理层和企业内部各层级机构设置、职责权限、人员编制、工作程序和相关要求的制度安排。一旦企业组织架构存在缺陷，其一切经营活动，包括内部控制在内，都会受到严重影响。

组织架构控制可以进一步划分为治理结构控制与内部机构控制。治理结构解决所有者对经营者的监督问题与制衡问题，是公司所有者与经营者之间建立的权力与利益的分配与制衡的关系。内部机构是企业内部分别设置不同层次的管理人员，针对各项业务功能行使决策、计划、执行、监督、评价的权力并承担相应的责任。针对治理结构与内部机构的控制共同构成企业组织架构控制。问题（2）调查了企业是否建立健全了针对企业治理结构控制的内部控制制度。董事会是否独立于管理层，并对内部控制的开展与成效实施监督，很大程度上决定了投资者的权益是否得到了有效的保障。问题（3）调查了企业是否建立健全了针对企业内部机构控制的内部控制制度。企业通过明确各机构的职责权限，防止出现越权行为，保障内控制度的有效运行。通过授予不同管理人员合理的权力和责任，有助于实施有效的内部机构控制。

问题（4）调查上市公司是否建立健全了人力资源控制。人力资源是企业组织生产经营活动而录用的各种人员，包括董事、监事、高级管理人员和一般员工，其本质是企业组织各种人员所具有的脑力和体力的总和。人力资源是企业发展的根本动力。健全的人力资源控制可以帮助企业更好地达成发展目标。

1. 总体情况

表4－15列示了公司内部环境方面的内控制度建立健全的总体情况。超过80%的上市公司的数值均分布于4和5中，均值均大于4，说明上述具体公司层面内控制度建立健全情况较好。具体来看，针对内部机构控制的内控制度的建立健全情况最好，均值为4.41，反映上市公司在防范越权操作方面控制较好。建立健全情况相对较差的是人力资源控制，均值为4.13。

表 4-15　　内部环境方面内部控制制度建立健全情况

控制制度	样本量	1	2	3	4	5	均值	标准差
诚信和道德价值观	2121	0.05	0.09	7.73	45.92	46.20	4.38	0.63
治理结构	2121	0.05	0.71	8.53	47.10	43.61	4.34	0.66
内部机构	2123	0.09	0.24	5.09	47.86	46.73	4.41	0.61
人力资源	2121	0.05	0.94	16.17	51.86	30.98	4.13	0.71
合计	8486	0.06	0.49	9.38	48.19	41.88	4.31	0.66

注：1 = 非常不健全，2 = 较不健全，3 = 一般，4 = 较健全，5 = 非常健全。"1" 至 "5" 列单位为 "%"。

2. 按板块分组

我们将调查对象按照板块进行划分，并进行统计分析，结果列示于表 4-16 中。在诚信道德价值观的控制方面，主板上市公司明显优于中小板和创业板公司，中小板与创业板上市公司基本一致。就治理结构而言，主板上市公司治理结构明显优于中小板和创业板公司，中小板与创业板上市公司差异并不明显。在内部机构设置方面，主板优于中小板，中小板优于创业板。在人力资源控制方面，中小板和创业板上市公司明显优于主板公司，中小板和创业板之间无明显差异。

为了检验上述差异的显著性，我们对上述板块差异进行 T 检验，结果列示于 Panel B 中。在诚信与道德价值观方面，板块之间并不存在显著差异。主板上市公司治理结构显著优于中小板和创业板上市公司。在内部机构设置方面，主板上市公司显著优于创业板，中小板显著优于创业板（显著性较弱）。主板上市公司对人力资源的控制显著弱于中小板公司，其他板块差异不具备显著性。

表 4-16　　内部环境方面内部控制制度建立健全情况（按板块分组）

Panel A 描述性统计

控制制度	板块	样本量	1	2	3	4	5	均值	标准差
诚信和道德价值观	主板	1119	0.09	0.00	8.85	42.45	48.61	4.39	0.65
	中小板	693	0.00	0.29	6.78	48.92	44.01	4.37	0.62
	创业板	309	0.00	0.00	5.83	51.78	42.39	4.37	0.59
治理结构	主板	1120	0.09	0.54	6.96	43.57	48.84	4.41	0.65
	中小板	692	0.00	1.30	8.96	50.43	39.31	4.28	0.68
	创业板	309	0.00	0.00	13.27	52.43	34.30	4.21	0.66
内部机构	主板	1121	0.09	0.27	5.44	44.25	49.96	4.44	0.62
	中小板	693	0.14	0.29	3.46	51.66	44.44	4.40	0.59
	创业板	309	0.00	0.00	7.44	52.43	40.13	4.33	0.61
人力资源	主板	1121	0.09	1.25	17.84	50.31	30.51	4.10	0.73
	中小板	691	0.00	0.58	14.33	52.97	32.13	4.17	0.68
	创业板	309	0.00	0.65	14.24	55.02	30.10	4.15	0.67

续表

Panel A 描述性统计

控制制度	板块	样本量	1	2	3	4	5	均值	标准差
合计	主板	4481	0.09	0.51	9.77	45.15	44.48	4.33	0.68
	中小板	2769	0.04	0.61	8.38	50.99	39.98	4.30	0.65
	创业板	1236	0.00	0.16	10.19	52.91	36.73	4.26	0.64

Panel B 均值检验

控制制度	主板 VS. 中小板		主板 VS. 创业板		中小板 VS. 创业板	
	T 值	P 值	T 值	P 值	T 值	P 值
诚信和道德价值观	0.92	0.36	0.71	0.48	0.02	0.98
治理结构	4.00***	0.00	4.65***	0.00	1.46	0.14
内部机构	1.28	0.20	2.79**	0.01	1.79*	0.07
人力资源	-1.96**	0.05	-1.01	0.31	0.45	0.65
合计	1.95*	0.05	3.34***	0.00	1.84*	0.07

注：1 = 非常不健全，2 = 较不健全，3 = 一般，4 = 较健全，5 = 非常健全。"1"至"5"列单位为"%"。***、**、* 分别表示 1%、5%、10% 统计水平显著。

3. 按控制权性质分组

我们调查不同控制权性质的上市公司是否在公司层面内控制度建立健全方面存在差异。表 4-17 列示了公司层面具体内控制度建立健全情况分控制权性质统计结果。在诚信道德价值观、治理结构与内部机构设置方面，国有控股上市公司优于民营控股上市公司。然而，在人力资源控制建立健全方面，国有控股上市公司则弱于民营控股上市公司。

我们采用 T 检验考察两组样本的显著性。Panel B 描述了分控制权性质 T 检验结果。我们发现除人力资源控制外，其他公司层面具体内控制度建立健全情况控制权性质差异均在 1% 的水平上显著。国有控股上市公司在诚信道德价值观、治理结构、内部机构设置均显著优于民营控股上市公司。

表 4-17　内部环境方面内部控制制度建立健全情况（按控制权性质分组）

Panel A 描述性统计

控制制度	控制权性质	样本量	1	2	3	4	5	均值	标准差
诚信和道德价值观	国有控股	816	0.00	0.00	6.74	41.05	52.21	4.45	0.62
	民营控股	1305	0.08	0.15	8.35	48.97	42.45	4.34	0.64
治理结构	国有控股	818	0.00	0.86	5.26	41.81	52.08	4.45	0.64
	民营控股	1303	0.08	0.61	10.59	50.42	38.30	4.26	0.67
内部机构	国有控股	818	0.00	0.24	4.03	42.91	52.81	4.48	0.59
	民营控股	1305	0.15	0.23	5.75	50.96	42.91	4.36	0.62
人力资源	国有控股	818	0.00	1.71	17.60	49.63	31.05	4.10	0.74
	民营控股	1303	0.08	0.46	15.27	53.26	30.93	4.15	0.68
合计	国有控股	3270	0.00	0.70	8.41	43.85	47.03	4.37	0.67
	民营控股	5216	0.10	0.36	9.99	50.90	38.65	4.28	0.66

续表

Panel B 均值检验（国有控股 VS. 民营控股）		
控制制度	T 值	P 值
诚信和道德价值观	4.22***	0.00
治理结构	6.42***	0.00
内部机构设置	4.47***	0.00
人力资源	-1.42	0.15
合计	6.49***	0.00

注：1 = 非常不健全，2 = 较不健全，3 = 一般，4 = 较健全，5 = 非常健全。“1”至“5”列单位为“%”。***、**、* 分别表示 1%、5%、10% 统计水平显著。

4. 按内部控制规范体系实施情况分组

我们调查了内控规范体系的实施是否会影响内部环境方面具体内控制度的建立健全情况。我们将调查对象按照内控规范体系实施情况进行分组，并分组统计其内控制度的建立健全情况，结果列示于表 4-18 中。已实施内控规范体系的上市公司内部环境总体内控制度建立健全均值为 4.39，高于未实施内控规范体系上市公司均值 4.27。

Panel B 列示了上述均值差异的 T 检验结果。我们发现除人力资源控制外，其他内部环境方面内控制度建立健全 P 值均小于 0.01，说明已实施内控规范体系上市公司除人力资源控制外，其他内部环境方面内部控制制度建立健全情况均在 1% 统计水平上显著优于未实施内控规范体系的上市公司。就人力资源控制而言，已实施内控规范体系上市公司均值为 4.14，仅略高于未实施内控规范体系上市公司均值 4.12，T 检验显示 P 值为 0.55，说明两组样本之间在人力资源控制上没有显著差异。

表 4-18　内部环境方面内部控制制度建立健全情况（按内部控制规范体系实施情况分组）

Panel A 描述性统计

控制制度	内部控制规范体系实施情况	样本量	1	2	3	4	5	均值	标准差
诚信和道德价值观	已实施	800	0.00	0.00	6.63	40.38	53.00	4.46	0.62
	未实施	1321	0.08	0.15	8.40	49.28	42.09	4.33	0.64
治理结构	已实施	802	0.00	0.62	5.49	40.52	53.37	4.47	0.63
	未实施	1319	0.08	0.76	10.39	51.10	37.68	4.26	0.67
内部机构	已实施	802	0.00	0.12	4.36	41.02	54.49	4.50	0.59
	未实施	1321	0.15	0.30	5.53	52.01	42.01	4.35	0.61
人力资源	已实施	802	0.00	1.50	16.33	48.88	33.29	4.14	0.73
	未实施	1319	0.08	0.61	16.07	53.68	29.57	4.12	0.69
合计	已实施	3206	0.00	0.56	8.20	42.70	48.53	4.39	0.66
	未实施	5280	0.09	0.45	10.09	51.52	37.84	4.27	0.66

续表

Panel B 均值检验（已实施 VS. 未实施）		
控制制度	T值	P值
诚信和道德价值观	4.68***	0.00
治理结构	7.17***	0.00
内部机构	5.35***	0.00
人力资源	0.60	0.55
合计	8.56***	0.00

注：1 = 非常不健全，2 = 较不健全，3 = 一般，4 = 较健全，5 = 非常健全。“1”至“5”列单位为“%”。***、**、*分别表示1%、5%、10%统计水平显著。

5. 内部环境与诚信环境、组织认同相关性分析

（1）内部环境与诚信环境相关性分析

诚信是最基本的伦理价值需要，是重要的道德品质。随着经济活动的日益复杂，市场对诚信的需求也逐步提升，诚信是市场经济健康发展的基石。诚信对企业的重要性不言而喻，一旦企业诚信不良，利益相关方都将受到损害，而企业也极有可能走向灭亡。

诚信和道德价值观的建设可以帮助企业形成良好的道德氛围，使控制系统得以有效运行，提高企业绩效。另一方面，具有良好诚信道德价值观的企业更容易受到利益相关方的青睐。供应商更愿意向诚信的企业供应原材料，采购商更愿意从诚信的企业采购产成品，投资者更愿意将资本投入诚信的企业。因此，在同一个行业中，诚信与道德价值观健全的公司会具有竞争优势，会促使行业中的其他公司提高诚信度，从而提高整个行业的诚信度。我们研究上市公司诚信和道德价值观的建立健全是否会影响行业、客户和供应商的诚信。

我们首先调查了上市公司对所在行业的企业诚信度，供应商的诚信度以及客户的诚信度，分为五个维度，从1－5分别表示非常不诚信、较不诚信、一般、较诚信、非常诚信。描述性统计结果如表4－19所示。调查结果的均值均在4左右，说明行业、客户以及供应商的诚信度均较好。

表4－19　诚信度总体情况

利益相关者	中位数	平均值	标准差
行业	4.17	4.16	0.47
客户	4.00	3.92	0.45
供应商	4.00	3.93	0.46

由于行业内竞争，诚信度较好的上市公司会获取竞争优势，从而迫使整个行业共同提高诚信度。我们认为上市公司诚信和道德价值观的建立健全会促使整个行业诚信度的提升。在客户和供应商方面，诚信和道德价值观健全的公司更加关注客户

与供应商的诚信度。这些公司会主动筛选客户与供应商，在选择客户与供应商是会更大程度上考虑诚信问题。我们认为诚信和道德价值观健全的公司会拥有诚信度较高的客户与供应商。

表4－20列示了诚信和道德价值观内控制度的健全情况与行业、客户以及供应商诚信度之间的相关关系，相关系数均显著为正。其中，行业相关系数最高，为0.16，说明上市公司诚信和道德价值观的建立健全有助于提高整体行业的诚信度。客户、供应商相关系数同样显著为正，说明上市公司诚信和道德价值观内控制度的健全会影响公司上下游企业的诚信度，符合我们的预期。

表4－20　诚信道德价值观建设重要性分析（相关性分析）

控制制度	利益相关者	相关系数	P值
诚信和道德价值观	行业	0.16***	0.00
	客户	0.13***	0.00
	供应商	0.16***	0.00

注：***、**、*分别表示1%、5%、10%统计水平显著。

综合上述分析，建立健全企业诚信和道德价值观内控制度与整体行业以及上下游企业的诚信程度显著正相关。因此，建设诚信和道德价值观具有重要意义。

（2）内部环境与组织认同相关性分析

组织认同概念起源于社会认同理论，是指个体对于组织认同感、归属感的认知过程，它体现个人与组织在价值观上的一致性。研究发现，组织认同对组织和个人都能够产生非常积极的影响，有助于提高组织生产效率、规范组织个人行为、提高员工工作积极性、降低员工离职率。员工对企业缺乏组织认同会引起严重的组织问题。这表明，组织认同对企业提高绩效具有重要意义。

越来越多的企业意识到组织认同对企业发展的重要性，企业如何提高组织认同是一个值得深入探讨的问题。目前已有研究从员工自身出发探讨个人特质对组织认同的影响，如价值观、性格等。我们从企业层面出发，探讨企业可以采取什么形式的具体措施来有效提高组织认同。

内部控制中针对人力资源的控制要求企业分别针对高管人员、技术人员以及一般员工设计合理的人力资源控制制度。人力资源控制从引进、开发、使用与退出四个方面开展对人力资源的管理。具体而言，在人力资源引进方面，企业需要关注引进员工的个人特质和能力是否符合企业组织特质和企业发展目标，可以从源头上提高员工的组织认同。在人力资源开发方面，企业需要对员工进行充分的培训，提升员工素质，使其符合企业的发展目标，使员工获得更多的发展机会，进一步提升员工的组织认同。在人力资源使用方面，企业首先需要建立符合企业发展战略的薪酬制度与激励制度，激发员工工作积极性。其次，要建立科学合理的人才晋升机制，提拔具有足够忠诚度和业务能力的员工，提升组织认同感。在人力资源退出方面，企业需要根据其发展目标，及时辞退缺乏组织认同、缺乏足够业务能力的员工，维持留用人员较高的组织认同度。

根据上述分析，建立健全一套吸引、培养和留用符合企业发展目标要求的人才机制，加强人力资源内部控制，有助于提升组织认同度。我们对此进行了统计分析。我们调查了上市公司总经理、董事会秘书、财务总监、内审负责人、IT负责人以及内控负责人的组织认同度。从非常不认同到非常认同被分别赋值为1到5，数值越高则组织认同感越高。我们将调查对象回答的均值作为衡量上市公司组织认同度。描述性统计情况如表4－21所示，均值为4.22，说明上市公司组织认同情况较好。组织认同与人力资源控制相关性分析如表4－22所示，相关系数为0.25，在1%的水平上显著，这表示企业的人力资源控制有利于提升企业的组织认同。

表4－21　　组织认同情况

	平均值	标准差
组织认同度	4.22	0.41

表4－22　　组织认同与人力资源控制（相关性分析）

	相关系数	P值
组织认同与人力资源控制	0.25 ***	0.00

注：***、**、* 分别表示1%、5%、10%统计水平显著。

（二）控制活动方面内部控制制度

控制活动是指结合具体业务和事项，运用相应的控制政策和程序，或控制手段去实施控制。也就是在风险评估之后，企业采取相应的控制措施将风险控制在可承受度之内。控制措施包括不相容职务分离控制、授权审批控制、会计系统控制、财产保护控制、预算控制、运营分析控制、绩效考评控制等。

我们向上市公司内审负责人以及内控负责人询问其公司控制活动具体内控制度的建立健全情况，问题包括：（1）有一套完整的批准、授权、核实、调节和审查程序；（2）有明确的财产定期核查制度和日常管理制度；（3）有明确的事务授权制度；（4）授权、执行、评估工作相互分离，以及不相容职位是由不相关人员负责；（5）执行全面预算管理制度，明确各责任单位在预算管理中的职责权限。

“问题（1）”和“问题（2）”调查了上市公司是否建立了完善的授权审批控制。授权审批控制要求企业按照相关规定，明确各岗位办理业务和事项的权限范围、审批程序和相应责任。企业内部各级管理人员必须在授权范围之内行使相应职权并承担相应责任。完善的授权审批控制有助于明确权利和义务，切实落实责任，尽最大可能地避免经营风险的发生。授权审批控制是防范企业风险的重要手段之一。“问题（1）”偏向授权审批控制的程序完整，而“问题（2）”则偏向授权审批控制的制度明确。

“问题（3）”属于财产保护控制。保证资产安全是《基本规范》规定的目标之一。财产保护控制要求企业建立财产日常管理制度和定期清查制度。

“问题（4）”属于不相容职务分离控制。不相容职务分离控制要求企业全面系统地分析、梳理业务流程中所涉及的不相容职务，实施相应的分离措施，形成各司其职、各负其责、相互制约的工作机制。不相容职务分离控制来源于内部牵制，是企业防范风险的重要手段之一。

“问题（5）”属于预算控制。预算控制要求企业实施全面预算管理制度，明确各责任单位在预算管理中的职责权限，规范预算的编制、审定、下达和执行程序，强化预算约束。预算控制可以帮助企业规范组织的目标和经济行为过程，调整与修正管理行为与目标偏差，保证各级目标、策略、政策和规划的实现。预算控制是管理控制系统的一种模式，是确保战略目标最终实现的一种有效控制。

1. 总体情况

调查结果的总体情况列示于表4－23中。总体来看，上市公司控制活动方面的各项具体内控制度均较为健全。针对各内控制度，约90%的上市公司认为较为健全或非常健全。其中，财产保护控制的均值为4.30，高于其他内控制度；预算控制的均值为4.08，低于其他内控制度。

2. 按板块分组

我们将调查对象按照板块进行划分，并分组统计。结果列示于表4－24中。总体上，主板上市公司控制活动具体内控制度的建立健全情况均明显优于中小板和创业板公司，中小板和创业板公司在控制活动具体内控制度的建立健全方面的差异并不明显。

表4－23　控制活动方面内部控制制度建立健全总体情况

控制制度	样本量	1	2	3	4	5	均值	标准差
授权审批（程序完整）	2772	0.04	0.65	9.74	55.70	33.87	4.23	0.64
授权审批（制度明确）	2758	0.04	0.54	8.99	53.23	37.20	4.27	0.64
财产保护	2769	0.14	0.47	7.58	52.55	39.26	4.30	0.64
不相容职务分离	2766	0.11	0.87	8.57	53.65	36.80	4.26	0.66
预算	2765	0.36	2.68	16.64	49.69	30.63	4.08	0.78
合计	13830	0.14	1.04	10.30	52.96	35.55	4.23	0.68

注：1＝完全没有，2＝基本没有，3＝一般，4＝较为健全，5＝非常健全。“1”至“5”列单位为“%”。

表4－24　控制活动方面内部控制制度建立健全情况（分板块情况）

Panel A 描述性统计

控制制度	板块	样本量	1	2	3	4	5	均值	标准差
授权审批（程序完整）	主板	1779	0.00	0.67	8.83	55.20	35.30	4.25	0.64
	中小板	689	0.15	0.73	10.60	56.46	32.08	4.20	0.66
	创业板	304	0.00	0.33	13.16	56.91	29.61	4.16	0.65
授权审批（制度明确）	主板	1769	0.00	0.40	8.14	52.46	39.01	4.30	0.63
	中小板	687	0.15	1.02	10.19	54.88	33.77	4.21	0.67
	创业板	302	0.00	0.33	11.26	53.97	34.44	4.23	0.65

续表

Panel A 描述性统计

控制制度	板块	样本量	1	2	3	4	5	均值	标准差
财产保护	主板	1778	0.11	0.51	6.86	51.18	41.34	4.33	0.63
	中小板	689	0.29	0.29	8.42	55.30	35.70	4.26	0.64
	创业板	302	0.00	0.66	9.93	54.30	35.10	4.24	0.65
不相容职务分离	主板	1774	0.11	0.90	6.88	54.79	37.32	4.28	0.64
	中小板	689	0.15	1.02	12.19	50.94	35.70	4.21	0.70
	创业板	303	0.00	0.33	10.23	53.14	36.30	4.25	0.64
预算	主板	1776	0.11	2.31	13.91	51.01	32.66	4.14	0.74
	中小板	687	0.87	2.77	20.96	47.74	27.66	3.99	0.82
	创业板	302	0.66	4.64	22.85	46.36	25.50	3.91	0.85
合计	主板	8876	0.07	0.96	8.92	52.93	37.12	4.26	0.66
	中小板	3441	0.32	1.16	12.47	53.07	32.98	4.17	0.71
	创业板	1513	0.13	1.26	13.48	52.94	32.19	4.16	0.70

Panel B 均值检验

控制制度	主板 VS. 中小板		主板 VS. 创业板		中小板 VS. 创业板	
	T值	P值	T值	P值	T值	P值
授权审批（程序完整）	1.92*	0.05	2.36**	0.02	0.85	0.40
授权审批（制度明确）	3.11**	0.00	1.92*	0.06	-0.31	0.76
财产保护	2.55**	0.01	2.34**	0.02	0.45	0.65
不相容职务分离	2.46**	0.01	0.73	0.47	-0.93	0.35
预算	4.44***	0.00	4.75***	0.00	1.25	0.21
合计	6.54***	0.00	5.54***	0.00	0.66	0.51

注：1＝完全没有，2＝基本没有，3＝一般，4＝较为健全，5＝非常健全。“1”至“5”列单位为“%”。***、**、*分别表示1%、5%、10%统计水平显著。

具体来看，授权审批控制（程序完整）、财产保护控制、预算控制方面，主板优于中小板，中小板优于创业板。在授权审批（制度明确）、不相容职务分离控制方面，主板的均值高于中小板和创业板，但中小板的均值低于创业板。

Panel B 列示了 T 检验结果。主板上市公司控制活动方面内控制度建立健全情况显著优于中小板公司。除不相容职务分离控制外，主板上市公司控制活动方面内控制度建立健全情况均显著优于创业板公司。但没有证据显示中小板和创业板上市公司在控制活动方面内部控制制度建立健全上有显著差异。

3. 按控制权性质分组

我们分析了控制权性质对控制活动方面内控制度建立健全情况的影响。我们将调查对象按照控制权性质进行分组，并进行分组检验，结果列示于表 4－25 中。从 Panel A 中，我们可以发现国有控股上市公司的均值均明显高于民营控股上市公司，说明国有控股上市公司控制活动方面内部控制制度的建立健全情况均明显优于民营控股上市公司。

表 4-25　控制活动方面内部控制制度建立健全情况（分控制权性质情况）

Panel A 描述性统计									
控制制度	控制权性质	样本量	1	2	3	4	5	均值	标准差
授权审批（程序完整）	国有控股	1235	0.00	0.40	6.32	56.03	37.25	4.30	0.60
	民营控股	1537	0.07	0.85	12.49	55.43	31.16	4.17	0.67
授权审批（制度明确）	国有控股	1231	0.00	0.32	6.26	52.80	40.62	4.34	0.61
	民营控股	1527	0.07	0.72	11.20	53.57	34.45	4.22	0.67
财产保护	国有控股	1233	0.00	0.41	5.27	51.26	43.07	4.37	0.60
	民营控股	1536	0.26	0.52	9.44	53.58	36.20	4.25	0.66
不相容职务分离	国有控股	1231	0.00	0.41	6.09	54.18	39.32	4.32	0.60
	民营控股	1535	0.20	1.24	10.55	53.22	34.79	4.21	0.69
预算	国有控股	1231	0.08	1.38	11.21	51.99	35.34	4.21	0.70
	民营控股	1534	0.59	3.72	20.99	47.85	26.86	3.97	0.82
合计	国有控股	6161	0.02	0.58	7.03	53.25	39.12	4.31	0.63
	民营控股	7669	0.23	1.41	12.94	52.73	32.69	4.16	0.71

Panel B 均值检验（国有控股 VS. 民营控股）		
控制制度	T 值	P 值
授权审批（程序完整）	5.45***	0.00
授权审批（制度明确）	4.93***	0.00
财产保护	4.95***	0.00
不相容职务分离	4.50***	0.00
预算	8.30***	0.00
合计	12.68***	0.00

注：1 = 完全没有，2 = 基本没有，3 = 一般，4 = 较为健全，5 = 非常健全。“1”至“5”列单位为“%”。***、**、* 分别表示 1%、5%、10% 统计水平显著。

进一步地，我们对上市公司控制活动方面内控制度建立健全按控制权性质分组进行 T 检验，统计结果显示，国有控股上市公司控制活动方面内部控制制度的建立健全情况显著优于民营控股上市公司。

4. 按内部控制规范体系实施情况分组

我们将调查对象按照内控规范体系是否已实施将上市公司进行划分，并分组统计。结果列示于表 4-26 中。Panel A 列示了描述性统计结果，已实施内控规范体系上市公司的控制活动方面内控制度的建立健全均值为 4.31，高于未实施内控规范体系的均值 4.16。

表 4-26　控制活动方面内部控制制度建立健全情况
（按内部控制规范体系实施情况分组）

Panel A 描述性统计

控制制度	内部控制规范体系实施情况	样本量	1	2	3	4	5	均值	标准差
授权审批（程序完整）	已实施	1271	0.00	0.63	6.29	56.02	37.06	4.30	0.61
	未实施	1501	0.07	0.67	12.66	55.43	31.18	4.17	0.67
授权审批（制度明确）	已实施	1268	0.00	0.47	5.76	52.52	41.25	4.35	0.61
	未实施	1490	0.07	0.60	11.74	53.83	33.76	4.21	0.67
财产保护	已实施	1270	0.16	0.47	5.51	50.47	43.39	4.36	0.62
	未实施	1499	0.13	0.47	9.34	54.30	35.76	4.25	0.65
不相容职务分离	已实施	1269	0.00	0.55	5.04	55.95	38.46	4.32	0.59
	未实施	1497	0.20	1.14	11.56	51.70	35.40	4.21	0.70
预算	已实施	1268	0.00	1.42	10.96	52.76	34.86	4.21	0.69
	未实施	1497	0.67	3.74	21.44	47.09	27.05	3.96	0.83
合计	已实施	6346	0.03	0.71	6.71	53.55	39.00	4.31	0.63
	未实施	7484	0.23	1.32	13.35	52.47	32.63	4.16	0.71

Panel B 均值检验（已实施 VS. 未实施）

控制制度	T 值	P 值
授权审批（程序完整）	5.13 ***	0.00
授权审批（制度明确）	5.70 ***	0.00
财产保护	4.68 ***	0.00
不相容职务分离	4.55 ***	0.00
预算	8.49 ***	0.00
合计	12.87 ***	0.00

注：1 = 完全没有，2 = 基本没有，3 = 一般，4 = 较为健全，5 = 非常健全。“1”至“5”列单位为“%”。***、**、* 分别表示 1%、5%、10% 统计水平显著。

为了调查上述均值差异的显著性，我们进行了 T 检验，结果列示于 Panel B 中。T 检验的 P 值均小于 0.01，均值差异在 1% 统计水平上具有显著性。该结果说明内控规范体系实施情况会影响控制活动方面内控制度的建立健全情况，已实施内控规范体系的上市公司控制活动方面内控制度的建立健全情况显著优于未实施内控规范体系的上市公司。

（三）信息与沟通方面内部控制制度

信息与沟通是企业及时、准确地收集、传递与内部控制相关的信息，确保信息在企业内部、企业与外部之间进行有效的沟通，是实施内部控制的重要条件。信息与沟通的主要环节有：确认、计量、记录有效的经济业务；在财务报告中揭示财务状况、经营成果和现金流量；保证管理层与单位内部、外部的顺畅沟通，包括与股东、债权人、监管部门、注册会计师、供应商等的沟通；建立反舞弊机制，防范企业董事、监事、经理、其他高级管理人员、员工或第三方使用欺骗手段获取不当或非法利益的故意行为。

我们从信息的收集整理、信息的沟通以及反舞弊三个方面调查上市公司信息与沟通方面具体内部控制制度的建立健全情况。我们向上市公司内审及内控负责人提出如下问题。问题包括：(1) 能够有效获取和辨别所需的内部、外部信息；(2) 明确内部控制相关信息的收集，确保信息及时沟通，促进内部控制有效运行；(3) 有反舞弊举报专线，有举报投诉处理程序、办理时限和办结要求。其中“能够有效获取和辨别所需的内部、外部信息”调查上市公司是否能够有效收集信息，“明确内部控制相关信息的收集，确保信息及时沟通，促进内部控制有效运行”调查上市公司信息沟通是否及时有效，“有反舞弊举报专线，有举报投诉处理程序、办理时限和办结要求”调查上市公司是否建立了有效的反舞弊机制。

1. 总体情况

信息与沟通方面内控制度建立健全的总体情况列示于表 4－27 中。从表 4－27 中，我们可以发现三项内部控制制度的均值均为 4 左右，说明上市公司均建立了较为有效的信息与沟通方面的内控制度。其中，“信息沟通及时有效”的均值为 4.11，高于其他信息与沟通方面的内控制度；“反舞弊机制有效”的均值为 3.97，低于其他信息与沟通方面的内控制度。

表 4－27　　信息与沟通方面内部控制制度建立健全总体情况

控制制度	样本量	1	2	3	4	5	均值	标准差
信息收集有效	2767	0.11	0.54	13.55	63.06	22.73	4.08	0.62
信息沟通及时有效	2769	0.07	0.65	11.74	63.02	24.52	4.11	0.62
反舞弊机制有效	2768	1.01	4.01	19.29	48.27	27.42	3.97	0.85
合计	11074	0.32	1.54	14.40	58.29	25.45	4.07	0.70

注：1＝完全没有，2＝基本没有，3＝一般，4＝较为健全，5＝非常健全。“1”至“5”列单位为“%”。

企业应当对收集的各种内部信息和外部信息进行合理筛选、核对、整合，提高信息的有用性。企业可以通过财务会计资料、经营管理资料、调研报告、专项信息、内部刊物、办公网络等渠道，获取内部信息。企业可以通过行业协会组织、社会中介机构、业务往来单位、市场调查、来信来访、网络媒体以及有关监管部门等渠道，获取外部信息。收集与整理内外部信息是内部信息传递的主要风险点之一。企业各种决策制定离不开各种来源的信息支持，在收集整理信息的过程中，可能会出现收集的内外部信息不足或过多、信息内容不准确、信息收集和整理的成本过高等问题。信息收集内控制度的缺失可能会造成这些问题，从而严重影响企业获取、辨别信息的有效性。从表 4－27 中，我们可以发现，在 2767 个调查对象中，85% 的调查对象认为其公司能够较为有效地获取和辨别内外部信息，说明上市公司在内外部信息收集方面的内控制度建设较为完善。

充分的信息沟通对企业控制环境、控制活动、风险评估等方面都有着至关重要的作用。企业应当建立信息与沟通制度，明确内部控制相关信息的收集、处理和传递程序，确保信息及时沟通，促进内部控制有效运行。在2769个调查对象中，88%的调查对象认为其公司信息沟通是有效及时的，说明上市公司在信息沟通方面的内控制度建设较为健全。

舞弊是指企业董事、监事、经理、其他高级管理人员、员工或第三方使用欺骗手段获取不当或非法利益的故意行为，它会严重损害投资者以及其他利益相关方的权利，是需要企业重点加以控制的领域之一。企业应当建立反舞弊机制，坚持惩防并举、重在预防的原则，明确反舞弊工作的重点领域、关键环节和有关机构在反舞弊工作中的职责权限，规范舞弊案件的举报、调查、处理、报告和补救程序。企业应当建立举报投诉制度和举报人保护制度，设置举报专线，明确举报投诉处理程序、办理时限和办结要求，确保举报、投诉成为企业有效掌握信息的重要途径；并且，举报投诉制度和举报人保护制度应当及时传达至全体员工。就反舞弊而言，在2768个调查对象中，仅有76%的调查对象认为其公司在反舞弊方面有较为健全的控制措施，该比例远低于其他信息与沟通方面的内控制度。

2. 按板块分组

我们调查了板块因素对上市公司信息与沟通方面具体内控制度建立健全情况的影响。我们将调查对象按照板块进行分组统计，统计结果列示于表4-28中。

表4-28　信息与沟通方面内部控制制度建立健全情况（按板块分组）

Panel A 描述性统计

控制制度	板块	样本量	1	2	3	4	5	均值	标准差
信息收集有效	主板	1777	0.17	0.68	13.73	64.94	20.48	4.05	0.62
	中小板	687	0.00	0.44	12.08	59.10	28.38	4.15	0.63
	创业板	303	0.00	0.00	15.84	61.06	23.10	4.07	0.62
信息沟通及时有效	主板	1778	0.11	0.73	11.59	64.34	23.23	4.10	0.61
	中小板	687	0.00	0.58	11.64	59.83	27.95	4.15	0.63
	创业板	304	0.00	0.33	12.83	62.50	24.34	4.11	0.61
反舞弊机制有效	主板	1779	0.84	2.53	16.53	50.42	29.68	4.06	0.80
	中小板	685	1.31	5.55	22.92	46.28	23.94	3.86	0.89
	创业板	304	1.32	9.21	27.30	40.13	22.04	3.72	0.95
合计	主板	7113	0.31	1.19	13.22	60.00	25.28	4.09	0.67
	中小板	2746	0.33	1.93	15.59	55.21	26.95	4.07	0.73
	创业板	1215	0.33	2.72	18.68	55.23	23.05	3.98	0.75

续表

Panel B 均值检验						
控制制度	主板 VS. 中小板		主板 VS. 创业板		中小板 VS. 创业板	
	T 值	P 值	T 值	P 值	T 值	P 值
信息收集有效	-3.77***	0.00	-0.62	0.54	1.89*	0.06
信息沟通及时有效	-1.90*	0.06	-0.27	0.79	1.00	0.32
反舞弊机制有效	5.28***	0.00	6.51***	0.00	2.17**	0.03
合计	1.44	0.15	5.09***	0.00	3.40***	0.00

注：1 = 完全没有，2 = 基本没有，3 = 一般，4 = 较为健全，5 = 非常健全。“1”至“5”列单位为“%”。***、**、* 分别表示 1%、5%、10% 统计水平显著。

在内外部信息收集有效性方面（能够有效获取和辨别所需的内部、外部信息），中小板上市公司均值为 4.15，高于主板公司均值 4.05 和创业板公司均值 4.07，分别在 1% 和 10% 的统计水平上显著，统计结果显示中小板上市公司在获取和辨别内外部信息方面优于主板和创业板上市公司。

在信息沟通方面，我们发现了与内外部信息收集有效性相类似的结果。均值检验结果显示，中小板上市公司均值高于主板公司均值，在 10% 统计水平上显著，然而中小板上市公司与创业板公司的均值差异不具有显著性。

在反舞弊机制建立健全方面，主板上市公司建立健全情况好于中小板公司，中小板上市公司建立健全情况好于创业板公司的结果。主板上市公司均值为 4.06，高于中小板公司均值 3.86 和创业板公司均值 3.72。T 检验显示主板上市公司均值高于中小板和创业板公司，均在 1% 统计水平上显著，中小板上市公司均值高于创业板公司均值，在 5% 统计水平上显著。

3. 按控制权性质分组

除板块因素外，我们还调查了控制权性质因素对上市公司信息与沟通方面内控制度建立健全情况的影响。我们将调查对象按照控制权性质分组，并分别统计了其回答情况。统计结果列示于表 4-29 中。

从表 4-29 的 Panel A 中，我们可以发现在信息的收集整理、信息的沟通以及反舞弊三个方面，国有控股上市公司均优于民营控股上市公司。该结果与之前其他内控制度建立健全统计结果一致。具体来看，对于“信息收集有效”，国有控股上市公司均值为 4.09，略高于民营控股上市公司均值 4.07；对于“信息沟通及时有效”，国有控股上市公司均值为 4.14，高于民营控股上市公司均值 4.09；对于“反舞弊机制有效”，国有控股上市公司均值为 4.13，远高于民营控股上市公司均值 3.84。T 检验结果显示，除信息的收集整理外，在其他信息与沟通的内控制度建立健全方面，国有控股上市公司均显著优于民营控股上市公司。

表 4-29　　信息与沟通方面内部控制制度建立健全情况（按控制权性质分组）

Panel A 描述性统计

控制制度	控制权性质	样本量	1	2	3	4	5	均值	标准差
信息收集有效	国有控股	1234	0.24	0.24	12.64	63.70	23.18	4.09	0.62
	民营控股	1533	0.00	0.78	14.29	62.56	22.37	4.07	0.63
信息沟通及时有效	国有控股	1235	0.16	0.40	9.88	64.53	25.02	4.14	0.60
	民营控股	1534	0.00	0.85	13.23	61.80	24.12	4.09	0.63
反舞弊机制有效	国有控股	1235	0.32	1.70	14.57	51.42	31.98	4.13	0.74
	民营控股	1533	1.57	5.87	23.09	45.73	23.74	3.84	0.91
合计	国有控股	4938	0.22	0.63	11.58	59.82	27.74	4.14	0.65
	民营控股	6136	0.39	2.28	16.67	57.06	23.60	4.01	0.73

Panel B 均值检验（国有控股 VS. 民营控股）

控制制度	T 值	P 值
信息收集有效	1.17	0.24
信息沟通及时有效	1.97**	0.05
反舞弊机制有效	9.02***	0.00
合计	9.85***	0.00

注：1 = 完全没有，2 = 基本没有，3 = 一般，4 = 较为健全，5 = 非常健全。“1”至“5”列单位为“%”。***、**、* 分别表示 1%、5%、10% 统计水平显著。

4. 按内部控制规范体系实施情况分组

为了调查内控规范体系实施情况是否会影响上市公司信息与沟通方面内控制度的建立健全情况，我们将调查对象依据是否实施内控进行分组，并分组统计均值，结果列示于表 4-30 中。我们发现在信息的收集整理方面，已实施内控规范体系的上市公司均值与未实施内控规范体系的均值相同，均为 4.08。在信息的沟通与反舞弊内部控制制度方面，已实施内控规范体系的上市公司均值均高于未实施内控规范体系的上市公司。

为了调查上述均值差异的显著性，我们进行了 T 检验，结果列示于表 4-30 Panel B 中，信息收集整理和信息沟通内控制度均值差异不存在显著性。在反舞弊内部控制制度方面，已实施内控规范体系的上市公司在 1% 统计水平上优于未实施内控规范体系的上市公司。

表 4-30　信息与沟通方面内部控制制度建立健全情况（按内部控制规范体系实施情况分组）

Panel A 描述性统计

控制制度	内部控制规范体系实施情况	样本量	1	2	3	4	5	均值	标准差
信息收集有效	已实施	1271	0.16	0.55	12.04	65.62	21.64	4.08	0.61
	未实施	1496	0.07	0.53	14.84	60.90	23.66	4.08	0.64
信息沟通及时有效	已实施	1271	0.16	0.63	9.21	66.25	23.76	4.13	0.59
	未实施	1498	0.00	0.67	13.89	60.28	25.17	4.10	0.64
反舞弊机制有效	已实施	1271	0.31	1.42	12.98	51.38	33.91	4.17	0.72
	未实施	1497	1.60	6.21	24.65	45.62	21.91	3.80	0.91
合计	已实施	5084	0.20	0.77	10.54	61.07	27.42	4.15	0.64
	未实施	5990	0.42	2.20	17.68	55.93	23.77	4.00	0.74

Panel B 均值检验（已实施 VS. 未实施）

控制制度	T值	P值
信息收集有效	0.20	0.84
反舞弊机制有效	1.22	0.22
反舞弊机制有效	11.77***	0.00
合计	10.85***	0.00

注：1 = 完全没有，2 = 基本没有，3 = 一般，4 = 较为健全，5 = 非常健全。“1”至“5”列单位为“%”。***、**、* 分别表示 1%、5%、10% 统计水平显著。

第三节　业务层面的内部控制制度

企业内控制度需要落实到企业日常业务中才有实际意义。为了指导上市公司遵守《基本规范》，财政部等五部委还出台了相应的配套应用指引，这些应用指引涵盖了资金活动、采购业务、资产管理、销售业务、研究与开发、工程项目、担保业务、业务外包、财务报告、全面预算、合同管理等企业关键业务和流程。为了使监管部门更好地、有针对性地为企业实施内部控制提供指导，我们向主板上市公司内部控制负责人调查了上市公司建设与执行业务层面内控的困难程度。

一、业务层面内部控制建设与执行的困难总体情况

调查结果列示于表 4-31 及图 4-3 中。统计结果显示，上市公司在业务层面内控建设与执行中存在困难最大的前五项分别是全面预算控制（30.59%）、工程项目

控制（29.30%）、投资与并购控制（27.71%）、信息系统控制（21.45%）以及研究与开发控制（27.61%）。

表4-31　业务层面内部控制建设与执行的困难

业务层面内部控制建设与执行的困难	比例
全面预算控制	30.59%
工程项目控制	29.30%
投资与并购控制	27.71%
信息系统控制	27.61%
研究与开发控制	21.45%
税收统筹控制	20.76%
采购业务控制	19.27%
销售业务控制	17.88%
业务外包控制	15.09%
再融资控制	14.80%
内部信息传递控制	14.70%
资产管理控制	14.00%
资金活动控制	12.22%
合同管理控制	7.35%
担保业务控制	7.05%
信息披露控制	4.87%
财务报告业务流程控制	4.87%
其他	3.87%

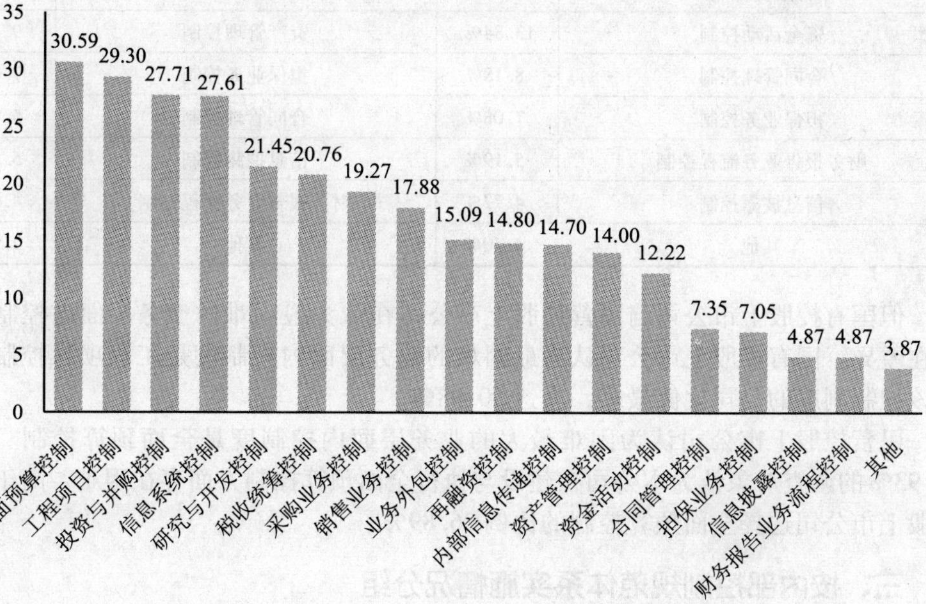

图4-3　业务层面内部控制建设与执行的困难

二、按控制权性质分组

我们将调查对象按照控制权性质进行分组，调查业务层面内控建设与执行困难在不同控制权性质的企业中是否存在差异，统计结果列示于表 4 - 32 中。我们发现无论是国有控股上市公司还是民营控股上市公司，存在困难比例最多的前五项内控制度是一致的，均为全面预算控制、工程项目控制、投资与并购控制、信息系统控制以及研究与开发控制。

表 4 - 32　　业务层面内部控制建设与执行的困难（按控制权性质分组）

业务层面内部控制建设与执行的困难	国有控股	业务层面内部控制建设与执行的困难	民营控股
工程项目控制	30.98%	全面预算控制	36.93%
信息系统控制	28.77%	投资与并购控制	30.19%
全面预算控制	26.89%	工程项目控制	26.42%
投资与并购控制	26.26%	信息系统控制	25.61%
研究与开发控制	22.17%	研究与开发控制	20.22%
税收统筹控制	21.70%	税收统筹控制	19.14%
采购业务控制	21.07%	采购业务控制	16.17%
销售业务控制	19.97%	再融资控制	14.56%
资产管理控制	16.82%	销售业务控制	14.29%
业务外包控制	16.51%	内部信息传递控制	14.29%
内部信息传递控制	14.94%	业务外包控制	12.67%
再融资控制	14.94%	资金活动控制	9.43%
资金活动控制	13.84%	资产管理控制	9.16%
合同管理控制	8.18%	担保业务控制	7.01%
担保业务控制	7.08%	合同管理控制	5.93%
财务报告业务流程控制	5.19%	信息披露控制	5.12%
信息披露控制	4.72%	财务报告业务流程控制	4.31%
其他	4.40%	其他	2.97%

但国有控股上市公司与民营控股上市公司在认为最困难的业务层面内控制度上存在差异。国有控股上市公司认为最困难的业务层面内控制度是工程项目控制，选择该控制制度的公司比例最多，高达 30.98%。

民营控股上市公司认为困难最大的业务层面内控制度是全面预算控制。多达 36.93% 的调查对象认为本公司在建设与执行全面预算控制方面存在困难，高于国有控股上市公司选择全面预算控制的比例 26.89%。

三、按内部控制规范体系实施情况分组

我们将调查对象按照内控规范体系实施情况分组，分为已实施内控规范体系与

未实施内控规范体系两组，并分别统计其业务层面内控建设与执行的困难。统计结果列示于表4－33中。已实施内控规范体系上市公司认为在业务层面内控建设与执行中最为困难的是工程项目控制，未实施内控规范体系上市公司认为在全面预算控制方面遇到的困难最大。

表4－33　业务层面内部控制建设与执行的困难（按内部控制规范体系实施情况分组）

业务层面内部控制建设与执行的困难	已实施	业务层面内部控制建设与执行的困难	未实施
工程项目控制	30.75%	全面预算控制	40.35%
信息系统控制	28.53%	投资与并购控制	30.53%
全面预算控制	26.73%	工程项目控制	25.61%
投资与并购控制	26.59%	信息系统控制	25.26%
研究与开发控制	22.30%	采购业务控制	20.35%
税收统筹控制	21.61%	研究与开发控制	19.30%
采购业务控制	18.84%	税收统筹控制	18.60%
销售业务控制	18.70%	销售业务控制	15.79%
业务外包控制	16.20%	再融资控制	14.74%
资产管理控制	15.79%	内部信息传递控制	12.63%
内部信息传递控制	15.51%	资金活动控制	12.28%
再融资控制	14.82%	业务外包控制	12.28%
资金活动控制	12.19%	资产管理控制	9.47%
合同管理控制	7.48%	担保业务控制	7.37%
担保业务控制	6.93%	合同管理控制	7.02%
财务报告业务流程控制	4.85%	信息披露控制	5.96%
其他	4.71%	财务报告业务流程控制	4.91%
信息披露控制	4.43%	其他	1.75%

第四节　实证分析：董事会重视、投资者关注与内部控制质量

内部控制的建立健全对上市公司实现经营目标，保障投资者利益有重要意义。建立健全内部控制应该是上市公司的内在需求，而不应该是为了避免违反相关法规而被迫为之。如果上市公司仅仅是受到相关法规的约束而被动地建立健全内控，上市公司将无法从内控的建立健全中获得足够的收益，甚至无法弥补建立健全内控所投入的成本。在本节中，我们研究了董事会对内控相关法规的重视程度、投资者对内控的

关注程度对内部控制质量的影响，探讨上市公司内控建立健全的主要驱动因素。

一、理论分析

自2002年美国颁布SOX法案以来，内部控制成为学术界和实务界关注的重点。SOX法案存在的争议主要在于依据SOX法案建立健全内部控制到底为公司带来了净收益还是净成本，针对这一问题已有不少学者进行了研究。Engel（2007）认为SOX法案给上市公司带来的成本主要是合规成本，包括公司管理层在内控建设方面投入的资源、公司违反内控相关法规受到处罚的风险以及审计师因内控风险索取的风险溢价。由于内控相关法规的实施会为上市公司带来较大的合规成本，为了降低合规成本，董事会会重视内控相关法规，上市公司会加大对内控的投入，建立健全内控制度。与SOX法案类似，我国监管部门于2008年出台了《基本规范》，要求上市公司建立健全内控制度。因此，我们预期董事会对内控相关法规的重视程度越高，则内部控制的质量越好。

尽管上市公司建立健全内控制度需要承担相应成本，但健全的内控制度会为上市公司带来收益。Ashbaugh－Skaife（2009）研究了内部控制质量与上市公司权益成本之间的关系，发现内部控制质量会影响投资者对公司风险的评估，进而影响权益成本。高质量的内部控制可以提高会计信息质量，从而降低投资者对公司风险的预期，进而降低权益成本。Dhaliwal（2011）研究了内部控制质量和债务成本之间的关系，发现债权人会向内部控制质量较差的公司索取更高的债务成本。综合上述分析，我们认为健全的内部控制会为上市公司带来较低的权益成本和债务成本，这是建立健全内控制度的收益。该收益受到投资者对内控关注程度的影响。投资者对上市公司内控的关注程度越高，则建立健全内控的收益也越高。因此，我们预期投资者对公司内部控制的关注程度越高，则内部控制的质量越好。

二、研究设计

为了调查董事会对内控相关法规的重视程度（*Director*）以及投资者对内控的关注程度（*Investor*），我们向上市公司董事会秘书询问其公司董事会对内控相关法规的重视程度以及投资者对公司内控的关注程度。具体问题包括：（1）董事会对内部控制相关法规非常重视；（2）投资者对贵公司内部控制非常关注。

我们采取调查问卷中关于公司总体内部控制建立健全情况的数据来衡量上市公司内部控制质量。内控质量的衡量从两个维度出发，分别是内控制度的建立健全（*Establishment*）与内控制度的执行有效（*Effectiveness*）。

参考Kinney and McDaniel（1989）、Krishnan（2005）等学者的研究，建立如下模型来研究董事会对内控法规的重视程度以及投资者对内控的关注程度如何影响公司内控质量。

$$\begin{aligned} Establishment = {} & \alpha_0 + \alpha_1 Director + \alpha_2 Investor + \alpha_3 Growth + \alpha_4 Loss + \alpha_5 I/A + \alpha_6 ROA \\ & + \alpha_7 M\&A + \alpha_8 Size + \alpha_9 Soe + \alpha_{10} Board + \varepsilon \end{aligned} \tag{4-1}$$

$$Effectiveness = \alpha_0 + \alpha_1 Director + \alpha_2 Investor + \alpha_3 Growth + \alpha_4 Loss + \alpha_5 I/A + \alpha_6 ROA + \alpha_7 M\&A + \alpha_8 Size + \alpha_9 Soe + \alpha_{10} Board + \varepsilon \quad (4-2)$$

上述模型中，*Establishment* 描述公司内控制度建立健全情况，*Effectiveness* 描述内控制度执行有效情况。*Director* 代表上市公司董事会对内控相关法规的重视程度，*Investor* 代表上市公司投资者对内控的关注程度。控制变量方面，我们控制了公司成长性（*Growth*），成长性通过公司营业收入成长率来衡量。Kinney and McDaniel（1989）发现一个快速成长的公司往往会超越原有内部控制的可控范围，而建立与之相适应的内部控制程序需要一定的时间，因此成长性高的公司内控质量可能较低。Krishnan（2005）发现当公司业绩较差，或者存在财务困境时，公司更倾向于减少对信息与控制系统的投资，因此我们控制了财务困境（*Loss*）和公司业绩（*ROA*）。*Loss* 为哑变量，即如果公司净利润为负，则 *Loss* 取 1，否则为 0。Gong et al.（2010）发现存货较多的公司面临更高的确认和计量的内部控制风险，包括与存货丢失和存货减值及时确认相关的风险。我们用 *I/A* 控制存货对内控质量的影响，*I/A* 为年末存货净额除以资产总值。Ashbaugh－Skaife（2007）认为当公司发生并购时，其内部控制将面临严峻的挑战，因为需要整合被并购公司的经营业务、管理系统、公司文化；若对被并购资产没有采用适当的会计控制，将会增加公司内部控制风险。因此当公司发生重组或兼并时，公司面对的内部控制风险增加。我们采用 *M&A* 来控制并购对内控质量的影响，*M&A* 为哑变量，如果发生并购，则 *M&A* 赋值为 1，否则为 0。信息与控制系统固定成本较高，且建立和维持该系统成本也较高，因此规模较小的公司对信息与控制系统投资更少。而规模较大的公司财务报告流程和程序更为适当，各员工之间职责划分明确，大公司在制订和执行内部控制程序时产生规模效应，并且大公司将更多的资源投放于内部审计和咨询方面，也会使得内部控制更加健全（DeFond and Jiambalvo，1991）。因此，我们控制了公司规模（*Size*）对内部控制的影响，*Size* 等于公司资产的自然对数。刘启亮等（2012）认为内控质量会受到上市公司控制权性质影响，我们控制了上市公司控制权性质（*Soe*）。如果控制权性质为国有控股上市公司，则 *Soe* 为 1，否则为 0。Doyle et al.（2007）认为实施内部控制时间越长的上市公司越善于总结并运用一套行之有效的内部控制系统。因此我们还控制了上市公司实施内部控制规范体系的时间。由于我国内控监管采取分类分批政策。主板优先实施内控规范体系，中小板和创业板推迟实施。我们通过构建板块虚拟变量（*Board*）来控制上市公司实施内控规范体系的时间，如果为主板，则 *Board* 赋值为 1，否则为 0。

三、样本选取与数据来源

初始样本包括 2013 年沪深 A 股上市公司。在删除数据缺失值之后，我们获得 2043 个样本。除 *Establishment*，*Effectiveness*，*Director* 和 *Investor* 外，我们的数据均来源于 CSMAR 数据库。*Establishment*，*Effectiveness*，*Director* 和 *Investor* 数据来源于调查问卷。为消除极端值的影响，我们对本文所使用到的连续变量按上下 1% 的比例进行了 Winsorize 处理。*Establishment*，*Effectiveness*，*Director* 和 *Investor* 均采用1－5 刻度进行刻画。数值越大，说明程度越高。

四、实证结果及分析

表4－34 描述了各个变量的描述性统计结果。我们发现绝大部分董事会秘书较同意或非常同意“董事会对内部控制相关法规非常重视”这一观点，均值为4.49。“投资者对贵公司内部控制非常关注”均值为3.67。描述性统计结果显示，相比于董事会对内控的重视程度，投资者的关注程度较低。

表4－34　　各变量的描述性统计

变量	均值	中位数	最大值	最小值	标准误	样本数
Establishment	3.98	4.00	5.00	2.00	0.45	2043
Effectiveness	3.98	4.00	5.00	1.50	0.47	2043
Director	4.49	5.00	5.00	1.00	0.59	2043
Investor	3.67	4.00	5.00	1.00	0.82	2043
Growth	0.18	0.11	3.19	－0.56	0.45	2043
Loss	0.09	0.00	1.00	0.00	0.28	2043
I/A	0.16	0.12	0.76	0.00	0.15	2043
ROA	0.04	0.03	0.21	－0.18	0.05	2043
M&A	0.75	1.00	1.00	0.00	0.43	2043
Size	21.95	21.75	26.80	19.50	1.32	2043
Soe	0.39	0.00	1.00	0.00	0.49	2043
Board	0.53	1.00	1.00	0.00	0.50	2043

我们分析了内控建立健全、执行情况与董事会对内控制度关注程度和投资者对内控关注程度的相关性。结果列示于表4－35 中。

表4－35　　各变量的 Pearson 相关系数矩阵

变量	1.	2.	3.	4.	5.	6.	7.	8.	9.	10.	11.	12.
1. *Establishment*	1.00											
2. *Effectiveness*	0.80[a]	1.00										
3. *Growth*	－0.00	0.01	1.00									
4. *Loss*	－0.07[a]	－0.08[a]	－0.12[a]	1.00								
5. *I/A*	－0.02	－0.03	0.04[c]	－0.01	1.00							
6. *ROA*	0.03	0.07[a]	0.13[a]	－0.61[a]	－0.11[a]	1.00						
7. *M&A*	－0.04[c]	－0.02	0.06[a]	0.04[c]	0.02	－0.04	1.00					
8. *Size*	0.20[a]	0.19[a]	0.02	－0.10[a]	0.09[a]	0.02	－0.03	1.00				

续表

变量	1.	2.	3.	4.	5.	6.	7.	8.	9.	10.	11.	12.
9. *Director*	0.25^{a}	0.28^{a}	-0.01	-0.01	0.01	0.03	-0.00	0.15^{a}	1.00			
10. *Investor*	0.18^{a}	0.21^{a}	0.03	-0.05^{b}	0.01	0.05^{b}	0.02	0.20^{a}	0.45^{a}	1.00		
11. *Soe*	0.14^{a}	0.13^{a}	-0.06^{a}	0.06^{a}	0.02	-0.11^{a}	-0.14^{a}	0.39^{a}	0.10^{a}	0.07^{a}	1.00	
12. *Board*	0.08^{a}	0.05^{b}	-0.01	0.06^{a}	0.13^{a}	-0.11^{a}	-0.10^{a}	0.40^{a}	0.11^{a}	0.04	0.52^{a}	1.00

注：^{a}、^{b} 和^{c} 分别代表在1%、5%和10%水平下显著。

表4-35中结果显示，董事会对内控相关法规的重视程度与内控建立健全情况显著正相关。相关系数高于0.2，并且在1%水平上统计显著，说明董事会对内控相关法规的重视程度越高，上市公司会对内控建立健全方面投入更多资源，内控建立健全情况也越好。投资者对内控的关注程度同样与内控建立健全情况显著正相关，这与我们理论分析一致，上市公司内控建立健全情况越好，投资者风险越低，而投资风险决定了上市公司的资本成本，故投资者对内控的关注会促使上市公司建立健全内控制度。

另一方面，表4-35也反映出内控执行有效性与董事会重视程度和投资者关注程度分别显著正相关。具体来看，内控制度执行有效与董事会重视程度相关系数为0.28，在1%水平上显著正相关，内控制度执行有效与投资者关注程度相关系数为0.21，在1%水平上显著正相关。该结果说明董事会重视与投资者关注均有助于提升上市公司内控执行有效性。

表4-36　　实证结果

	Establishment				*Effectiveness*			
	全样本	主板	中小板	创业板	全样本	主板	中小板	创业板
Director	0.15***	0.12***	0.18***	0.21***	0.18***	0.16***	0.19***	0.20*
	(8.27)	(4.84)	(5.68)	(3.90)	(9.35)	(6.28)	(5.99)	(3.70)
Investor	0.03**	0.05***	0.02	-0.02	0.04***	0.06***	0.04	-0.01
	(2.40)	(3.09)	(0.68)	(-0.69)	(3.15)	(3.25)	(1.58)	(-0.27)
Growth	-0.00	-0.01	0.02	-0.08	0.01	0.02	-0.01	-0.07
	(-0.22)	(-0.29)	(0.39)	(-0.76)	(0.45)	(0.78)	(-0.17)	(-0.65)
Loss	-0.11**	-0.10*	-0.13	-0.09	-0.09*	-0.07	-0.10	-0.15
	(-2.54)	(-1.84)	(-1.59)	(-0.65)	(-1.93)	(-1.19)	(-1.18)	(-1.04)
I/A	-0.11*	-0.08	-0.23	-0.11	-0.10	-0.05	-0.30*	-0.18
	(-1.74)	(-1.11)	(-1.30)	(-0.35)	(-1.52)	(-0.62)	(-1.71)	(-0.58)
ROA	-0.17	0.01	-0.40	0.13	0.18	0.29	0.13	0.51
	(-0.74)	(0.05)	(-0.96)	(0.17)	(0.76)	(0.91)	(0.30)	(0.66)
M&A	-0.03	-0.04	-0.00	0.01	-0.01	-0.04	0.05	-0.00
	(-1.21)	(-1.43)	(-0.06)	(0.11)	(-0.39)	(-1.24)	(1.25)	(-0.04)

续表

	Establishment				*Effectiveness*			
	全样本	主板	中小板	创业板	全样本	主板	中小板	创业板
Size	0.05 ***	0.04 ***	0.05 **	0.05	0.05 ***	0.04 ***	0.05 **	0.04
	(5.54)	(4.41)	(2.17)	(1.06)	(5.29)	(4.15)	(2.28)	(0.90)
Soe	0.07 ***	0.10 ***	0.02	-0.14	0.08 ***	0.12 ***	0.02	-0.23 *
	(3.07)	(3.64)	(0.40)	(-1.07)	(3.37)	(4.14)	(0.35)	(-1.70)
Board	-0.03				-0.06 **			
	(-1.42)				(-2.28)			
Cons	2.22 ***	2.31 ***	2.17 ***	2.07 **	2.05 ***	2.08 ***	1.92 ***	2.18 *
	(12.06)	(10.61)	(4.63)	(2.13)	(10.77)	(9.18)	(3.98)	(2.19)
N	2043	1092	671	280	2043	1092	671	280
Adj. R^2	0.095	0.109	0.067	0.039	0.110	0.131	0.087	0.054

注：***、** 和 * 分别代表在1%、5%、10%统计水平显著；括号内为T值。

表4-36的实证结果显示，董事会重视与投资者关注均对内控建立健全与有效执行存在显著影响。然而上市公司内控建立健全与有效执行主要是由董事会重视所驱动，投资者关注对内控建立健全与有效执行的正向作用相对较弱。

董事会重视与投资者关注对内控建立健全与有效执行的推动效果会因板块不同而存在差异。我们将调查对象依据板块进行分别回归，并列示了相应的系数与P值。实证结果显示，无论是内控建立健全还是内控执行有效，董事会重视与其的显著性并不会因板块不同而产生明显差异。与此相反，投资者关注与内控建立健全、有效执行相关关系的显著性会因板块不同而产生明显的差异，中小板和创业板投资者关注与内部控制质量的关系并不显著。没有证据显示，对于中小板和创业板上市公司而言，投资者关注有助于提高内部控制质量。

五、结论

董事会对内控相关法规重视程度、投资者对内部控制关注程度对上市公司内部控制建立健全情况的回归结果反映了上市公司建设内部控制的驱动因素。实证结果显示，当前我国上市公司内控建设主要是由内控相关法规强制驱动的，而投资者对上市公司建立健全内控的驱动较为薄弱。

本章小结

在本章中，我们从内部控制整体情况，公司层面和业务层面内部控制制度建立健全情况调查了我国上市公司内部控制的现状。在上市公司内部控制整体情况中，我们调查了上市公司建设内部控制的依据以及内控总体建立健全情况。就内控建设依据而言，我们发现超过90%的上市公司选择《基本规范》以及《内部控制指引》作为其建设内控的依据。在整体内控建立健全方面，我们发现上市公司整体内控建立健全情况较好。分组检验显示主板公司显著优于中小板公司，中小板公司显著优于创业板公司；国有控股上市公司显著优于民营控股上市公司；已实施内控规范体系公司显著优于未实施内控规范体系公司。

在公司层面内控制度建立健全方面，我们首先调查了内控五要素的建立健全情况。调查结果显示上市公司内控五要素建立健全情况较好。分组检验显示在内控五要素方面，除信息与沟通外，主板公司显著优于中小板和创业板公司；国有控股上市公司内控五要素建立健全情况均显著优于民营控股上市公司；已实施内控规范体系公司五要素建立健全情况均显著优于未实施内控规范体系的公司。在此基础上，我们进一步调查了内部环境、控制活动以及信息与沟通三个要素的重点内控制度建立健全情况。

我们调查了上市公司在建设与执行业务层面内控制度中所面临的困难。总体来看，上市公司在业务层面内控建设与执行中存在困难最大的前五项内控分别是全面预算控制、工程项目控制、投资与并购控制、信息系统控制以及研究与开发控制。

在实证分析中，我们检验了我国上市公司内控建立健全的主要驱动因素，发现当前我国上市公司内控建设主要是由内控相关法规驱动的，而投资者对上市公司建立健全内控的驱动较为薄弱。

第五章　对内部控制的认知

内部控制是一个由主体的董事会、管理层和其他员工实施的，旨在为实现主体的经营效率、报告真实可靠以及合法合规目标提供合理保证的过程（COSO，2013）。在激烈的竞争环境下，良好的内部控制往往成为提高企业竞争力的有效保证，能够达到改善企业生产经营环境，提高企业组织绩效的效果。然而，高效的内部控制体系通常依赖于主体执行人员对内部控制的认知程度，只有当主体的员工能够深入理解内部控制的真实内涵并确实执行才能发挥内部控制应有的作用。对内部控制的认知情况可以有效地提高内部控制的执行力，其执行效果越好，越有助于企业价值的提升。因此，内部控制认知对提高内部控制执行效率，促进组织的发展具有重要的影响作用。

认知是指针对获取的外部信息，通过记忆、知觉、表象等进行处理后的心理活动，是人对事物的看法、评价以及叙述的过程，包括个体对某个对象的认识与理解、支持与反对，是形成态度的前提条件，对于后续工作的成功起着决定性的作用（George et al.，1956；张茉楠，2004）。对内部控制的认知包括对内部控制的理解与需求，两者相互补充，不可分割，对内部控制认知程度将决定组织对待内部控制的态度与行为，从而影响组织效率的提升。一方面，只有当组织员工熟悉和掌握内部控制相关知识，才能指导和建设完善合理的内部控制制度，专业知识的储备可以提高系统建立的可靠性和准确性；另一方面，只有当组织强烈需求内部控制体系时，才有动力参与相关培训，掌握内部控制知识，以提高内部控制执行的效率。因此，通过提高理解内部控制制度、促进内部控制需求等途径提高内部控制体系的执行效率，从而合理保证内部控制目标的高效实现。

上市公司作为主要的内部控制执行组织，公司管理层对内部控制的认知程度显著影响内部控制体系在企业中的建立、实施和评价等过程。其次，会计师事务所作为企业内部控制评价报告的审计提供方，需要在了解企业内部控制的情况下出具相关鉴证意见，对内部控制的认知能够提高这类审计业务的准确性和效率性，从而降低事务所的风险。最后，内部控制也常常被机构投资者作为一种监督方式，来评判企业的治理效率。对内部控制的认知可以帮助机构投资者提高监督企业的效率，从而创造更大的收益。基于此，本章主要通过公司管理层、会计师事务所及机构投资者对内部控制的认知状况进行调查，以了解公司管理层、会计师事务所及机构投资者对内部控制的认知程度，为上市公司、会计师事务所、机构投资者及监管部门提高上市公司的内部控制效率，改善企业经营效率提供借鉴。

第一节 公司管理层对内部控制的认知

对内部控制的认知包括对内部控制的理解与需求，认知程度能够影响组织的内部控制行为。对内部控制的理解是企业产生内部控制需求的前提条件，有助于企业建立和完善内部控制体系，提高企业内部控制的执行效率，降低企业风险，合理保证企业目标实现。另一方面，对内部控制的需求是企业对内部控制理解的必然后果，使得上市公司有动力参与相关培训，积极掌握内部控制知识，从而帮助上市公司更快速、更高效地实施内部控制制度，提高内部控制执行的效率。

当前我国实行内部控制分类分批实施的政策，上市公司内部控制认知现状之间存在较大差异，这也给监管部门制定相关政策，完善内部控制制度体系造成了一定的阻碍。因此，了解当前上市公司对内部控制的认知情况，将会对提高内部控制在企业中的执行效率，扩大内部控制的实施范围具有重要的促进作用，同时也为监管部门出台相关政策，完善我国的内部控制体系提供重要的参考价值。

我们主要从五个方面考察上市公司管理层对内部控制的认知现状：（1）公司管理层对内部控制框架的了解；（2）公司管理层对内部控制规范的观点；（3）公司管理层对内部控制重要性的认可程度；（4）公司管理层对内部控制关键能力的重视程度；（5）公司管理层对内部控制的需求程度。

一、公司管理层对内部控制框架的了解

了解并熟悉内部控制框架是上市公司建立内部控制体系的基础。了解内部控制框架有助于公司管理层有效指导企业建立健全内部控制体系，促进内部控制有效运行。因此，我们向董事长、总经理和董事会秘书调查其对内部控制基本规范的了解程度，向财务总监、内审负责人和内控负责人调查其对COSO内部控制整合框架的了解程度。

（一）总体情况

公司管理层对内部控制框架的了解情况如表5-1所示。描述性统计显示，79.88%的上市公司管理层了解或非常了解内部控制基本规范，67.03%的上市公司管理层了解或非常了解COSO内部控制框架。

表5-1 公司管理层对内部控制框架的了解

内部控制框架	样本量	1	2	3	4	5	均值	标准差
内部控制基本规范	5827	0.15	6.30	13.66	67.20	12.68	3.86	0.71
COSO内部控制框架	4659	0.32	2.17	30.48	51.28	15.75	3.80	0.73
合计	10486	0.23	4.46	21.13	60.13	14.05	3.83	0.72

注：1=不了解，2=部分了解，3=一般，4=了解，5=非常了解。“1”至“5”列单位为“%”。

（二）按调查对象分组

表5－2列示了公司管理层对内部控制框架了解程度分调查对象的描述性统计。统计结果显示，第一，董事会秘书比董事长和总经理更加熟悉内部控制基本规范，75.81%的董事长较为了解或非常了解内部控制基本规范，75.90%的总经理较为了解或非常了解内部控制基本规范，86.91%的董事会秘书较为了解或非常了解内部控制基本规范。第二，内控负责人比财务总监、内审负责人更加熟悉COSO内部控制框架，67.54%的财务总监较为了解或非常了解COSO内部控制框架，63.19%的内审负责人较为了解或非常了解COSO内部控制框架，71.79%的内控负责人较为了解或非常了解COSO内部控制框架。

表5－2　公司管理层对内部控制框架的了解

内部控制框架	调查对象	样本量	1	2	3	4	5	均值	标准差
内部控制基本规范	董事长	1637	0.12	7.21	16.86	67.75	8.06	3.76	0.70
	总经理	2066	0.10	6.82	17.18	66.46	9.44	3.78	0.71
	董事会秘书	2124	0.24	5.08	7.77	67.51	19.40	4.01	0.70
COSO内部控制框架	财务总监	2070	0.14	2.27	30.05	52.66	14.88	3.80	0.72
	内审负责人	1554	0.45	2.45	33.91	48.26	14.93	3.75	0.75
	内控负责人	1035	0.48	1.55	26.18	53.04	18.74	3.88	0.74

注：1＝不了解，2＝部分了解，3＝一般，4＝了解，5＝非常了解。“1”至“5”列单位为“%”。

（三）按板块分组

表5－3列示了公司管理层对内部控制框架了解程度分板块的描述性统计。统计结果显示，主板公司管理层对内部控制基本规范的了解程度均值为3.98，中小板的均值为3.74，创业板的均值为3.65，且均存在显著差异。以上表明，与中小板和创业板公司相比，主板上市公司的管理层对内部控制基本规范更为熟悉。此外，主板上市公司管理层对COSO内部控制框架的熟悉程度也明显高于其他板块的上市公司。

表5－3　公司管理层对内部控制框架的了解（按板块分组）

Panel A 描述性统计

内部控制框架	板块	样本量	1	2	3	4	5	均值	标准差
内部控制基本规范	主板	3158	0.09	4.02	9.47	70.46	15.96	3.98	0.65
	中小板	1872	0.21	8.17	17.95	64.48	9.19	3.74	0.74
	创业板	797	0.25	10.92	20.20	60.73	7.90	3.65	0.79
COSO内部控制框架	主板	2685	0.30	1.56	27.45	52.55	18.14	3.87	0.73
	中小板	1368	0.15	2.85	34.87	49.71	12.43	3.71	0.72
	创业板	606	0.83	3.30	33.99	49.17	12.71	3.70	0.76

续表

Panel A 描述性统计

内部控制框架	板块	样本量	1	2	3	4	5	均值	标准差
合计	主板	5843	0.19	2.89	17.73	62.23	16.96	3.93	0.69
	中小板	3240	0.19	5.93	25.09	58.24	10.56	3.73	0.73
	创业板	1403	0.50	7.63	26.16	55.74	9.98	3.67	0.78

Panel B 均值检验

内部控制框架	主板 VS. 中小板		主板 VS. 创业板		中小板 VS. 创业板	
	T值	P值	T值	P值	T值	P值
内部控制基本规范	11.94***	0.00	12.25***	0.00	2.86**	0.00
COSO 内部控制框架	6.34***	0.00	5.16***	0.00	0.50	0.62
合计	12.84***	0.00	12.28***	0.00	2.51**	0.01

注：1＝不了解，2＝部分了解，3＝一般，4＝了解，5＝非常了解。“1”至“5”列单位为“%”。***、**、*分别表示1%、5%、10%统计水平显著。

（四）按控制权性质分组

表5－4列示了公司管理层对内部控制框架了解程度分控制权性质的描述性统计。结果显示，国有控股上市公司管理层对内部控制基本规范的了解程度均值为4.01，民营控股上市公司的均值为3.76，两者的均值在1%的水平上显著差异。与民营控股上市公司相比，国有控股上市公司的管理层对内部控制基本规范更为熟悉。

表5－4　　公司管理层对内部控制框架的了解（按控制权性质分组）

Panel A 描述性统计

内部控制框架	控制权性质	样本量	1	2	3	4	5	均值	标准差
内部控制基本规范	国有控股	2335	0.13	3.73	8.82	69.98	17.34	4.01	0.65
	民营控股	3492	0.17	8.02	16.90	65.35	9.56	3.76	0.74
COSO 内部控制框架	国有控股	1918	0.16	1.93	25.86	52.82	19.24	3.89	0.73
	民营控股	2741	0.44	2.33	33.71	50.20	13.32	3.74	0.73
合计	国有控股	4253	0.14	2.92	16.51	62.24	18.20	3.95	0.69
	民营控股	6233	0.29	5.52	24.29	58.69	11.21	3.75	0.73

Panel B 均值检验（国有控股 VS. 民营控股）

内部控制框架	T值	P值
内部控制基本规范	13.06***	0.00
COSO 内部控制框架	7.10***	0.00
合计	14.33***	0.00

注：1＝不了解，2＝部分了解，3＝一般，4＝了解，5＝非常了解。“1”至“5”列单位为“%”。***、**、*分别表示1%、5%、10%统计水平显著。

（五）按内部控制规范体系实施情况分组

表5-5分内部控制规范体系实施情况，对内部控制框架了解程度进行分组统计分析。结果显示，已实施内部控制规范体系的公司管理层对内部控制基本规范的了解程度均值为4.02，未实施内部控制规范体系组的均值为3.75，两者的均值在1%的水平上显著差异。这表明，与未实施内部控制规范体系组相比，已实施内部控制规范体系的公司管理层对内部控制基本规范更为熟悉。

表5-5　公司管理层对内部控制框架的了解（按内部控制规范体系实施情况分组）

Panel A 描述性统计

内部控制框架	内部控制规范体系实施情况	样本量	1	2	3	4	5	均值	标准差
内部控制基本规范	已实施	2286	0.13	3.32	8.36	70.43	17.76	4.02	0.64
	未实施	3541	0.17	8.22	17.09	65.12	9.40	3.75	0.74
COSO内部控制框架	已实施	1933	0.16	1.66	24.31	53.75	20.12	3.92	0.72
	未实施	2726	0.44	2.53	34.85	49.52	12.66	3.71	0.73
合计	未实施	4219	0.14	2.56	15.67	62.79	18.84	3.98	0.68
	已实施	6267	0.29	5.74	24.81	58.34	10.82	3.74	0.74

Panel B 均值检验（已实施 VS. 未实施）

内部控制框架	T值	P值
内部控制基本规范	14.34***	0.00
COSO内部控制框架	9.54***	0.00
合计	16.87***	0.00

注：1=不了解，2=部分了解，3=一般，4=了解，5=非常了解。“1”至“5”列单位为“%”。***、**、*分别表示1%、5%、10%统计水平显著。

二、公司管理层对我国内部控制规范的观点

内部控制法规为公司管理层在企业中建立内部控制系统提供全面、具体的指导，为内部控制外部审计提供借鉴依据，对提高内部控制有效性，促进企业绩效增长有重要意义。我们从三个方面考察了公司管理层对我国内部控制规范的观点：（1）现行的内部控制规范是否能够为内部控制实务提供指导；（2）上市公司管理层需要哪些类型的内部控制规范；（3）上市公司应当优先完善内部控制的哪些环节。

（一）内部控制规范的作用

1. 总体情况

我们向上市公司财务总监、内审负责人和内部控制负责人调查其是否认同“《基

本规范》及其配套指引能够为贵公司的内部控制建设提供全面、具体的实务指导”，描述性统计如表5－6所示。结果显示，81.57%的公司管理层认为现行的内部控制规范能够提供全面、具体的指导，表明上市公司管理层比较认可当前内部控制规范体系。

表5－6　　内部控制规范的作用

样本量	1	2	3	4	5	均值	标准差
4706	0.23	1.13	17.06	63.49	18.08	3.98	0.65

注：1＝非常不同意，2＝较不同意，3＝一般，4＝较为同意，5＝非常同意。“1”至“5”列单位为“%”。

2. 按调查对象分组

表5－7列示了内部控制规范作用分调查对象的描述性统计。统计结果显示，84.37%的财务总监、77.69%的内审负责人和81.86%的内部控制负责人认为我国现行内部控制规范能提供全面、具体的实务指导。

表5－7　　内部控制规范的作用（按调查对象）

调查对象	样本量	1	2	3	4	5	均值	标准差
财务总监	2086	0.05	0.72	14.86	64.81	19.56	4.03	0.61
内审负责人	1578	0.38	1.08	20.85	61.28	16.41	3.92	0.67
内控负责人	1042	0.38	2.02	15.74	64.20	17.66	3.97	0.67

注：1＝非常不同意，2＝较不同意，3＝一般，4＝较为同意，5＝非常同意。“1”至“5”列单位为“%”。

3. 按板块分组

表5－8列示了内部控制规范作用分板块的描述性统计。统计结果显示，82.08%的主板上市公司管理层认为我国现行内部控制规范能提供全面、具体的实务指导，与中小板和创业板公司相比，主板上市公司管理层更加认可内部控制规范，但T检验结果显示，不同的板块之间不存在显著差异。

表5－8　　内部控制规范的作用（按板块分组）

Panel A 描述性统计

板块	样本量	1	2	3	4	5	均值	标准差
主板	2717	0.29	1.29	16.34	63.31	18.77	3.99	0.66
中小板	1380	0.00	0.94	17.97	64.28	16.81	3.97	0.62
创业板	609	0.49	0.82	18.23	62.56	17.90	3.97	0.66

Panel B 均值检验

	T值	P值
主板 VS. 中小板	0.95	0.34
主板 VS. 创业板	0.82	0.41
中小板 VS. 创业板	0.13	0.90

注：1＝非常不同意，2＝较不同意，3＝一般，4＝较为同意，5＝非常同意。“1”至“5”列单位为“%”。***、**、*分别表示1%、5%、10%统计水平显著。

4. 按控制权性质分组

表5-9列示了内部控制规范作用分控制权性质的描述性统计。统计结果显示，与民营控股上市公司相比，国有控股上市公司更加认可内部控制规范，82.07%的国有控股上市公司管理层认为我国现行内部控制规范能提供全面、具体的实务指导，均值为4.00，但T检验结果显示不同的控制权性质之间均值不存在显著差异。

表5-9　内部控制规范的作用（按控制权性质分组）

Panel A 描述性统计

控制权性质	样本量	1	2	3	4	5	均值	标准差
国有控股	1941	0.05	1.24	16.64	63.21	18.86	4.00	0.64
民营控股	2765	0.36	1.05	17.36	63.69	17.54	3.97	0.65

Panel B 均值检验

	T值	P值
国有控股VS. 民营控股	1.35	0.18

注：1=非常不同意，2=较不同意，3=一般，4=较为同意，5=非常同意。"1"至"5"列单位为"%"。***、**、*分别表示1%、5%、10%统计水平显著。

5. 按内部控制规范体系实施情况分组

表5-10列示了上市公司内部控制规范作用按内部控制规范体系实施情况分组的描述性统计结果。统计结果显示，与未实施内部控制规范体系的公司相比，已实施内部控制规范体系的公司管理层更加认可内部控制规范，81.76%已实施内部控制规范体系的公司管理层认为我国现行内部控制规范能提供全面、具体的实务指导，均值为4.00，T检验结果表明，在不同的内部控制实施规范体系组之间的差异在10%水平上显著。

表5-10　内部控制规范的作用（按内部控制规范体系实施情况分组）

Panel A 描述性统计

内部控制规范体系实施情况	样本量	1	2	3	4	5	均值	标准差
已实施	1957	0.05	1.23	16.96	62.29	19.47	4.00	0.65
未实施	2749	0.36	1.05	17.13	64.35	17.10	3.97	0.65

Panel B 均值检验

	T值	P值
已实施VS. 未实施	1.64*	0.10

注：1=非常不同意，2=较不同意，3=一般，4=较为同意，5=非常同意。"1"至"5"列单位为"%"。***、**、*分别表示1%、5%、10%统计水平显著。

（二）内部控制规范的需求

1. 总体情况

我们向内审负责人和内部控制负责人调查了上市公司对内部控制规范的需求。表

5－11 列示了公司管理层希望监管部门发布的内部控制规范标准统计结果。结果显示，无论是内部控制指南还是内部控制有效性评价标准，71.86%的上市公司偏向于操作性。

表 5－11　　内部控制规范的需求

内部控制规范	样本量	指导性	操作性
企业内部控制指南	2599	27.97%	72.03%
内部控制有效性评价标准	2604	28.30%	71.70%
合计	5203	28.14%	71.86%

2. 按板块分组

表 5－12 列示了内部控制规范需求分板块的描述性统计。统计结果显示，无论是主板上市公司，还是中小板或创业板公司，对企业内部控制指导和内部控制有效性评价标准均偏向于操作性指南。

表 5－12　　内部控制规范的需求（按板块分组）

Panel A 描述性统计

	板块	样本量	指导性	操作性
企业内部控制指南	主板	1615	28.67%	71.33%
	中小板	685	26.57%	73.43%
	创业板	299	27.42%	72.58%
内部控制有效性评价标准	主板	1613	26.97%	73.03%
	中小板	689	30.33%	69.67%
	创业板	302	30.79%	69.21%
合计	主板	3228	27.82%	72.18%
	中小板	1374	28.46%	71.54%
	创业板	601	29.12%	70.88%

Panel B 均值检验

	主板 VS. 中小板		主板 VS. 创业板		中小板 VS. 创业板	
	T 值	P 值	T 值	P 值	T 值	P 值
企业内部控制指南	－1.02	0.31	－0.44	0.66	0.28	0.78
内部控制有效性评价标准	1.65*	0.10	1.37	0.17	0.14	0.88
合计	0.44	0.66	0.65	0.52	0.30	0.77

注：***、**、* 分别表示 1%、5%、10% 统计水平显著。

3. 按控制权性质分组

我们就上市公司对内部控制规范的需求进行了分控制权性质的调查，如表 5－13 所示。结果显示，70% 以上的国有控股上市公司和民营控股上市公司，都偏好于操作性的内部控制指南和有效性标准。与民营控股上市公司相比，国有控股上市公司更加偏好操作性标准。

表 5－13　内部控制规范的需求（按控制权性质分组）

Panel A 描述性统计

	控制权性质	样本量	指导性	操作性
企业内部控制指南	国有控股	1143	27.30%	72.70%
	民营控股	1456	28.50%	71.50%
内部控制有效性评价标准	国有控股	1142	25.83%	74.17%
	民营控股	1462	30.23%	69.77%
合计	国有控股	2285	26.56%	73.44%
	民营控股	2918	29.37%	70.63%

Panel B 均值检验（国有控股 VS. 民营控股）

	T 值	P 值
企业内部控制指南	0.68	0.50
内部控制有效性评价标准	2.48**	0.01
合计	2.23**	0.03

注：***、**、* 分别表示 1%、5%、10% 统计水平显著。

4. 按内部控制规范体系实施情况分组

我们按内部控制规范体系实施情况，就上市公司对内部控制规范的需求进行分组描述性统计。表 5－14 显示，73.20% 的已实施公司偏好于操作性的内部控制指南或有效性标准，而未实施公司只有 70.76%。其中，在内部控制有效性标准方面，已实施内部控制规范体系组与未实施内部控制规范体系组样本在 5% 的水平下存在显著性差异。

表 5－14　内部控制规范的需求（按内部控制规范体系实施情况分组）

Panel A 描述性统计

	内部控制规范体系实施情况	样本量	指导性	操作性
企业内部控制指南	已实施	1175	28.09%	71.91%
	未实施	1424	27.88%	72.12%
内部控制有效性标准	已实施	1172	25.51%	74.49%
	未实施	1432	30.59%	69.41%
合计	已实施	2347	26.80%	73.20%
	未实施	2856	29.24%	70.76%

Panel B 均值检验（已实施 VS. 未实施）

	T 值	P 值
企业内部控制指南	-0.12	0.91
内部控制有效性标准	2.86**	0.00
合计	1.95*	0.05

注：***、**、* 分别表示 1%、5%、10% 统计水平显著。

（三）完善内部控制的优先环节

针对上市公司应当优先完善的内部控制环节，我们调查了中小板和创业板上市公司财务总监的看法，内容包括与财务相关的内部控制，与财务、人力、IT 相关的内部控制及其他类型的内部控制。

1. 总体情况

针对上市公司应当优先完善的内部控制环节，我们进行了总体的描述性统计，结果呈现在表 5－15 中。结果显示，68.51%以上的上市公司选择应当优先完善“与财务、人力、IT 相关”的内部控制，其他依次为“与财务相关的内部控制”、“其他类型的内部控制”。

表 5－15　上市公司优先完善的内部控制环节

应优先确保完善的内部控制	样本量	比例
财务相关	245	24.26%
财务、人力、IT 相关	692	68.51%
其他	73	7.22%
合计	1010	100.00%

2. 按板块分组

我们对上市公司的看法进行了分板块的描述性统计，结果呈现在表 5－16 中。结果显示，在中小板和创业板上市公司中，接近 70%的上市公司认为应当优先完善“与财务、人力、IT 相关”的内部控制，其他依次为“与财务相关的内部控制”、“其他类型的内部控制”。

表 5－16　上市公司优先完善的内部控制环节（按板块分组）

板块	样本量	财务相关	财务、人力、IT 相关	其他
中小板	690	24.46%	69.10%	6.43%
创业板	311	23.79%	67.20%	9.00%

3. 按控制权性质分组

我们对上市公司的看法进行了分控制权性质的描述性统计，结果呈现在表 5－17 中。结果显示，在国有控股上市公司中，77.59%的上市公司认为应当优先完善“与财务、人力、IT 相关”的内部控制，而民营控股上市公司为 60.56%。

表 5－17　上市公司优先完善的内部控制环节（按控制权性质分组）

控制权性质	样本量	财务相关	财务、人力、IT 相关	其他
国有控股	116	18.10%	77.59%	4.31%
民营控股	994	22.54%	60.56%	6.84%

4. 按内部控制规范体系实施情况分组

我们对上市公司的看法进行了按内部控制规范体系实施情况的描述性统计，结果呈现在表5-18中。结果显示，在已实施内部控制规范体系的企业中，83.33%的上市公司认为应当优先完善“与财务、人力、IT相关”的内部控制环节，而在未实施内部控制规范体系的公司中比例仅为68.43%，说明已实施内部控制规范体系的上市公司更加重视与财务、人力、IT相关的内部控制。

表5-18 上市公司优先完善的内部控制环节（按内部控制规范体系实施情况分组）

内部控制规范体系实施情况	样本量	财务相关	财务、人力、IT相关	其他
已实施	6	16.67%	83.33%	0.00%
未实施	1004	24.30%	68.43%	7.27%

三、公司管理层对内部控制重要性的认可程度

内部控制的目的在于合理保证企业经营效率、财务报表的真实可靠及企业的合法合规，有效的内部控制可以促进企业效率的提高，而失败的内部控制则可能导致企业经营的失效。我们从公司自身角度和第三方角度考察了上市公司对内部控制重要性的认可程度。

（一）总体情况

我们就公司管理层对内部控制重要性的认可程度进行了总体的描述性统计，如表5-19所示。结果显示，81.26%的高管认为，公司内部控制失效会导致公司经营失败，而76.01%的高管认为，其他公司内部控制失效会导致经营失败，说明内部控制的健康运行对于企业的经营至关重要。失效的内部控制体系将会严重妨碍企业的正常运营，甚至会导致企业经营失败。

表5-19 公司管理层对内部控制重要性的认可程度

内部控制重要性	样本量	1	2	3	4	5	均值	标准差
公司内部控制失效会导致公司经营失败	12493	1.24	4.45	13.05	50.47	30.79	4.05	0.85
其他公司内部控制失效会导致经营失败	12467	1.26	5.86	16.87	48.62	27.39	3.95	0.89
合计	24960	1.25	5.16	14.96	49.54	29.09	4.00	0.87

注：1=非常不同意，2=较不同意，3=一般，4=较为同意，5=非常同意。“1”至“5”列单位为“%”。

（二）按调查对象分组

我们就公司管理层对内部控制重要性的认可程度进行了分调查对象的描述性统计，如表5-20所示。结果显示，88.50%的董事长、80.89%的总经理、83.15%的

董事会秘书、79.52%的财务总监、77.92%的内审负责人、77.42%的IT负责人、82.48%的内控负责人较为认为或非常认可“公司内控失效，将导致公司经营失败”。在所有管理者中，董事长认可度最高，说明公司最高管理层普遍认同内部控制对于企业经营具有非常显著的促进作用。

表5-20　　公司管理层对内部控制重要性的认可程度（按调查对象）

内部控制重要性	调查对象	样本量	1	2	3	4	5	均值	标准差
公司内部控制失效会导致公司经营失败	董事长	1643	1.16	2.31	8.03	51.80	36.70	4.21	0.78
	总经理	2073	1.16	4.34	13.60	50.31	30.58	4.05	0.85
	董事会秘书	2124	0.80	3.86	12.19	46.94	36.21	4.14	0.83
	财务总监	2080	1.49	6.54	12.45	51.01	28.51	3.99	0.90
	内审负责人	1576	1.21	6.28	14.59	51.27	26.65	3.96	0.88
	IT负责人	1958	2.09	5.06	15.42	44.94	32.48	4.01	0.93
	内控负责人	1039	0.39	1.16	15.98	64.00	18.48	3.99	0.65
其他公司内部控制失效会导致经营失败	董事长	1636	1.16	2.51	12.59	52.57	31.17	4.10	0.80
	总经理	2067	1.06	5.18	17.42	50.22	26.12	3.95	0.86
	董事会秘书	2123	0.90	4.19	16.11	47.20	31.61	4.04	0.85
	财务总监	2077	1.30	7.42	17.81	48.92	24.56	3.88	0.91
	内审负责人	1567	1.47	8.62	19.27	49.27	21.38	3.81	0.92
	IT负责人	1957	2.10	5.88	19.93	43.59	28.51	3.91	0.95
	内控负责人	1040	0.58	8.65	12.79	50.00	27.98	3.96	0.90

注：1=非常不同意，2=较不同意，3=一般，4=较为同意，5=非常同意。“1”至“5”列单位为“%”。

（三）按板块分组

我们就公司管理层对内部控制重要性的认可程度进行了分板块的描述性统计，如表5-21所示。结果显示，与中小板和创业板公司相比，80.70%的主板上市公司较为认可内部控制对企业自身经营的重要影响，其均值达到4.04；从第三方角度看，内部控制对于其他企业的经营也同样不可或缺，统计结果呈现与前面一致的趋势。以上结果说明，相比于中小板和创业板公司，主板上市公司更加认可内部控制的重要性。

（四）按控制权性质分组

我们就公司管理层对内部控制重要性的认可程度进行了分控制权性质的描述性统计，如表5-22所示。结果显示，82.93%的国有控股上市公司认为“公司的内部控制失效，将导致公司经营失败”，均值为4.09，而民营控股上市公司比例为75.77%，均值为3.94。与民营控股上市公司相比，国有控股上市公司更加认可内部控制的重要性。

表 5-21　公司管理层对内部控制重要性的认可程度（按板块）

Panel A 描述性统计

内部控制重要性	板块	样本量	1	2	3	4	5	均值	标准差
公司内部控制失效会导致公司经营失败	主板	6857	1.05	4.08	11.93	51.00	31.94	4.09	0.83
	中小板	3919	1.66	4.70	13.96	48.48	31.21	4.03	0.89
	创业板	1717	1.05	5.36	15.43	52.88	25.28	3.96	0.85
其他公司内部控制失效会导致经营失败	主板	6841	1.04	5.79	14.71	48.93	29.54	4.00	0.88
	中小板	3911	1.71	5.45	19.10	47.86	25.88	3.91	0.90
	创业板	1715	1.11	7.11	20.41	49.10	22.27	3.84	0.89
合计	主板	13698	1.04	4.94	13.32	49.96	30.74	4.04	0.85
	中小板	7830	1.69	5.07	16.53	48.17	28.54	3.97	0.90
	创业板.	3432	1.08	6.24	17.92	50.99	23.78	3.90	0.87

Panel B 均值检验

内部控制重要性	主板 VS. 中小板		主板 VS. 创业板		中小板 VS. 创业板	
	T 值	P 值	T 值	P 值	T 值	P 值
公司内部控制失效会导致公司经营失败	3.41***	0.00	5.65***	0.00	2.73**	0.01
其他公司内部控制失效会导致经营失败	5.30***	0.00	6.67***	0.00.	2.47**	0.01
合计	6.17***	0.00	8.72***	0.00	3.67***	0.00

注：1 = 非常不同意，2 = 较不同意，3 = 一般，4 = 较为同意，5 = 非常同意。“1”至“5”列单位为“%”。***、**、* 分别表示 1%、5%、10% 统计水平显著。

表 5-22　公司管理层对内部控制重要性的认可程度（按控制权性质）

Panel A 描述性统计

内部控制重要性	控制权性质	样本量	1	2	3	4	5	均值	标准差
公司内部控制失效会导致公司经营失败	国有控股	5006	1.02	3.34	10.67	51.32	33.66	4.13	0.81
	民营控股	7487	1.39	5.20	14.64	49.90	28.88	4.00	0.88
其他公司内部控制失效会导致经营失败	国有控股	4993	1.00	4.85	13.28	50.01	30.86	4.05	0.85
	民营控股	7474	1.43	6.54	19.27	47.69	25.07	3.88	0.91
合计	国有控股	9999	1.01	4.09	11.97	50.67	32.26	4.09	0.83
	民营控股	14961	1.41	5.87	16.95	48.79	26.98	3.94	0.89

Panel B 均值检验（国有控股 VS. 民营控股）

内部控制重要性	T 值	P 值
如果贵公司内部控制失效，将导致公司经营失败	8.76***	0.00
如果同行业的其他公司内部控制失效，将导致其经营失败	10.19***	0.00
合计	13.39***	0.00

注：1 = 非常不同意，2 = 较不同意，3 = 一般，4 = 较为同意，5 = 非常同意。“1”至“5”列单位为“%”。***、**、* 分别表示 1%、5%、10% 统计水平显著。

（五）按内部控制规范体系实施情况分组

我们就公司管理层对内部控制重要性的认可程度进行了按内部控制规范体系实施情况的描述性统计，如表5－23所示。结果显示，在认可内部控制对企业经营的重要性方面，已实施内部控制规范体系组的均值为4.11，未实施内部控制规范体系组的均值为3.93，均值检验表明两者存在显著性差异。与未实施内部控制规范体系的公司相比，已实施内部控制规范体系的公司更加认可内部控制的重要性。

表5－23　公司管理层对内部控制重要性的认可程度（按内部控制规范体系实施情况分组）

Panel A 描述性统计

内部控制重要性	内部控制规范体系实施情况	样本量	1	2	3	4	5	均值	标准差
公司内部控制失效会导致公司经营失败	已实施	4954	0.85	3.43	10.07	51.23	34.42	4.15	0.80
	未实施	7539	1.50	5.12	15.00	49.97	28.41	3.99	0.88
其他公司内部控制失效会导致经营失败	已实施	4939	0.91	5.02	12.65	49.69	31.73	4.06	0.85
	未实施	7528	1.49	6.42	19.63	47.91	24.55	3.88	0.90
合计	已实施	9893	0.88	4.23	11.36	50.46	33.07	4.11	0.83
	未实施	15067	1.49	5.77	17.32	48.94	26.48	3.93	0.89

Panel B 均值检验（已实施 VS. 未实施）

内部控制重要性	T值	P值
公司内部控制失效会导致公司经营失败	10.49***	0.00
其他公司内部控制失效会导致经营失败	11.55***	0.00
合计	15.57***	0.00

注：1＝非常不同意，2＝较不同意，3＝一般，4＝较为同意，5＝非常同意。“1”至“5”列单位为“%”。***、**、*分别表示1%、5%、10%统计水平显著。

四、公司管理层对内部控制关键能力的重视程度

为了建立高效的内部控制体系，企业必须具备所需的关键能力，我们从梳理业务流程的能力、识别内部控制关键控制点的能力、识别潜在内部控制问题的能力以及独立地执行风险评估能力四个方面进行了相关调查。

（一）总体情况

我们针对公司管理层重视内部控制关键能力的程度进行总体的描述性统计，如表5－24所示。结果显示，公司管理层重视的内部控制关键能力依次为：识别内部控制关键控制点的能力（92.02%）、识别潜在内部控制问题的能力（90.09%）、梳

理业务流程的能力（87.41%）、独立地执行风险评估能力（86.89%）。

表5-24　公司管理层对内部控制关键能力的重视程度

内部控制关键能力	样本量	1	2	3	4	5	均值	标准差
梳理业务流程的能力	3113	0.03	1.00	11.56	52.59	34.82	4.21	0.68
识别内部控制关键控制点的能力	3118	0.03	0.74	7.22	43.62	48.40	4.40	0.66
识别潜在内部控制问题的能力	3117	0.06	0.87	8.98	50.08	40.01	4.29	0.67
独立地执行风险评估能力	3112	0.00	1.54	11.57	52.35	34.54	4.20	0.70
合计	12460	0.03	1.04	9.83	49.65	39.45	4.27	0.68

注：1=非常不同意，2=较不同意，3=一般，4=较为同意，5=非常同意。“1”至“5”列单位为“%”。

（二）按板块分组

我们针对公司管理层重视内部控制关键能力的程度进行分板块的描述性统计，如表5-25所示。结果显示，主板上市公司比中小板、创业板上市公司，更加重视识别内部控制关键控制点的能力、识别潜在内部控制问题的能力和独立地执行风险评估能力。但在梳理业务流程的能力重视程度上，主板、中小板和创业板上市公司三者之间没有显著差异。

表5-25　公司管理层对内部控制关键能力的重视程度（按板块分组）

Panel A 描述性统计

内部控制关键能力	板块	样本量	1	2	3	4	5	均值	标准差
梳理业务流程的能力	主板	2119	0.00	1.13	11.14	52.24	35.49	4.22	0.68
	中小板	687	0.15	0.29	13.25	53.13	33.19	4.19	0.67
	创业板	307	0.00	1.63	10.75	53.75	33.88	4.20	0.69
识别内部控制关键控制点的能力	主板	2124	0.05	0.66	6.92	42.42	49.95	4.42	0.65
	中小板	687	0.00	1.02	7.71	46.00	45.27	4.36	0.67
	创业板	307	0.00	0.65	8.14	46.58	44.63	4.35	0.66
识别潜在内部控制问题的能力	主板	2123	0.05	0.85	8.24	49.13	41.73	4.32	0.66
	中小板	687	0.15	0.44	11.94	50.22	37.26	4.24	0.68
	创业板	307	0.00	1.95	7.49	56.35	34.20	4.23	0.67
独立地执行风险评估能力	主板	2119	0.00	1.56	10.71	50.35	37.38	4.24	0.70
	中小板	686	0.00	1.02	13.56	56.85	28.57	4.13	0.67
	创业板	307	0.00	2.61	13.03	56.03	28.34	4.10	0.71
合计	主板	8485	0.02	1.05	9.25	48.53	41.14	4.30	0.68
	中小板	2747	0.07	0.69	11.61	51.55	36.08	4.23	0.68
	创业板	1228	0.00	1.71	9.85	53.18	35.26	4.22	0.69

续表

Panel B 均值检验

内部控制关键技能与能力	主板 VS. 中小板		主板 VS. 创业板		中小板 VS. 创业板	
	T 值	P 值	T 值	P 值	T 值	P 值
梳理业务流程的能力	1.06	0.29	0.53	0.59	-0.20	0.84
识别内部控制关键控制点的能力	2.10 **	0.04	1.60	0.11	0.07	0.94
识别潜在内部控制问题的能力	2.61 **	0.01	2.19 **	0.03	0.26	0.79
独立地执行风险评估能力	3.48 ***	0.00	3.14 **	0.00	0.61	0.54
合计	4.61 ***	0.00	3.73 ***	0.00	0.37	0.71

注：1 = 非常不同意，2 = 较不同意，3 = 一般，4 = 较为同意，5 = 非常同意。“1”至“5”列单位为“%”。***、**、* 分别表示 1%、5%、10% 统计水平显著。

（三）按控制权性质分组

我们针对公司管理层重视内部控制关键能力的程度进行分控制权性质的描述性统计，如表 5-26 所示。结果显示：90.06% 的国有控股上市公司和 88.35% 的民营控股上市公司较为注重内部控制关键能力。其中，国有控股和民营控股上市公司都比较重视识别内部控制关键控制点的能力，其比例分别为 92.91% 和 91.25%。

表 5-26 公司管理层对内部控制关键能力的重视程度（按控制权性质分组）

Panel A 描述性统计

内部控制关键能力	控制权性质	样本量	1	2	3	4	5	均值	标准差
梳理业务流程的能力	国有控股	1436	0.00	1.11	10.79	51.32	36.77	4.24	0.68
	民营控股	1677	0.06	0.83	11.99	52.24	34.88	4.21	0.68
识别内部控制关键控制点的能力	国有控股	1439	0.00	0.63	6.46	41.97	50.94	4.43	0.64
	民营控股	1679	0.06	0.83	7.86	45.03	46.22	4.37	0.67
识别潜在内部控制问题的能力	国有控股	1440	0.07	0.69	7.99	48.54	42.71	4.33	0.66
	民营控股	1677	0.06	1.01	9.84	51.40	37.69	4.26	0.68
独立地执行风险评估能力	国有控股	1437	0.00	1.53	10.51	49.20	38.76	4.25	0.70
	民营控股	1675	0.00	1.55	12.48	55.04	30.93	4.15	0.69
合计	国有控股	5752	0.02	0.99	8.94	47.76	42.30	4.31	0.67
	民营控股	6708	0.04	1.06	10.54	50.92	37.43	4.25	0.68

Panel B 均值检验（国有控股 VS. 民营控股）

内部控制关键技能与能力	T 值	P 值
梳理业务流程的能力	1.96 *	0.05*
识别内部控制关键控制点的能力	2.85 **	0.00
识别潜在内部控制问题的能力	3.12 **	0.00
独立地执行风险评估能力	3.95 ***	0.00
合计	5.91 ***	0.00

注：1 = 非常不同意，2 = 较不同意，3 = 一般，4 = 较为同意，5 = 非常同意。“1”至“5”列单位为“%”。***、**、* 分别表示 1%、5%、10% 统计水平显著。

（四）按内部控制规范体系实施情况分组

我们针对公司管理层重视内部控制关键能力的程度进行按内部控制规范体系实施情况的描述性统计，如表5-27所示。结果显示，在重视内部控制体系所需的关键技能与能力方面，已实施内部控制规范体系组公司的均值为4.33，未实施内部控制规范体系组的均值为4.23，这表明，与未实施内部控制规范体系组相比，已实施内部控制规范体系组对内部控制的关键能力关注较多。与前文一致，上市公司更为重视识别内部控制关键控制点的能力，已实施内部控制规范体系组和未实施内部控制规范体系组认可的比例分别达到了93.02%和91.07%。

表5-27　公司管理层对内部控制关键能力的重视程度（按内部控制规范体系实施情况分组）

Panel A 描述性统计

内部控制关键技能与能力	内部控制规范体系实施情况	样本量	1	2	3	4	5	均值	标准差
梳理业务流程的能力	已实施	1513	0.07	1.12	9.12	49.64	40.05	4.28	0.68
	未实施	1600	0.06	0.75	12.63	52.91	33.65	4.19	0.68
识别内部控制关键控制点的能力	已实施	1518	0.00	0.72	6.26	42.03	50.99	4.43	0.64
	未实施	1600	0.06	0.75	8.13	45.13	45.94	4.36	0.67
识别潜在内部控制问题的能力	已实施	1516	0.07	0.73	7.72	48.35	43.14	4.34	0.66
	未实施	1601	0.06	1.00	10.18	51.72	37.04	4.25	0.68
独立地执行风险评估能力	已实施	1514	0.00	1.59	9.91	48.94	39.56	4.26	0.70
	未实施	1598	0.00	1.50	13.14	55.57	29.79	4.14	0.69
合计	已实施	6061	0.03	1.04	8.25	47.24	43.44	4.33	0.67
	未实施	6399	0.05	1.00	11.02	51.33	36.61	4.23	0.68

Panel B 均值检验（已实施 VS. 未实施）

内部控制关键技能与能力	T值	P值
梳理业务流程的能力	2.31**	0.00
识别内部控制问题	3.04**	0.00
识别潜在内部控制问题的能力	3.81***	0.00
独立地执行风险评估能力	5.17***	0.00
合计	7.15***	0.00

注：1=非常不同意，2=较不同意，3=一般，4=较为同意，5=非常同意。“1”至“5”列单位为“%”。***、**、*分别表示1%、5%、10%统计水平显著。

五、公司管理层对内部控制的需求程度

有效的内部控制体系可以为上市公司实现目标提供合理的保证，促使上市公司对内部控制产生需求，为此我们考察了上市公司内部控制的需求情况，以期为监管部门制定相关政策提供一定的借鉴。

（一）总体情况

我们针对上市公司的内部控制需求情况进行了描述性统计，如表 5－28 所示。结果显示，总体上，94.75%的上市公司对内部控制的需求较大，均值为 4.42，表明上市公司对内部控制具有较强的需求。

表 5－28　　公司管理层对内部控制的需求程度

样本量	1	2	3	4	5	均值	标准差
6761	0.04	1.14	4.07	46.43	48.32	4.42	0.63

注：1＝非常不同意，2＝较不同意，3＝一般，4＝较为同意，5＝非常同意。“1”至“5”列单位为“%”。

（二）按调查对象分组

我们针对上市公司的内部控制需求情况进行了分调查对象的描述性统计，如表 5－29 所示。97.23%的董事长认为公司对内部控制的需求程度较大，其他高管的比例依次为总经理（96.75%）、财务总监（92.09%）和内部控制负责人（92.10%）。

表 5－29　　公司管理层对内部控制的需求程度（按调查对象）

调查对象	样本量	1	2	3	4	5	均值	标准差
董事长	1628	0.12	1.60	1.04	43.73	53.50	4.48	0.62
总经理	2059	0.05	1.21	1.99	43.52	53.23	4.48	0.61
财务总监	2035	0.00	0.10	7.81	49.63	42.46	4.34	0.62
内控负责人	1039	0.00	2.31	5.58	50.14	41.96	4.32	0.68

注：1＝非常不同意，2＝较不同意，3＝一般，4＝较为同意，5＝非常同意。“1”至“5”列单位为“%”。

（三）按板块分组

我们针对上市公司的内部控制需求情况分别进行了分板块的描述性统计，如表 5－30 所示。结果显示，主板的上市公司具有强烈的内部控制需求，其均值为 4.44，中小板的均值为 4.37，创业板的均值为 4.40，且主板与其他板块之间存在显著差异。

表 5-30　　公司管理层对内部控制的需求程度（按板块分组）

Panel A 描述性统计

板块	样本量	1	2	3	4	5	均值	标准差
主板	4113	0.05	1.29	3.91	43.81	50.94	4.44	0.64
中小板	1861	0.05	1.02	4.46	50.62	43.85	4.37	0.63
创业板	787	0.00	0.64	3.94	50.19	45.24	4.40	0.60

Panel B 均值检验

	T值	P值
主板 VS. 中小板	4.01***	0.00
主板 VS. 创业板	1.74*	0.08
中小板 VS. 创业板	-1.08	0.28

注：1＝非常不同意，2＝较不同意，3＝一般，4＝较为同意，5＝非常同意。"1"至"5"列单位为"%"。***、**、*分别表示1%、5%、10%统计水平显著。

（四）按控制权性质分组

我们针对上市公司的内部控制需求情况进行了分控制权性质的描述性统计，如表5-31所示。国有控股上市公司均值为4.48，民营控股上市公司均值为4.37，在1%的水平上存在显著差异，表明国有控股上市公司比民营控股上市公司对内部控制的需求程度更大。

表 5-31　　公司管理层对内部控制的需求程度（按控制权性质分组）

Panel A 描述性统计

控制权性质	样本量	1	2	3	4	5	均值	标准差
国有控股	2919	0.03	1.03	3.22	42.65	53.07	4.48	0.62
民营控股	3842	0.05	1.22	4.71	49.3	44.72	4.37	0.64

Panel B 均值检验

	T值	P值
国有控股 VS. 民营控股	6.66***	0.00

注：1＝非常不同意，2＝较不同意，3＝一般，4＝较为同意，5＝非常同意。"1"至"5"列单位为"%"。***、**、*分别表示1%、5%、10%统计水平显著。

（五）按内部控制规范体系实施情况分组

我们针对上市公司的内部控制需求情况进行了按内部控制规范体系实施情况的描述性统计，如表5-32所示。结果显示，已实施规范体系组均值为4.49，未实施规范体系组均值为4.36，均值检验在1%的水平上显著。从内部控制的实施状况看，已实施规范体系组的上市公司内部控制需求更强。

表5－32　公司管理层对内部控制的需求程度
（按内部控制规范体系实施情况分组）

Panel A 描述性统计								
内部控制规范体系实施情况	样本量	1	2	3	4	5	均值	标准差
已实施	2965	0.03	1.11	3.24	41.35	54.27	4.49	0.62
未实施	3796	0.05	1.16	4.72	50.4	43.68	4.36	0.63

Panel B 均值检验		
	T值	P值
已实施VS. 未实施	7.93***	0.00

注：1＝非常不同意，2＝较不同意，3＝一般，4＝较为同意，5＝非常同意。“1”至“5”列单位为“%”。***、**、*分别表示1%、5%、10%统计水平显著。

第二节　会计师事务所对内部控制的认知

自20世纪90年代以来，上市公司财务舞弊的现象日益严重，引起了社会公众的普遍关注。企业对内部控制的认识不够和内部控制执行不到位被认为是企业发生舞弊现象的重要因素，而为上市公司提供内部控制审计服务的会计师事务所，不能独立地进行内部控制测试和评价，被视为企业舞弊发生的另一关键诱因。

对内部控制的认知是会计师事务所准确发表鉴证意见的基础。一方面，对企业内部控制的认知可以帮助会计师判断内部控制的有效程度，进而判断企业资产是否安全、会计资料是否真实准确、各类舞弊是否发生。完善、有效的内部控制可以有效防止和及时发现舞弊，使各项业务活动的发生和财务信息的产生建立在真实可靠的基础上，为后续的审计工作提供保障。另一方面，以内部控制测试为基础的审计业务，可以帮助审计师发现内部控制中的薄弱环节，进而对企业的内部控制建设提出合理的建议，以便企业采取正确的方法优化内部控制，能在一定程度上加深审计师对审计对象内部控制的认知程度。总体上看，会计师事务所对内部控制的认知可以改善企业内部控制的执行效率，提高内部控制鉴证的准确性。因此，为了考察会计师事务所对内部控制的认知现状，我们主要从以下四方面进行分析：（1）被审计公司对内部控制的重视程度；（2）会计师事务所进行内部控制审计时遇到的困难；（3）对内部控制缺陷整改信息披露的观点；（4）内部控制缺陷披露的充分程度。

一、被审计公司对内部控制的重视程度

我们向会计师事务所调查了其所审计公司对内部控制的重视程度，描述性统计

结果如表 5－33 所示。87.18% 的会计师事务所认为被审计公司较为重视内部控制，均值为 3.8，这从第三方的角度反映了上市公司普遍重视内部控制的执行状况。

表 5－33　所审计公司内部控制重视程度

调查对象	样本量	1	2	3	4	5	均值	标准差
会计师事务所	39	2.56	2.56	7.69	64.10	23.08	3.80	0.72

注：1＝非常不同意，2＝较不同意，3＝一般，4＝较为同意，5＝非常同意。"1"至"5"列单位为"%"。

二、会计师事务所内部控制审计面临的困难

我们对会计师事务所进行内部控制审计时遇到的困难进行了分类统计。表5－34的结果表明，"被审计单位的配合意识不强"是审计时的最大困难，其他的困难主要包括"审计经费不足"（57.50%）、"团队中具有专业知识的人员太少"（55.00%）、"自身的内部控制专业能力不强"（32.50%）等。

表 5－34　内部控制审计时的困难

内部控制审计时的困难	样本量	比例
自身的内部控制专业能力不强	13	32.50%
被审计单位的配合意识不强	27	67.50%
团队中具有专业知识的人员太少	22	55.00%
审计经费不足	23	57.50%
其他	9	22.50%

三、对已整改的内部控制缺陷信息披露的观点

我们对会计师事务所关于是否需要披露已整改的内部控制缺陷信息的观点进行了统计分析。表 5－35 显示，90% 的事务所认为没有必要在审计报告中对已整改的内部控制缺陷进行披露。

表 5－35　对已整改的内部控制缺陷信息披露的观点

样本量	需要披露	不需要披露
40	10%	90%

四、对上市公司内部控制缺陷披露充分程度的观点

关于会计师事务所对上市公司内部控制缺陷披露充分程度的观点，我们对其进行了描述性统计分析。表 5－36 显示，60% 的会计师事务所认为被审计公司的内部控制缺陷较为充分。

表 5-36 对上市公司内部控制缺陷披露充分程度的观点

样本量	不充分	一般	充分
40	0%	40%	60%

第三节 机构投资者对内部控制的认知

近年来，机构投资者作为一种有效的治理机制，逐渐受到学术界和实务界的关注。与普通投资者相比，机构投资者通常拥有专业化的团队，具有信息、资源和知识等方面的优势，通过对上市公司管理过程的持续观察，能及时发现经营中可能存在的问题。

中国证监会于2001年提出“超常规发展机构投资者”战略，之后，我国的机构投资者发展迅速，在资本市场和企业经营管理中发挥了越来越重要的作用。作为提高公司治理效率的一种方式，内部控制也受到了机构投资者的影响。Boyd and Smith（1996）的研究表明，机构投资者可以缓解大股东控制带来的内部控制缺陷。国内的学者也发现机构投资者可以有效减少财务重述的发生（姚瑶和黄曼行，2010），显著抑制被投资公司的真实盈余管理程度及发生概率（孙刚，2012）。

机构投资者参与企业经营管理，其治理的基础在于对企业经营管理活动的了解。而内部控制作为规范企业行为的一种制度安排，可以帮助机构投资者了解企业状况。因此，机构投资者对内部控制的认知是机构投资者参与经营管理的重要前提。一方面，机构投资者对内部控制的认知程度较高，则利用内部控制评判企业经营的准确性和效率性就更高；另一方面，参与经营管理也可以帮助机构投资者进一步了解企业的内部控制情况，从而提高内部控制的认知程度，为企业完善内部控制提供更加有效的建议。因此，加强机构投资者对上市公司内部控制的认知，对于提高机构投资者参与公司经营的效率有着不可或缺的作用。

因此，为了考察机构投资者对上市公司内部控制的认知程度，我们从对内部控制的理解和获取内部控制信息的途径两方面进行分析。

一、机构投资者对内部控制的理解

（一）总体情况

在机构投资者对内部控制的理解方面，我们从机构投资者是否了解企业内部控制的内涵以及是否了解我国现行的内部控制规范和政策两个方面进行考察，并对其进行了描述性统计分析。表5-37的结果显示，81.62%的机构投资者较为了解或非常了解企业内部控制的内涵，69.12%的机构投资者较为熟悉或非常熟悉现行内部控制规范和政策。

表 5－37　　机构投资者对内部控制的理解

	样本量	1	2	3	4	5	均值	标准差
企业内部控制内涵	136	0.74	1.47	16.18	72.06	9.56	3.88	0.61
现行内部控制规范和政策	136	0.74	4.41	25.74	62.50	6.62	3.70	0.69

注：1＝非常不了解，2＝较不了解，3＝一般，4＝较为了解，5＝非常了解。“1”至“5”列单位为“%”。

（二）按组织类型分组

我们针对机构投资者对内部控制的理解进行了分组织类型的描述性分析，结果如表 5－38 所示。数据显示，77.16%的公募型机构投资者对内部控制的理解程度较高，而私募类型的机构投资者只有 72.72%，但两者没有显著差异。

表 5－38　　机构投资者对内部控制的理解（按组织类型分组）

Panel A 描述性统计

对内部控制的理解	类型	样本量	1	2	3	4	5	均值	标准差
企业内部控制内涵	公募	81	1.23	2.47	13.58	72.84	9.88	3.88	0.66
	私募	55	0.00	0.00	20.00	70.91	9.09	3.89	0.53
现行内部控制规范和政策	公募	81	0.00	0.72	6.26	42.03	50.99	3.75	0.68
	私募	55	0.06	0.75	8.13	45.13	45.94	3.62	0.71
合计	公募	162	0.62	3.70	18.52	67.90	9.26	3.81	0.67
	私募	110	0.91	1.82	24.55	66.36	6.36	3.75	0.64

Panel B 均值检验（公募 VS. 私募）

对内部控制的理解	T 值	P 值
企业内部控制内涵	0.89	－0.13
现行内部控制规范和政策	0.27	1.12
合计	0.74	0.46

注：1＝非常不了解，2＝较不了解，3＝一般，4＝较为了解，5＝非常了解。“1”至“5”列单位为“%”。***、**、* 分别表示 1%、5%、10%统计水平显著。

二、获取内部控制信息的途径

在机构投资者对内部控制的需求方面，我们考察了机构投资者获取内部控制信息的途径，并对其进行了描述性统计分析。如表 5－39 显示，从机构投资者获得上市公司内部控制情况的具体方式来看，94.85%的机构投资者从公司定期财务报告中获取内部控制信息，其他获取的途径则主要为企业内部控制评价和审计报告（69.85%）、自身调研（67.65%）、公司非定期公告（63.97%）、分析师报告（62.50%）、新闻媒体报道（62.50%）、政府行政部门公告（27.21%）。

表 5-39　　机构投资者获取内部控制信息的途径

途径	样本量	比例
公司定期财务报告	129	94.85%
公司非定期公告	87	63.97%
分析师报告	85	62.50%
新闻媒体报道	85	62.50%
自身调研	92	67.65%
企业内部控制评价和审计报告	95	69.85%
政府行政部门公告	37	27.21%
其他	1	0.74%

三、内部控制相关报告的有用性

（一）总体情况

在机构投资者对内部控制的需求方面，我们考察了机构投资者对内部控制相关报告有用性的看法，并对其进行了总体的描述性统计，如表 5-40 所示。42.65%的机构投资者认为上市公司披露的“内部控制评价报告”对机构的投资决策有较大帮助，60.74%的机构投资者则认为上市公司“内部控制审计报告”或“内部控制鉴证报告”有助于增加对“内部控制自我评价报告”的信任度。

表 5-40　　内部控制相关报告的有用性

内部控制相关报告的有用性	样本量	1	2	3	4	5	均值	标准差
投资决策	136	2.21	7.35	47.79	38.97	3.68	3.35	0.76
“内部控制自我评价报告”信任度	135	1.48	3.70	34.07	57.04	3.70	3.58	0.70

注：1=非常不同意，2=较不同意，3=一般，4=较为同意，5=非常同意。“1”至“5”列单位为“%”。

（二）按组织类型分组

我们针对机构投资者对内部控制的需求程度分组织类型进行统计，如表 5-41 所示。45.46%的私募类型机构投资者认为上市公司披露的相关内部控制报告对机构的决策有较大帮助，而公募机构投资的比例为 40.74%。

表 5－41　　内部控制相关报告的有用性（按组织类型分组）

Panel A 描述性统计

内部控制报告的有用性	类型	样本量	1	2	3	4	5	均值	标准差
投资决策	公募	81	2.47	7.41	49.38	35.80	4.94	3.33	0.79
	私募	55	1.82	7.27	45.45	43.64	1.82	3.36	0.73
“内部控制自我评价报告”信任度	公募	80	2.50	3.75	36.25	55.00	2.50	3.51	0.73
	私募	55	0.00	3.64	30.91	60.00	5.45	3.67	0.64

Panel B 均值检验（公募 VS. 私募）

内部控制报告的有用性	T 值	P 值
投资决策	0.82	－0.23
“内部控制自我评价报告”信任度	0.19	－1.32

注：1＝非常不同意，2＝较不同意，3＝一般，4＝较为同意，5＝非常同意。“1”至“5”列单位为“%”。***、**、*分别表示1%、5%、10%统计水平显著。

第四节　实证分析：内部控制的认知与公司财务报告质量

内部控制是规范企业各项行为的一种制度安排，是保证对外财务报告真实有效、企业合法合规经营的有效保证。对内部控制的充分认知不仅能帮助上市公司有效地建立内部控制体系，扩大内部控制的实施范围，而且能够提高内部控制的执行效率，从而为企业目标的实现提供真正的保障。为了考察内部控制的认知程度是否会提高企业效率，我们利用调查问卷的数据，以公司财务报告质量衡量公司治理效率进行实证分析。结果发现，对内部控制的认知可以显著提高企业的财务报告质量，从而改善企业经营效率。

一、理论分析

委托代理理论的观点认为，企业是以契约形式组成的多层次委托代理关系的集合体，而契约双方之间往往存在着利益冲突，这种利益的不一致很可能导致契约的一方在执行契约时采取使自身效用最大化的行为，从而很可能影响到企业的财务报告质量。例如，在企业最重要的委托代理关系—企业所有者和经营者之间的代理关系中，利益的不一致往往会导致经理在实现以契约为基础的报酬最大化目标过程中，对会计业绩进行操控，导致财务报告具有更多的盈余噪音和异常应计（Abnormal Accrual）。

代理问题产生的基础是信息不对称，当契约一方可以对另一方进行监督，获取更多的信息时，就可以在另一方背离契约目标时减少相应的报酬。另外，通过激励计划可以使契约双方的效用函数趋于一致，从而缓解代理问题。因此，监督和激励是解决代理问题的两个重要途径（Scott，2006）。

内部控制的目标之一是保证财务报告及相关信息真实、完整。因此，建立有效的内部控制制度，是确保财务报告质量、保护投资者利益的重要保障。同时，可靠、及时、透明是COSO关于内部控制的报告目标要求，有效的内部控制被认为有助于阻止或及时发现财务报表中可能存在的错误及舞弊，提高财务报告的可靠性。财务报告信息的一个重要作用就是作为设立契约和激励计划的标准，它在一定程度上反映了企业或者某个部门在过去一段时间的经营业绩和现金流量状况，并且财务报告信息易被契约双方获得，因而为建立合理的契约条件提供了便利，其作为资本市场的一项重要制度安排，在抑制代理问题中具有重要作用（Jensen and Meckling，1976；La Porta et al.，1998；La Porta et al.，2000）。然而，正是由于财务报告信息的这种重要作用，使得契约一方特别是管理层可能在公司缺乏内部监督机制的情况下，通过各种手段操纵报告的财务报告信息，从而使其从相应的契约中获取最大收益，因此建立一套完善的内部控制监督体系以保证财务报告质量就显得尤为重要。

内部控制是企业管理过程中，对各项经营活动进行控制的一种制度方法，是确保披露的财务状况和经营成果准确、公司运转正常的控制体系以及监督体系。它不仅对会计控制进行一种“再控制”，也对经营过程中的各项流程和战略风险、经营风险等方面进行控制，是保证企业内部各种契约得以有效执行的重要安排。COSO及我国的《基本规范》认为内部控制由五大要素组成，即内部环境、风险评估、控制活动、信息与沟通和内部监督。当以上五大要素中任何一大要素存在缺陷时，都可能影响企业的财务报告质量。比如：当内部控制五大要素中的信息与沟通要素出现问题时，公司内部各部门间产生信息不对称，若这种信息不对称出现在会计人员中，将导致会计人员难以准确衡量相应的会计利润和成本，从而影响财务报告信息的可靠性；若这种信息不对称出现在可能发生道德风险的经理人员与所有者之间，那么，具有信息优势的经理人员就可能为了自身利益而操控盈余，从而降低财务报告质量。

内部控制五大要素中的内部环境存在缺陷时，同样会滋生代理问题，影响企业财务报告质量。比如当存在组织结构不合理、权责分配不当、“一言堂”等问题时，管理层就可能出于自身私利而凌驾于内部控制之上，通过各种手段，操纵公司的盈余报告。当内部控制五要素中的控制活动存在缺陷时，控制措施的缺乏很可能滋生员工的舞弊行为，导致虚假账簿记录，影响财务报告质量。例如，在缺乏对存货管理的控制活动情况下，仓储管理岗位和生产领料岗位未分离时，仓管就可轻易挪用公司存货并更改记录数量以使账实相符，导致不实的盈余核算。当内部控制五要素中的风险评估存在缺陷时，盈余信息的可靠性也难以保证。比如，当公司内部控制风险控制部门无法对客户的付款风险进行正确评估时，相应的坏账计提准备就难以合理地确定，从而影响财务报表核算。此外，内部控制五要素中的内部监督对财务报告质量同样具有重要影响，当公司内部监督存在缺陷时，就难以对公司内部控制的建立与实施情况进行监督检查，也就难以保证内部控制执行的有效性，这将直接影响到内部控制其他要素的执行效率，最终影响财务报告质量。总之，内部控制环境不合理、控制活动不充分、信息沟通不顺畅、风险评估和应对不足、监督不力等缺陷的存在，不仅为员工的舞弊及其他道德风险行为打开了方便之门，同时也为管理层进行盈余管理提供了便利，使管理层更有可能在做会计估计和选择会计政策时，为了达到某种目的，通过可操控性应计利润操纵盈余报告，从而影响整个财务报告的质量。

当然，即使不存在代理问题，内部控制缺陷同样会对财务报告质量产生影响，因内部控制缺陷可能导致不具主观故意性的随机错误（Ashbaugh - Skaife et al.，2008；Doyle et al.，2007）。例如，相应的内部控制政策的缺乏或者工作人员疏忽，可能导致存货盘点、计价方面的错误，从而导致存货数量及存货成本的错报；由于会计人员经验不足，培训不充分而误将应该资本化的支出费用化；由于信息系统方面的内部控制缺乏或规划不当而不能合理地计算折旧、摊销费用等。这些因内部控制缺陷而产生的不具主观故意性的随机错误会导致应计利润的高估或低估，从而影响财务报告质量。

作为保证财务报告真实完整的一项重要制度安排，内部控制制度的建立与完善受到投资者越来越多的关注。然而，内部控制的建立与完善过程与公司管理人员对该制度的需求和理解密切相关。如果公司管理人员对内部控制相关知识并无较深入的理解，则在公司的内部控制制度建立过程中很可能出现各种漏洞，而且，由于管理人员相关内部控制知识的缺乏，这些漏洞的准确识别与纠正将很难得到保证，从而导致公司的财务报告生成过程出现非主观故意性的错误，以至于财务报告质量下降。此外，公司管理人员对内部控制制度的理解与需求程度是相辅相成的：一方面，公司管理人员只有对内部控制制度具有较深入的理解，才会真正意识到公司建立和完善内部控制制度的重要性，从而提高对内部控制相关知识的需求上；另一方面，当公司管理人员对内部控制制度具有较高的需求意识时，便会主动寻求相关知识或参加相关内部控制培训，从而增加对内部控制思想的理解。因此，公司对内部控制制度理解程度的增加往往也伴随着对内控需求的增加。

二、研究设计

我们主要考察的是上市公司对内部控制的认知（包括对内部控制的理解、需求程度）如何影响财务报告质量。因此，在回归模型的构建中，因变量为财务报告质量（*Report_quality*），自变量分别为公司对内部控制的理解程度（*IC_know*）和需求程度（*IC_need*）。在借鉴 Doyle et al.（2007）、Ashbaugh - Skaife et al.（2008）的基础上，我们设定的多元回归模型如下：

$$\begin{aligned} Report\_quality = {} & \alpha_0 + \alpha_1 IC + \alpha_2 Lnassets + \alpha_2 Crosslist + \alpha_3 Growth + \alpha_4 Big4 + \alpha_5 Loss \\ & + \alpha_6 Soe + \alpha_7 Size + \alpha_8 Inv + \alpha_7 Acq + \sum Industry + \varepsilon \end{aligned}$$

其中，*IC* 分别为 *IC_know* 或 *IC_need*，分别用以考察公司对内部控制的理解或需求程度如何影响财务报告质量。发生过并购或重组的公司很可能会有更低的盈余质量（Ashbaugh - Skaife et al.，2008），故对 *Acq* 加以控制；亏损意味着对公司经营环境的一个严重负面冲击，与该冲击相伴的应计质量很可能包含较大的估计误差（Dechow and Dichev，2002），因此，我们加入了 *Loss* 控制变量；Becker et al.（1998）认为，审计师选择会影响盈余质量，故对 *Big*4 加以控制；是否交叉上市和是否国有控股的因素可能会影响盈余质量，故我们也对 *Crosslist* 和 *Soe* 进行控制；Ashbaugh - Skaife（2008）指出，迅速成长的公司很可能因预期销售增加而堆积存货，导致所吸收的成本与收入匹配不均而表现出更大的盈余噪音，因此，我们控制了 *Growth* 和 *Inv*；规模更大的公司可能有更稳定和更可预测的经营业务，因而可能会有更低的盈余噪音（Dechow and Dichev，2002），故对 *Size* 加以控制。此外，我们在模型中还控制行业固定效应（*Industry*），采用 2012 年证监会颁布的最新行业分类标准，其中，制造业取二级代码，其他行业取一级代码。

三、样本选取与数据来源

我们的初始研究样本包括 2013 年沪深两市中 A 股所有上市公司。我们分别考察公司对内部控制制度的理解与需求程度如何影响财务报告质量，相关数据主要来自于证监会上市公司内部控制调查问卷。对于内部控制的理解（需求）程度，问卷采用 1 - 5 刻度进行刻画，数值越小则表明调查对象对内部控制的理解（需求）程度越低。调查问卷针对如何看待内部控制与财务报告质量这一问题，分别调研了公司相关管理人员，并对调研回复进行了量化处理。此外，控制变量数据主要来自于国泰安 CSMAR 数据库。为消除极端值的影响，我们对所使用到的连续变量按上下 1% 的比例已进行了 Winsorize 处理。

四、实证结果及分析

表 5 - 42 报告了描述性统计结果，包括各变量的均值、中位数、标准差、最小值、最大值和样本量。表 5 - 42 显示，衡量内部控制理解程度的变量 *IC_know* 的均值为 7.826，标准误为 1.138；内部控制需求程度变量 *IC_need* 的均值为 13.3，中位数为 13；衡量内部控制对财务报告质量影响程度变量 *Report_quality* 的均值为 8.891，中位数为 9。控制变量方面，*Soe* 的均值为 0.417，表明样本中接近一半的上市公司属于国有控股。*Loss* 的均值为 0.021，表明样本中绝大部分公司未出现经营亏损。

表 5 - 42　　各变量的描述性统计

变量	均值	中位数	最大值	最小值	标准差	样本量
Report_quality	8.89	9.00	10.00	5.00	1.22	1913
IC_need	13.30	13.00	15.00	8.00	1.33	895
IC_know	7.83	8.00	10.00	4.00	1.14	1913
Crosslist	0.03	0.00	1.00	0.00	0.17	1913
Growth	0.57	0.14	14.29	-0.81	1.91	1913

续表

变量	均值	中位数	最大值	最小值	标准差	样本量
Big4	0.06	0.00	1.00	0.00	0.24	1913
Loss	0.02	0.00	1.00	0.00	0.15	1913
Soe	0.42	0.00	1.00	0.00	0.49	1913
Size	21.95	21.75	26.40	18.60	1.30	1913
Inv	16.12	12.57	74.53	0.00	15.09	1913
Acq	0.88	1.00	1.00	0.00	0.33	1913

表 5-43 报告了各变量之间的 Pearson 相关系数。其中，*IC_need*、*IC_know* 与 *Report_quality* 的相关系数分别为 0.24 和 0.25，并且都在 1% 水平下显著，初步表明内部控制需求和理解的程度与公司财务报告质量正相关。*IC_need* 与 *IC_know* 的相关系数分别为 0.27 且在 1% 水平下显著，与前文分析一致，表明公司对内部控制的理解与需求是相辅相成的，管理人员较高的内部控制理解程度往往也伴随着对内部控制较高的需求。此外，根据表 5-43，我们还可以发现，公司是否聘请四大会计师事务所（*Big*4）、是否为国有控股（*Soe*）、是否发生过并购或重组（*Acq*）以及公司规模（*Size*）均与财务报告质量显著正相关。

表 5-43　　各变量的 Pearson 相关系数矩阵

变量	1.	2.	3.	4.	5.	6.	7.	8.	9.	10.	11.
1. *Report_quality*	1.00										
2. *IC_need*	0.24[a]	1.00									
3. *IC_know*	0.25[a]	0.27[a]	1.00								
4. *Crosslist*	0.04	0.09[b]	0.09[a]	1.00							
5. *Growth*	0.03	-0.04	0.03	-0.03	1.00						
6. *Big4*	0.05[b]	0.11[a]	0.10[a]	0.50[a]	-0.03	1.00					
7. *Loss*	-0.02	-0.03	-0.03	0.00	0.01	-0.02	1.00				
8. *Soe*	0.09[a]	0.08[b]	0.18[a]	0.14[a]	0.01	0.15[a]	0.07[a]	1.00			
9. *Size*	0.11[a]	0.23[a]	0.21[a]	0.36[a]	-0.03	0.45[a]	-0.03	0.35[a]	1.00		
10. *Inv*	0.03	-0.10[a]	0.03	-0.05[b]	0.24[a]	-0.06[b]	-0.01	0.02	0.14[a]	1.00	
11. *Acq*	0.05[b]	-0.01	0.03	0.02	0.05[b]	0.01	0.00	0.10[a]	0.18[a]	0.08[a]	1.00

注：[a]、[b] 和[c] 分别代表在 1%、5%、10% 水平下显著。

表 5-44 报告了相关回归结果，其中，回归（1）和（2）主要考察公司对内部控制的需求程度如何影响财务报告质量，而回归（3）和（4）主要考察公司对内部控制的理解程度如何影响财务报告质量。回归结果（1）和（2）显示，无论是否对其他可能影响财务报告质量的变量进行控制，公司对内部控制的需求程度与财务报告质量均在 1% 水平下显著正相关，表明公司对内部控制的需求程度越高，内部控

制对公司的财务报告质量具有更大的正向影响。回归结果（3）和（4）也显示，公司对内部控制的理解程度与财务报告质量在1%水平下正相关，表明管理人员对内部控制的理解越深入，内部控制对财务报告质量越具有更大的正面影响。

表5-44　　实证结果

变量	(1) Report_quality	(2) Report_quality	(3) Report_quality	(4) Report_quality
IC_need	0.337***	0.335***		
	(10.59)	(10.27)		
IC_know			0.261***	0.248***
			(10.89)	(10.13)
Crosslist		-0.079		-0.055
		(-0.34)		(-0.29)
Growth		0.002		0.016
		(0.09)		(1.05)
Big4		-0.008		0.035
		(-0.04)		(0.25)
Loss		0.447*		-0.058
		(1.75)		(-0.31)
Soe		0.067		0.066
		(0.73)		(1.08)
Size		0.015		0.046*
		(0.38)		(1.66)
Inv		0.003		0.001
		(0.96)		(0.25)
Acq		-0.265		0.085
		(-1.62)		(1.00)
Constant	8.669***	8.469***	6.366***	5.336***
	(17.00)	(9.55)	(22.93)	(8.73)
Industry	控制	控制	控制	控制
N	895	895	1913	1913
Adj-R^2	0.127	0.135	0.075	0.080

注：***、**、*分别表示1%、5%、10%统计水平显著；括号内为T值。

本章小结

内部控制认知对提高内部控制执行效率，维护组织的生存与发展具有重要的影响作用。因此，基于对公司管理层、会计事务所及机构投资者对内部控制认知状况的调查，我们按照调查对象、板块、控制权性质、内部控制规范体系实施情况的分组，先后分析了公司管理层、会计事务所及机构投资者对内部控制的认知情况，并对内部控制认知程度的治理效率进行实证分析。

首先，本章从以下五个方面考察上市公司管理层对内部控制的认知现状：公司管理层对内部控制框架的了解、公司管理层对内部控制规范的观点、公司管理层对内部控制重要性的认可程度、公司管理层对内部控制关键能力的重视程度、公司管理层对内部控制的需求程度。结果表明：（1）79.88%的上市公司管理人员对内部控制框架的了解程度较好，并且主板上市公司管理人员对内部控制框架的理解程度要好于中小板和创业板上市公司管理人员。（2）81.57%的上市公司管理人认为我国现行的内部控制法规能够为企业的内部控制建设提供全面、具体的实务指导。上市公司更加偏向于操作性的内部控制指南及有效性标准。在内部控制的完善方面，中小板和创业板上市公司管理人员认为应当优先完善“与财务、人力、IT相关”的内部控制环节。（3）大部分上市公司对内部控制的需求程度较高，且认为内控与经营效果是正相关的。

其次，我们考察了会计事务所对内部控制的认知现状，多数会计师事务所认为被审计公司对内部控制的重视程度较高，28.89%的会计师事务所认为“被审计单位的配合意识不强”是审计时的最大困难。

再次，我们考察了机构投资者对上市公司内部控制的认知程度，只有42.65%的机构投资者认为上市公司披露的《内部控制评价报告》对机构的投资决策有较大帮助；机构投资者主要通过上市公司定期财务报告获知企业内部控制情况。

最后，为了考察内部控制的认知程度是否会提高企业治理效率，我们采用公司财务报告质量衡量公司治理效率，进行实证分析。结果发现，对内部控制的认知可以显著提高企业的财务报告质量，改善企业经营效率。

第六章　内部控制投入和机构设置

成立专门机构或者指定适当的机构具体负责组织协调内部控制的建立实施及日常工作是实施内部控制的要求，相应的经费、基础设施投入是实施内部控制必不可少的条件。本章主要描述上市公司目前的内部控制和内部审计的投入和机构设置的相关情况，并探讨内部控制投入的经济后果。

第一节　内部控制投入

内部控制实施的成本与收益一直是国内外学术界和实务界争论的焦点。为了较为全面的了解企业实施《基本规范》的相关投入，本节从内部控制咨询费及内部控制费用变化两个方面进行调查。

一、内部控制咨询费

由于内部控制涵盖了企业的各方面，在初期建立内部控制体系时需要在企业内部进行全面梳理，企业往往会聘请内部控制咨询机构帮助其建立内部控制体系。因此，我们向上市公司财务总监调查了近四年聘请内部控制咨询机构情况，具体包括内部控制咨询机构聘请比例、内部控制咨询机构类型及咨询费用。

（一）总体情况

我们对上市公司 2011 －2014 年的内部控制咨询机构聘请比例进行了统计，若公司在任意一年聘请了内控咨询机构，我们则认为其聘请过内控咨询机构，如表 6 －1 所示。统计结果显示，有 60.67% 的上市公司聘请了内部控制咨询机构。

表 6 －1　　内部控制咨询机构聘请情况

	已聘请	未聘请	合计
数量	1294	860	2154
比例（%）	60.67	39.33	100.00

我们对上市公司 2011 －2014 年已聘请的内部控制咨询机构类型进行描述性统计，由于部分公司没有披露咨询机构的具体类型，因此样本量有所减少，具体如表

6-2 和图 6-1 所示。统计结果显示，过半数公司（66.27%）选择了国内会计师事务所作为其咨询机构，12.26% 的公司选择了国际四大会计师事务所作为其咨询机构，21.47% 的公司选择了其他咨询机构。通过观察年度变化趋势我们可以发现，聘请国际四大会计师事务所的比例有所下降，在 2011 年，有 16.09% 的公司选择国际四大会计师事务所为咨询机构，但到 2014 年，仅有 10.06% 的公司选择国际四大会计师事务所。

表 6-2　内部控制咨询机构类型

年度	样本量	国际四大会计师事务所（%）	国内会计师事务所（%）	其他咨询机构（%）
2011 年	727	16.09	64.37	19.53
2012 年	936	12.61	62.18	25.21
2013 年	885	10.96	67.80	21.24
2014 年	885	10.06	70.62	19.32
合计	3433	12.26	66.27	21.47

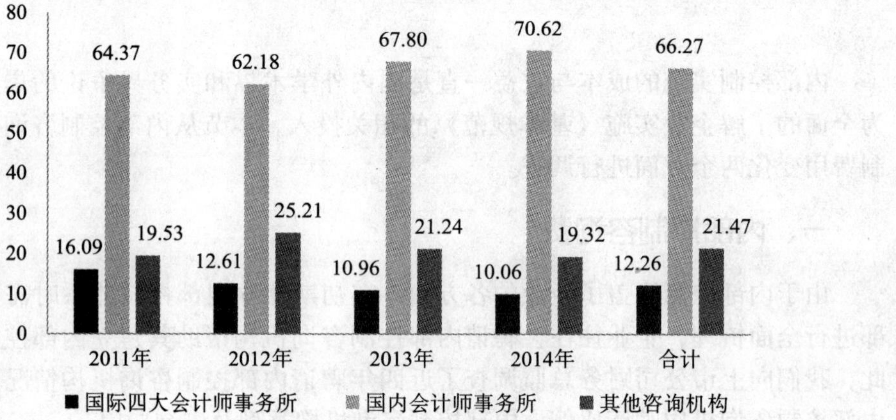

图 6-1　内部控制咨询机构类型

我们对上市公司 2011-2014 年的内部控制咨询费用进行了描述性统计，如表 6-3和图 6-2 所示。统计结果显示，2011 年平均咨询费用为 25.15 万元，2012 年为 32.30 万元，在 2013 年有所降低，为 28.39 万元，2014 年为 31.77 万元，近四年平均咨询费用为 29.46 万元。

表 6-3　内部控制咨询费用

年度	样本量	均值（万元）	标准差
2011 年	1678	25.15	322.32
2012 年	1796	32.30	324.24
2013 年	1804	28.39	294.89
2014 年	1749	31.77	314.42
合计	7027	29.46	313.97

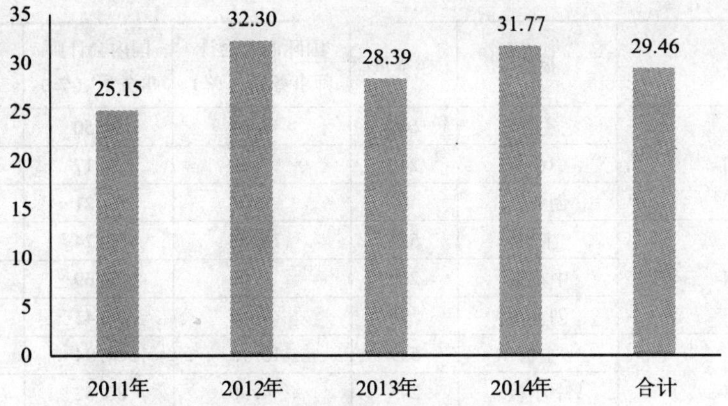

图 6－2　内部控制咨询费用

（二）按板块分组

我们对上市公司内部控制咨询机构聘请比例进行分板块统计，若公司在 2011 年至 2014 年的任意一年聘请了内控咨询机构，我们则认为其聘请过内控咨询机构，如表6－4所示。统计结果显示，聘请了内控咨询机构的主板、中小板及创业板上市公司的比例分别为 74.82%、44.87% 和 40.38%。

表 6－4　　内部控制咨询机构聘请情况（按板块分组）

板块	样本量	聘请数量	聘请比例（%）
主板	1140	853	74.82
中小板	702	315	44.87
创业板	312	126	40.38
合计	2154	1294	60.07

我们对上市公司 2011－2014 年聘请的内部控制咨询机构类型进行分板块描述性统计，如表 6－5 所示。统计结果显示，第一，过半数主板公司（59.05%）选择国内会计师事务所，大约 16.26% 的主板公司选择国际四大会计师事务所；第二，与创业板公司相比，主板公司和中小板公司更多的选择国际四大会计师事务所作为其内控咨询机构。

表 6－5　　内部控制咨询机构类型（按板块分组）

年度	板块	样本量	国际四大会计师事务所（%）	国内会计师事务所（%）	其他咨询机构（%）
2011 年	主板	400	22.75	53.75	23.50
	中小板	240	9.58	76.25	14.17
	创业板	87	3.45	80.46	16.09

续表

年度	板块	样本量	国际四大会计师事务所（%）	国内会计师事务所（%）	其他咨询机构（%）
2012 年	主板	600	16.33	54.50	29.17
	中小板	240	7.50	74.17	18.33
	创业板	96	2.08	80.21	17.71
2013 年	主板	527	13.85	62.24	23.91
	中小板	260	7.69	77.69	14.62
	创业板	98	4.08	71.43	24.49
2014 年	主板	539	13.73	64.94	21.34
	中小板	245	4.90	80.82	14.29
	创业板	101	2.97	76.24	20.79
合计	主板	2066	16.26	59.05	24.69
	中小板	985	7.41	77.26	15.33
	创业板	382	3.14	76.96	19.90

我们对上市公司 2011 –2014 年的内部控制咨询费用进行分板块描述性统计，为了消除企业规模影响，我们将内部控制咨询费用除以总资产以标准化，如表 6 –6 所示。统计结果显示，主板上市公司每万元资产投入内部控制咨询费用从 2011 年的 0.38 元提升到 2014 年的 0.54 元，且主板上市公司每万元资产的内部控制咨询费用投入显著高于中小板和创业板。

表 6 –6　　内部控制咨询费用（按板块分组）

Panel A 描述性统计

年度	板块	样本量	均值（元/万元）	标准差
2011 年	主板	816	0.38	0.66
	中小板	596	0.37	0.67
	创业板	263	0.44	0.76
2012 年	主板	921	0.62	0.73
	中小板	597	0.41	0.71
	创业板	275	0.42	0.71
2013 年	主板	920	0.46	0.64
	中小板	609	0.41	0.70
	创业板	272	0.44	0.72
2014 年	主板	880	0.54	0.68
	中小板	593	0.42	0.69
	创业板	273	0.50	0.75
合计	主板	3537	0.50	0.68
	中小板	2395	0.40	0.69
	创业板	1083	0.45	0.74

续表

Panel B 均值检验						
年度	主板 VS. 中小板		主板 VS. 创业板		中小板 VS. 创业板	
	T 值	P 值	T 值	P 值	T 值	P 值
2011 年	0.19	0.85	-1.19	0.23	-1.25	0.21
2012 年	5.55 ***	0.00	4.03 ***	0.00	-0.17	0.86
2013 年	1.21	0.22	0.45	0.65	-0.41	0.68
2014 年	3.19 ***	0.00	-0.85	0.39	-1.44	0.15
合计	5.34 ***	0.00	2.25 **	0.02	-1.64	0.09

注：***、**、* 分别表示 1%、5%、10% 统计水平显著。

（三）按控制权性质分组

我们对上市公司 2011－2014 年的内部控制咨询机构聘请比例进行分控制权性质统计，若公司在任意一年聘请了内控咨询机构，我们则认为其聘请过内控咨询机构，如表 6－7 所示。统计结果显示，69.83% 的国有控股上市公司聘请了内控咨询机构，53.93% 的民营控股上市公司聘请了内控咨询机构。

表 6－7　　内部控制咨询机构聘请情况（按控制权性质分组）

控制权性质	样本量	聘请数量	聘请比例（%）
国有控股	832	581	69.83
民营控股	1322	713	53.93
合计	2154	1294	60.07

我们对上市公司 2011－2014 年聘请的内部控制咨询机构类型进行分控制权性质描述性统计，如表 6－8 所示。统计结果显示，第一，国有控股上市公司选择国内会计师事务所的比例从 2011 年的 54.68% 提高至 2014 年的 65.84%；第二，相比于民营控股上市公司，国有控股上市公司更倾向于聘请国际四大会计师事务所为其内控咨询机构。

表 6－8　　内部控制咨询机构类型（按控制权性质分组）

年度	控制权性质	样本量	国际四大会计师事务所（%）	国内会计师事务所（%）	其他咨询机构（%）
2011 年	国有控股	331	25.68	54.68	19.64
	民营控股	396	8.08	72.47	19.44
2012 年	国有控股	461	17.57	57.70	24.73
	民营控股	475	7.79	66.53	25.68

续表

年度	控制权性质	样本量	国际四大会计师事务所（%）	国内会计师事务所（%）	其他咨询机构（%）
2013 年	国有控股	396	15.15	65.66	19.19
	民营控股	489	7.57	69.53	22.90
2014 年	国有控股	363	15.98	65.84	18.18
	民营控股	522	5.94	73.95	20.11
合计	国有控股	1551	18.31	60.99	20.70
	民营控股	1882	7.28	70.62	22.10

我们对上市公司 2011－2014 年的内部控制咨询费用进行分控制权性质描述性统计，为了消除企业规模影响，我们将内部控制咨询费用除以总资产以标准化，如表 6－9 所示。统计结果显示，2011－2014 年国有控股上市公司每万元资产投入内部控制咨询费用均值为 0.46 元，与民营控股上市公司持平。

表 6－9　内部控制咨询费用（按控制权性质分组）

Panel A 描述性统计

年度	控制权性质	样本量	均值（元/万元）	标准差
2011 年	国有控股	603	0.40	0.65
	民营控股	1072	0.38	0.69
2012 年	国有控股	682	0.60	0.71
	民营控股	1111	0.46	0.73
2013 年	国有控股	674	0.43	0.61
	民营控股	1127	0.44	0.70
2014 年	国有控股	636	0.38	0.57
	民营控股	1110	0.56	0.75
合计	国有控股	2595	0.46	0.64
	民营控股	4420	0.46	0.72

Panel B 均值检验（国有控股 VS. 民营控股）

年度	T 值	P 值
2011 年	－0.74	0.45
2012 年	－4.01***	0.00
2013 年	0.36	0.71
2014 年	5.38***	0.00
合计	0.28	0.77

注：***、**、*分别表示 1%、5%、10%统计水平显著。

（四）按内部控制规范体系实施情况分组

我们将上市公司按照已实施和未实施内部控制规范体系分组，对上市公司 2011 - 2014 年的内部控制咨询机构聘请比例进行统计，若公司在任意一年聘请了内控咨询机构，我们则认为其聘请过内控咨询机构，如表 6 - 10 所示。统计结果显示，已实施组有 73. 93% 的公司聘请了内控咨询机构，未实施组有 51. 61% 的公司聘请了内控咨询机构。

表 6 - 10　内部控制咨询机构聘请情况（按内部控制规范体系实施情况分组）

内部控制规范体系实施情况	样本量	聘请数量	聘请比例（%）
已实施	817	604	73. 93
未实施	1337	690	51. 61
合计	2154	1294	60. 07

我们将上市公司按照已实施和未实施内部控制规范体系分组，对上市公司 2011 - 2014 年已聘请的内部控制咨询机构类型进行描述性统计，如表 6 - 11 所示。统计结果显示，已实施组有 59. 24% 的公司选择国内会计师事务所，19. 37% 的公司选择国际四大会计师事务所；未实施组有 72. 29% 的公司选择国内会计师事务所，仅有 6. 17% 的公司选择国际四大会计师事务所。

表 6 - 11　内部控制咨询机构类型（按内部控制规范体系实施情况分组）

年度	内部控制规范体系实施情况	样本量	国际四大会计师事务所（%）	国内会计师事务所（%）	其他咨询机构（%）
2011 年	已实施	326	26. 99	52. 45	20. 55
	未实施	401	7. 23	74. 06	18. 70
2012 年	已实施	473	18. 18	56. 24	25. 58
	未实施	463	6. 91	68. 25	24. 84
2013 年	已实施	417	16. 31	63. 55	20. 14
	未实施	468	6. 20	71. 58	22. 22
2014 年	已实施	369	17. 62	64. 23	18. 16
	未实施	516	4. 65	75. 19	20. 16
合计	已实施	1585	19. 37	59. 24	21. 39
	未实施	1848	6. 17	72. 29	21. 54

我们将上市公司按照已实施和未实施内部控制规范体系分组，对上市公司 2011 - 2014 年的内部控制咨询费用进行描述性统计，为了消除企业规模影响，我们将内部控制咨询费用除以总资产以标准化，如表 6 - 12 所示。统计结果显示，2011 - 2014 年，已实施组的上市公司每万元资产投入内部控制咨询费用为 0. 45 元，与未实施组

基本一致。

表 6-12　　内部控制咨询费用（按内部控制规范体系实施情况分组）

Panel A 描述性统计

年度	内部控制规范体系实施情况	样本量	均值（元/万元）	标准差
2011 年	已实施	573	0.40	0.63
	未实施	1102	0.38	0.70
2012 年	已实施	656	0.62	0.69
	未实施	1137	0.46	0.74
2013 年	已实施	659	0.44	0.58
	未实施	1142	0.44	0.72
2014 年	已实施	607	0.35	0.50
	未实施	1139	0.57	0.77
合计	已实施	2495	0.45	0.61
	未实施	4520	0.46	0.74

Panel B 均值检验（已实施 VS. 未实施）

年度	T 值	P 值
2011 年	0.33	0.73
2012 年	4.69***	0.00
2013 年	-0.09	0.92
2014 年	-6.46***	0.00
合计	-0.50	0.61

注：***、**、*分别表示 1%、5%、10%统计水平显著。

二、内部控制费用变化

Alexander et al.（2013）发现，随着遵循年限的提升，内部控制费用呈下降趋势。为了了解我国上市公司遵循《基本规范》相应成本的变化，我们向上市公司财务总监调查了近年内部控制费用的变化情况，具体调查了上市公司最近会计年度及预计下一会计年度的内部控制费用变化情况。

（一）总体情况

我们对上市公司内部控制费用变化进行了描述性统计，由于中小板和创业板没有强制实施《基本规范》，因此，部分公司会选择“不适用”选项，如表 6-13 所示。统计结果显示，1.97%的公司选择了“不适用”选项，60.45%的公司认为内部控制费用呈增加趋势，32.70%的公司认为内部控制费用保持不变，仅有 4.88%的公司认为内部控制费用呈减少趋势。

表 6 - 13　　内部控制费用变化总体情况

	样本量	1	2	3	4
最近会计年度变化	2084	4.56	26.30	66.89	2.26
预计下一会计年度变化	2078	5.20	39.12	53.99	1.68
合计	4162	4.88	32.70	60.45	1.97

注：1 = 减少，2 = 保持不变，3 = 增加，4 = 不适用。"1" 至 "4" 列单位为 "%"。

在下文，我们将选择"不适用"的公司剔除，并对内部控制费用变化情况进行了描述性统计，如表 6 - 14 所示。统计结果显示，与以前会计年度相比，最近会计年度有 68.43% 的公司增加了内部控制总费用投入，26.91% 的公司内部控制总费用投入保持不变，仅有 4.66% 的公司降低了内部控制总费用投入。与最近会计年度相比，预计下一会计年度，54.92% 的公司会增加内部控制总费用投入，39.79% 的公司保持不变，仅有 5.29% 的公司减少内部控制总费用投入。

表 6 - 14　　内部控制费用变化

	样本量	1	2	3	均值	标准差
最近会计年度变化	2037	4.66	26.91	68.43	2.64	0.57
预计下一会计年度变化	2043	5.29	39.79	54.92	2.50	0.60
合计	4080	4.98	33.35	61.67	2.57	0.59

注：1 = 减少，2 = 保持不变，3 = 增加。"1" 至 "3" 列单位为 "%"。

（二）按板块分组

我们对上市公司内部控制费用变化进行分板块描述性统计，如表 6 - 15 所示。统计结果显示，主板、中小板和创业板公司大部分会在最近会计年度增加内部控制费用，中小板和创业板公司保持不变和增加的比例（98.03%、97.59%）大于主板公司（93.11%），但三个板块内部控制费用变化趋势之间没有显著差异。另一方面，60.84% 的中小板和 73.97% 的创业板公司会在下一会计年度增加内部控制费用，46.18% 的主板公司会增加下一会计年度内部控制费用。

表 6 - 15　　内部控制费用变化（按板块分组）

Panel A 描述性统计

	板块	样本量	1	2	3	均值	标准差
最近会计年度变化	主板	1088	6.89	23.81	69.30	2.62	0.61
	中小板	659	1.97	32.02	66.01	2.64	0.52
	创业板	290	2.41	26.90	70.69	2.68	0.52

续表

Panel A 描述性统计

	板块	样本量	1	2	3	均值	标准差
预计下一会计年度变化	主板	1087	7.18	46.64	46.18	2.39	0.62
	中小板	664	3.46	35.69	60.84	2.57	0.56
	创业板	292	2.40	23.63	73.97	2.72	0.50
合计	主板	2175	7.03	35.22	57.75	2.51	0.63
	中小板	1323	2.72	33.86	63.42	2.61	0.54
	创业板	582	2.41	25.26	72.34	2.70	0.51

Panel B 均值检验

	主板 VS. 中小板		主板 VS. 创业板		中小板 VS. 创业板	
	T值	P值	T值	P值	T值	P值
最近会计年度变化	-0.57	0.57	-1.50	0.13	-1.16	0.25
预计下一会计年度变化	-6.25***	0.00	-8.30***	0.00	-3.72***	0.00
合计	-4.81***	0.00	-6.84***	0.00	-3.49***	0.00

注：1 = 预计减少，2 = 预计保持不变，3 = 预计增加。“1” 至 “3” 列单位为 “%”。***、**、* 分别表示1%、5%、10%统计水平显著。

（三）按控制权性质分组

我们对上市公司内部控制费用变化分控制权性质进行描述性统计，如表 6 - 16 所示。统计结果显示，最近会计年度内部控制费用变化情况如下：第一，与以前会计年度相比，在最近会计年度，63.33%的国有控股上市公司会增加内部控制费用，27.56%的国有控股上市公司内部控制费用保持不变，9.10%的国有控股上市公司会减少内部控制费用；第二，71.60%的民营控股上市公司会增加内部控制费用，26.49%的民营控股上市公司内部控制费用保持不变，1.91%的民营控股上市公司会减少内部控制费用；第三，民营控股上市公司内部控制费用投入显著高于国有控股上市公司。

预计下一会计年度内部控制费用变化情况如下：第一，与最近会计年度相比，预计下一会计年度，42.16%的国有控股上市公司会增加内部控制费用，50.64%的国有控股上市公司内部控制费用保持不变，7.20%的国有控股上市公司会减少内部控制费用；第二，62.77%的民营控股上市公司会增加内部控制费用，33.12%的民营控股上市公司内部控制费用保持不变，4.11%的民营控股上市公司会减少内部控制费用；第三，民营控股上市公司内部控制费用投入显著高于国有控股上市公司。

表 6-16　　　　内部控制费用变化（按控制权性质分组）

Panel A 描述性统计

	控制权性质	样本量	1	2	3	均值	标准差
最近会计年度变化	国有控股	780	9.10	27.56	63.33	2.54	0.66
	民营控股	1257	1.91	26.49	71.60	2.70	0.50
预计下一会计年度变化	国有控股	778	7.20	50.64	42.16	2.35	0.61
	民营控股	1265	4.11	33.12	62.77	2.59	0.57
合计	国有控股	1558	8.15	39.09	52.76	2.45	0.64
	民营控股	2522	3.01	29.82	67.17	2.64	0.54

Panel B 均值检验（国有控股 VS. 民营控股）

	T值	P值
最近会计年度变化	-6.01***	0.00
预计下一会计年度变化	-8.88***	0.00
合计	-10.46***	0.00

注：1=减少，2=保持不变，3=增加。"1"至"3"列单位为"%"。***、**、*分别表示1%、5%、10%统计水平显著。

第二节　内部控制机构设置

《基本规范》规定企业应当成立专门机构或者指定适当的机构具体负责组织协调内部控制的建立实施及日常工作。我们对上市公司内控部门的设置情况进行了调查。主要涉及以下两个问题：(1) 是否设立专门机构具体负责组织和协调内部控制的建立实施及日常工作；(2) 负责内部控制工作的职能部门。

一、内部控制专门机构的设立

企业内部控制的建立、实施等具体工作需要由专门机构来进行统筹、协调。我们对上市公司内部控制专门机构的设立情况进行了调查。

(一) 总体情况

我们对上市公司中内部控制专门机构的设立情况进行了统计，如表6-17所示。统计结果显示，在被调查公司中，绝大部分公司（95.29%）设立了内控专门机构。

表 6-17 内部控制专门机构的设立

	设立	未设立	合计
数量	2023	100	2123
比例（%）	95.29	4.94	100.00

（二）按板块分组

我们对上市公司内部控制专门机构的设立情况进行分板块描述性统计，如表 6-18 所示。统计结果显示，主板公司设立内控专门机构的比例为 97.95%，中小板公司的为 92.21%，创业板公司的为 92.56%，主板公司设立内控专门机构的比例显著高于中小板公司、创业板公司。

表 6-18 内部控制专门机构的设立（按板块分组）

Panel A 描述性统计

板块	样本量	设立数量	设立比例（%）
主板	1121	1098	97.95
中小板	693	639	92.21
创业板	309	286	92.56

Panel B 均值检验

	T 值	P 值
主板 VS. 中小板	5.20***	0.00
主板 VS. 创业板	5.72***	0.00
中小板 VS. 创业板	-1.90	0.06

注：***、**、* 分别表示 1%、5%、10% 统计水平显著。

（三）按控制权性质分组

我们对内部控制专门机构的设立情况进行分控制权性质描述性统计，如表 6-19 所示。统计结果显示，国有控股上市公司设立内控专门机构的比例为 98.41%，民营控股上市公司的比例为 93.33%，国有控股上市公司设立内控专门机构的比例显著高于民营控股上市公司。

表 6-19 内部控制专门机构的设立（按控制权性质分组）

Panel A 描述性统计

控制权性质	样本量	设立数量	设立比例（%）
国有控股	819	806	98.41
民营控股	1304	1217	93.33

续表

Panel B 均值检验

	T值	P值
国有控股 VS. 民营控股	8.02 ***	0.00

注：***、**、* 分别表示1%、5%、10%统计水平显著。

二、负责内部控制工作的职能部门

（一）总体情况

我们对上市公司负责内部控制工作的职能部门进行了统计，如表6－20所示。统计结果显示，73.64%的公司负责内部控制工作的职能部门为内部审计部门，8.17%为财务部门，5.48%为风险管理部门，6.38%为由董事会授权的其他机构，13.32%为其他部门，如法律合规部、稽核部、总裁办公室等。

表6－20　负责内部控制工作的职能部门

	内部审计部门	财务部门	风险管理部门	由董事会授权的其他机构	其他
数量	1559	173	116	135	282
比例（%）	73.64	8.17	5.48	6.38	13.32

注：表格内数字单位为"%"。此题为多选题，因此合计比例超过100%，下同。

（二）按板块分组

我们对上市公司负责内部控制工作的职能部门进行分板块描述性统计，如表6－21所示。统计结果显示，各个板块的公司负责内部控制工作的职能部门为内部审计部门的比例都是最高，其中主板公司为62.71%，中小板和创业板公司分别为85.26%和87.14%。

表6－21　负责内部控制工作的职能部门（按板块分组）

板块	内部审计部门	财务部门	风险管理部门	由董事会授权的其他机构	其他
主板	62.71	7.82	8.36	6.38	19.86
中小板	85.26	9.97	2.31	6.94	6.21
创业板	87.14	5.47	2.25	5.14	5.47

注：表格内数字单位为"%"。

（三）按控制权性质分组

我们对上市公司负责内部控制工作的职能部门进行分控制权性质描述性统计，如表6－22所示。统计结果显示，国有控股上市公司和民营控股上市公司负责内部控制工作的职能部门为内部审计部门的比例都是最高，其中国有控股上市公司为66.46%，民营控股上市公司为78.21%。

表6-22　　负责内部控制工作的职能部门（按控制权性质分组）

控制权性质	内部审计部门	财务部门	风险管理部门	由董事会授权的其他机构	其他
国有控股	66.46	7.34	6.85	5.14	19.22
民营控股	78.21	8.70	4.62	7.16	9.55

注：表格内数字单位为“%”。

第三节　内部审计投入和机构设置

内部审计是内部控制系统的一部分，是控制的确认者，监督、评价和改善内部控制是内部审计的基本职责（王光远，2007）。SOX法案颁布后，纽约证券交易所要求所有上市公司必须设立内部审计（Hermanson，2002）。我国《基本规范》要求企业应当明确内部审计机构（或经授权的其他监督机构）和其他内部机构在内部监督中的职责权限，规范内部监督的程序、方法和要求，加强内部审计工作，保证内部审计机构设置、人员配备和工作的独立性。

COSO以及我国的内部控制规范体系都强调了内部审计在内部控制运行过程中的重要作用，实务界和学术界普遍认同内部审计在内部控制中的重要作用。我们对上市公司内部审计机构的设置、内审工作的投入与开展进行了调查，主要分为以下几个部分：内审相关投入、内审机构的设置、独立性、内审人员的专业胜任能力、内审工作的开展。

一、内部审计投入

内审经费的投入直接影响到内审的工作效果。如果没有充足的投入，内审难以发挥自身的确认和咨询的职能。我们向受访者调查本公司内部审计部门的经费充分程度。

我们对上市公司中内部审计部门的经费充足程度进行了统计，如表6-23所示。统计结果显示，受访者认为本公司内部审计部门的经费较为充足的比例最大，占50.60%。

表6-23　　内部审计部门的经费充足程度

样本量	1	2	3	4	5	均值	标准差
2069	0.87	2.32	30.64	50.60	15.56	3.78	0.76

注：1=非常缺乏，2=较为缺乏，3=一般，4=较为充足，5=非常充足。“1”至“5”列单位为“%”。

二、内部审计机构设置

企业的内部审计工作需要由专门机构来开展。内审机构设置主要涉及两个问题：(1) 公司是否有专门负责内部审计的部门或人员；(2) 公司内部审计负责人近五年内是否发生过变更。

(一) 内部审计岗位的设立

公司应当设立内部审计部门，对公司内部控制制度的建立和实施、公司财务信息的真实性和完整性等情况进行检查监督。我们对上市公司是否设立内审岗位进行了调查。

我们对上市公司是否设立内审岗位进行了统计，如表 6－24 所示。统计结果显示，在被调查公司中，绝大多数的公司（98.55%）都设立了内审岗位。

表 6－24　内部审计岗位的设立

	设立	未设立	合计
数量	2041	30	2071
比例（%）	98.55	1.45	100.00

(二) 内部审计负责人的变更

稳定的团队有助于提高工作绩效，内部审计负责人流动性较低时，审计工作的一贯性得以保持。我们对公司的内部审计负责人近五年变更情况进行了调查。

1. 总体情况

我们对上市公司内部审计负责人近五年变更情况进行了统计，如表 6－25 所示。统计结果显示，在被调查公司中，一半左右（52.43%）的公司的内部审计负责人近五年内发生过变更。

表 6－25　内部审计负责人近五年变更情况

	变更	不变更	合计
数量	1088	987	2075
比例（%）	52.43	47.57	100.00

2. 按板块分组

我们对内部审计负责人近五年变更情况进行分板块描述性统计，如表 6－26 所示。统计结果显示，主板上市公司内部审计负责人近五年内发生过变更的比例为 50.23%，中小板和创业板比例分别为 56.09% 和 51.96%，中小板公司的变更比例显著高于主板公司。

表 6-36 内部审计负责人近五年变更情况（按板块分组）

Panel A 描述性统计

板块	样本量	变更数量	变更比例（%）
主板	1079	542	50.23
中小板	690	387	56.09
创业板	306	159	51.96

Panel B 均值检验

	T值	P值
主板 VS. 中小板	-3.01 ***	0.00
主板 VS. 创业板	-0.84	0.40
中小板 VS. 创业板	1.21	0.23

注：***、**、* 分别表示 1%、5%、10% 统计水平显著。

3. 按控制权性质分组

我们对内部审计负责人近五年变更情况进行分控制权性质描述性统计，如表 6-27所示。统计结果显示，国有控股上市公司和民营控股上市公司内部审计负责人近五年内发生过变更的比例分别为 50.38% 和 53.73%，两者之间没有显著差异。

表 6-27 内部审计负责人近五年变更情况（按控制权性质分组）

Panel A 描述性统计

控制权性质	样本量	变更数量	变更比例（%）
国有控股	800	403	50.38
民营控股	1275	685	53.73

Panel B 均值检验

	T值	P值
国有控股 VS. 民营控股	-1.32	0.19

注：***、**、* 分别表示 1%、5%、10% 统计水平显著。

三、内部审计独立性

独立性是内部审计的内在要求。独立性能够使内部审计师作出公正的裁断，有利于内部审计工作的正常实施。我们对公司内部审计机构的独立性进行了调查，主要涉及两个问题：（1）内部审计部门的隶属关系，即公司内部审计部门或专员对谁负责；（2）内审部门与审计委员会的协调情况，即内部审计负责人是否会在没有其他高管的情况下，与审计委员会单独开会。

（一）内部审计部门隶属关系

我们对上市公司内部审计部门的隶属关系进行了统计，如表 6-28 所示。统计结果显示，内部审计部门或专员对董事长或审计委员会负责的比例合计为87.74%，对总经理负责的比例为7.19%，对财务总监和财务经理负责的比例非常低。这表明大多数公司的内审机构的独立性都较高。

表6-28　内部审计部门隶属关系

	独立性较高		独立性较低				合计
	董事长	审计委员会	总经理	财务总监	财务经理	其他	
数量	452	1367	149	38	4	63	2073
比例（%）	21.80	65.94	7.19	1.83	0.19	3.04	100.00

（二）审计委员会会议情况

内部审计部门对董事会或董事会下属的审计委员会负责时，其独立性较高。进一步地，当内部审计部门与审计委员会的沟通、协调更加深入时，其独立性也会相应增强。因此，我们对内部审计负责人与审计委员会单独开会的情况进行了调查。

我们对上市公司内部审计负责人与审计委员会单独开会的情况进行了统计，如表6-29所示。统计结果显示，内审负责人与审计委员会单独开会的情况如下：一年中有几次单独开会机会的比例最高，达48.73%，所有会议都无其他高管在场的比例为6.25%，所有会议都有部分单独会面时间的比例为22.85%，即有单独会面机会的比例合计达77.83%，而没有单独会面机会的比例则为22.17%。这表明大多数公司的内部审计部门都有与审计委员会单独会面的机会，内审机构的独立性较高。

表6-29　审计委员会会议情况

	所有会议都无其他高管在场	所有会议都有部分单独会面时间	一年中有几次单独开会机会	没有单独会面	合计
数量	128	468	998	454	2048
比例（%）	6.25	22.85	48.73	22.17	100.00

四、内部审计人员的专业胜任能力

专业能力更强的内审人员更能胜任公司的内部审计工作，更有可能有效识别和纠正公司财务报表中的重大错报或者公司的其他违规行为，更好地为改善企业经营管理服务。我们从两方面分析调查结果：（1）内审负责人的专业胜任能力；（2）内审部门的规模，即人员总数。

（一）内部审计负责人的专业胜任能力

我们从教育程度、财会审计工作经验、会计师事务所任职经验和职业资格证书等方面调查了公司内审负责人的专业胜任能力，如表6-30所示。统计结果显示，内审负责人最高学位为学士学位所占的比例最多，为52.59%，其次是专科或以下学位，占30.35%，硕士学位和博士学位的比例分别占16.49%和0.58%。

在财会审计工作经验方面，67.69%的公司的内审负责人拥有10年以上的财会审计工作经验，拥有6－10年工作经验的内审负责人占16.01%，拥有3－5年和3年以下工作经验的比例分别为9.86%和6.44%。

在会计师事务所任职经验方面，24.30%的公司的内审负责人拥有会计师事务所任职经验，其中，拥有1－5年经验的比例最多，为14.44%。

在拥有专业资格证书方面，49.75%的内审负责人拥有中级会计/审计师资格证书，而拥有初级会计/审计师资格证书的比例为18.22%，拥有高级会计/审计师资格证书的比例为17.23%。18.17%的内审负责人拥有注册会计师资格证书。

表6－30　内部审计负责人专业胜任能力

Panel A 教育程度					
	专科或以下	学士学位	硕士学位	博士学位	合计
数量（公司）	633	1097	344	12	2086
比例（%）	30.35	52.59	16.49	0.58	100.00
Panel B 财会审计工作经验					
	3年以下	3－5年	6－10年	10年以上	合计
数量（公司）	134	205	333	1408	2080
比例（%）	6.44	9.86	16.01	67.69	100.00
Panel C 会计师事务所任职经验					
	0年	1－5年	6－10年	10年以上	合计
数量（公司）	1567	299	121	83	2070
比例（%）	75.70	14.44	5.85	4.01	100.00

Panel D 专业资格证书		
	数量（公司）	比例（%）
初级会计/审计师	368	18.22
中级会计/审计师	1005	49.75
高级会计/审计师	348	17.23
中国注册会计师	367	18.17
CIA	217	10.74
CISA	9	0.45
国家计算机考试证书	379	18.76
其他	465	23.02

（二）内部审计部门规模

一般情况下，内部审计部门规模越大，经费和人员越充足，其监督管理层经营战略实施及内控执行情况的能力就越强，防错纠弊的效果就越显著。因此，我们对上市公司内部审计部门的人员总数进行了调查。

1. 总体情况

我们对上市公司中内部审计部门的人员总数进行了统计，如表6－31所示。统计结果显示，2011－2013年，内审人员的中位数为4人。其中，2011年3人以下（含3人）的公司占42.98%，4－6人的占36.84%，7－9人的占7.39%，10－49人的占10.40%，50人以上（含50人）的占2.39%。2012年3人以下（含3人）的公司占37.47%，4－6人的占39.41%，7－9人的占8.68%，10－49人的占11.86%，50人以上（含50人）的占2.59%。2013年3人以下（含3人）的公司占33.87%，4－6人的占40.98 %，7－9人的占9.43%，10－49人的占12.84%，50人以上（含50人）的占2.89%。总体来看，从2011－2013年，内审人员总数呈逐年上升的趋势。

表6－31　内部审计人员总数

年度	样本量	中位数	3人以下	4－6人	7－9人	10－49人	50人以上
2011	1759	4	42.98	36.84	7.39	10.40	2.39
2012	1855	4	37.47	39.41	8.68	11.86	2.59
2013	1940	4	33.87	40.98	9.43	12.84	2.89

注："3人以下"至"50人以上"列的单位为"%"。

2. 按板块分组

我们先把内部审计部门的人员总数进行规模标准化（内审部门人员总数除以公司总资产的自然对数）后，再进行分板块描述性统计，如表6－32所示。统计结果显示，主板公司的内部审计部门规模显著高于中小板和创业板公司。

表6－32　内部审计人员总数（按板块分组）

Panel A 描述性统计

板块	样本量	平均值	最小值	中位数	最大值
主板	2749	0.69	0.04	0.22	64.88
中小板	1860	0.21	0.04	0.18	2.68
创业板	757	0.19	0.04	0.15	4.00

Panel B 均值检验

	T值	P值
主板 VS. 中小板	7.02***	0.00
主板 VS. 创业板	4.67***	0.00
中小板 VS. 创业板	－2.26**	0.01

注：***、**、*分别表示1%、5%、10%统计水平显著。

3. 按控制权性质分组

我们先把内部审计部门的人员总数进行规模标准化（内审部门人员总数除以公司总资产的自然对数）后，再进行分控制权性质描述性统计，如表6-33所示。统计结果显示，国有控股上市公司的内部审计部门规模显著高于民营控股上市公司。

表6-33　内部审计人员总数（按控制权性质分组）

Panel A 描述性统计

控制权性质	样本量	平均值	最小值	中位数	最大值
国有控股	2115	0.76	0.04	0.22	64.88
民营控股	3251	0.26	0.04	0.18	6.42

Panel B 均值检验

	T值	P值
国有控股 VS. 民营控股	8.57***	0.00

注：***、**、*分别表示1%、5%、10%统计水平显著。

五、内部审计工作的开展

（一）内部审计职能的履行

为了调查上市公司内部审计职能的履行情况，我们调查了以下五项日常工作职能的履行情况：定期开展日常审计工作，不定期开展专项审计工作，内审工作底稿均装订成册、保存良好，及时解决内审工作中发现的问题和对内审工作中发现的问题进行后续跟进。

我们对上市公司内部审计职能的履行情况进行了统计，如表6-34所示。统计结果显示，超过八成的公司都会定期开展日常审计工作，不定期开展专项审计工作，内审工作底稿均装订成册、保存良好，及时解决内审工作中发现的问题和对内审工作中发现的问题进行后续跟进。定期开展日常审计工作和不定期开展专项审计工作的比例最高，及时解决内审工作中发现的问题和对内审工作中发现的问题进行后续跟进的比例最低，表明公司日常审计和专项审计工作较为到位，对于审计中发现的问题的处理和后续跟进工作则有待加强。

表6-34　内部审计职能的履行

事项	样本量	1	2	3	4	5	均值	标准差
定期开展日常审计工作	2074	1.49	2.36	4.24	38.72	53.18	4.40	0.80
不定期开展专项审计工作	2066	3.05	2.23	6.29	39.93	48.50	4.29	0.91
内审工作底稿均装订成册、保存良好	2073	1.40	2.56	9.26	41.10	45.68	4.27	0.84

续表

事项	样本量	1	2	3	4	5	均值	标准差
及时解决内审中发现的问题	2074	1.21	1.64	6.17	49.71	41.27	4.28	0.75
对内审中发现的问题进行后续跟进	2073	1.16	1.64	6.90	48.09	42.21	4.29	0.76
合计	10360	1.66	2.08	6.57	43.51	46.17	4.30	0.82

注：1＝完全不符合，2＝部分符合，3＝一般，4＝符合，5＝完全符合。“1”至“5”列单位为“%”。

（二）内部审计和外部审计的合作

作为企业“内部”的内控专家，内部审计人员拥有公司控制、运营和财务报告流程的具体信息，可以为外部审计师实施审计准则第五号（AS No.5）中的自上而下、风险导向的审计方法提供帮助（PCAOB，2007a）。与内部审计的协调可以提高外部审计师对错报风险进行评估的能力，从而使其在评价和测试相关控制点时，更恰当地分配审计资源（Hogan and Wilkins，2008；PCAOB，2007a）。此外，在某种程度上，与内部审计的协调减少了外部审计师的时间压力，提高审计效率（McDaniel，1990）。因此，我们向内审负责人调查了本公司内部审计和外部审计之间的合作程度。

我们对公司中内部审计和外部审计之间的合作程度进行了统计，如表6－35所示。统计结果显示，58.27%的公司内部审计和外部审计之间的合作程度较高，12.64%的公司内部审计和外部审计之间的合作程度非常高，25.42%的公司内部审计和外部审计之间的合作程度一般。

表6－35　　　　内部审计和外部审计的合作程度

样本量	1	2	3	4	5	均值	标准差
2073	0.68	2.99	25.42	58.27	12.64	3.79	0.72

注：1＝非常低，2＝较低，3＝一般，4＝较高，5＝非常高。“1”至“5”列单位为“%”。

（三）审计委员会的监督

我们向内审负责人调查了本公司的审计委员会对其内部审计部门的指导和监督情况，包括：是否复核内部审计部门的预算、内部审计的工作计划、内部审计与外部审计协调的工作计划、财务报告内部审计结论、内部控制的内部审计结论以及是否会向内部审计负责人询问内部审计过程中存在的困难和制约。

我们对上市公司中审计委员会对其内部审计部门的指导和监督的情况进行了统计，如表6－36所示。统计结果显示，68.38%的公司的审计委员会复核内部审计的预算，94.02%的公司的审计委员会复核内部审计部门的工作计划，84.36%的公司的审计委员会复核内部审计与外部审计协调的工作计划，91.39%的公司的审计委员会复核财务报告内部审计结论，93.96%的公司的审计委员会复核内部控制的内部审计结论，87.49%的公司的审计委员会向内部审计负责人询问内部审计过程中存在的困难和制约。总体而言，公司的审计委员会更可能复核内部审计部门的工作计划、内部控制的内部审计结论以及财务报告内部审计结论，相对而言，审计委员会较少的复核内部审计的预算、内部审计与外部审计协调的工作计划。

表6-36　审计委员会的监督

事项	样本量	执行	未执行	不适用
复核内部审计的预算	2037	68.38	3.14	28.47
复核内部审计部门的工作计划	2057	94.02	0.78	5.20
复核内部审计与外部审计协调的工作计划	2053	84.36	1.95	13.69
复核财务报告内部审计结论	2055	91.39	1.36	7.25
复核内部控制的内部审计结论	2053	93.96	0.97	5.07
询问内部审计过程中存在的困难和制约	2047	87.49	4.45	8.06
合计	12302	87.50	2.02	10.48

注："执行"，"未执行"、"不适用"列的单位为"%"。

第四节　内部控制和内部审计信息化建设

内部控制监督技术有助于减少公司内部控制缺陷（Masli et. al.，2010）。随着信息技术的发展，越来越多的企业将传统的内部控制方法嵌入到信息系统中。为了全面了解上市公司内部控制和内部审计信息化建设现状，我们向上市公司IT负责人调查了信息化建设、内部控制信息化建设情况，并向内审负责人调查了内部审计信息化建设情况。

一、信息化建设

ERP系统是现代企业利用信息技术进行管理的最为重要的方法之一。但是，由于ERP系统成本较高，并需要与企业现有流程进行整合，在不同特征企业（如规模、行业等）收益有所不同。为了解我国上市公司ERP系统应用现状，我们向IT负责人调查了公司ERP系统目前所处的阶段。

我们对上市公司ERP系统目前所处阶段进行了描述性统计，如表6-37所示。统计结果显示，财务会计系统上线的比例最高，有78.79%的公司正式上线了财务会计系统，15.37%的公司在规划/实施/试行财务会计系统，仅有1.56%及4.27%的公司尚未规划或不适用财务会计系统；其次为供应链管理（57.86%）、销售与分销管理（55.56%）及成本控制（54.21%）。商务智能/数据服务系统在公司中正式上线的比例最少，仅为22.27%。总体来说，我国上市公司ERP系统处于规划/实施/试行及正式上线的比例为77.61%。

表6-37　　ERP系统目前所处阶段

系统	样本量	尚未规划（%）	规划/实施/试行（%）	正式上线（%）	不适用（%）
财务会计	1919	1.56	15.37	78.79	4.27
供应链管理	1863	7.51	22.28	57.86	12.35
销售与分销管理	1845	8.73	21.41	55.56	14.31
成本控制	1830	8.03	28.42	54.21	9.34
人力资源管理	1848	10.82	28.79	52.22	8.17
生产计划	1820	8.19	24.95	49.40	17.47
客户关系管理	1792	16.35	32.98	37.33	13.34
商务智能/数据服务	1751	24.33	36.95	22.27	16.45
其他	186	3.23	18.28	62.37	16.13
合计	14854	10.45	26.14	51.47	11.94

二、内部控制信息化建设

COSO于2013年5月发布的新内部控制整合框架，首次将“针对信息技术，组织应选择并执行一般控制活动以支持其目标的实现”作为17项原则之一。随着信息技术应用的深入，传统的内部控制方法正在与现代信息技术相融合，信息技术为内部控制的操作、评价、监管和预测提供了新的维度和平台。因此，我们向上市公司IT负责人调查了IT内部控制建设依据、内部控制信息化投入、内部控制信息化程度及内部控制信息化的困难，以全面了解内部控制信息化建设的现状。

（一）IT内部控制建设依据

随着信息化进程的推进，国际上逐步推出了一系列IT内部控制模型与标准，为了全面了解我国上市公司IT内部控制模型与标准的采用情况，我们向IT负责人调查了IT内部控制的建设依据。

1. 总体情况

我们对IT内部控制的建设依据进行了描述性统计，如表6-38所示。统计结果显示，公司IT内部控制建设依据比例最高的前三位分别为《企业内部控制指引第18号——信息系统》，占比62.18%，ITIL（Information Technology Infrastructure Library），占比20.09%，以及COSO发布的内部控制整合框架，占比18.39%。

表 6－38　　IT 内部控制建设依据

IT 内部控制建设依据	比例
企业内部控制指引第 18 号——信息系统	62.18
ITIL	20.09
COSO 发布的内部控制整合框架	18.39
ISO/IEC 20000	14.12
ISO/IEC 27001	13.34
COBIT 框架	8.40
没有采取 IT 内部控制	8.40
COSO 发布的 ERM 框架	7.06
不清楚	4.02
其他	8.45

注：表格内数字单位为“%”。

2. 按板块分组

我们对 IT 内部控制的建设依据进行分板块描述性统计，如表 6－39 所示。统计结果显示，主板公司的 IT 内部控制建设依据比例最高的前三位分别为《企业内部控制指引第 18 号——信息系统》、COSO 发布的内部控制整合框架，以及 ITIL；中小板公司分别为《企业内部控制指引第 18 号——信息系统》、ITIL，以及 COSO 发布的内部控制整合框架；创业板公司分别为《企业内部控制指引第 18 号——信息系统》、ITIL 以及 ISO/IEC 20000。

表 6－39　　IT 内部控制建设依据（按板块分组）

IT 内部控制建设依据	主板	中小板	创业板
企业内部控制指引第 18 号——信息系统	69.33	56.26	52.00
COSO 发布的内部控制整合框架	19.63	17.35	16.67
ITIL	19.53	20.36	21.33
ISO/IEC 20000	12.27	14.93	18.33
ISO/IEC 27001	12.07	14.33	15.33
COBIT 框架	9.71	7.39	6.33
没有采取 IT 内部控制	8.08	9.65	6.67
COSO 发布的 ERM 框架	7.57	7.24	5.00
不清楚	2.86	5.13	5.33
其他	8.69	7.39	10.00

注：表格内数字单位为“%”。

3. 按控制权性质分组

我们对 IT 内部控制的建设依据进行分控制权性质描述性统计，如表 6－40 所示。统计结果显示，国有控股上市公司和民营控股上市公司的IT内部控制建设依据比例最高的前三位相同，分别为：《企业内部控制指引第18号——信息系统》、ITIL，以及COSO发布的内部控制整合框架。

表6-40　IT内部控制建设依据（按控制权性质分组）

IT内部控制建设依据	国有控股	民营控股
企业内部控制指引第18号——信息系统	66.99	59.34
ITIL	20.39	19.92
COSO发布的内部控制整合框架	17.20	19.10
ISO/IEC 27001	13.87	13.03
ISO/IEC 20000	13.04	14.75
COBIT框架	9.85	7.54
没有采取IT内部控制	7.91	8.69
COSO发布的ERM框架	7.77	6.64
不清楚	2.91	4.67
其他	9.85	7.62

注：表格内数字单位为“%”。

4. 按内部控制规范体系实施情况分组

我们将上市公司按照已实施和未实施内部控制规范体系分组，对IT内部控制建设依据进行描述性统计，如表6-41所示。统计结果显示，已实施组和未实施组的IT内部控制建设依据比例最高的前三位相同，分别为《企业内部控制指引第18号——信息系统》、COSO发布的内部控制整合框架，以及ITIL。

表6-41　IT内部控制建设依据（按内部控制规范体系实施情况分组）

IT内部控制建设依据	已实施组	未实施组
企业内部控制指引第18号——信息系统	70.48	57.42
ITIL	17.80	18.73
COSO发布的内部控制整合框架	21.19	19.46
ISO/IEC 20000	13.28	14.60
ISO/IEC 27001	13.84	13.06
ISACA发布的COBIT框架	9.32	7.95
没有采取IT内部控制	7.34	9.00
COSO发布的ERM框架	7.91	6.57
不清楚	2.68	4.79
其他	9.89	7.54

注：表格内数字单位为“%”。

（二）内部控制信息化投入

企业需要采购相关的硬件和软件以实现内部控制信息化，并通过信息化手段实现内部控制。因此，我们向 IT 负责人调查了近四年的内部控制信息化投入情况，以了解相关成本。

1. 总体情况

我们对内部控制信息化投入进行了描述性统计（剔除了投入为 0 的公司），如表 6－42 和图 6－3 所示。统计结果显示，2011 年平均内部控制信息化投入为 176.11 万元，2012 年为 323.01 万元，2013 年为 384.95 万元，2014 年为 343.48 万元。

表 6－42　内部控制信息化投入

年度	样本量	均值（万元）	标准差
2011 年	1170	176.11	945.53
2012 年	1211	323.01	3887.94
2013 年	1234	384.95	4240.51
2014 年	1224	343.48	2940.61
合计	4839	308.46	3281.99

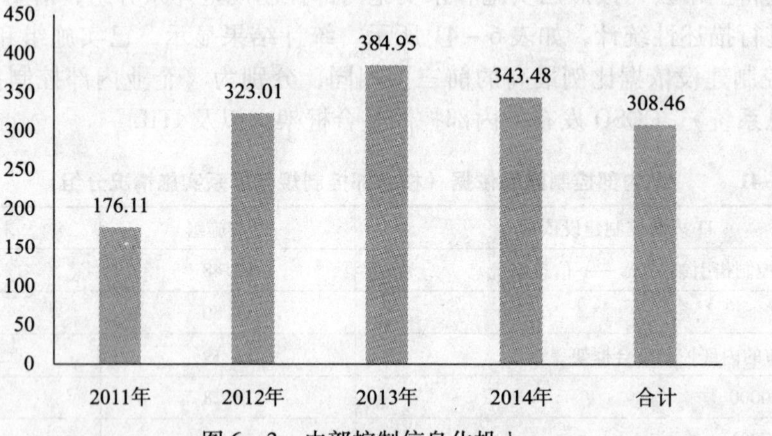

图 6－3　内部控制信息化投入

2. 按板块分组

我们对内部控制信息化投入进行分板块描述性统计，为了消除企业规模影响，我们将内部控制信息化投入除以总资产以标准化，如表 6－43 所示。统计结果显示，2011 年至 2014 年，主板上市公司每万元资产的内部控制信息化投入均值为 1.98 元，显著低于中小板上市公司的 3.32 元及创业板上市公司的 3.72 元。

表6-43　　内部控制信息化投入（按板块分组）

Panel A 描述性统计

年度	板块	样本量	均值（元/万元）	标准差
2011年	主板	567	1.95	2.99
	中小板	417	3.19	3.66
	创业板	185	3.43	3.73
2012年	主板	593	1.92	2.89
	中小板	424	3.36	3.68
	创业板	193	3.53	3.82
2013年	主板	601	1.98	2.85
	中小板	435	3.30	3.60
	创业板	197	3.84	3.81
2014年	主板	604	2.06	2.83
	中小板	423	3.43	3.60
	创业板	196	4.08	3.84
合计	主板	2365	1.98	2.89
	中小板	1699	3.32	3.63
	创业板	771	3.72	3.80

Panel B 均值检验

年度	主板VS. 中小板		主板VS. 创业板		中小板VS. 创业板	
	T值	P值	T值	P值	T值	P值
2011年	-5.83***	0.00	-5.49***	0.00	-0.75	0.45
2012年	-6.94***	0.00	-6.15***	0.00	-0.52	0.59
2013年	-6.59***	0.00	-7.25***	0.00	-1.69*	0.09
2014年	-6.77***	0.00	-7.88***	0.00	-2.05**	0.04
合计	-13.06***	0.01	-13.40***	0.00	-2.52***	0.01

注：***、**、*分别表示1%、5%、10%统计水平显著。

3. 按控制权性质分组

我们对内部控制信息化投入进行分控制权性质描述性统计，为了消除企业规模影响，我们将内部控制信息化投入除以总资产以标准化，如表6-44所示。统计结果显示，2011年至2014年国有控股上市公司每万元资产的内部控制信息化投入均值为2.04元，显著低于民营控股上市公司的3.12元。

表 6-44　　内部控制信息化投入（按控制权性质分组）

Panel A 描述性统计

年度	控制权性质	样本量	均值（元/万元）	标准差
2011 年	国有控股	417	1.98	2.97
	民营控股	752	2.99	3.60
2012 年	国有控股	437	1.95	2.83
	民营控股	773	3.10	3.65
2013 年	国有控股	444	2.15	2.97
	民营控股	789	3.08	3.55
2014 年	国有控股	440	2.06	2.77
	民营控股	783	3.30	3.61
合计	国有控股	1738	2.04	2.88
	民营控股	3097	3.12	3.60

Panel B 均值检验（国有控股 VS. 民营控股）

年度	T 值	P 值
2011 年	4.86***	0.00
2012 年	5.67***	0.00
2013 年	4.64***	0.00
2014 年	6.25***	0.00
合计	10.71***	0.00

注：***、**、* 分别表示 1%、5%、10% 统计水平显著。

（三）内部控制信息化程度

上市公司投入相应成本建设内部控制信息化，目前其程度究竟如何？我们向 IT 负责人调查了内部控制信息化程度，以了解目前我国上市公司内部控制信息化发展现状。

我们对内部控制信息化程度进行了描述性统计，如表 6-45 所示。统计结果显示，45.51% 的公司基本实现了内部控制信息化，44.25% 的公司实现内部控制信息化的程度为一般，7.71% 的公司基本没有实现内部控制信息化，1.94% 的公司完全实现了内部控制信息化，0.58% 的公司完全没有实现内部控制信息化。内部控制信息化程度均值为 3.41，表明我国上市公司整体的内控信息化程度介于一般及基本实现之间。

表 6-45　　内部控制信息化程度

样本量	1	2	3	4	5	均值	标准差
2061	0.58	7.71	44.25	45.51	1.94	3.41	0.69

注：1＝完全没有实现，2＝基本没有实现，3＝一般，4＝基本实现，5＝完全实现。"1"至"5"列单位为"%"。

（四）IT 技术/信息系统对内部控制的作用及困难

信息技术的大力发展改变了企业数据获得、存取、保存、传递的方式和生产经营模式。但是，从企业自身应用的角度来看，IT 技术/信息系统对内部控制起到了什么主要作用？在应用实施过程当中有什么困难？因此，我们以开放式问题向主板 IT 负责人调查了 IT 技术/信息系统对内部控制的作用及困难。该调查问题为开放性问题，我们对其进行结构化分析。首先，分析受访者的回答情况，构建指标体系；第二，我们对每份问卷的回答进行评分，得到统计结果。由于同一份问卷的回答可能涉及多个指标，以及部分回答没有实质性内容，因此指标合计并未等于100%。

1. IT 技术/信息系统对内部控制的作用

表 6-46 列示了主板上市公司对 IT 技术作用的观点分布。从表 6-46 中可以看出，在一级分类下，受访主板上市公司认为 IT 系统对于内部控制的作用主要集中在信息与沟通、控制活动以及内部环境，所占比例分别为 18.78%、16.33% 以及 7.88%，而风险评估环节的比例最低，为 4.22%。较大比例的受访上市公司认为 IT 系统对信息与沟通和控制活动起作用，而较小比例认为 IT 系统对风险评估起作用。上述结果表明，受访上市公司认为，IT 系统较大程度地发挥了其在信息处理、传输以及自动化执行等方面的典型功能，主要对信息与沟通、执行控制活动等方面起到积极作用；而对智能化要求更高的风险评估环节所起到的作用则相对较小，存在较明显的薄弱环节。

表 6-46　　IT 技术/信息系统对内部控制的作用

一级分类	样本量	比例（%）
内部环境	58	7.88
风险评估	31	4.22
控制活动	120	16.33
信息与沟通	138	18.78
内部监督	57	7.76

2. IT 技术/信息系统应用过程中的困难

表 6-47 列示了主板上市公司对 IT 技术应用过程中存在的困难的观点分布。从表 6-47 中可以看出，受访的主板上市公司表示 IT 系统在应用过程当中的困难主要集中在理念和意识、应用推广，以及信息系统建设规划这三个方面，所占比例分别是 13.81%、11.30% 和 7.67%。同时，企业员工（普通员工与 IT 人员）的能力也

是制约 IT 技术/信息系统应用的关键因素。

表 6-47　IT 技术/信息系统应用过程中存在的困难

困难分类	样本量	比例（%）
理念和意识	99	13.81
应用推广	81	11.30
信息系统建设规划	55	7.67
普通员工 IT 专业知识	49	6.83
内控本身的缺陷和局限	44	6.14
IT 人力资源	41	5.72
资金投入不足	20	2.79
流程管理	19	2.65
培训	18	2.51
信息化程度和信息技术应用水平	15	2.09
部门之间的协调	13	1.81
执行力	12	1.67
其他	7	0.98

三、内部审计信息化建设

内部审计机构作为内部监督的重要防线，对内部控制有效性具有重要作用，内部审计需要依托信息技术实时了解内控运行现状并进行监督。因此，我们向上市公司内审负责人调查了公司内部审计信息化情况。

（一）总体情况

我们对内部审计信息化建设水平进行描述性统计，如表 6-48 所示。统计结果显示，48.33%的公司采用了内部审计信息化系统，表明我国上市公司内部审计的信息化程度较低，仍需要进一步的发展。

表 6-48　内部审计信息化系统采用情况

样本量	采用（%）	未采用（%）
2061	48.33	51.67

（二）按板块分组

表 6-49 列示了分板块的内部审计信息化系统采用情况描述性统计。统计结果显示，50.09%的主板公司采用了内部审计信息化系统，48.47%的中小板公司采用了内部审计信息化系统，41.72%的创业板公司采用了内部审计信息化系统。T 检验表明，主板和中小板公司采用内部审计信息化系统的程度显著高于创业板公司。

表 6-49　　内部审计信息化系统采用情况（按板块分组）

Panel A 描述性统计

板块	样本量	采用（%）	未采用（%）
主板	1074	50.09	49.91
中小板	685	48.47	51.53
创业板	302	41.72	58.28

Panel B 均值检验

	T 值	P 值
主板 VS. 中小板	0.66	0.51
主板 VS. 创业板	2.58 ***	0.01
中小板 VS. 创业板	1.96 **	0.05

注：***、**、* 分别表示 1%、5%、10% 统计水平显著。

（三）按控制权性质分组

表 6-50 列示了内部审计信息化系统采用情况分控制权性质的描述性统计。统计结果显示，国有控股上市公司有 49.56% 的公司采用了内部审计信息化系统，而民营控股上市公司此比例为 47.55%，但两者间的差异并不显著。

表 6-50　　内部审计信息化系统采用情况（按控制权性质分组）

Panel A 描述性统计

控制权性质	样本量	采用（%）	未采用（%）
国有控股	797	49.56	50.44
民营控股	1264	47.55	52.45

Panel B 均值检验

	T 值	P 值
国有控股 VS. 民营控股	0.89	0.37

注：***、**、* 分别表示 1%、5%、10% 统计水平显著。

（四）按内部控制规范体系实施情况分组

我们将上市公司按照已实施和未实施内部控制规范体系分组，对内部审计信息化系统采用情况进行描述性统计，如表 6-51 所示。统计结果显示，已实施组有 52.50% 的公司采用了内部审计信息化系统，未实施组有 45.79% 的公司采用了内部审计信息化系统，且两者之间在 1% 的水平上有显著差异，表明已实施组采用内部审计信息化系统的公司范围高于未实施组。

表6-51　内部审计信息化系统采用情况（按内部控制规范体系实施情况分组）

Panel A 描述性统计			
内部控制规范体系实施情况	样本量	采用（%）	未采用（%）
已实施	779	52.50	47.50
未实施	1282	45.79	54.21
Panel B 均值检验			
	T值	P值	
已实施VS. 未实施	2.96***	0.00	

注：***、**、*分别表示1%、5%、10%统计水平显著。

第五节　实证分析：内部审计质量与公司绩效

一、理论分析

中国内部审计协会（2013）在其最新修订的《内部审计基本准则》中将内部审计定义为“是一种独立、客观的确认和咨询活动，它通过运用系统、规范的方法，审查和评价组织的业务活动、内部控制和风险管理的适当性和有效性，以促进组织完善治理、增加价值和实现目标。”确认职能在价值链中主要体现为对机构、业务、流程、系统等进行客观检查，以独立评估组织治理、风险管理和控制过程，例如财务、绩效、合规性、系统安全审计等业务，是一种通过确认和保证提供的间接增值服务。咨询职能在价值链中主要体现为内部审计以其独立、客观的地位，在战略管理、风险管理和内部控制等方面提出改进建议和解决方案，以改善经营管理活动的效率、增强竞争优势，最终达到增加组织价值的目的。

第一，内部审计是“内部监督”体系的重要机制，通过发挥其确认功能，能够帮助企业发现问题，防范风险，增加企业价值。作为内部审计两大职能之一的“确认职能”在价值链中主要体现为对机构、业务、流程、系统等进行客观检查，以独立评估组织治理、风险管理和控制过程，是一种通过确认和保证提供的间接增值服务（闫学文等，2013）。诸多研究表明内部审计通过充分发挥其确认职能，能够显著减少会计差错（Wallace and Kreutzfeldt，1991），抑制管理层的不当行为（Ege，2015），减少公司的盈余管理，提高财务报告质量（王守海等，2010；Prawitt et al.，2009），增强控制活动的有效性（郑伟等，2014；Lin et al.，2011），进而增加公司价值。

第二，内部审计通过发挥咨询功能，能够提高企业运营效率、控制消耗，提高企业价值。内部审计的另一重要职能——“咨询职能”在价值链中主要体现为内部审计以其独立、客观的地位，在战略管理、风险管理和内部控制等方面提出改进建议和解决方案，以改善经营管理活动的效率、增强竞争优势，最终达到增加组织价值的目的（闫学文等，2013）。内部审计这一职能的发挥得益于其“有一个独特的地位，能够接触到组织各个领域的一些政策和做法，并且内部审计具有这些方面的专业知识，可以提出一些全面的观点和意见，对组织的全面了解是很少有人可以做到的”。内部审计人员能够对企业存在的经常性、普遍性的问题，特别是企业面临的财务和经营风险，进行反复调查、分析、预测，查清问题的根源及可能的发展方向，通过为管理层提供改进风险管理的建议以及开展风险管理培训等措施，帮助企业改善风险管理，有效提高内部控制的执行效率和效果，为企业增加价值（张培，2013）。在实务中，企业内部审计的职能亦从以监督检查为主逐步向咨询服务转变，开展增值型审计。以广州地铁公司为例，其管理咨询类审计项目所占审计资源比例已超70%，增值型内部审计已渗透至公司经营管理的各个层面，成为公司治理及管理体系中必不可少的环节，实践证明了增值型内部审计能够实现价值增值（张祥生等，2014）。

从以上分析可以看出，内部审计通过发挥其确认和咨询的职能，能够帮助企业发现问题，防范风险，提高运营效率，增加企业价值。由此，我们提出假设：内部审计水平与企业绩效显著正相关。

二、研究设计

（一）内部审计水平的衡量

我们从内部审计人员的能力、内部审计的投入、内部审计的独立性三方面衡量内部审计水平。

1. 内部审计人员的能力

我们通过内审负责人的教育程度和内审负责人是否取得职业资格认证来衡量内审人员的能力。其中，内审负责人的教育程度从低到高依次分为专科及以下、本科、硕士、博士。内审负责人的职业资格认证指内审负责人是否获得注册会计师资格证书。

2. 内部审计的投入

参照 Lin et al.（2011）的研究，我们通过内审部门的规模，即内审部门员工总数来衡量内审的投入。

3. 内部审计的独立性

参考 Abbott et al.（2007）的研究，为了衡量内部审计的独立性，我们在问卷中设置了如下问题，询问内部审计负责人是否会在没有其他高管的情况下，与审计委员会单独开会？其中有四个选项：A. 所有会议都无其他高管在场；B. 所有会议都有部分单独会面时间；C. 一年中有几次单独开会机会；D. 没有单独会面。从 A 到 D，独立性递减。若被调查者选择了 A 或 B，则赋值为 1，C 或 D 则赋值为 0。

（二）实证模型

为了检验本书提出的假设，参照蔡春等（2011），我们建立如下回归模型：

$$Roe_{it} = \alpha_0 + \alpha_1 IAF_{it} + \alpha_2 Size_{it} + \alpha_3 Lev_{it} + \alpha_4 Grow_{it} + \alpha_5 Age_{it} + \alpha_6 Soe_{it} + \alpha_7 Top_{it} + \alpha_8 DR_{it} + \alpha_9 Board\_size_{it} + \alpha_{10} Inddir_{it} + \alpha_{11} Big10_{it} + \sum Industry + \sum Year + \varepsilon$$

主要变量的定义如下：

1. 企业绩效

本书主要考查企业的会计业绩，我们通过净资产收益率 *Roe* 来衡量企业的会计业绩。

2. 内部审计水平

IAF 表示内部审计水平，包括内审负责人的教育程度 *Dir_edu*，内审负责人是否获得注册会计师资格证书 *Dir_cpa*，内审部门规模 *Audit*，内审独立性 *Indep*。按照假设，我国预期 α_1 的系数显著为正。

3. 控制变量

我们主要控制了如下因素：企业规模、资产负债率、销售收入增长率、控制权性质、第一大股东持股比例、股权制衡度、董事会规模、公司独立董事的比例、公司审计师的质量、行业因素、年度因素。具体变量定义参见表 6－52。

三、样本选择和数据来源

研究样本为我国沪深两市的全部 A 股上市公司，样本区间为 2011－2013 年。内部审计的数据来源于 2014 年中国上市公司内部控制调查。财务数据来源于 CSMAR 数据库。剔除金融类上市公司和数据缺失的样本，最终样本数为 3585 个公司－年度观测值。参照通常做法，我们对所有连续变量的上下 1% 分位数进行 winsorize 处理。

四、实证结果及分析

（一）描述性统计

表 6－53 为各主要变量的描述性统计。*Roe* 的均值为 0.067，这和现有的文献较为接近。内审负责人教育程度（*Dir_edu*）的均值为 0.864，中位数为 1。内审负责人是否获得注册会计师资格证书（*Dir_cpa*）的均值为 0.184，说明有 18.4% 的内审负责人获得注册会计师资格证书。内审部门规模（*Audit*）的均值为 0.315，中位数为 0.189。内审独立性（*Indep*）的均值为 0.304，表示 30.4% 的公司的内审独立性较高。其他变量的分布与现有文献基本一致，不再赘述。

表 6-52　　变量定义表

变量类	变量名称	变量定义
解释变量	*Dir_edu*	内审负责人的教育程度，专科及以下为0、本科为1、硕士为2、博士为3
	Dir_cpa	内审负责人是否获得注册会计师资格证书，获得则为1，否则为0
	Audit	内审部门规模，即内审部门员工总数/总资产自然对数
	Indep	内审独立性，取值为0或1，0表示独立性较低，1表示独立性较高
因变量	*Roe*	净资产收益率，等于当期净利润除以期末净资产
控制变量	*Size*	期末总资产自然对数
	Lev	资产负债率，等于期末负债除以期末总资产
	Grow	销售收入增长率
	Age	公司上市时间的自然对数
	Soe	控制权性质，如果是国有控股，则为1，否则为0
	Top	第一大股东持股比例
	DR	股权制衡度，第二至五大股东持股数之和/第一大股东持股数
	Board_size	董事会规模
	Inddir	公司独立董事的比例
	Big10	公司审计师的质量，公司是否聘请十大会计师事务所，如果是则为1，否则为0
	Industry	行业虚拟变量，行业按证监会的分类标准（除制造业继续划分为小类外，其他行业以大类为准），共有21个行业虚拟变量
	Year	年度虚拟变量，控制不同年份宏观经济因素的影响

表 6-53　　各变量描述性统计

	均值	中位数	最小值	最大值	标准差
Roe	0.067	0.070	-0.662	0.439	0.105
Dir_edu	0.864	1.000	0.000	3.000	0.672
Dir_cpa	0.184	0.000	0.000	1.000	0.387
Audit	0.315	0.189	0.047	3.382	0.441
Indep	0.304	0.000	0.000	1.000	0.460
Size	21.800	21.644	19.287	25.557	1.172
Lev	0.431	0.423	0.032	0.984	0.226
Grow	0.221	0.119	-0.572	6.422	0.625
Soe	0.395	0.000	0.000	1.000	0.489
Age	2.116	2.197	0.693	3.135	0.693
Top	0.358	0.345	0.085	0.750	0.151
DR	0.665	0.495	0.017	2.755	0.600
Board size	2.266	2.303	1.792	2.773	0.167
Inddir	0.370	0.333	0.300	0.571	0.051
Big10	0.556	1.000	0.000	1.000	0.497

（二）实证结果

表6-54列示了内部审计水平与企业绩效的回归结果。（1）-（4）列分别为内审负责人的教育程度、内审负责人的资格证书、内审部门的规模、内部审计的独立性与企业业绩的回归结果。实证结果显示，除了内审部门的规模这一变量外，以上内审质量的衡量变量均在10%以上的水平上与企业绩效显著正相关，内审部门的规模与企业绩效正相关，但系数不显著。第（5）列列示了以上4个内审质量的衡量变量与企业绩效的回归结果，各个变量的边际效应分别是：内审负责人的教育程度0.0004、内审负责人的资格证书0.0097、内审部门的规模0.007、内部审计的独立性0.0074，显示内审负责人的资格证书对企业业绩的边际贡献最高。我们的假设得到了支持。

表6-54　　实证结果

	(1)	(2)	(3)	(4)	(5)
	Roe	*Roe*	*Roe*	*Roe*	*Roe*
Cons	-0.348***	-0.349***	-0.338***	-0.354***	-0.323***
	(-7.372)	(-7.403)	(-6.921)	(-7.509)	(-6.550)
Dir_edu	0.00450*				0.000372
	(1.745)				(0.127)
Dir_cpa		0.0109**			0.00970**
		(2.512)			(2.210)
Audit			0.00452		0.00728*
			(1.108)		(1.738)
Indep				0.00672*	0.00739**
				(1.848)	(2.031)
Size	0.0207***	0.0206***	0.0204***	0.0211***	0.0188***
	(11.204)	(11.131)	(10.520)	(11.421)	(9.456)
Lev	-0.124***	-0.123***	-0.124***	-0.123***	-0.121***
	(-12.483)	(-12.399)	(-12.463)	(-12.454)	(-12.189)
Grow	0.0246***	0.0245***	0.0247***	0.0247***	0.0244***
	(9.219)	(9.175)	(9.242)	(9.244)	(9.149)
Age	0.00705**	0.00734**	0.00725**	0.00761**	0.00619*
	(2.000)	(2.087)	(2.059)	(2.162)	(1.746)
Soe	-0.0138***	-0.0122***	-0.0132***	-0.0129***	-0.0119***
	(-3.214)	(-2.846)	(-3.085)	(-3.018)	(-2.733)
Top	0.0414**	0.0437***	0.0431***	0.0426***	0.0427**
	(2.508)	(2.642)	(2.604)	(2.581)	(2.574)

续表

	(1)	(2)	(3)	(4)	(5)
	Roe	*Roe*	*Roe*	*Roe*	*Roe*
DR	0.00436	0.00440	0.00461	0.00447	0.00396
	(1.059)	(1.069)	(1.119)	(1.086)	(0.961)
Board_size	0.00135	0.00143	0.00118	0.00139	0.00156
	(0.111)	(0.118)	(0.097)	(0.114)	(0.128)
Inddir	−0.0752**	−0.0721*	−0.0792**	−0.0801**	−0.0793**
	(−2.006)	(−1.923)	(−2.106)	(−2.134)	(−2.110)
Big10	−0.00264	−0.00278	−0.00275	−0.00304	−0.00351
	(−0.784)	(−0.826)	(−0.817)	(−0.903)	(−1.039)
Industry	控制	控制	控制	控制	控制
Year	控制	控制	控制	控制	控制
N	3585	3585	3585	3585	3585
Adj − R^2	0.134	0.135	0.133	0.134	0.137

注：***、**和*分别表示在1%、5%和10%水平上显著；括号内为T值。

五、结论

通过以上分析，我们可以得出以下结论：第一，内部审计人员的专业胜任能力与企业绩效显著正相关；第二，内部审计的投入与企业绩效相关，但并不显著；第三，内部审计的独立性与企业绩效显著正相关。总体而言，内部审计对于企业绩效的提高有一定的作用。

本章小结

本章主要分析上市公司目前的内部控制和内部审计的投入和机构设置的相关情况，以及内部审计质量与企业绩效的相关关系。我们从内部控制咨询费用及内部控制费用变化两方面统计公司内部控制的投入；从内控专门机构的设立和负责内部控制工作的职能部门来分析公司的内部控制机构设置情况；从内审相关投入、内审机构的设置、独立性、内审人员的专业胜任能力、内审工作的开展这几方面来分析内部审计投入和机构设置的情况；从信息化建设、内部控制信息化建设及内部审计信息化建设三个方面统计内部控制和内部审计信息化情况。

我们主要得出以下结论：

第一，60.67%的上市公司聘请了内部控制咨询机构，大部分的公司

(66.27%)选择国内会计师事务所作为其内部控制咨询机构，内部控制咨询费用平均为29.46万元；随着内控建设的推进，上市公司内部控制费用呈上升趋势。

第二，绝大部分公司（95.29%）设立了内控专门机构来具体负责组织和协调内部控制的建立实施及日常工作，大多数公司（73.64%）由内审部门负责内部控制工作。

第三，在内部控制信息化建设方面，62.18%的上市公司选择《企业内部控制指引第18号——信息系统》作为其IT内部控制建设依据，目前ERP系统处于规划/实施/试行及正式上线的比例为77.61%；在IT内控建设过程中，理念和意识、应用推广以及信息系统建设规划是制约IT系统应用的关键因素；从2011年至2014年，上市公司在逐步加大对内部控制信息化投入的力度，内控信息化投入均值为308.46万元，现阶段的内控信息化程度介于一般及基本实现之间；而在内部审计信息化建设方面，仅有48.37%的上市公司采用了内部审计信息化系统。

第四，绝大多数的公司（98.55%）都设立了内审专职部门或人员，内部审计部门或专员对审计委员会或董事长负责的比例合计为87.74%，表明大多数公司的内审机构独立性都较高，但内部审计部门规模普遍较小，一半公司的内审人员为4人或4人以下。公司日常审计和专项审计工作较为到位，对于审计中发现问题的处理和后续跟进工作则有待加强。

最后，我们在描述性统计的基础上对内部审计质量与企业绩效的相关关系进行了实证分析。结果发现内部审计人员的专业胜任能力与企业绩效显著正相关；内部审计的投入与企业绩效相关，但并不显著；内部审计的独立性与企业绩效显著正相关。总体而言，内部审计对提高企业绩效有一定的作用。

第七章　内部控制实施效果

本章对我国上市公司的内部控制实施效果进行了调查，主要包括以下三个方面的内容：首先是内部控制实施，包括内部控制执行情况和内部控制有效性；其次是内部控制经济后果，包括内部控制对投资效率和企业价值的影响、内部控制的预防和监测欺诈、遵循内部控制相关法规的成本与收益等；最后是从实证角度探讨内部控制建立健全与执行情况与公司绩效的关系。

第一节　内部控制实施

内部控制旨在帮助企业防止舞弊和错误发生，提高财务报告质量，保障资产安全，提高经营效率和效果，促进企业实现战略目标。在实践中，内部控制实施的效果如何，这仍然有待检验。本节将从内部控制执行和内部控制有效性这两个方面对上市公司的内部控制实施情况进行调查。

一、内部控制的执行

上市公司是否有效执行内部控制，不仅关系到我国内部控制规范体系能否得以贯彻实施，更关系到公司经营是否合法合规、健康有序。因此，我们向上市公司总经理、财务总监、内审负责人和内控负责人调查了公司内部控制执行的有效情况。

（一）总体情况

表7－1和图7－1列示了上市公司内部控制执行的有效情况，结果显示，有65.35%的公司管理层认为本公司的内部控制执行比较有效，17.56%的公司管理层认为本公司的内部控制执行非常有效。

表7－1　　　　内部控制的执行

样本量	1	2	3	4	5	均值	标准差
6286	0.22	0.73	16.13	65.35	17.56	3.99	0.62

注：1＝非常不有效，2＝较不有效，3＝一般，4＝较有效，5＝非常有效。“1”至“5”列单位为“%”。

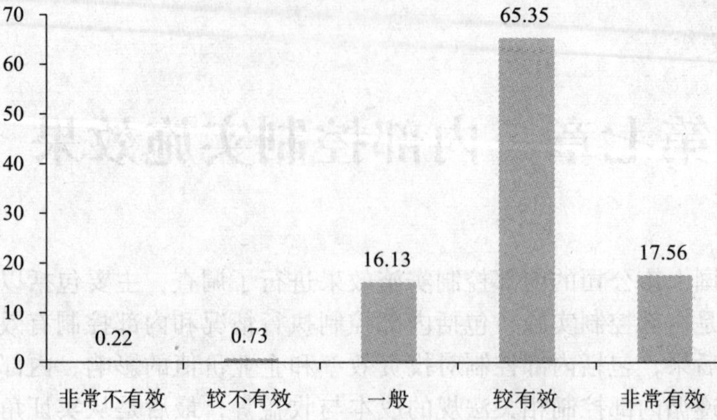

图 7－1　内部控制的执行

（二）按板块分组

为了进一步考察不同板块上市公司的内部控制执行情况，我们对调查问卷结果进行了分板块统计，具体结果如表 7－2 的 Panel A 所示。根据表中结果，我们可以看出，在内部控制的执行方面，不管是对于主板，还是中小板与创业板，均有超过 60% 的上市公司认为，本公司的内部控制执行比较有效。同时，相对于其他两个板块而言，主板上市公司更加认为本公司内部控制的执行非常有效。

为了考察不同板块的上市公司在内部控制的执行上是否存在显著差异，我们对分板块的统计结果进行均值检验，结果如表 7－2 的 Panel B 所示。统计结果显示，受访者认为，主板和中小板上市公司内部控制执行效果在 1% 的水平下显著高于创业板上市公司。然而，主板上市公司与中小板上市公司的内部控制执行情况没有显著差异。

表 7－2　　内部控制的执行（按板块分组）

Panel A 描述性统计

板块	样本量	1	2	3	4	5	均值	标准差
主板	4307	0.30	0.81	15.44	64.45	18.99	4.01	0.64
中小板	1372	0.07	0.58	16.40	66.55	16.40	3.99	0.60
创业板	607	0.00	0.49	20.43	69.03	10.05	3.89	0.56

Panel B 均值检验

	T 值	P 值
主板 VS. 中小板	1.24	0.22
主板 VS. 创业板	4.56***	0.00
中小板 VS. 创业板	3.49***	0.00

注：1＝非常不有效，2＝较不有效，3＝一般，4＝较有效，5＝非常有效。“1”至“5”列单位为“%”。***、**、* 分别表示 1%、5%、10% 统计水平显著。

（三）按控制权性质分组

为了考察国有控股上市公司与民营控股上市公司的内部控制执行情况，我们对问卷数据进行了分控制权性质统计，其结果参见表 7－3 的 Panel A，国有控股上市公司认为本公司内部控制的执行较有效或非常有效的比例为 85.94%，民营控股上市公司认为本公司内部控制的执行较有效或非常有效的比例为 80.29%。均值检验显示，受访者认为国有控股上市公司内部控制执行效果在 1% 的水平上显著高于民营控股上市公司。

表 7－3　　内部控制的执行（按控制权性质分组）

Panel A 描述性统计

控制权性质	样本量	1	2	3	4	5	均值	标准差
国有控股	2922	0.21	0.72	13.14	64.34	21.60	4.06	0.63
民营控股	3364	0.24	0.74	18.73	66.23	14.06	3.93	0.61

Panel B 均值检验

	T 值	P 值
国有控股 VS. 民营控股	8.49***	0.00

注：1＝非常不有效，2＝较不有效，3＝一般，4＝较有效，5＝非常有效。“1”至“5”列单位为“%”。***、**、*分别表示 1%、5%、10% 统计水平显著。

（四）按内部控制规范体系实施情况分组

我们将上市公司按照已实施和未实施内部控制规范体系进行分组，对内部控制执行是否有效进行描述性统计，如表 7－4 所示。统计结果显示，已实施内部控制规范体系组的均值为 4.09，未实施内部控制规范体系组的均值为 3.90，均值检验在 1% 的统计水平上显著。这表明，相对于未实施内部控制规范体系组，已实施内部控制规范体系组认为本公司的内部控制执行更有效。

表 7－4　　内部控制的执行（按内部控制规范体系实施情况分组）

Panel A 描述性统计

内部控制规范体系实施情况	样本量	1	2	3	4	5	均值	标准差
已实施	3084	0.19	0.75	11.71	65.01	22.34	4.09	0.62
未实施	3202	0.25	0.72	20.39	65.68	12.96	3.90	0.61

Panel B 均值检验

	T 值	P 值
已实施 VS. 未实施	11.72***	0.00

注：1＝非常不有效，2＝较不有效，3＝一般，4＝较有效，5＝非常有效。“1”至“5”列单位为“%”。***、**、*分别表示 1%、5%、10% 统计水平显著。

二、内部控制有效性

内部控制五大目标包括保证经营管理合法合规、保证资产安全、保证财务报告及相关信息真实完整、提高经营效率和效果、促进企业实现发展战略。有效的内部控制体系可以将影响目标实现的风险降低至可接受的水平，为公司目标的实现提供合理保证（COSO，2013）。我们向总经理、内审负责人和内控负责人调查了公司内部控制五大目标的实现程度，了解公司内部控制的有效性。

（一）总体情况

内部控制五大目标实现程度的调查结果如表7－5所示。总体而言，超过60%以上的上市公司认为内部控制能较为有效地实现五大目标。其中，认为内部控制较为有效地促进企业实现发展战略的上市公司比例最低，为60.69%，而认为内部控制较为有效地保证资产安全的上市公司比例最高，为69.12%。

表7－5　内部控制有效性

控制目标	样本量	1	2	3	4	5	均值	标准差
保证经营管理合法合规	5193	0.30	0.50	4.54	68.16	26.47	4.20	0.56
保证资产安全	5189	0.32	0.42	5.91	69.12	24.20	4.16	0.57
保证财务报告及相关信息真实完整	5188	0.34	0.32	4.85	64.64	29.81	4.23	0.58
提高经营效率和效果	5189	0.23	0.98	19.71	63.42	15.64	3.93	0.64
促进企业实现发展战略	5183	0.23	1.06	22.99	60.69	15.01	3.89	0.66
合计	25942	0.29	0.66	11.60	65.21	22.23	4.08	0.62

注：1＝完全无效，2＝较为无效，3＝一般，4＝较为有效，5＝完全有效。“1”至“5”列单位为“%”。

（二）按板块分组

我们对调查结果分板块进行描述性统计，结果如表7－6的Panel A所示。对于主板上市公司而言，认为内部控制较为有效地保证资产安全的上市公司比例最大，为68.89%；而认为内部控制较为有效地促进企业实现发展战略的上市公司比例最小，为60.27%。对于中小板（创业板）上市公司而言，认为内部控制较为有效地保证资产安全的上市公司比例最大，为68.27%（72.27%）；认为内部控制较为有效地促进企业实现发展战略的上市公司比例最小，为61.28%（61.65%）。

我们进行了均值检验，以考察不同板块对该问题的看法在统计上是否存在显著性差异，检验结果如表7－6的Panel B所示。我们发现，关于内部控制是否有效保证经营管理合法合规目标上，主板与中小板上市公司未表现出显著的差异（P值等于0.16，统计上不显著），但创业板上市公司对该问题的看法与主板和中小板的上市公司存在明显差异。关于内部控制对保证资产安全目标的实现是否有效的问题以及内部控制对保证财务报告及相关信息真实完整目标的实现是否有效的问题，主板与中小板上市公司未表现出显著的差异，但创业板上市公司对这两个问题的看法与主板和中小板的上市公司存在明显差异。在内部控制能否有效提高经营效率和效果的问题上，中小板上市公司与创业板上市公司表现出显著的差异。而在内部控制能否有效促进企业实现发展战略目标的问题上，我们发现三个板块的上市公司均未出现明显差异。

表 7-6 内部控制有效性（按板块分组）

Panel A 描述性统计

控制目标	板块	样本量	1	2	3	4	5	均值	标准差
保证经营管理合法合规	主板	3213	0.40	0.71	4.23	67.91	26.73	4.20	0.58
	中小板	1372	0.07	0.07	4.59	67.93	27.33	4.22	0.53
	创业板	608	0.32	0.32	6.08	70.06	23.19	4.15	0.56
保证资产安全	主板	3212	0.43	0.49	5.41	68.89	24.75	4.17	0.58
	中小板	1371	0.07	0.29	6.56	68.27	24.79	4.17	0.55
	创业板	606	0.33	0.33	7.09	72.27	19.96	4.11	0.55
保证财务报告及相关信息真实完整	主板	3212	0.46	0.43	4.48	64.38	30.23	4.23	0.59
	中小板	1370	0.07	0.14	5.10	64.08	30.58	4.25	0.55
	创业板	606	0.33	0.16	6.27	67.32	25.90	4.18	0.57
提高经营效率和效果	主板	3212	0.34	0.90	19.77	63.23	15.75	3.93	0.65
	中小板	1369	0.00	1.09	18.84	63.84	16.21	3.95	0.63
	创业板	608	0.16	1.15	21.38	63.48	13.81	3.90	0.63
促进企业实现发展战略	主板	3209	0.31	1.27	23.02	60.26	15.11	3.89	0.67
	中小板	1369	0.00	0.80	22.49	61.28	15.41	3.91	0.64
	创业板	605	0.33	0.49	23.96	61.65	13.55	3.88	0.64
合计	主板	16058	0.39	0.77	11.38	64.94	22.52	4.08	0.63
	中小板	6851	0.04	0.48	11.52	65.09	22.87	4.10	0.60
	创业板	3033	0.30	0.49	12.96	66.96	19.29	4.04	0.61

Panel B 均值检验

控制目标	主板 VS. 中小板		主板 VS. 创业板		中小板 VS. 创业板	
	T值	P值	T值	P值	T值	P值
保证经营管理合法合规	-1.38	0.16	1.72*	0.08	2.64***	0.01
保证资产安全	-0.22	0.82	2.29**	0.02	2.31**	0.02
保证财务报告及相关信息真实完整	-0.79	0.42	1.97**	0.04	2.43***	0.01
提高经营效率和效果	-0.98	0.32	1.23	0.21	1.80*	0.07
促进企业实现发展战略	-1.27	0.20	0.33	0.73	1.19	0.23
合计	-2.05**	0.04	3.20***	0.00	4.44***	0.00

注：1=完全无效，2=较为无效，3=一般，4=较为有效，5=完全有效。“1”至“5”列单位为“%”。***、**、* 分别表示1%、5%、10%统计水平显著。

（三）按控制权性质分组

为了考察不同控制权性质的上市公司如何看待内部控制五大目标的实现程度，

我们将样本划分为国有控股上市公司与民营控股上市公司，分别对两者的问卷回复结果进行了分组统计，具体结果如表7-7所示。根据Panel A的统计结果，我们发现，超过60%的国有控股上市公司认为，内部控制能够较为有效地促进五大目标的实现。69.81%的国有控股上市公司认为，内部控制能够较为有效地保证公司资产安全，该比例相对于其他内部控制目标而言最高；国有控股上市公司中认为内部控制能够较为有效地促进企业实现发展战略的上市公司比例最低，为61.54%。同样地，在民营控股上市公司中我们也发现了类似结论。另外，相对于其他内部控制目标，在国有控股上市公司样本中，认为内部控制能完全有效地保证财务报告及相关信息真实完整的比例最高，为29.82%，而认为内部控制能够完全有效地促进企业实现发展战略的比例最低，为15.46%。同样地，在民营控股上市公司样本中，认为内部控制能完全有效地保证财务报告及相关信息真实完整的比例最高，为29.82%，而认为内部控制能够完全有效地促进企业实现发展战略的比例也是最低，为14.67%。

表7-7　内部控制有效性（按控制权性质分组）

Panel A 描述性统计

控制目标	控制权性质	样本量	1	2	3	4	5	均值	标准差
保证经营管理合法合规	国有控股	2247	0.45	0.40	3.34	68.98	26.84	4.21	0.56
	民营控股	2946	0.20	0.58	5.47	67.55	26.21	4.19	0.57
保证资产安全	国有控股	2246	0.53	0.36	4.54	69.81	24.76	4.18	0.57
	民营控股	2943	0.17	0.48	6.97	68.60	23.79	4.15	0.56
保证财务报告及相关信息真实完整	国有控股	2247	0.49	0.31	3.65	65.73	29.82	4.24	0.58
	民营控股	2941	0.24	0.34	5.78	63.82	29.82	4.23	0.58
提高经营效率和效果	国有控股	2246	0.40	0.53	19.01	63.49	16.56	3.95	0.64
	民营控股	2943	0.10	1.33	20.25	63.37	14.95	3.92	0.64
促进企业实现发展战略	国有控股	2244	0.36	0.98	21.66	61.54	15.46	3.91	0.66
	民营控股	2939	0.14	1.12	24.02	60.05	14.67	3.88	0.66
合计	国有控股	11230	0.45	0.52	10.44	65.91	22.69	4.10	0.62
	民营控股	14712	0.17	0.77	12.49	64.68	21.89	4.07	0.62

Panel B 均值检验（国有控股VS. 民营控股）

控制目标	T值	P值
保证经营管理合法合规	1.51	0.13
保证资产安全	1.60	0.11
保证财务报告及相关信息真实完整	0.88	0.37
提高经营效率和效果	1.97**	0.04
促进企业实现发展战略	1.51	0.13
合计	3.27***	0.00

注：1=完全无效，2=较为无效，3=一般，4=较为有效，5=完全有效。“1”至“5”列单位为“%”。***、**、*分别表示1%、5%、10%统计水平显著。

除了对内部控制能否有效促进五大目标的实现进行基本的分控制权性质描述性统计之外，针对每一内部控制目标，我们也对不同控制权性质上市公司的问卷回复结果进行了均值检验，以考察国有控股上市公司与民营控股上市公司对该问题的看法在统计上是否存在显著性差异，检验结果如表7－7的Panel B所示。根据表中的T值检验结果，我们可以发现，只有在内部控制能否有效地提高企业经营效率和效果的问题上，国有控股上市公司与民营控股上市公司的看法存在明显差异（P值等于0.04，在5%水平上显著），对于内部控制能否有效地促进其他四个目标的实现，国有控股上市公司与民营控股上市公司的看法并无显著的不同。

（四）按内部控制规范体系实施情况分组

我们将上市公司按照已实施内部控制规范体系和未实施内部控制规范体系进行分组，对内部控制五大目标的实现程度进行描述性统计，如表7－8所示。统计结果显示，对于每一内控目标，已实施内部控制规范体系组的均值都大于未实施内部控制规范体系组，且均值检验至少在5%的水平上显著。这表明，已实施内部控制规范体系组比未实施内部控制规范体系组的五大目标实现程度更高。

表7－8　内部控制有效性（按内部控制规范体系实施情况分组）

Panel A 描述性统计

控制目标	内部控制规范体系实施情况	样本量	1	2	3	4	5	均值	标准差
保证经营管理合法合规	已实施	2312	0.52	0.65	3.03	68.17	27.64	4.22	0.58
	未实施	2881	0.14	0.38	5.76	68.17	25.55	4.19	0.55
保证资产安全	已实施	2311	0.61	0.43	4.20	69.32	25.44	4.19	0.58
	未实施	2878	0.10	0.42	7.30	68.97	23.21	4.15	0.56
保证财务报告及相关信息真实完整	已实施	2312	0.56	0.48	3.37	64.14	31.44	4.25	0.59
	未实施	2876	0.17	0.21	6.05	65.06	28.51	4.22	0.57
提高经营效率和效果	已实施	2311	0.43	0.61	17.70	64.65	16.62	3.96	0.64
	未实施	2878	0.07	1.29	21.33	62.44	14.87	3.91	0.64
促进企业实现发展战略	已实施	2309	0.39	1.04	20.40	62.28	15.89	3.92	0.66
	未实施	2874	0.10	1.08	25.09	59.43	14.30	3.87	0.65
合计	已实施	11555	0.50	0.64	9.74	65.71	23.41	4.11	0.62
	未实施	14387	0.12	0.67	13.10	64.82	21.29	4.06	0.61

Panel B 均值检验（已实施 VS. 未实施）

控制目标	T值	P值
保证经营管理合法合规	2.00**	0.05
保证资产安全	2.40**	0.02

续表

Panel B 均值检验（已实施 VS. 未实施）		
控制目标	T 值	P 值
保证财务报告及相关信息真实完整	2.41 **	0.02
提高经营效率和效果	3.17 ***	0.00
促进企业实现发展战略	3.00 ***	0.00
合计	5.69 ***	0.00

注：1 = 完全无效，2 = 较为无效，3 = 一般，4 = 较为有效，5 = 完全有效。“1”至“5”列单位为“%”。***、**、* 分别表示 1%、5%、10% 统计水平显著。

第二节　内部控制经济后果

近年来，理论界和实务界对内部控制经济后果的看法不一，主要有三类观点：（1）内部控制能给企业带来正面影响；（2）内部控制会给企业带来消极影响；（3）内部控制对企业没有显著影响。我们通过问卷调查，从企业价值、投资效率、预防与检测欺诈、遵循内部控制的成本与净收益这几个方面来考察上市公司内部控制的经济后果。

一、内部控制与企业价值

公司价值最大化理论认为，公司价值是指公司全部资产的市场价值，从广义上讲，是指公司通过内部诸多资源的组合所表现出来的被市场认可的经济实力和社会影响力。当前，价值最大化已成为人们普遍接受的企业目标，它也成为贯穿企业管理活动的一个基本思路。内部控制是价值管理的具体形式之一，也是能促进企业价值不断增值的因素之一，而企业价值也在内部控制的五大目标中得以充分体现。因此，我们向总经理、董事会秘书、财务总监和内控负责人调查了内部控制是否影响企业价值。

（一）总体情况

表 7 - 9 和图 7 - 2 列示了问卷调查结果的总体情况。通过问卷调查，我们获得了关于内部控制对企业价值影响问题的共计 6304 个样本。总体而言，上市公司的管理层对该问题的回复结果主要集中于“较小正面影响”和“较大正面影响”这两种评价中，其中，有 40.65% 的上市公司认为内部控制对企业价值具有较小的正面影响，认为内部控制对企业价值具有较大正面影响的上市公司比例最大，为 46.11%。这表明，绝大多数上市公司认为，内部控制对企业价值确实能够产生一定的正面

影响。

表 7-9　内部控制与企业价值

样本量	1	2	3	4	5	均值	标准差
6304	0.08	0.35	12.80	40.65	46.11	4.32	0.71

注：1 = 较大负面影响，2 = 较小负面影响，3 = 基本无影响，4 = 较小正面影响，5 = 较大正面影响。“1”至“5”列单位为“%”。

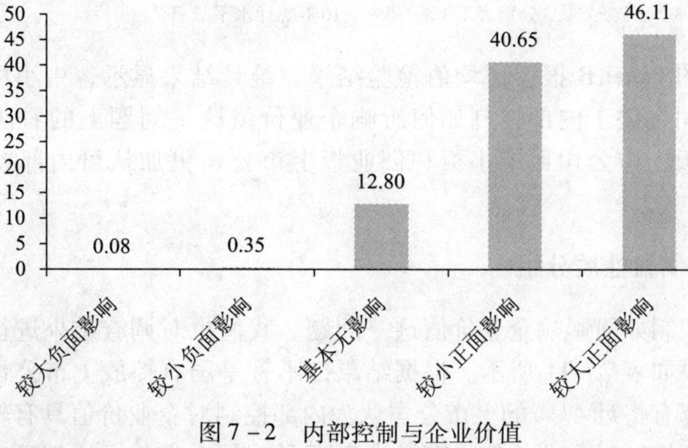

图 7-2　内部控制与企业价值

（二）按板块分组

表 7-10 列示了关于内部控制如何影响企业价值的分板块统计结果。根据描述性统计结果，我们可以发现，不管对于中小板上市公司还是对于创业板上市公司，认为内部控制对企业价值具有较小正面影响的公司比例与认为内部控制对企业价值具有较大正面影响的公司比例没有较大差异，均在 41% 至 44% 之间。对于主板上市公司，认为内部控制对企业价值具有较小正面影响的公司比例为 39.78%，而认为内部控制对企业价值具有较大正面影响的公司比例为 48.09%。上市公司认为内部控制对企业价值具有较小负面影响或具有较大负面影响的比例非常低，均未超过 1%。

表 7-10　内部控制与企业价值（按板块分组）

Panel A 描述性统计

板块	样本量	1	2	3	4	5	均值	标准差
主板	4321	0.09	0.35	11.69	39.78	48.09	4.35	0.70
中小板	1374	0.07	0.51	15.07	42.29	42.07	4.26	0.73
创业板	609	0.00	0.00	15.60	43.19	41.22	4.26	0.71

续表

Panel B 均值检验		
	T 值	P 值
主板 VS. 中小板	4.40***	0.00
主板 VS. 创业板	3.22***	0.00
中小板 VS. 创业板	0.04	0.97

注：1 = 较大负面影响，2 = 较小负面影响，3 = 基本无影响，4 = 较小正面影响，5 = 较大正面影响。“1”至“5”列单位为“%”。***、**、* 分别表示 1%、5%、10% 统计水平显著。

表 7-10 的 Panel B 报告了均值检验结果。统计结果显示，中小板上市公司与创业板上市公司在关于内部控制如何影响企业价值这一问题上的看法并没有显著的差异，但主板上市公司比中小板和创业板上市公司更加认可内部控制能提高企业价值。

（三）按控制权性质分组

关于内部控制如何影响企业价值这一问题，我们也对调查结果进行了分控制权性质统计，结果如表 7-11 所示。根据结果，不管是国有控股上市公司还是民营控股上市公司，都有将近 41% 的上市公司认为内部控制对企业价值具有较小的正面影响，并且，内部控制对企业价值具有较大正面影响的上市公司比例更大。均值检验结果表明，国有控股上市公司与民营控股上市公司对内部控制如何影响企业价值的看法存在显著性差异（P 值等于 0.00）。

表 7-11　内部控制与企业价值（按控制权性质分组）

Panel A 描述性统计

控制权性质	样本量	1	2	3	4	5	均值	标准差
国有控股	2927	0.10	0.27	11.14	40.69	47.80	4.36	0.69
民营控股	3377	0.06	0.42	14.24	40.63	44.66	4.29	0.72

Panel B 均值检验

	T 值	P 值
国有控股 VS. 民营控股	3.56***	0.00

注：1 = 较大负面影响，2 = 较小负面影响，3 = 基本无影响，4 = 较小正面影响，5 = 较大正面影响。“1”至“5”列单位为“%”。***、**、* 分别表示 1%、5%、10% 统计水平显著。

（四）按内部控制规范体系实施情况分组

我们将上市公司按照已实施内部控制规范体系和未实施内部控制规范体系进行分组，对内部控制与企业价值进行描述性统计，如表 7-12 所示。统计结果显示，已实施内部控制规范体系组的均值为 4.36，未实施内部控制规范体系组的均值为

4.29，均值检验在1%的水平上显著。这表明，相对于未实施内部控制规范体系组而言，在已实施内部控制规范体系组中有更大比例的上市公司认为，内部控制会给企业价值带来较大的正面影响。

表7－12　　内部控制与企业价值（按内部控制规范体系实施情况分组）

Panel A 描述性统计

内部控制规范体系实施情况	样本量	1	2	3	4	5	均值	标准差
已实施	3087	0.10	0.26	11.40	40.27	47.98	4.36	0.70
未实施	3217	0.06	0.44	14.14	41.03	44.33	4.29	0.72

Panel B 均值检验

	T值	P值
已实施 VS. 未实施	3.71***	0.00

注：1＝较大负面影响，2＝较小负面影响，3＝基本无影响，4＝较小正面影响，5＝较大正面影响。“1”至“5”列单位为“%”。***、**、*分别表示1%、5%、10%统计水平显著。

二、内部控制与投资效率

投资是公司筹资、投资与股利分配三大金融理论的核心问题之一。就微观而言，有效的投资构成公司成长的主要动因和未来现金流增长的重要基础，是企业价值增加的根本所在。由于公司投资战略的合理决策和有效实施是提高其经营效率和效果、促进其实现发展战略的根本保证（李万福等，2011），内部控制对上市公司投资效率会有怎样的影响是一个值得关注的问题。因此，我们向总经理、财务总监和内控负责人调查了内部控制对公司投资效率的影响①。

（一）总体情况

关于内部控制对投资效率的影响，表7－13和图7－3列示了问卷调查结果的总体情况。根据表7－13，我们获得了关于内部控制对企业投资效率影响问题的共计4188个样本。总体而言，上市公司的管理层对该问题的回复结果主要集中于“较小正面影响”和“较大正面影响”这两种评价中，其中，38.92%的上市公司认为内部控制对投资效率具有较小的正面影响，35.82%的上市公司认为内部控制对投资效率具有较大的正面影响。

表7－13　　内部控制与投资效率

样本量	1	2	3	4	5	均值	标准差
4188	0.14	6.23	18.89	38.92	35.82	4.04	0.90

注：1＝较大负面影响，2＝较小负面影响，3＝基本无影响，4＝较小正面影响，5＝较大正面影响。“1”至“5”列单位为“%”。

① 其中，我们向主板、中小板和创业板上市公司的总经理调查了该问题，向主板上市公司的财务总监和内控负责人调查了该问题。

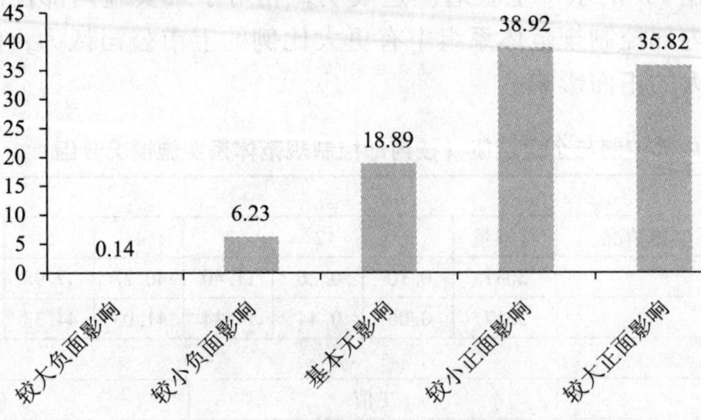

图 7－3　内部控制与投资效率

（二）按板块分组

表 7－14 列示了关于内部控制如何影响投资效率的分板块统计结果。根据 Panel A 的描述性统计结果，我们可以发现，中小板上市公司中认为内部控制对投资效率具有较小正面影响的比例与认为内部控制对投资效率具有较大正面影响的公司比例没有较大差异，分别占比 38.18% 和 36.56%。主板上市公司中认为内部控制对投资效率具有较小正面影响的比例最高，为 39.20%，而在三个板块中，创业板上市公司认为内部控制对投资效率具有较大正面影响的比例最小，为 34.00%。

表 7－14　　内部控制与投资效率（按板块分组）

Panel A 描述性统计

板块	样本量	1	2	3	4	5	均值	标准差
主板	3207	0.16	6.55	18.27	39.20	35.83	4.04	0.90
中小板	681	0.15	5.43	19.68	38.18	36.56	4.06	0.89
创业板	300	0.00	4.67	23.67	37.67	34.00	4.01	0.88

Panel B 均值检验

	T 值	P 值
主板 VS. 中小板	－0.42	0.67
主板 VS. 创业板	0.55	0.58
中小板 VS. 创业板	0.75	0.46

注：1 = 较大负面影响，2 = 较小负面影响，3 = 基本无影响，4 = 较小正面影响，5 = 较大正面影响。“1”至“5”列单位为“%”。***、**、* 分别表示 1%、5%、10% 统计水平显著。

表 7－14 的 Panel B 报告了均值检验结果。统计结果显示，主板上市公司、中小板上市公司与创业板上市公司在关于内部控制如何影响投资效率这一问题上的看法都没有表现出显著的统计差异。

（三）按控制权性质分组

关于内部控制如何影响投资效率这一问题，我们也对调查结果进行了分控制权性质统计，结果如表 7-15 所示。统计结果显示，在内部控制对投资效率是否具有较小正面影响或较大正面影响的问题上，国有控股上市公司与民营控股上市公司比例都比较接近。均值检验结果也表明，国有控股上市公司与民营控股上市公司对内部控制如何影响投资效率的看法并不存在显著的差异（T 值仅为 0.14）。

表 7-15　　内部控制与投资效率（按控制权性质分组）

Panel A 描述性统计

控制权性质	样本量	1	2	3	4	5	均值	标准差
国有控股	2111	0.14	6.54	18.71	38.56	36.05	4.04	0.91
民营控股	2077	0.14	5.92	19.07	39.29	35.58	4.04	0.89

Panel B 均值检验

	T 值	P 值
国有控股 VS. 民营控股	0.14	0.88

注：1 = 较大负面影响，2 = 较小负面影响，3 = 基本无影响，4 = 较小正面影响，5 = 较大正面影响。“1”至“5”列单位为“%”。***、**、* 分别表示 1%、5%、10% 统计水平显著。

（四）按内部控制规范体系实施情况分组

我们将上市公司按照已实施内部控制规范体系和未实施内部控制规范体系进行分组，对内部控制与投资效率进行描述性统计，如表 7-16 所示。统计结果显示，已实施内部控制规范体系组的均值为 4.05，未实施内部控制规范体系组的均值为 4.03，均值检验不显著。这表明，已实施内部控制规范体系组与未实施内部控制规范体系组在关于内部控制如何影响投资效率的看法上并无显著差异。

表 7-16　　内部控制与投资效率（按内部控制规范体系实施情况分组）

Panel A 描述性统计

内部控制规范体系实施情况	样本量	1	2	3	4	5	均值	标准差
已实施	2290	0.13	6.24	17.99	40.00	35.63	4.05	0.89
未实施	1898	0.16	6.22	19.97	37.62	36.04	4.03	0.91

Panel B 均值检验

	T 值	P 值
已实施 VS. 未实施	0.57	0.57

注：1 = 较大负面影响，2 = 较小负面影响，3 = 基本无影响，4 = 较小正面影响，5 = 较大正面影响。“1”至“5”列单位为“%”。***、**、* 分别表示 1%、5%、10% 统计水平显著。

三、内部控制的预防和检测欺诈作用

在企业中，管理人员可能通过欺诈等违法违规手段，损害或谋取经济利益，同时为个人带来不正当利益。健全且行之有效的内部控制体系可通过建立一系列的制度来预防和检测企业组织中可能存在的欺诈，有助于保护企业资产安全完整和企业经营管理合法合规，防止欺诈行为损害企业的经济利益。因此，为了调查内部控制预防和检测欺诈的作用，我们向总经理、财务总监、内审负责人和内控负责人发放了相关问卷①。

（一）总体情况

表7－17和图7－4列示了问卷调查结果的总体情况。我们获得了关于内部控制的预防和检测欺诈作用问题的共计5267个样本。总体而言，上市公司的管理层对该问题的回复结果主要集中于“较小正面影响”和“较大正面影响”这两种评价中，其中，有38.52%的上市公司认为内部控制对预防和检测欺诈具有较小的正面影响，并且我们发现，认为内部控制对预防和检测欺诈具有较大正面影响的上市公司比例更大，为52.00%。这表明，绝大多数上市公司认为，内部控制对企业预防和检测欺诈确实能够产生一定的正面影响。

表7－17　　内部控制的预防和检测欺诈作用

样本量	1	2	3	4	5	均值	标准差
5267	0.04	0.25	9.19	38.52	52.00	4.42	0.67

注：1＝较大负面影响，2＝较小负面影响，3＝基本无影响，4＝较小正面影响，5＝较大正面影响。“1”至“5”列单位为“%”。

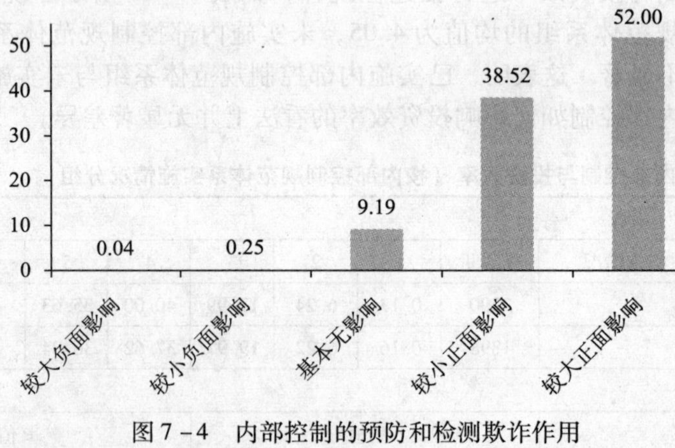

图7－4　内部控制的预防和检测欺诈作用

（二）按板块分组

表7－18列示了关于内部控制的预防和检测欺诈作用的分板块统计结果。根据

① 其中，我们向主板、中小板和创业板上市公司的总经理调查了该问题，向主板上市公司的财务总监、内审负责人和内控负责人调查了该问题。

Panel A 的描述性统计结果，我们可以发现，对于创业板上市公司而言，认为内部控制对预防和检测欺诈具有较小正面影响的公司比例与认为内部控制对预防和检测欺诈具有较大正面影响的公司比例没有较大差异，均在42%至44%之间。而对于主板和中小板上市公司而言，认为内部控制对预防和检测欺诈具有较小正面影响的公司比例与认为内部控制对预防和检测欺诈具有较大正面影响的公司比例却存在较大差异。具体而言，主板（中小板）上市公司中认为内部控制对预防和检测欺诈具有较小正面影响的公司比例为38.54%（36.47%），而认为内部控制对预防和检测欺诈具有较大正面影响的公司比例为53.32%（47.50%）。同时我们还发现，相对而言，上市公司中认为内部控制对预防和检测欺诈具有较大负面影响的比例比较低，均未超过2%。

表7－18　　内部控制的预防和检测欺诈作用（按板块分组）

Panel A 描述性统计

板块	样本量	1	2	3	4	5	均值	标准差
主板	4289	0.02	0.21	7.90	38.54	53.32	4.45	0.65
中小板	680	0.15	0.44	15.44	36.47	47.50	4.31	0.75
创业板	298	0.00	0.34	13.42	42.95	43.29	4.29	0.70

Panel B 均值检验

	T值	P值
主板 VS. 中小板	5.17***	0.00
主板 VS. 创业板	4.02***	0.00
中小板 VS. 创业板	0.30	0.76

注：1＝较大负面影响，2＝较小负面影响，3＝基本无影响，4＝较小正面影响，5＝较大正面影响。“1”至“5”列单位为“%”。***、**、*分别表示1%、5%、10%统计水平显著。

表7－18 的 Panel B 报告了均值检验结果。通过T检验，我们发现中小板上市公司与创业板上市公司在关于内部控制预防和检测欺诈作用的看法上并没有显著的差异，但主板上市公司对该问题的看法与中小板（创业板）上市公司相比，差异在1%的水平均显著。

（三）按控制权性质分组

关于内部控制的预防和检测欺诈作用，我们对调查结果进行了分控制权性质统计，结果如表7－19所示。根据结果，不管是国有控股上市公司还是民营控股上市公司，都有将近40%的公司认为内部控制对预防和检测欺诈具有较小的正面影响；并且，我们还发现，认为内部控制对预防和检测欺诈具有较大正面影响的国有与民营控股上市公司比例更大，分别达到53.30%和50.55%。尽管在内部控制对预防和检测欺诈是否具有较小正面影响的问题上，国有控股上市公司与民营控股上市公司比例比较接近，但在内部控制对预防和检测欺诈是否具有较大正面影响的问题上，国有控股上市公司的比例要高于民营控股上市公司将近3个百分点。均值检验结果显示，国有控股上市公司与民营控股上市公司对内部控制预防和检测欺诈作用的看法存在显著性差异（P值等于0.01）。

表7－19　　内部控制的预防和检测欺诈作用（按控制权性质分组）

Panel A 描述性统计

控制权性质	样本量	1	2	3	4	5	均值	标准差
国有控股	2790	0.04	0.14	8.42	38.10	53.30	4.44	0.65
民营控股	2477	0.04	0.36	10.05	39.00	50.55	4.40	0.68

Panel B 均值检验

	T值	P值
国有控股 VS. 民营控股	2.62***	0.01

注：1＝较大负面影响，2＝较小负面影响，3＝基本无影响，4＝较小正面影响，5＝较大正面影响。“1”至“5”列单位为“%”。***、**、*分别表示1%、5%、10%统计水平显著。

（四）按内部控制规范体系实施情况分组

我们将上市公司按照已实施内部控制规范体系和未实施内部控制规范体系进行分组，对内部控制的预防和检测欺诈作用进行描述性统计，如表7－20所示。统计结果显示，已实施内部控制规范体系组的均值为4.45，未实施内部控制规范体系组的均值为4.39，均值检验在1%的水平显著。这表明，相对于未实施内部控制规范体系组而言，已实施内部控制规范体系组认为内部控制的预防和检测欺诈作用更大。

表7－20　　内部控制的预防和检测欺诈作用（按内部控制规范体系实施情况分组）

Panel A 描述性统计

内部控制规范体系实施情况	样本量	1	2	3	4	5	均值	标准差
已实施	3061	0.03	0.20	7.64	39.24	52.89	4.45	0.64
未实施	2206	0.05	0.32	11.33	37.53	50.77	4.39	0.70

Panel B 均值检验

	T值	P值
已实施 VS. 未实施	3.26**	0.00

注：1＝较大负面影响，2＝较小负面影响，3＝基本无影响，4＝较小正面影响，5＝较大正面影响。“1”至“5”列单位为“%”。***、**、*分别表示1%、5%、10%统计水平显著。

四、遵循内部控制规范体系对企业成本的影响

管理层在遵循内部控制规范体系时会考虑各种成本因素，例如：对选择、执行及部署控制活动所需的投入、在现有业务流程上增加控制活动所需的投入以及对控

制活动进行必要的维护及更新所需的投入进行评估；评估信息技术本身的选择、执行、维护以及更新可能带来的巨大成本支出等等（COSO，2013）。遵循内部控制规范体系所带来的诸多成本往往会给企业内部控制建设带来阻碍，从而影响了内部控制的有效性。我们向财务总监和内控负责人调查了公司遵循内部控制法规的成本。

（一）总体情况

为了考察上市公司建立并遵循内部控制规范体系对企业成本会造成怎样的影响，我们对上市公司内部控制的遵循成本问题进行了问卷调查。通过数据整理，调查问卷的统计结果如表7－21和图7－5所示。

表7－21　遵循内部控制规范体系对企业成本的影响

样本量	1	2	3	4	5	均值	标准差
3104	6.15	29.09	48.26	14.72	1.77	2.77	0.84

注：1＝没有增加，2＝增加较少，3＝一般，4＝增加较多，5＝显著增加。“1”至“5”列单位为“%”。

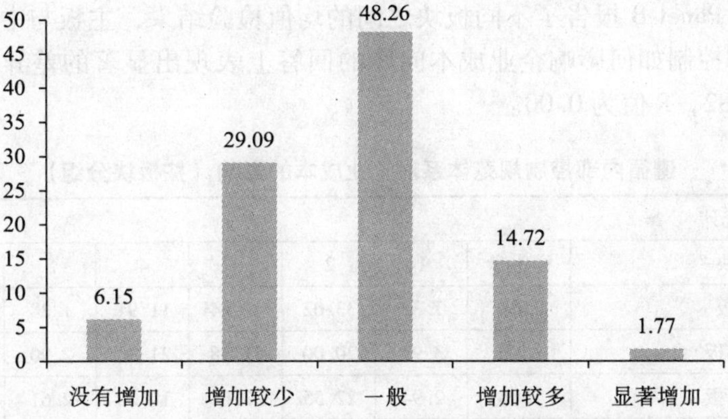

图7－5　遵循内部控制规范体系对企业成本的影响

根据表7－21的统计结果，我们发现，认为遵循内部控制会显著增加企业成本的上市公司比例很小，仅为1.77%，而且，认为遵循内部控制使企业成本增加较多的上市公司比例仍然较小，为14.72%。这在一定程度上表明，绝大多数上市公司认为，实施内部控制并没有给本公司带来较大的成本。从表中还可以发现，认为遵循内部控制对企业成本影响一般的上市公司比例最大，高达48.26%。同时，认为实施内部控制只是较少增加了企业成本的上市公司比例也比较大，为29.09%。

（二）按板块分组

为了考察遵循内部控制规范体系会给不同板块企业成本造成怎样的影响，我们把上市公司样本细分为主板上市公司、中小板上市公司和创业板上市公司，针对不同板块上市公司的调查统计结果如表7－22所示。根据表中结果，我们发现，相对于中小板和创业板上市公司而言，更大比例的主板上市公司认为遵循内部控制规范体系不会增加或较少增加了企业的成本。具体而言，在认为遵循内部控制没有增加成本的上市公司样本中，占比最高的是主板上市公司，为7.35%，而中小板与创业板上市公司的这一比例分别为3.91%和2.94%，小于主板上市公司。同样地，在认为遵循内部控制较少增加成本的上市公司样本中，中小板与创业板上市公司的占比分别为20.00% 和22.55%，而主板上市公司持有此观点的比例达到33.02%，高于中小板与创业板上市公司。

另一方面，在认为遵循内部控制会给企业带来较多成本的上市公司样本中，主板上市公司的比例最小，为11.91%，而持有相同观点的中小板（创业板）上市公司比例达到21.30%（19.28%）。类似地，在认为遵循内部控制会显著增加企业成本的上市公司样本中，我们发现，相对于主板上市公司而言，中小板（创业板）上市公司中持有此观点的比例更高，为2.90%（2.61%）。这说明，关于遵循内部控制究竟是否会显著增加企业成本这一问题，在不考虑持中立态度（即回答“一般”）的情况下，主板上市公司普遍认为遵循内部控制并没有或较少增加企业成本，而中小板和创业板上市公司却更多认为，遵循内部控制显著增加或较多增加了企业成本。

表7－22 Panel B 报告了不同板块之间的均值检验结果，主板与中小板上市公司在对遵循内部控制如何影响企业成本问题的回答上表现出显著的差异，均值检验的T值等于－5.82，P值为0.00。

表7－22　遵循内部控制规范体系对企业成本的影响（按板块分组）

Panel A 描述性统计

板块	样本量	1	2	3	4	5	均值	标准差
主板	2108	7.35	33.02	46.44	11.91	1.28	2.67	0.83
中小板	690	3.91	20.00	51.88	21.30	2.90	2.99	0.83
创业板	306	2.94	22.55	52.61	19.28	2.61	2.96	0.8

Panel B 均值检验

	T值	P值
主板 VS. 中小板	－5.82 ***	0.00
主板 VS. 创业板	－0.56	0.57
中小板 VS. 创业板	6.76 ***	0.00

注：1＝没有增加，2＝增加较少，3＝一般，4＝增加较多，5＝显著增加。“1”至“5”列单位为“%”。***、**、* 分别表示1%、5%、10%统计水平显著。

（三）按控制权性质分组

为了考察遵循内部控制规范体系对企业成本的影响在不同控制权性质的上市公司中具有怎样的差异，我们把上市公司样本划分为国有控股上市公司与民营控股上市公司，其统计结果如表7－23 所示。根据表中结果，我们可以发现，认为遵循内部控制规范体系不会增加企业成本的上市公司比例要高于民营控股上市公司

(8.13% >4.47%)，认为遵循内部控制规范体系仅仅会较少地增加企业成本的上市公司比例也要高于民营控股上市公司（33.38% >25.45 %）。然而，另一方面，我们还发现，国有控股上市公司认为遵循内部控制规范体系将会较多增加企业成本的比例要低于民营控股上市公司（12.06% < 16.98%），国有控股上市公司中认为遵循内部控制将会显著增加企业成本的比例也要低于民营控股上市公司（1.75% < 1.79%）。因此，总体而言我们可以认为，国有控股上市公司要比民营控股上市公司更加认为，遵循内部控制规范体系不会增加或较少增加企业成本。Panel B 报告了均值检验结果，T 值等于6.76，这表明，关于遵循内部控制规范体系会对企业成本带来怎样影响的问题上，国有控股上市公司与民营控股上市公司确实存在明显的差异。

表 7-23　遵循内部控制规范体系对企业成本的影响（按控制权性质分组）

Panel A 描述性统计

控制权性质	样本量	1	2	3	4	5	均值	标准差
国有控股	1426	8.13	33.38	44.67	12.06	1.75	2.66	0.86
民营控股	1678	4.47	25.45	51.31	16.98	1.79	2.86	0.81

Panel B 均值检验

	T 值	P 值
国有控股 VS. 民营控股	-6.76***	0.00

注：1 = 没有增加，2 = 增加较少，3 = 一般，4 = 增加较多，5 = 显著增加。“1”至“5”列单位为“%”。***、**、* 分别表示 1%、5%、10% 统计水平显著。

（四）按内部控制规范体系实施情况分组

我们将上市公司按照已实施内部控制规范体系和未实施内部控制规范体系进行分组，对遵循内部控制规范体系对企业成本的影响进行描述性统计，如表 7-24 所示。统计结果显示，已实施内部控制规范体系组的均值为 2.62，未实施内部控制规范体系组的均值为 2.91，均值检验在 1% 的水平上显著。这表明，相对于已实施内部控制规范体系组而言，未实施内部控制规范体系组认为遵循内部控制规范体系对企业成本的影响更大。

表 7-24　遵循内部控制规范体系对企业成本的影响（按内部控制规范体系实施情况分组）

Panel A 描述性统计

内部控制规范体系实施情况	样本量	1	2	3	4	5	均值	标准差
已实施	1505	8.37	34.68	44.45	11.23	1.26	2.62	0.84
未实施	1599	4.07	23.83	51.84	18.01	2.25	2.91	0.81

续表

Panel B 均值检验

	T 值	P 值
已实施 VS. 未实施	-9.52 ***	0.00

注：1 = 没有增加，2 = 增加较少，3 = 一般，4 = 增加较多，5 = 显著增加。"1" 至 "5" 列单位为 "%"。***、**、* 分别表示 1%、5%、10% 统计水平显著。

五、遵循内部控制规范体系的净收益

内部控制会给企业带来诸多收益，它可以增强管理层与董事会对实现目标的信心，可以及时反馈运营情况，并协助减少意外事件的发生。对许多公司而言，有效的内部控制体系最为显著的收益是：能够满足进入资本市场的特定要求，并使得资本驱动的创新及经济增长得以实现，也可以提升投资者的信心。然而，由于公司在遵循内部控制时往往受到人力与资本的制约。因此，在对内部控制进行抉择时，通常需要同时考虑备选方案的收益与成本（COSO，2013）。我们分别向主板上市公司的董事长、总经理、董事会秘书、财务总监、内控负责人调查了遵循内部控制规范体系的净收益。

（一）总体情况

根据表 7 - 25，我们发现，上市公司认为遵循《基本规范》及其配套指引的成本远大于收益的比例随着遵循年度推移而呈现逐渐下降的趋势。具体来讲，当遵循第一年时，有 11.49% 的上市公司认为遵循成本远大于遵循收益；当遵循第二年时，有 1.59% 的上市公司认为遵循成本远大于遵循收益；而当遵循第三年时，只有 0.90% 的上市公司认为遵循成本远大于遵循收益。同样地，关于内部控制的遵循成本是否略大于遵循收益，我们也发现类似的结论。并且，上市公司认为遵循《基本规范》及其配套指引的收益远大于成本的比例随着遵循年度推移而呈现逐渐上升的趋势。当遵循第一年时，12.62% 的上市公司认为遵循收益远大于遵循成本；当遵循第二年时，20.84% 的上市公司认为遵循收益远大于遵循成本；而当遵循第三年时，37.72% 的上市公司认为遵循收益远大于遵循成本。同样地，关于内部控制的遵循收益是否略大于遵循成本，我们也得出类似的结论。

表 7 - 25　　遵循内部控制规范体系的净收益

Panel A 描述性统计

	样本量	1	2	3	4	5	均值	标准差
遵循第一年	4344	11.49	36.72	15.47	23.71	12.62	2.89	1.25
遵循第二年	4391	1.59	12.66	26.08	38.83	20.84	3.65	1.00
遵循第三年	4311	0.90	4.48	9.19	47.72	37.72	4.17	0.84
合计	13046	4.66	17.97	16.96	36.73	23.68	3.57	1.17

续表

Panel B 均值检验

	T 值	P 值
遵循第二年 VS. 遵循第一年	63.89 ***	0.00
遵循第三年 VS. 遵循第一年	72.16 ***	0.00
遵循第三年 VS. 遵循第二年	51.94 ***	0.00

注：1 = 成本远大于收益，2 = 成本略大于收益，3 = 成本大致等于收益，4 = 收益略大于成本，5 = 收益远大于成本。“1”至“5”列单位为“%”。其中，在统计均值和标准差时剔除了“不适用”选项。***、**、* 分别表示 1%、5%、10% 统计水平显著。

我们对企业遵循内部控制规范体系的净收益进行了均值检验，结果如表7－25 Panel B 所示。企业在不同的遵循年度区间，内部控制所带来的净收益也存在显著的差异。具体而言，遵循内部控制第二年的净收益显著高于第一年，遵循内部控制第三年的净收益显著高于第二年，遵循内部控制第三年的净收益也显著高于第一年。

（二）按控制权性质分组

关于内部控制的遵循成本与遵循收益的问题，我们分控制权性质对调查结果进行了描述性统计，如表 7－26 所示。根据表中结果，我们发现，无论是对于国有控股上市公司还是民营控股上市公司，认为遵循《基本规范》及其配套指引的成本远大于收益（成本略大于收益）的比例都随着遵循年度推移而呈现逐渐下降的趋势，而认为遵循《基本规范》及其配套指引的收益远大于成本（收益略大于成本）的比例都随着遵循年度推移而呈现逐渐上升的趋势。

表 7－26　遵循内部控制规范体系的净收益（按控制权性质分组）

Panel A 描述性统计

	控制权性质	样本量	1	2	3	4	5	均值	标准差
遵循第一年	国有控股	1548	12.40	40.25	16.34	19.83	11.18	2.77	1.22
	民营控股	2702	10.73	35.05	14.84	25.87	13.51	2.96	1.26
遵循第二年	国有控股	1535	1.50	13.88	28.66	36.42	19.54	3.59	1.00
	民营控股	2758	1.63	11.86	24.87	39.96	21.68	3.68	0.99
遵循第三年	国有控股	1501	0.87	4.33	9.66	45.24	39.91	4.19	0.84
	民营控股	2713	0.96	4.46	8.85	49.32	36.42	4.16	0.83
合计	国有控股	4584	4.97	19.66	18.28	33.70	23.39	3.51	1.19
	民营控股	8173	4.42	17.07	16.24	38.41	23.87	3.60	1.15

续表

Panel B 均值检验（国有控股 VS. 民营控股）

	T值	P值
遵循第一年	-4.85***	0.00
遵循第二年	-3.02**	0.00
遵循第三年	1.19	0.23
合计	-4.37***	0.00

注：1＝成本远大于收益，2＝成本略大于收益，3＝成本大致等于收益，4＝收益略大于成本，5＝收益远大于成本。“1”至“5”列单位为“%”。其中，在统计均值和标准差时剔除了“不适用”选项。***、**、*分别表示1%、5%、10%统计水平显著。

为了比较国有控股上市公司与民营控股上市公司对于该问题的看法在统计上是否存在显著差异，我们做了均值检验，如表7－26的Panel B所示。当上市公司在遵循《基本规范》及其配套指引的前两年时，国有控股上市公司对于该问题的看法与民营控股上市公司存在显著的差异，而在上市公司遵循内部控制基本规范及配套指引的第三年，国有控股上市公司与民营控股上市公司对该问题的看法并未表现出显著差异。

（三）按内部控制规范体系实施情况分组

我们将上市公司按照已实施内部控制规范体系和未实施内部控制规范体系进行分组，对遵循内部控制的净收益进行描述性统计，如表7－27所示。统计结果显示，在遵循内控相关法规的第一年，已实施内部控制规范体系组的均值为4.06，未实施内部控制规范体系组的均值为4.08，均值检验结果不显著。但在遵循的第二年和第三年，均值检验结果在1%水平下显著。这表明，在遵循的第一年，已实施内部控制规范体系组与未实施内部控制规范体系组的遵循净收益没有显著差异，而在遵循的后两年，已实施内部控制规范体系组与未实施内部控制规范体系组的遵循净收益开始呈现显著不同。

表7－27　遵循内部控制规范体系的净收益（按内部控制规范体系实施情况分组）

Panel A 描述性统计

	内部控制规范体系实施情况	样本量	1	2	3	4	5	均值	标准差
遵循第一年	已实施	3830	8.49	29.14	12.43	20.81	10.86	4.06	2.59
	未实施	1549	11.23	30.92	12.65	15.04	8.52	4.08	2.80
遵循第二年	已实施	3804	1.31	10.20	21.27	33.41	18.14	4.51	2.14
	未实施	1493	1.34	11.25	22.51	29.07	15.07	4.70	2.38
遵循第三年	已实施	3753	0.72	3.52	7.75	40.66	31.18	4.95	1.93
	未实施	1482	0.81	4.12	7.09	35.83	30.77	5.20	2.13
合计	已实施	11387	3.53	14.37	13.84	31.56	19.99	4.50	2.27
	未实施	4524	4.55	15.65	14.08	26.48	17.97	4.65	2.50

续表

Panel B 均值检验（已实施 VS. 未实施）		
	T 值	P 值
遵循第一年	-0.30	0.77
遵循第二年	-2.81***	0.00
遵循第三年	-4.08***	0.00
合计	-3.62***	0.00

注：1 = 成本远大于收益，2 = 成本略大于收益，3 = 成本大致等于收益，4 = 收益略大于成本，5 = 收益远大于成本。“1”至“5”列单位为“%”。其中，在统计均值和标准差时剔除了“不适用”选项。***、**、*分别表示 1%、5%、10%统计水平显著。

第三节　实证分析：内部控制建立健全、执行情况与公司绩效

在其他条件保持不变的前提下，公司所有权与控制权相分离所产生的代理问题可能会减损公司绩效（张国清等，2015）。Walsh and Seward（1990）、Jensen（1993）、Bushman and Smith（2001）、Denis and McConnell（2003）、白重恩等（2005）等学者认为，公司绩效主要取决于公司内部、外部治理机制的有效运作。作为与公司治理结构密不可分的体系，内部控制在企业经营管理活动中发挥着重要作用，是公司治理的基础。内部控制可通过缓解代理冲突和信息不对称，促进公司绩效的提升。本节对内部控制建立健全、执行情况与公司绩效进行实证分析。

一、理论分析

现代企业的基本特征之一在于，所有权与控制权的分离，并由此引发了一系列委托代理问题。企业追求公司绩效，需要借助适当的管理机制来减轻企业的内部代理问题，从而降低代理成本。然而，对这些问题的分析要比对所有者与高管层之间“大股东侵害小股东”问题、“所有权和控制权”问题的分析更为复杂，这是由于各方契约权利和义务的性质多种多样，而且，一般也不会在显性的契约安排中作出具体规定。内部代理问题的存在要求公司各个层面的管理活动中都应该包括对更低层雇员的监督（Williamson，1983）。Jensen and Meckling（1995）强调，为了解决企业中决策权的不可转让性而导致的权利分配和控制等组织问题，需要为企业设计一套博弈规则，以便向组织内的所有代理人分配决策权、建立一个控制系统将个人的利益与企业的利益更紧密地捆绑在一起，其中的控制系统是界定了个人行动所导致的绩效、相应报酬或惩罚的程序和规则。虽然影响某个企业行为的因素有很多，但 Jensen and Meckling（1995）的研究表明，了解这些博弈规则可使我们更好地预测一

个企业的行为与绩效；Fama and Jensen（1983）认为，复杂的组织具有与决策管理和决策控制相关的特定知识和分散于组织中各个层次的代理人（从而不容易达到知识与决策权的统一）。这一类组织将决策管理权与决策控制权授予拥有特定相关知识的代理人，并且在组织的各个层次都将决策管理权与决策控制权相分离。因此，在公司的各个层级中，决策管理权与决策控制权被授权、分散、分离，这是缓解企业内部代理问题的一个有效方法（Fama and Jensen，1983a）。企业复杂的决策层级一般可表现为，更低层级代理人的决策提交给更高层级的代理人，先审批再监督。由于更高层的代理人必须审批和监督更低层级代理人的决策提议，评价他们的绩效，从而各个层级的决策代理人要合谋侵害剩余索取者的利益就更加困难。对现代的一般企业而言，最终控制权一般都在董事会，因为董事会最重要的作用是监督公司中的最高决策者，它是上市公司最终的控制中心（Fama，1980；Gillan，2006），一般都有权力聘用或解雇高层经理，为他们确定报酬，并审核和监督重要决策。董事会对高层决策的控制，有助于保证决策管理与控制的分离。

Walsh and Seward（1990）认为，内部控制的有效运作有助于缓解企业决策中的代理问题，从而促进其实现更好的绩效。同样，张国清等（2015）也发现，高质量内控系统及其所产生高质量的内部信息，有利于提高公司内部契约效率，降低内部代理成本，提高公司绩效。Jensen（1993）认为，内部控制系统监督经理层的行为并最小化代理成本，在公司内部发挥着重要的治理作用，有效的内部控制是一个能够减轻代理冲突的有效监督机制。Lambert et al.（2007）认为，高质量的信息和内部控制系统，能够缓解公司内部的代理问题，进而改变均衡生产和投资决策，降低公司管理层侵占公司资源的金额比例，投资者将获得更多的现金流。Doyle et al.（2007a）发现，良好的内部控制是一种有效的内部监督机制。除此之外，还有诸多学者认为，良好的控制机制可用来缓解企业的内部代理问题，降低代理成本（Fama and Jensen，1983a；Walsh and Seward，1990；Jensen，1993；Jensen and Meckling，1995；Lambert et al.，2007）。并且，他们所界定的控制，与COSO和我国财政部等五部委所界定的企业内部控制不谋而合。

其中，COSO（2013）将内部控制定义为“由企业董事会、经理层和其他员工实施的，为运营的效率和效果、财务报告的可靠性、相关法令的遵循性等目标的达成而提供合理保证的过程”；我国的《基本规范》将内部控制定义为“是由企业董事会、监事会、经理层和全体员工实施的、旨在实现控制目标的过程。内部控制的目标是合理保证企业经营管理合法合规、资产安全、财务报告及相关信息真实完整、提高经营效率和效果、促进企业实现发展战略”。COSO和《基本规范》对内部控制的定义可以理解为涵盖所有的管理职能，除了目标的选择、用于实现目标的战略、对所发现例外的跟进。公司高质量的内部控制能够为内部控制目标的实现提供合理保证。在各种财务丑闻让全世界的投资者震惊之后，世界上绝大多数的公司治理已特别强调内部控制在公司治理中所发挥的关键作用（张国清等，2015）。通过确保财务报告的可靠性，及时地识别、评估和管理有可能损害公司实现目标的风险，内部控制有利于实现更好的公司绩效并保护投资者的利益（Michelon et al.，2009）。Kinney（2000）认为，一个有效的内部控制过程实质上是对企业大量的信息进行管理，以支持企业管理者的管理决策过程和保护企业的资产、合理保证企业目标的实现。方红星（2002）认为，从内部控制的三项目标看，显然它是提高组织效率的重要手段之一，是组织效率的重要内生变量。美国通用汽车公司前CEO斯隆在其1964年出版的《我在通用汽车的岁月》一书中用非常细腻的笔调描述了内部控制对通用汽车长盛不衰的重要作用（杨雄胜，2005）；内部控制就是企业内各个控制主体之间为实现其财富最大化而作出的合约安排，其本质属性是一种持续均衡利益关系的契约装置（Sunder，1997）。李万福等（2011）指出，内部控制作为企业运作的一种内在制度安排，通过明确企业内部契约各方的职责和收益，以及制定相关的游戏规则，可有效地控制、限制经理人及其他参与人员出现的不恰当行为（包括主观的和非主观的），同时激励契约各方作出最优的管理决策，防止有损公司绩效的行为。

综上，我们认为，高质量的内部控制可通过一系列内在的制度安排，实现董事会、监事会、经理层和其他员工之间的相互制衡，减轻企业内部代理问题，避免和化解利益冲突，有助于更好地激励、约束企业员工，实现更全面的合法合规、更高的财务报告质量、更理想的经营效率和效果以及更好的公司绩效。

二、研究设计

因变量是公司绩效（*Performance*）。借鉴 Sun and Tong（2003）、Fan et al.（2007）的研究，我们把公司绩效分为财务绩效与市场绩效。其中，对于财务绩效，我们用净资产收益率（*ROE*）来衡量；对于市场绩效，我们采用托宾Q值（*Tobin Q*）来衡量。

自变量为内部控制质量（*IC*）。我们从内部控制的建立健全、执行情况两个方面来考察企业的内部控制质量。若内部控制机制不够完善，有可能会影响内部控制的执行效果；而当内部控制机制缺乏执行力或管理人员对内部控制制度的执行不到位，内部控制的五大目标也同样难以实现。因此，我们认为，内部控制的建立健全或执行任一方面出现问题，都表明企业的内部控制质量较低。

在确定因变量和自变量后，参考 Fan et al.（2007）、Leenen（2008）、Stoel and Muhanna（2011）、张国清等（2015）等学者的研究，我们建立如下计量经济模型来考察内部控制质量如何影响公司绩效：

$$Performance = \alpha_0 + \alpha_1 IC + \alpha_2 Lnassets + \alpha_3 Lev + \alpha_4 Growth + \alpha_5 Intan + \alpha_6 State + \alpha_7 Big4 + \alpha_8 Age + \sum Industry + \varepsilon$$

其中，*Performance* 为公司绩效，我们选取两个代理变量，即净资产收益率（*ROE*）与托宾Q值（*Tobin Q*）。*IC* 表示内部控制质量，我们分别用内部控制机制的建立健全（*Build*）与执行情况（*Implement*）来衡量。我们参考 La Porta et al.（2002）、Claessens et al.（2002）、Sun and Tong（2003）、Fan et al.（2007）、Chen et al.（2008）、Leenen（2008）、Stoel and Muhanna（2011）等人的研究，还控制了

已被证实对公司绩效产生影响的变量，主要包括：（1）公司规模（*Lnassets*），一般认为，规模较大的公司处于其生命周期更为成熟的阶段，因而具有较低的公司绩效；（2）资产负债率（*Lev*），负债有助于减少代理问题，但较高的资产负债率也与公司破产风险相关，由此认为资产负债率对公司绩效的影响方向不确定；（3）公司主营业务收入增长率（*Growth*），主营业务收入增长较快的公司往往具有较高的公司绩效；（4）无形资产占总资产的比重（*Intan*），无形资产比重大的公司一般被认为具有更好的发展潜力；（5）公司实际控制人性质（*State*），公司实际控制人性质对公司绩效也具有一定影响。（6）公司是否聘请四大会计师事务所（*Big*4）；（7）公司成立年龄（*Age*）；（8）行业虚拟变量（*Industry*）。陈晓和江东（2000）研究表明行业竞争性影响公司绩效，由此控制行业固定效应，并按照2012年证监会颁布的最新行业分类标准对样本进行行业划分，其中，制造业取二级代码，其他行业取一级代码。

三、样本选取与数据来源

初始研究样本包括沪深两市的全部A股上市公司。我们从内部控制机制的建立健全、执行情况两个方面来衡量企业的内部控制质量，相关数据主要来自于证监会组织并实施的上市公司内部控制调查。对于内部控制的建立健全与执行情况，我们均采用1－5刻度进行刻画，数值越小则表明内部控制的建立健全或执行越差，即认为企业的内部控制质量越低。财务绩效变量、市场绩效变量以及模型中的控制变量数据均来自国泰安CSMAR数据库。为消除极端值的影响，我们对我们所使用到的连续变量按上下1%的比例进行了Winsorize处理。

四、实证结果及分析

表7－28报告了描述性统计结果，包括各变量的均值、中位数、标准差、最小值、最大值。从表7－28可见，财务绩效 *ROE* 和市场绩效 *Tobin Q* 的均值分别为0.05和1.83，而两者的标准误分别为0.17和1.31，说明不同公司的财务绩效和市场绩效均存在相当差异。由 *Build* 的均值为4.00以及 *Implement* 的均值为4.00可以看出，参与调研的上市公司整体认为本公司的内部控制建立健全和执行都比较有效，但根据 *Build* 和 *Implement* 的标准误分别为0.61和0.64，说明不同公司的内部控制建立与健全情况以及执行情况存在一定差异。*State* 的均值为0.60，说明在研究样本中有超过一半的上市公司属于国有控股上市公司。从公司成立年龄 *Age* 的最大值为24，而最小值为2，说明不同公司的成立年限有较大差异。

表7－28　各变量的描述性统计

变量	均值	中位数	最大值	最小值	标准差
ROE	0.05	0.06	0.73	−0.95	0.17
Tobin Q	1.83	1.39	8.94	0.70	1.31

续表

变量	均值	中位数	最大值	最小值	标准差
Build	4.00	4.00	5.00	1.00	0.61
Implement	4.00	4.00	5.00	1.00	0.64
Lnassets	22.35	22.20	27.96	15.58	1.41
Lev	0.48	0.47	8.61	-0.20	0.35
Growth	0.04	0.07	0.85	-2.15	0.33
Intan	0.05	0.04	0.33	0.00	0.06
State	0.60	1.00	1.00	0.00	0.49
Big4	0.02	0.00	1.00	0.00	0.12
Age	15.17	16.00	24.00	2.00	4.79

表7-29报告了各变量之间的Pearson相关系数。其中，*Build*、*Implement*与*ROE*的相关系数均不显著，初步表明内部控制的建立健全和执行情况对公司的财务绩效并不会造成较显著的影响。*Build*、*Implement*与*Tobin Q*的相关系数分别为-0.07和-0.06，这似乎与理论分析相矛盾。笔者认为，这是由于相关系数分析固有的内在缺陷造成的。相关系数仅分析两个变量之间的相关程度，并未考虑其他变量的影响，故所得出的结论是有偏的。因此，在下文的回归分析中，我们有必要对相关变量进行控制。此外，从表7-29可见，相当一部分变量之间呈显著正相关或负相关关系，为此，我们在后文实证检验中进一步计算了多元回归中所应用到的每一控制变量的方差膨胀因子（VIF，Variance of Inflation Factors），发现这些控制变量对应的VIF没有一个大于10，这意味着我们的实证研究结论并不受严重的多重共线性问题的影响。

表7-29　各变量的Pearson相关系数矩阵

	1.	2.	3.	4.	5.	6.	7.	8.	9.	10.	11.
1. *ROE*	1.00										
2. *Tobin Q*	0.02	1.00									
3. *Build*	0.03	-0.07^{b}	1.00								
4. *Implement*	0.02	-0.06^{c}	0.74^{a}	1.00							
5. *Lnassets*	0.10^{a}	-0.60^{a}	0.19^{a}	0.20^{a}	1.00						
6. *Lev*	0.00	0.04	0.05^{c}	0.03	0.14^{a}	1.00					
7. *Growth*	0.00	-0.14^{a}	0.06^{c}	0.06^{c}	0.16^{a}	-0.04	1.00				
8. *Intan*	-0.05^{c}	0.03	0.00	0.01	-0.02	-0.05^{c}	-0.01	1.00			
9. *State*	-0.03	-0.16^{a}	0.14^{a}	0.16^{a}	0.22^{a}	0.09^{a}	0.02	0.02	1.00		
10. *Big4*	0.02	-0.07^{b}	0.06^{b}	0.06^{b}	0.27^{a}	0.04	0.02	0.02	0.06^{c}	1.00	
11. *Age*	0.00	0.18^{a}	-0.01	0.01	-0.18^{a}	0.06^{c}	0.02	-0.04	0.02	-0.14^{a}	1.00

注：^{a}、^{b}、^{c}分别代表在1%、5%、10%水平下显著。

表7-30报告了公司绩效与内部控制建立健全和执行情况的多元回归结果。从回归结果（1）和（2）我们发现，尚无证据表明内部控制的建立健全与执行情况会显著影响公司的财务绩效。从回归结果（3）可以看出，在控制相关变量后，内部控制的建立健全程度与公司的市场绩效显著正相关，表明公司的内部控制机制越完善，市场对公司就表现出越大的信心，其市场绩效越好。从回归结果（4）可以发现，在保持其他控制变量不变的情况下，内部控制的执行情况与公司的市场绩效显著正相关，表明公司内部控制机制的执行越有效，将向市场传递更多的正面信息，同时可缓解公司内部与市场投资者之间的信息不对称，从而使公司本身获得更高的市场绩效。

表7-30　　实证结果

	Dependent = ROE		*Dependent = Tobin Q*	
	(1)	(2)	(3)	(4)
Build	0.003 (0.37)		0.103 * (1.95)	
Implement		0.001 (0.12)		0.121 ** (2.39)
Lnassets	0.015 *** (3.35)	0.015 *** (3.38)	-0.567 *** (-21.99)	-0.570 *** (-22.06)
Lev	-0.003 (-0.20)	-0.003 (-0.20)	0.467 *** (5.01)	0.470 *** (5.05)
Growth	-0.011 (-0.68)	-0.011 (-0.68)	-0.204 ** (-2.09)	-0.205 ** (-2.11)
Intan	-0.155 * (-1.65)	-0.155 (-1.65)	0.308 (0.55)	0.304 (0.54)
State	-0.016 (-1.42)	-0.016 (-1.40)	-0.116 * (-1.71)	-0.124 * (-1.81)
Big4	-0.003 (-0.06)	-0.002 (-0.05)	1.147 *** (4.34)	1.146 *** (4.34)
Age	0.0001 (0.08)	0.0001 (0.08)	0.026 *** (3.71)	0.026 *** (3.67)
Constant	-0.268 ** (-2.57)	-0.263 ** (-2.54)	13.660 *** (22.04)	13.65 *** (22.15)
Industry	控制	控制	控制	控制
N	1021	1021	1021	1021
Adj-R^2	0.032	0.031	0.436	0.437

注：***、**、*分别表示在1%、5%、10%水平上显著；括号内为T值。

五、结论

内部控制作为一种公司内部治理机制，其建立健全与执行情况对公司绩效具有一定的影响。当公司内部控制的建立健全与执行情况较好时，有助于向市场传递更多的正面信息，并缓解公司内部与市场投资者之间的信息不对称，从而使市场对公司表现出更大的信心，公司因此获得更高的市场绩效。然而，没有证据显示，内部控制的建立健全与执行情况对公司的财务绩效有显著影响。

本章小结

关于内部控制的实施情况，我们从内部控制执行和内部控制有效性二个方面对其进行了考察。其中，在内部控制执行方面，有超过60%的上市公司认为，本公司内部控制的执行比较有效；在内部控制有效性方面，绝大多数上市公司认为内部控制能够有效保证五大目标的实现。

关于内部控制的经济后果，我们从企业价值、投资效率、预防和检测欺诈的作用、遵循内部控制相关法规的成本以及净收益这几个方面对其进行了考察。其中，在企业价值方面，超过80%的上市公司认为内部控制对企业价值的实现具有正面影响；在投资效率方面，70%以上的上市公司认为内部控制有助于提升企业投资效率；在预防和检测欺诈的作用方面，超过90%的上市公司认为内部控制具有较好的预防和检测欺诈的作用；在遵循内部控制规范体系对企业成本的影响方面，认为遵循内部控制导致上市公司承担较多成本的比例仅占16%左右，说明绝大多数公司并不认为遵循内部控制会大幅增加公司总体成本；在内部控制遵循的净收益方面，随着遵循年度的推移，越来越多的上市公司认为遵循内部控制的收益远大于成本。但需要注意的是，内部控制的经济后果是客观存在的，而本问卷对上市公司高管如何评价内部控制经济后果进行了调查，具有一定的主观性，故问卷数据与实际情况可能存在偏差。

通过对内部控制的建立健全与执行情况如何影响公司绩效进行实证分析，我们发现，若公司内部控制的建立健全与执行情况较好，有助于向市场传递更多的正面信息，缓解公司内部与市场投资者之间的信息不对称，从而提升市场对公司的信心，公司因此获得更高的市场绩效。但目前尚无证据表明，内部控制的建立健全与执行情况能够显著影响公司的财务绩效。

第八章　内部控制评价与披露

上市公司内部控制评价有助于促进内部控制有效运行，及时整改内部控制缺陷，促进公司健康有序发展；上市公司内部控制信息披露有助于投资者了解上市公司的内部控制状况，为投资者的投资决策提供帮助。本章对上市公司内部控制评价与内部控制信息披露进行统计分析，以了解上市公司内部控制评价和内部控制信息披露的情况，为公司和监管部门提高公司内部控制质量提供建议。

第一节　内部控制评价

上市公司内部控制评价有助于企业自我完善内部控制体系，有助于提升公司市场形象和公众认可度，有助于实现与政府监管的协调互动（财政部会计司，2010）。本节将从内部控制缺陷发现的及时程度、内部控制缺陷与绩效评价两个方面进行分析。

一、内部控制缺陷发现的及时程度

内部控制不是一个事件或情况，而是一个动态且反复的过程（COSO，2013）。公司通过开展持续评估和单独评估，及时发现可能的内部控制缺陷情况，以确保内部控制缺陷得到及时整改，促进内部控制有效运行。我们向上市公司内审负责人调查了公司在内部控制评价过程中内部控制缺陷发现的及时程度。

（一）总体情况

我们对公司在内部控制评价过程中发现内部控制缺陷的及时程度进行了统计，如表8－1及图8－1所示。统计结果显示，绝大部分公司（84.47%）认为在内部控制评价过程中，能较及时或非常及时发现内部控制缺陷。

表8－1　内部控制缺陷发现的及时程度

样本量	1	2	3	4	5	均值	标准差
2060	0.05	0.53	14.95	72.33	12.14	3.96	0.54

注：1＝非常不及时，2＝较不及时，3＝一般，4＝较及时，5＝非常及时。“1”至“5”列单位为“%”。

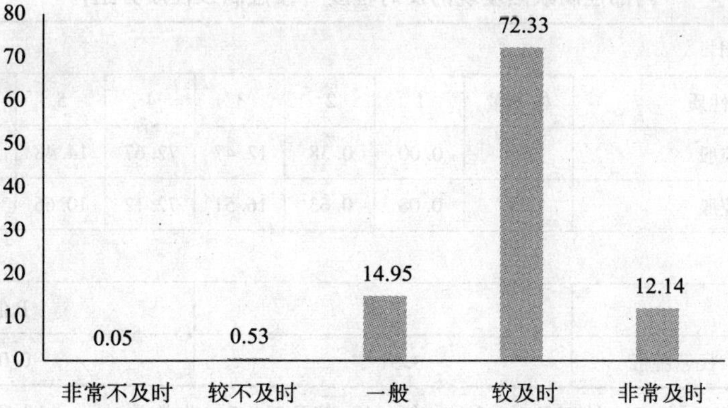

图 8－1　内部控制缺陷发现的及时程度

（二）按板块分组

我们对内部控制缺陷发现的及时程度进行分板块描述性统计，如表 8－2 所示。统计结果显示，中小板最为及时发现内部控制缺陷，其次为主板，最后为创业板。中小板和创业板发现内部控制缺陷的及时程度在 10% 的水平上存在显著差异。

表 8－2　　内部控制缺陷发现的及时程度（按板块分组）

Panel A 描述性统计

板块	样本量	1	2	3	4	5	均值	标准差
主板	1075	0.09	0.56	14.70	72.37	12.28	3.96	0.55
中小板	685	0.00	0.29	14.74	71.82	13.14	3.98	0.54
创业板	300	0.00	1.00	16.33	73.33	9.33	3.91	0.54

Panel B 均值检验

	T 值	P 值
主板 VS. 中小板	－0.61	0.54
主板 VS. 创业板	1.46	0.15
中小板 VS. 创业板	1.83*	0.07

注：1＝非常不及时，2＝较不及时，3＝一般，4＝较及时，5＝非常及时。“1”至“5”列单位为“%”。***、**、*分别表示 1%、5%、10%统计水平显著。

（三）按控制权性质分组

我们对内部控制缺陷发现的及时程度进行分控制权性质描述性统计，如表 8－3 所示。统计结果显示，国有控股上市公司均值为 4.01，民营控股上市公司均值为 3.93，均值检验在 1% 的水平上显著。这表明，国有控股上市公司比民营控股上市公司更为及时的发现内部控制缺陷。

表 8-3　内部控制缺陷发现的及时程度（按控制权性质分组）

Panel A 描述性统计

控制权性质	样本量	1	2	3	4	5	均值	标准差
国有控股	794	0.00	0.38	12.47	72.67	14.48	4.01	0.53
民营控股	1266	0.08	0.63	16.51	72.12	10.66	3.93	0.55

Panel B 均值检验

	T 值	P 值
国有控股 VS. 民营控股	3.51***	0.00

注：1 = 非常不及时，2 = 较不及时，3 = 一般，4 = 较及时，5 = 非常及时。“1”至“5”列单位为“%”。***、**、* 分别表示 1%、5%、10% 统计水平显著。

（四）按内部控制规范体系实施情况分组

我们将上市公司按照已实施内部控制规范体系和未实施内部控制规范体系分组，对内部控制缺陷发现的及时程度进行描述性统计，如表 8-4 所示。统计结果显示，已实施内部控制规范体系组均值为 3.99，未实施内部控制规范体系组均值为 3.94，均值检验在 5% 的水平上显著。这表明，已实施内部控制规范体系组比未实施内部控制规范体系组更为及时的发现内部控制缺陷。

表 8-4　内部控制缺陷发现的及时程度（按内部控制规范体系实施情况分组）

Panel A 描述性统计

内部控制规范体系实施情况	样本量	1	2	3	4	5	均值	标准差
已实施	777	0.00	0.39	13.38	72.97	13.26	3.99	0.53
未实施	1283	0.08	0.62	15.90	71.94	11.46	3.94	0.55

Panel B 均值检验

	T 值	P 值
已实施 VS. 未实施	2.04**	0.04

注：1 = 非常不及时，2 = 较不及时，3 = 一般，4 = 较及时，5 = 非常及时。“1”至“5”列单位为“%”。***、**、* 分别表示 1%、5%、10% 统计水平显著。

二、内部控制缺陷与绩效评价

内部控制由董事会、管理层和其他人员实施，由公司中的人及其言行举动来完成（COSO，2013）。董事会和高级管理层应当建立高层基调，以强调内部控制的重要性。相关人员应当正确地与组织目标协调一致。通过绩效评价，可以促进相关人员与组织目标协调一致，确保内部控制的有效运行。我们分别调查了两项内容：（1）内部控制缺陷与员工的晋升和考核；（2）内部控制缺陷整改与绩效评价。

（一）内部控制缺陷与员工的晋升和考核

我们向上市公司财务总监、内控负责人调查了公司高管、普通员工的晋升和绩效考核是否与内部控制缺陷（设计或运行缺陷）挂钩。我们对该题进行了进行描述性统计，如表8－5及图8－2所示。统计结果显示：第一，总体上，过半数的公司将内部控制缺陷与高管、普通员工的晋升、绩效挂钩；第二，在绩效评价时，选择将内部控制缺陷与高管的绩效挂钩的公司比例最高，为79.05%。

表8－5　　内部控制缺陷与员工的晋升和考核

员工的晋升和考核	样本量	考虑
高管的晋升	3089	73.55
高管的绩效	3098	79.05
普通员工的晋升	3089	61.67
普通员工的绩效	3094	65.48

注：“考虑”列单位为“%”。

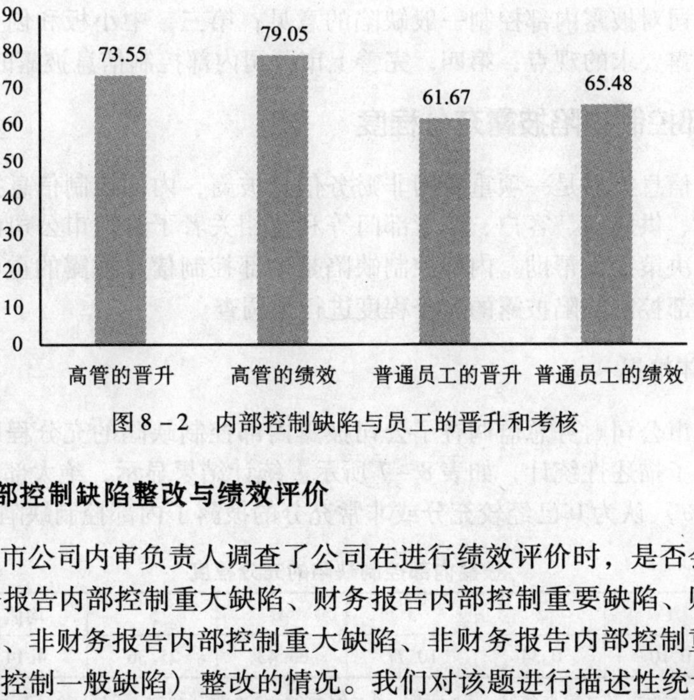

图8－2　内部控制缺陷与员工的晋升和考核

（二）内部控制缺陷整改与绩效评价

我们向上市公司内审负责人调查了公司在进行绩效评价时，是否会考虑内部控制缺陷（财务报告内部控制重大缺陷、财务报告内部控制重要缺陷、财务报告内部控制一般缺陷、非财务报告内部控制重大缺陷、非财务报告内部控制重要缺陷和非财务报告内部控制一般缺陷）整改的情况。我们对该题进行描述性统计，如表8－6所示。统计结果显示，公司最为重视财务报告内部控制重大缺陷的整改，94.96%的公司将财务报告内部控制重大缺陷与绩效评价挂钩。

表 8-6　内部控制缺陷整改与绩效评价

内部控制缺陷类型	样本量	考虑
财务报告内部控制重大缺陷	2062	94.96
财务报告内部控制重要缺陷	2059	93.15
财务报告内部控制一般缺陷	2065	78.89
非财务报告内部控制重大缺陷	2063	94.43
非财务报告内部控制重要缺陷	2060	92.09
非财务报告内部控制一般缺陷	2065	75.64

注："考虑"列单位为"%"。

第二节　内部控制信息披露

证监会《信息披露编报规则第 21 号》对上市公司内部控制信息披露进行了规范，这些信息披露是否充分，上市公司对这些信息披露的看法如何，本节将对这些问题进行调查。具体来说，本节分为四部分：第一，内部控制信息披露充分程度；第二，上市公司对披露内部控制一般缺陷的意见；第三，中小板和创业板公司对当前内部控制披露要求的观点；第四，完善上市公司内部控制信息披露的建议。

一、内部控制缺陷披露充分程度

内部控制信息披露是一项重要的非财务信息披露，内部控制信息披露有助于投资者、债权人、供应商、客户、监管部门等利益相关者了解上市公司内部控制的运行情况，为其决策提供帮助。内部控制缺陷是内部控制信息披露的重要内容，我们对上市公司内部控制缺陷披露的充分程度进行了调查。

（一）总体情况

我们向上市公司财务总监调查了公司披露内部控制缺陷的充分程度。我们对该调查问题进行了描述性统计，如表 8-7 所示。统计结果显示，绝大部分公司的财务总监（88.79%）认为其已经较充分或非常充分的披露了内部控制缺陷。

表 8-7　披露内部控制缺陷的充分程度

样本量	1	2	3	4	5	均值	标准差
2070	0.10	0.34	10.77	63.43	25.36	4.14	0.60

注：1 = 完全不充分，2 = 较不充分，3 = 一般，4 = 较充分，5 = 非常充分。"1"至"5"列单位为"%"。

（二）按板块分组

我们对财务总监认为公司披露内部控制缺陷的充分程度进行分板块描述性统计，

如表 8 - 8 所示。统计结果显示，主板的均值为 4.18，中小板的均值为 4.13，创业板的均值为 3.99，均值检验表明三组样本的均值存在显著差异，这表明主板公司认为其披露的内部控制缺陷最为充分，其次是中小板，最后是创业板。

表 8 - 8　　披露内部控制缺陷的充分程度（按板块分组）

Panel A 描述性统计

板块	样本量	1	2	3	4	5	均值	标准差
主板	1077	0.19	0.37	9.19	61.47	28.78	4.18	0.61
中小板	689	0.00	0.29	10.74	64.88	24.09	4.13	0.59
创业板	304	0.00	0.33	16.45	67.11	16.12	3.99	0.58

Panel B 均值检验

	T 值	P 值
主板 VS. 中小板	1.87*	0.06
主板 VS. 创业板	4.88***	0.00
中小板 VS. 创业板	3.41***	0.00

注：1 = 完全不充分，2 = 较不充分，3 = 一般，4 = 较充分，5 = 非常充分。“1”至“5”列单位为“%”。***、**、* 分别表示 1%、5%、10% 统计水平显著。

（三）按控制权性质分组

我们对财务总监认为公司披露内部控制缺陷的充分程度进行分控制权性质描述性统计，如表 8 - 9 所示。统计结果显示，国有控股上市公司均值为 4.22，民营控股上市公司均值为 4.08，均值检验在 1% 的水平上显著。这表明，国有控股上市公司比民营控股上市公司认为其更为充分披露内部控制缺陷。

表 8 - 9　　披露内部控制缺陷的充分程度（按控制权性质分组）

Panel A 描述性统计

控制权性质	样本量	1	2	3	4	5	均值	标准差
国有控股	779	0.26	0.13	7.32	61.75	30.55	4.22	0.60
民营控股	1291	0.00	0.46	12.86	64.45	22.23	4.08	0.60

Panel B 均值检验

	T 值	P 值
国有控股 VS. 民营控股	5.05***	0.00

注：1 = 完全不充分，2 = 较不充分，3 = 一般，4 = 较充分，5 = 非常充分。“1”至“5”列单位为“%”。***、**、* 分别表示 1%、5%、10% 统计水平显著。

（四）按内部控制规范体系实施情况分组

我们将上市公司按照已实施内部控制规范体系和未实施内部控制规范体系分组，对财务总监认为公司披露内部控制缺陷的充分程度进行描述性统计，如表8－10所示。统计结果显示，已实施内部控制规范体系组均值为4.27，未实施内部控制规范体系组均值为4.06，均值检验在1%的水平上显著。这表明，已实施内部控制规范体系组比未实施内部控制规范体系组认为其更为充分披露内部控制缺陷。

表8－10　披露内部控制缺陷的充分程度（按内部控制规范体系实施情况分组）

Panel A 描述性统计

内部控制规范体系实施情况	样本量	1	2	3	4	5	均值	标准差
已实施	763	0.13	0.13	6.42	59.63	33.68	4.27	0.59
未实施	1307	0.08	0.46	13.31	65.65	20.50	4.06	0.60

Panel B 均值检验

	T值	P值
已实施 VS. 未实施	7.57***	0.00

注：1＝完全不充分，2＝较不充分，3＝一般，4＝较充分，5＝非常充分。“1”至“5”列单位为“%”。***、**、*分别表示1%、5%、10%统计水平显著。

二、披露内部控制一般缺陷的意愿

证监会《信息披露编报规则第21号》要求内部控制缺陷认定及整改情况应当区分财务报告内部控制和非财务报告内部控制，分别披露报告期内部控制重大缺陷和重要缺陷的认定结果及缺陷的性质、影响、整改情况、整改计划等内容，没有对内部控制一般缺陷的披露作规定。

（一）总体情况

我们向上市公司财务总监调查了公司是否需要披露内部控制一般缺陷。我们对该调查问题进行了描述性统计，如表8－11所示。统计结果显示，36.67%的公司认为需要披露内部控制一般缺陷，63.33%的公司认为不需要披露内部控制一般缺陷。

表8－11　披露内部控制一般缺陷的意愿

样本量	需要披露	不需要披露
2081	36.67	63.33

注：“需要披露”和“不需要披露”列单位为“%”。

（二）按板块分组

我们对披露内部控制一般缺陷的意愿进行分板块描述性统计，如表8－12所示。69.21%的主板公司认为不需要披露内部控制一般缺陷，中小板的比例为55.81%，创业板的比例为59.34%，主板显著高于中小板和创业板。统计结果显示，主板公司比中小板和创业板公司认为更不需要披露内部控制一般缺陷。

表8－12　　披露内部控制一般缺陷的意愿（按板块分组）

Panel A 描述性统计

板块	样本量	需要披露	不需要披露
主板	1088	30.79	69.21
中小板	688	44.19	55.81
创业板	305	40.66	59.34

Panel B 均值检验

	T值	P值
主板 VS. 中小板	5.78***	0.00
主板 VS. 创业板	3.25**	0.00
中小板 VS. 创业板	-1.04	0.30

注："需要披露"和"不需要披露"列单位为"%"。***、**、*分别表示1%、5%、10%统计水平显著。

（三）按控制权性质分组

我们对披露内部控制一般缺陷的意愿进行分控制权性质描述性统计，如表8－13所示。统计结果显示，68.28%的国有控股上市公司认为不需要披露内部控制一般缺陷，而民营控股上市公司只有60.34%，且两组样本的差异在1%的水平上显著。这表明，国有控股上市公司比民营控股上市公司认为更不需要披露内部控制一般缺陷。

表8－13　　披露内部控制一般缺陷的意愿（按控制权性质分组）

Panel A 描述性统计

控制权性质	样本量	需要披露	不需要披露
国有控股	785	31.72	68.28
民营控股	1296	39.66	60.34

Panel B 均值检验

	T值	P值
国有控股 VS. 民营控股	3.65***	0.00

注："需要披露"和"不需要披露"列单位为"%"。***、**、*分别表示1%、5%、10%统计水平显著。

（四）按内部控制规范体系实施情况分组

我们将上市公司按照已实施内部控制规范体系和未实施内部控制规范体系分组，对披露内部控制一般缺陷的意愿进行描述性统计，如表 8-14 所示。统计结果显示，70.98% 的已实施内部控制规范体系公司认为不需要披露内部控制一般缺陷，而未实施内部控制规范体系公司只有 58.82%，且两组样本在 1% 的水平上显著。这表明，已实施内部控制规范体系的公司比未实施内部控制规范体系的公司认为更不需要披露内部控制一般缺陷。

表 8-14　　披露内部控制一般缺陷的意愿（按内部控制规范体系实施情况分组）

Panel A 描述性统计

内部控制规范体系实施情况	样本量	需要披露	不需要披露
已实施	772	29.02	70.98
未实施	1309	41.18	58.82

Panel B 均值检验

	T 值	P 值
已实施 VS. 未实施	5.60 ***	0.00

注："需要披露"和"不需要披露"列单位为"%"。***、**、* 分别表示 1%、5%、10% 统计水平显著。

三、中小板和创业板公司对内部控制披露的观点

内部控制信息披露不足会影响利益相关者了解上市公司内部控制信息披露状况，内部控制信息披露过度会加重上市公司的负担，特别是中小企业的负担。中小板和创业板公司是否认为内部信息披露要求过多，我们对此进行了调查。

（一）总体情况

我们向中小板和创业板上市公司财务总监调查了内部控制信息披露是仍显不足，还是过多。我们对该调查问题进行了描述性统计，如表 8-15 所示。统计结果显示，55.34% 的公司认为当前披露仍显不足，44.66% 的公司认为披露内容过多。

表 8-15　　中小板和创业板公司对内部控制披露的观点

样本量	披露仍显不足	披露内容过多
974	55.34	44.66

注："披露仍显不足"和"披露内容过多"列单位为"%"。

（二）按板块分组

我们对内部控制披露的观点进行分板块描述性统计，如表 8-16 所示。54.45% 的中小板公司认为披露仍显不足，而创业板公司的比例为 57.33%，两组样本均值

没有显著差异。

表 8 - 16　中小板和创业板公司对内部控制披露的观点（按板块分组）

Panel A 描述性统计

板块	样本量	披露仍显不足	披露内容过多
中小板	674	54.45	45.55
创业板	300	57.33	42.67

Panel B 均值检验

	T 值	P 值
中小板 VS. 创业板	0.83	0.40

注："披露仍显不足"和"披露内容过多"列单位为"%"。***、**、* 分别表示 1%、5%、10% 统计水平显著。

（三）按控制权性质分组

我们对内部控制披露的观点进行分控制权性质描述性统计，如表 8 - 17 所示。57.89% 的国有控股上市公司认为披露仍显不足，而民营控股上市公司的比例为 55.00%，两组样本均值没有显著差异。

表 8 - 17　中小板和创业板公司对内部控制披露的观点（按控制权性质分组）

Panel A 描述性统计

控制权性质	样本量	披露仍显不足	披露内容过多
国有控股	114	57.89	42.11
民营控股	860	55.00	45.00

Panel B 均值检验

	T 值	P 值
国有控股 VS. 民营控股	-0.58	0.56

注："披露仍显不足"和"披露内容过多"列单位为"%"。***、**、* 分别表示 1%、5%、10% 统计水平显著。

四、完善上市公司内部控制信息披露的建议

我们向上市公司董事会秘书调查了完善公司内部控制信息披露的建议。该调查问题为开放性问题。我们收到 2129 家公司的董事会秘书问卷，1007 家公司回答了该问题。在这 1007 家公司中，148 家公司只填写了"无"或"暂无"，115 家公司没有提出实质的建议，744 家公司提出了实际的建议，回收情况见表 8 - 18。

表 8－18　　完善上市公司内部控制信息披露建议的回答数量

项目	问卷数量
收到董事会秘书问卷	2129
减：没有回答该问题	1122
只填写了“无”或“暂无”	148
没有提出实质的建议	115
最终样本	744

我们对 744 家公司提出的建议进行了结构化分析，构建完善公司内部控制信息披露建议调查问题指标体系。该体系由企业内部、外部监管和偏负面观点 3 个一级指标，16 个二级指标构建。公司回答的情况如表 8－19 所示。

表 8－19　　完善上市公司内部控制信息披露建议的回答情况

一级指标	二级指标	样本量	百分比
企业内部	健全公司治理结构	70	9.41
	明确企业内控权责的划分，构建完善的内控信息披露责任机制	67	9.01
	完善企业内控制度建设，如信息化，流程化	47	6.32
	完善企业内审体系	38	5.11
	建立健全风险控制机制	8	1.08
	培训企业内部内控相关人员，提高其对内控的重视程度	232	31.18
外部监管	完善内控披露制度，将内控披露的要求统一化、规范化、具体化，使其更具可操作性，更多地考虑公司实际情况	341	45.83
	加强内控披露监管力度，加大处罚力度和激励力度，营造诚信氛围，创造良好的监管环境	147	19.76
	有效评价内部控制，如量化内控执行情况	32	4.30
	完善内控信息披露渠道，并且对渠道进行监管，保证信息安全	10	1.34
	加强投资者教育，强化投资者对内控的监督	25	3.36
	培训中介机构（如会计师事务所），并且完善信息披露中介制度	64	8.60
	加强内控缺陷整改的监管	8	1.08
偏负面观点	内控制度过于形式化，脱离实际	41	5.51
	给予公司内控披露更多自主权，鼓励自愿披露、选择性披露、个性化披露	76	10.22
	内控披露要求太多而且过分严格，内控需要逐步建设	30	4.03

调查对象提出了许多完善上市公司内部控制信息披露建议，最多公司（45.83%）认为应当完善内控披露制度，将内控披露的要求统一化、规范化、具体化，使其更具可操作性，更多地考虑公司实际情况。其次是培训企业内部内控相关人员，提高其对内控的重视程度，31.18%的公司持有该观点；第三是加强内控披露

监管力度，加大处罚力度和激励力度，营造诚信氛围，创造良好的监管环境，19.76%的公司持有该观点。

但也有部分公司对内部控制信息披露持负面观点，认为应当给予公司内控披露更多自主权，鼓励自愿披露、选择性披露、个性化披露（10.22%），内控制度过于形式化，脱离实际（5.51%），内控披露要求太多而且过分严格，内控需要逐步建设（4.03%）。

第三节　实证分析：内部控制缺陷发现的及时程度与内部控制质量

一、理论分析

内部控制缺陷是指一个或多个与要素或原则相关，可能导致主体偏离控制目标（COSO，2013）。已有研究表明，当公司存在内部控制缺陷时，公司有更显著的异常应计（Ashbaugh－Skaife et al.，2008；Doyle et al.，2007），管理层预测准确性更低（Feng et al.，2009），公司透明度更低（Apring and Sautner，2013），内部控制信息披露质量更差。当公司内部控制缺陷修正后，应计质量和会计稳健性显著提高（Ashbaugh－Skaife et al.，2008；Goh and Li，2009）。

当公司存在内部控制缺陷时，存货周转率较低且更容易报告存货减值；当公司修正内部控制缺陷后，存货周转率提高了，且销售收入、毛利率和经营性现金流都有所提高（Feng et al.，2015）。在披露内部控制缺陷之前，处于融资约束的公司表现为投资不足，没有融资约束的公司表现为投资过度；但披露内部控制缺陷之后，由于董事会和市场中介监管的压力，投资效率显著上升（Cheng et al.，2013）。这表明当公司存在或者修正内部控制缺陷时，会对公司的资产回报率、内部控制目标的实现产生影响。

内部控制是一个动态且反复的过程，公司通过开展持续评估和单独评估，及时发现内部控制缺陷，尽早采取有效措施修正内部控制缺陷，促使内部控制有效运行，提高公司内部控制信息披露质量和促进公司实现内部控制目标。因此，我们认为，公司内部控制缺陷发现越及时，公司的内部控制质量越好。

二、研究设计

参考林斌等（2013）、李万福等（2011），我们设立模型8－1和模型8－2，检验内部控制缺陷发现的及时程度与内部控制质量的关系：

$$Dis\_ic = \alpha_0 + \alpha_1 Discover + \alpha_2 Size + \alpha_3 Lev + \alpha_4 Roa + \alpha_5 Grow + \alpha_6 Age + \alpha_7 Soe + \alpha_8 Top1 + \sum Industry + \sum Year + \varepsilon \quad (8-1)$$

$$Goal\_ic = \alpha_0 + \alpha_1 Discover + \alpha_2 Size + \alpha_3 Lev + \alpha_4 Roa + \alpha_5 Grow + \alpha_6 Age + \alpha_7 Soe + \alpha_8 Top1 + \alpha_9 Balance + \alpha_{10} Board\_size + \alpha_{11} Inddir + \sum Industry + \sum Year + \varepsilon \quad (8-2)$$

我们从两方面来衡量内部控制质量：（1）内部控制信息披露质量，采用深圳市迪博企业风险管理技术有限公司的内部控制信息披露指数。该指数依据我国《基本规范》，围绕内部控制五要素，参考国内外内部控制相关标准的基础上构建指标体系；手工搜集整理上市公司内部控制信息披露资料，对于所设置的每一项内部控制分指标，判断公司是否披露该分指标的相关内容，若公司披露了该分指标较为积极的正面信息，则取1，否则取0；在完成所有分指标的赋值评分后，对这些内部控制分指标进行相加汇总，得出过程导向的内部控制指数。（2）内部控制目标实现程度，采用林斌等（2014）的目标导向内部控制指数。该指数立足于我国制度背景，将内部控制五大目标划分为基础、经营、战略三个层级，并选取与其对应的指标，同时以内部控制重要缺陷和重大缺陷作为修正指标，构建目标导向的内部控制指数。该指数满分为1000分，为了使得回归系数大小合适，我们将该指数除以100，然后进行统计分析。关键解释变量为内部控制缺陷发现的及时程度（*Discover*），采用1－5刻度，其中1表示非常不及时，2表示较不及时，3表示一般，4表示较及时，5表示非常及时。

我们控制了如下因素：企业规模、资产负债率、销售收入增长率、控制权性质、第一大股东持股比例、股权制衡度、董事会规模、独立董事比例、行业因素、年度因素。具体变量定义参见表8－20。由于过程导向内部控制指数包含董事会规模、独立董事比例、股权制衡变量，为减少变量之间的相关性可能导致实证结果的偏差，我们在模型8－1中没有控制上述三个变量。

表8－20　　变量定义表

变量类	变量名称	变量定义
解释变量	*Dis_ic*	过程导向的内部控制指数
	Goal_ic	目标导向的内部控制指数
因变量	*Discover*	内部控制缺陷发现的及时程度
控制变量	*Size*	期末总资产自然对数
	Lev	资产负债率，等于总负债除以总资产
	Roa	总资产利润率，等于净利润除以总资产
	Grow	销售收入增长率，等于当年销售收入与上年销售收入之差除以上年销售收入
	Soe	控制权性质，如果是国有控股，则为1，否则为0
	Top1	第一大股东持股比例
	Balance	股权制衡度，第二至十大股东持股数之和/第一大股东持股数
	Board_size	董事会规模
	Inddir	公司独立董事的比例
	Industry	行业虚拟变量，行业按证监会的分类标准（除制造业继续划分为小类外，其他行业以大类为准），共有21个行业虚拟变量
	Year	年度虚拟变量，控制不同年份宏观经济因素的影响

三、样本选取与数据来源

研究样本为我国沪深两市的全部A股上市公司，样本区间为2013-2014年。内部控制缺陷发现的及时程度的数据来源于2014年中国上市公司内部控制调查问卷。财务数据来源于CSMAR数据库。剔除金融类上市公司和数据缺失的样本，最终样本数为3908个公司-年度观测值。参照通常做法，我们对所有连续变量的上下1%分位数进行winsorize处理。

四、实证结果及分析

表8-21报告了描述性统计结果，包括各变量的均值、中位数、标准差、最小值、最大值。从表8-21可见，过程导向的内部控制指数（*Dis_ic*）均值为63.91，目标导向的内部控制指数（*Goal_ic*）均值为6.34。内部控制缺陷发现的及时程度均值为3.95，表明大多数公司在内部控制评价过程中，能够较为及时地发现内部控制缺陷。其他变量的分布与现有文献基本一致，不再赘述。

表8-21　　各变量的描述性统计

	均值	中位数	最大值	最小值	标准差	样本
Dis_ic	64.91	65.25	84.18	36.10	5.96	3908
Goal_ic	6.34	6.64	9.63	0.00	1.41	3908
Discover	3.95	4.00	5.00	1.00	0.55	3908
Size	21.97	21.79	26.90	19.47	1.24	3908
Lev	0.44	0.43	0.95	0.05	0.22	3908
Roa	0.04	0.03	0.21	-0.19	0.05	3908
Grow	0.16	0.09	3.76	-0.62	0.45	3908
Age	10.66	9.00	23.00	2.00	6.48	3908
Soe	0.38	0.00	1.00	0.00	0.49	3908
Top1	0.35	0.34	0.75	0.09	0.15	3908
Balance	0.83	0.62	3.82	0.03	0.74	3908
Board_size	8.66	9.00	15.00	5.00	1.67	3908
Inddir	0.37	0.33	0.57	0.31	0.05	3908

我们对各变量进行相关性分析，如表8-22所示。内部控制缺陷发现的及时程度（*Discover*）与内部控制信息披露质量（*Dis_ic*）、内部控制目标实现程度（*Goal_ic*）的相关系数分别为0.07、0.07，均在1%的水平上显著为正，初步验证了内部控制缺陷及时发现有助于提高内部控制信息披露质量、实现内部控制目标。

表 8 – 22　　　　各变量的 Pearson 相关系数矩阵

	1.	2.	3.	4.	5.	6.	7.	8.	9.	10.	11.	12.	13.
1. *Dis_ic*	1.00												
2. *Goal_ic*	0.24^{a}	1.00											
3. *Discover*	0.07^{a}	0.07^{a}	1.00										
4. *Size*	0.28^{a}	0.14^{a}	0.06^{a}	1.00									
5. *Lev*	0.03^{c}	-0.19^{a}	-0.01	0.48^{a}	1.00								
6. *Roa*	0.10^{a}	0.43^{a}	0.04^{a}	0.02	-0.41^{a}	1.00							
7. *Grow*	0.01	0.12^{a}	0.00	0.02	0.03^{c}	0.16^{a}	1.00						
8. *Age*	-0.04^{b}	-0.11^{a}	-0.01	0.27^{a}	0.40^{a}	-0.15^{a}	-0.03^{b}	1.00					
9. *Soe*	0.14^{a}	-0.01	0.07^{a}	0.38^{a}	0.32^{a}	-0.12^{a}	-0.08^{a}	0.46^{a}	1.00				
10. *Top*1	0.08^{a}	0.10^{a}	0.05^{a}	0.26^{a}	0.06^{a}	0.08^{a}	0.00	-0.06^{a}	0.19^{a}	1.00			
11. *Balance*	0.02	0.00	-0.01	-0.14^{a}	-0.15^{a}	0.06^{a}	0.09^{a}	-0.18^{a}	-0.24^{a}	-0.68^{a}	1.00		
12. *Board_size*	0.09^{a}	0.04^{a}	0.05^{a}	0.31^{a}	0.15^{a}	0.00	-0.03^{c}	0.13^{a}	0.28^{a}	-0.01	0.04^{b}	1.00	
13. *Inddir*	0.03^{c}	-0.02	-0.02	-0.01	-0.02	-0.03^{c}	0.00	-0.06^{a}	-0.08^{a}	0.06^{a}	-0.03^{c}	-0.47^{a}	1.00

注：^{a}、^{b}、^{c} 分别代表在 1%、5%、10% 水平下显著。

表 8 – 23 列示了内部控制缺陷发现的及时程度与内部控制信息披露质量的实证结果。第（1）列为内部控制缺陷发现的及时程度与内部控制信息披露质量的回归结果，关键变量 *Discover* 的系数为 0.32，在 1% 的水平上显著为正。我们将内部控制信息披露质量划分为内部控制五要素，探讨内部控制缺陷发现的及时程度与内部控制五要素的关系，如表 8 – 23 的第（2）列至第（6）列所示，控制环境、控制活动与监督的回归中，关键变量 *Discover* 的系数均显著为正；在风险评估、信息与沟通的回归中，关键变量 *Discover* 的系数没有显著。总体上看，内部控制缺陷发现越及时，越有助于提高内部控制信息披露质量。

表 8 – 23　　　　实证结果（过程导向内控指数）

	(1)	(2)	(3)	(4)	(5)	(6)
	过程导向内控指数	控制环境	风险评估	控制活动	信息与沟通	监督
Cons	32.02***	19.69***	7.01	78.92***	42.94***	11.53**
	(15.58)	(6.28)	(1.55)	(23.31)	(11.60)	(2.18)
Discover	0.32**	0.66***	-0.55	0.60**	0.18	0.73*
	(1.97)	(2.64)	(-1.53)	(2.21)	(0.61)	(1.72)
Size	1.47***	1.36***	2.27***	0.05	0.91***	2.76***
	(15.79)	(9.58)	(11.13)	(0.34)	(5.41)	(11.54)

续表

	(1)	(2)	(3)	(4)	(5)	(6)
	过程导向内控指数	控制环境	风险评估	控制活动	信息与沟通	监督
Lev	-2.05 ***	-2.08 **	-2.37 *	-4.95 ***	3.56 ***	-4.42 ***
	(-3.56)	(-2.36)	(-1.88)	(-5.21)	(3.43)	(-2.98)
Roa	7.12 ***	11.78 ***	-0.11	15.84 ***	7.37 **	0.72
	(3.46)	(3.75)	(-0.02)	(4.67)	(1.98)	(0.13)
Grow	-0.08	0.26	-0.12	0.19	1.82 ***	-2.54 ***
	(-0.37)	(0.83)	(-0.27)	(0.56)	(4.91)	(-4.80)
Age	-0.14 ***	-0.20 ***	-0.17 ***	-0.31 ***	-0.40 ***	0.39 ***
	(-7.63)	(-7.16)	(-4.25)	(-10.50)	(-12.39)	(8.45)
Soe	1.68 ***	3.04 ***	0.85 *	-1.37 ***	-1.39 ***	7.27 ***
	(7.32)	(8.68)	(1.69)	(-3.62)	(-3.35)	(12.34)
Top1	-0.85	-4.83 ***	-0.94	-0.47	-0.95	2.92 *
	(-1.33)	(-4.93)	(-0.67)	(-0.44)	(-0.82)	(1.77)
Industry	控制	控制	控制	控制	控制	控制
Year	控制	控制	控制	控制	控制	控制
N	3908	3908	3908	3908	3908	3908
Adj. R^2	0.143	0.110	0.136	0.143	0.134	0.206

注：***、**、* 分别表示在1%、5%、10%水平上显著；括号内为T值。

表8-24列示了内部控制缺陷发现的及时程度与内部控制目标实现程度的回归结果。第（1）列为内部控制缺陷发现的及时程度与内部控制目标实现程度的回归结果，关键变量*Discover*的系数为0.12，在1%的水平上显著为正。我们将内部控制目标划分为五大目标，探讨内部控制缺陷发现的及时程度与内部控制五大目标实现程度的关系，如表8-24的第（2）列至第（6）列所示，关键变量*Discover*的系数均显著为正。实证结果表明，内部控制缺陷发现越及时，越有助于实现内部控制目标。

表8-24　实证结果（目标导向内控指数）

	(1)	(2)	(3)	(4)	(5)	(6)
	目标导向内控指数	合法合规目标	资产安全目标	报告目标	经营目标	战略目标
Cons	0.93 *	3.84 ***	5.18 ***	3.27 ***	-3.24 ***	-4.39 ***
	(1.90)	(4.41)	(11.89)	(4.60)	(-7.67)	(-5.63)
Discover	0.12 ***	0.16 **	0.10 ***	0.16 ***	0.07 **	0.10 *
	(3.23)	(2.45)	(3.00)	(3.06)	(2.28)	(1.70)
Size	0.22 ***	0.22 ***	-0.01	0.21 ***	0.31 ***	0.39 ***
	(10.26)	(5.73)	(-0.64)	(6.77)	(16.47)	(11.08)

续表

	(1)	(2)	(3)	(4)	(5)	(6)
	目标导向内控指数	合法合规目标	资产安全目标	报告目标	经营目标	战略目标
Lev	−0.89***	−1.84***	−0.65***	−1.64***	−0.12	−0.19
	(−6.86)	(−8.01)	(−5.63)	(−8.73)	(−1.09)	(−0.91)
Roa	9.84***	11.36***	6.93***	8.55***	9.15***	13.21***
	(21.30)	(13.84)	(16.84)	(12.75)	(22.92)	(17.96)
Grow	0.17***	−0.00	0.11**	−0.07	0.03	0.78***
	(3.63)	(−0.01)	(2.56)	(−1.04)	(0.74)	(10.55)
Age	−0.02***	−0.03***	−0.00	−0.02***	0.00	−0.03***
	(−3.86)	(−3.58)	(−0.40)	(−3.14)	(0.42)	(−5.25)
Soe	0.10**	0.26***	0.02	0.10	0.05	0.09
	(1.97)	(2.84)	(0.34)	(1.25)	(1.01)	(1.13)
*Top*1	−0.02	−0.07	−0.48***	−0.14	0.37**	0.20
	(−0.10)	(−0.19)	(−2.61)	(−0.45)	(2.10)	(0.62)
Balance	−0.04	−0.13*	−0.09***	−0.06	0.03	0.04
	(−1.07)	(−1.83)	(−2.60)	(−1.04)	(0.79)	(0.63)
Board_size	0.00	−0.00	−0.00	0.01	−0.00	0.01
	(0.28)	(−0.06)	(−0.12)	(0.65)	(−0.20)	(0.55)
Inddir	−0.35	−0.56	−0.41	−1.12*	0.07	0.25
	(−0.80)	(−0.72)	(−1.05)	(−1.74)	(0.18)	(0.35)
Industry	控制	控制	控制	控制	控制	控制
Year	控制	控制	控制	控制	控制	控制
N	3908	3908	3908	3908	3908	3908
Adj. R^2	0.236	0.154	0.140	0.145	0.263	0.229

注：***、**、*分别表示在1%、5%、10%水平上显著；括号内为T值。

五、结论

我们从内部控制信息披露质量和内部控制目标实现程度两个维度衡量内部控制质量，探讨了内部控制缺陷发现的及时程度与内部控制质量的关系。实证结果表明，内部控制缺陷发现越及时，越有助于提高内部控制信息披露质量；内部控制缺陷发现越及时，越有助于实现内部控制目标。总体而言，及时发现内部控制缺陷，有助于提高公司内部控制质量。

本章小结

在内部控制评价方面：第一，绝大部分公司（84.47%）认为在内部控制评价过程中，能够较及时或非常及时的发现内部控制缺陷。第二，我们调查了内部控制缺陷是否与员工的晋升和考核相挂钩，发现公司偏向于将内部控制缺陷的责任落实在高管身上，通过晋升的方式进行考核。

在内部控制信息披露方面：第一，大多数公司认为其已经充分披露了内部控制缺陷（88.79%）。第二，过半数公司认为不需要披露内部控制一般缺陷（63.33%）。第三，我们调查了中小板和创业板公司对当前内部控制披露是否过多，55.34%的公司认为当前披露仍显不足，44.66%的公司认为披露内容过多。第四，在咨询完善上市公司内部控制信息披露建议上，最多公司（45.83%）认为应当完善内控披露制度，将内控披露的要求统一化、规范化、具体化，使其更具可操作性，更多地考虑公司实际情况，其次是加强培训企业内控相关人员，提高其对内控的重视程度。

我们对内部控制缺陷发现的及时程度与内部控制质量的关系进行实证分析，实证结果表明，及时发现内部控制缺陷有利于提高内部控制信息披露质量，有助于实现内部控制目标。

第九章　案例分析

内部控制调研课题组综合考虑上市公司板块、控制权属性、公司所在地和行业等因素，选择北京市、上海市、广州市、深圳市共 12 家上市公司进行实地调研。内部控制调研课题组分为三个实地调研小组，于 2014 年 10 月下旬至 11 月上旬展开实地调研，深入现场，掌握第一手资料，系统、全面地记录、调查和分析上市公司内部控制运行机制，了解公司内部控制建设的现状、困惑以及对内部控制监管的建议等。我们根据实地调研，形成本章案例分析，补充和验证前文基于调查问卷的分析。

第一节　概　　述

一、实地调研样本选择

我们依据上市板块、公司性质、地域、所属行业、内部控制情况、纳入强制实施范围的年限等因素挑选了 12 家上市公司，分别为：SZNY、HYGF、KLDZ、MBFS、QMXC、BSY、GHSW、ZYDZ、GHYX、SQJT、FXYY、ZGJZ[①]。

上市板块分别为：4 家为沪市主板上市公司，2 家为深市主板上市公司，3 家为中小板上市公司，3 家为创业板上市公司。

控制权属性分别为：1 家为中央国有控股上市公司，3 家为地方国有控股上市公司，8 家为民营控股上市公司。

公司所在地分别为：4 家为北京市上市公司，4 家为上海市上市公司，2 家为广州市上市公司，2 家为深圳市上市公司。

调研公司行业既涵盖了土木工程建筑业、商业地产、汽车制造、电力热力生产和供应业、医药制造业、纺织服装服饰业等传统产业，也纳入了广播电视网络建设、互联网和相关服务、水处理与生态保护、医学材料制造、仪器仪表制造业、计算机与通信设备制造业等新兴产业。

---

① 我们使用字母代表调研的上市公司名称。

二、实地调研过程与方法

（一）实地调研程序

实地调研程序主要分为前期准备、现场调研及报告编制三个阶段。前期准备阶段：内部控制调研课题组查阅、研究上市公司公开披露信息，并在每家公司进场前召开组内会议，明确调研形式、目的及要求。现场调研阶段：访谈上市公司负责内部控制管理相关人员及外部审计师，并查阅相关资料，并在每家公司调研结束后召开总结会议，汇总当天调研的观点与收获。报告编制阶段：依据调研结果撰写 12 家实地调研公司的小报告，并形成实地调研总结分析报告。

（二）实地调研方法

调研的方法主要包括座谈会、单独访谈、资料查阅、内部控制管理流程的倒溯穿行等，并对有条件的公司进行了实地参观。为确保调研信息的全面性，调研小组的信息获得来源包括上市公司内部、证监局监管员、交易所、外部审计师及公开披露信息等。调研的重点包括内部控制管理运行情况、内部控制信息披露的程序和规范性、相关方对内部控制的认知和建议。

三、实地调研公司内部控制总体情况

（一）内部控制建设与运行情况

1. 中央国有控股上市公司

本次调研的中央国有控股上市公司为 ZGJZ。由于需要遵循不同部门制订的各项规范，公司并未构建一套单独的内部控制体系，而是将内部控制、安全质量环境审核、全面风险管理相关制度整合为一个统一的制度。整体来看，制度体系建设较为完善。

2. 地方国有控股上市公司

本次调研的地方国有控股上市公司包括 GHYX、SQJT、SZNY。这三家公司的内部控制建设工作开展得较早，都已按照相关监管要求建立了较为完善的内部控制体系，总体运行情况良好。在内部控制建设的过程中，三家公司都聘请了咨询机构协助。在信息化方面，SQJT 和 SZNY 分别建立了内部控制信息系统和风险管理系统。SQJT 和 SZNY 的内部控制体系与现行业务管理体系整合得较好，建立了合规型和管理型相结合的内控制度体系。

3. 民营控股上市公司

本次调研的民营控股上市公司中，两家主板上市公司（FXYY 和 HYGF）都聘请了会计师事务所提供咨询服务，协助进行内部控制体系的建设，目前已按照相关监管要求建立了较为完善的内部控制体系，总体运行情况良好。中小板和创业板的上市公司主要参照深圳证券交易所《深圳证券交易所中小板上市公司规范运作指引》（以下简称《中小板上市公司规范运作指引》）、《深圳证券交易所创业板上市公司规范运作指引》（以下简称《创业板上市公司规范运作指引》））建立内部控制体系，形成了较为完善、具有一定特色的内部控制体系。具体而言，本次调研的民营控股上市公司的内部控制建设和运行具有以下特点：

（1）两家公司（FXYY 和 KLDZ）将合规要求和管理要求结合得较好，建立了合规型和管理型兼顾的内部控制体系。

（2）六家公司（FXYY、KLDZ、BSY、MBFS、QMXC、ZYDZ）内部控制的特点与行业特点、公司经营特点以及公司战略相关度高，针对存在重大风险的业务领域进行了相应控制，如 FXYY 公司内控的重点在于药厂的生产流程和质量的控制；KLDZ 公司较为关注预算管理，QMXC 公司和 ZYDZ 公司都强调质量管理体系。

（3）在信息化建设方面，KLDZ 公司已实现业务全面 IT 化支持，其他七家公司（FXYY、HYGF、GHSW、BSY、MBFS、QMXC、ZYDZ）信息化建设处于起步阶段，还需进一步提高。

（4）FXYY 公司和 HYGF 公司对内部控制手册进行持续更新。

（二）内部控制评价与审计

1. 中央国有控股上市公司

ZGJZ 公司的内部控制信息披露程序、内部控制评价报告以及内部控制审计报告都比较规范。

2. 地方国有控股上市公司

三家地方国有控股上市公司（GHYX、SQJT、SZNY）的内部控制信息披露程序、内部控制评价报告以及内部控制审计报告都比较规范。在以下方面还需要提高与改善：部分会计师事务所在内部控制审计时主要关注的是财务报表相关的内部控制，而没有关注非财务报表相关的控制和风险。

3. 民营控股上市公司

两家主板民营控股上市公司（FXYY 和 HYGF）的内部控制信息披露程序、内部控制评价报告以及内部控制审计报告都比较规范。

本次调研的中小板和创业板的民营控股上市公司中，除 ZYDZ 公司尚未开展内部控制评价工作外，其他公司均由内审部牵头，在相关单位的配合下，对内部控制进行评价。在以下方面还需要提高与改善：负责内部控制评价工作的人员过少；针对评价工作可选择的培训渠道较为有限等。

（三）内部控制信息披露

调研的 12 家公司 2013 年都披露了内部控制评价报告，根据披露的内部控制评价报告，这 12 家公司均不存在重大、重要缺陷，公司已按照企业内部控制规范体系和相关规定的要求在所有重大方面保持了有效的财务报告内部控制。

4家国有控股上市公司（ZGJZ、GHYX、SQJT、SZNY）和2家主板民营控股上市公司（FXYY、HYGF）均披露了内部控制审计报告（均为标准无保留意见）。在中小板和创业板上市公司中，KLDZ公司披露了内部控制审计报告（标准无保留意见），MBFS公司披露了内部控制审核报告，QMXC公司、BSY公司和ZYDZ公司都披露了内部控制鉴证报告，GHSW公司未披露内部控制审计报告或鉴证报告。

第二节　ZGJZ内部控制分析

ZGJZ公司于1982年组建，2007年12月10日整体改制为股份有限公司，2009年7月29日在上海证券交易所挂牌上市。ZGJZ公司为中央国有控股上市公司，公司所在地为北京市。

ZGJZ主营业务包括房屋建筑工程、基础设施建设与投资、房地产开发与投资及设计勘察等，所属行业为建筑业。截至2014年12月31日，公司总资产9191.06亿元，净资产1969.13亿元，在岗员工238079人。

根据《分类分批实施内控规范通知》，ZGJZ公司自2012年纳入内部控制强制实施范围。

一、内部控制建设特点

（一）内部控制组织体系

ZGJZ从集团到下属各二级单位均明确了以董事长或总经理为牵头人的内部控制体系和全面风险管理领导小组。

2011年，ZGJZ公司改变由三个部门分别负责内部控制、安全质量环境审核及全面风险管理的组织架构，将其整合为企业策划与管理部，解决内部控制、风险管理与企业管理多层皮的问题。在此基础上，ZGJZ公司构建了内部控制体系的三道防线，分别是承担业务拓展和实施职责的业务部门，承担“全面风险管理、内部控制与安全质量环境体系”工作的企业策划与管理部，董事会下设的相关专业委员会、总经理办公会、季度运营分析会和内部审计部门。ZGJZ公司内部控制组织体系如图9-1所示。

（二）内部控制度构建

ZGJZ公司编制了《ZGJZ公司全面风险管理、内部控制与质量环境职业健康安全体系管理总则（试行）》（以下简称《总则》）以及相关实施指南，系统地对内部控制、安全质量环境审核、全面风险管理相关制度进行整合。

公司总部各部门参考《基本规范》及其配套指引的原则和思路，对照《总则》，

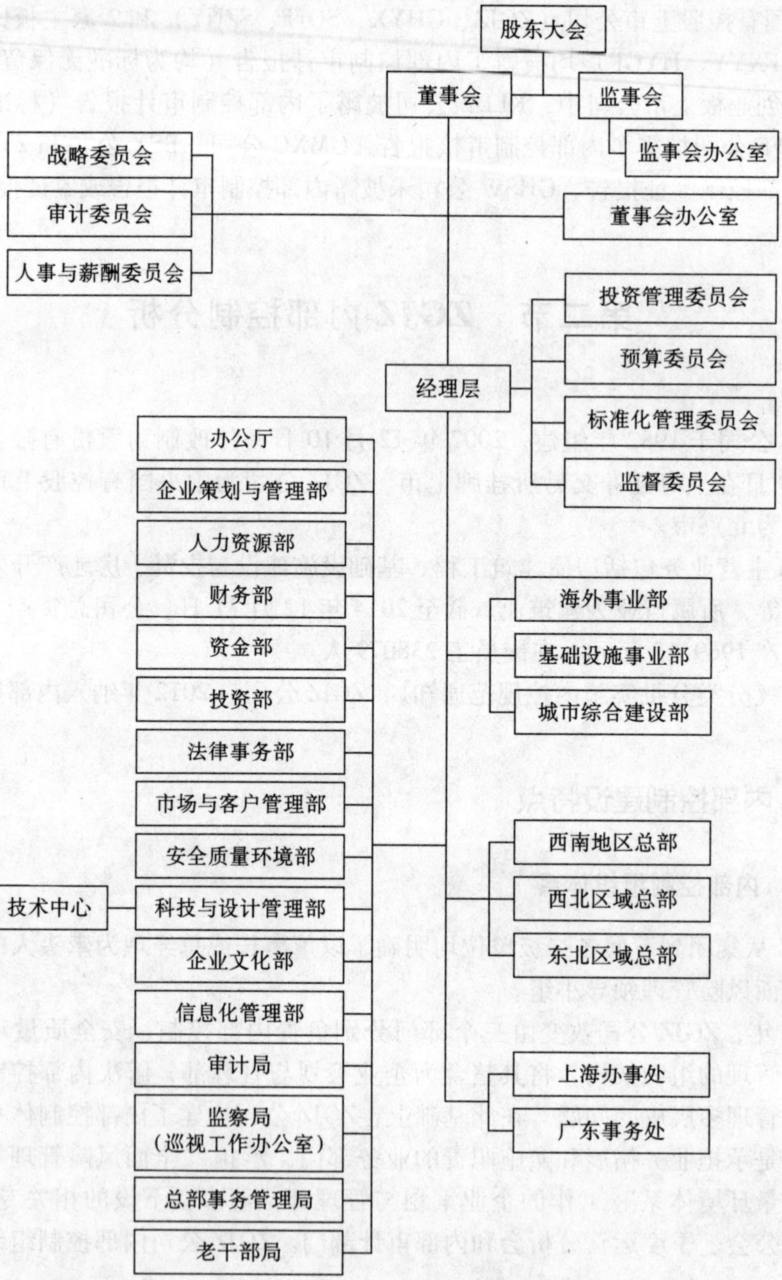

注：资料来源于 ZGJZ 公司。

图 9－1　ZGJZ 公司内部控制组织体系

按照分级分层的原则，构建了“章程和议事规则”、“管理规定”、“管理办法”、“管理细则”、“手册（指引/指南）”五层级的管理体系。

公司成立标准化管理委员会，出台《公司总部制度管理规定》，规范公司各项标准制订工作，建立统一的制度管理体系，通过标准化管理控制风险。

（三）信息系统使用

ZGJZ 公司采用 OA 系统进行日常业务处理，但是仅延伸到二级单位。公司内部控制评价信息系统由用友公司开发，与内部控制审计系统相结合。

（四）内部控制绩效考核

2011 年，ZGJZ 公司对各子公司及事业部的考核制度进行了重大修订，将“内部控制未达标率”纳入各子公司及事业部“管理控制类”指标范围，内部控制未达标率最高占被考核部门、公司负责人总薪酬的 10%。在执行方面，总公司定期公示内部控制评价结果，将其作为对子公司及事业部的重要考核指标。

（五）内部控制持续改进

ZGJZ 公司内部控制审计机构普华永道会计师事务所分别在每年 4 月和 9 月进行内部控制审计，将发现的缺陷上报审计委员会。审计委员会就其发现的缺陷落实到各相关责任人，明确整改时间和整改计划，整改基本在年底前完成。

（六）内部控制投入

ZGJZ 公司聘请普华永道中天会计师事务所为其提供内部控制审计，2012 年审计费用为 298 万元，2013 年审计费用为 330 万元。

二、内部控制评价

（一）组织机构

ZGJZ 公司于 2008 年开始开展内部控制评价工作，由总部审计局负责。

（二）开展程序

总部审计局以自身力量为主，牵头逐步建立起《内部控制评价测试手册》，包含 10 个流程、79 个子流程和 379 个控制点，并以此为基础展开内部控制评价工作。

审计局主要负责战略推进及风险管控，由其牵头，抽调下属企业部分审计人员，对所有二级单位的内部控制情况进行评价，按照控制点的重要程度，将控制活动区分为核心控制、关键控制和一般控制。

从历年内部控制评价方案看，公司的内部控制测试目标由“单纯合规性”向“合规 + 经营管理效率效果 + 战略目标”深入，测试范围由“规模大、效益高的单位”向“问题多、效益差的基层单位”转变；测试内容从“全面覆盖内部控制各环节”向“风险较大的管理环节”延伸；组织方式上更加强调混合编组、区域化布局的交叉测试。总体上，公司内部控制评价方式逐步体现出风险导向、深入管理、全面测试、突出重点的特点。

（三）缺陷整改

审计局结合内部控制审计机构对现场发现的问题逐条提出整改方案、明确整改时间，将整改责任落实到具体部门，发现的缺陷在年底前全部整改完成。公司披露的内部控制评价报告显示内部控制有效，不存在重大和重要缺陷。内部控制审计报告为标准无保留的审计意见。

三、结论与分析

（一）公司特点

ZGJZ 公司将管理、内部控制、风险管理相融合，形成统一的制度体系，防止制度与业务两张皮的弊端，同时与公司战略相结合，进一步深化推动内部控制工作。受国资委监管影响，公司更加注重全面风险管理，加强了对风险因素的梳理。

ZGJZ 公司控制链条较长，企业策划与管理部和审计局的工作仅直接延伸到二级单位，二级单位以下的内部控制工作由二级单位负责，而且内部控制专职人员较少，内部控制执行及实施效果难免打折扣。因此，ZGJZ 公司实行巡视组制度，将纪检、检查、审计、质量安全等内部监督职能相融合，一定程度上弥补了内部控制执行效果的不足。

（二）公司管理层观点

ZGJZ 公司管理层认为公司的内部控制建设，提高了管理效率。公司管理层对内部控制的观点主要包括：第一，内部控制为董事会开展提供了很好的抓手；第二，内部控制建设应该是自发的，不是外部强加；第三，建议公司借鉴外部咨询机构和审计机构的经验与方法，根据自身管理基础与文化积淀来建设最适合自身的内部控制制度；第四，公司不仅要执行五部委内部控制规范，还要遵循国资委及行业主管部门的要求，不同部门政策要求有差异，给公司造成较大的成本负担，建议对不同部门内部控制监管要求进行整合，减少公司负担。

（三）调研组分析

通过 ZGJZ 公司的实地调研，我们认为：第一，内部控制建设要由较高层级的部门来牵头，内部控制建设与评价部门分离，保证评价工作的独立性；第二，建立量化风险机制，提高风险管理的标准化程度，以打分表的形式来落实；第三，内部控制建设应与管理有机结合，确保内部控制机制能够落地。

第三节 SQJT 内部控制分析

SQJT 公司 1997 年在上海证券交易所主板挂牌上市，是一家地方国有控股上市公司，公司所在地为上海市。

SQJT 公司主要业务涵盖整车、零部件研发、生产、销售，物流、车载信息、二手车等汽车服务贸易业务，以及汽车金融业务等，所属行业为汽车制造业。截至 2014 年 12 月 31 日，公司总资产 4148.71 亿元，净资产 1849.99 亿元，营业收入 6300.01 亿元。实现整车销售 2408.2 万辆，同比增长 8.3%。

根据《分类分批实施内控规范通知》，SQJT 公司自 2012 年纳入内部控制强制实施范围。

一、内部控制建设特点

（一）内部控制组织体系

SQJT 公司建立了涵盖公司治理及运营管理所有机构和部门的内部控制组织体系，明确了相关机构和部门的职责。其中，总裁办公室会议下设内控领导小组（总裁为组长，副总裁为副组长，财务总监、审计室、信息系统部、纪委监察部、风险管理部参与），主持内部控制相关日常工作；内控领导小组下设内控工作小组，负责内部控制建设工作的具体开展；审计委员会下设审计室，负责建立内部控制制度和内部控制评价工作。SQJT 公司内部控制组织体系如图 9－2 所示。

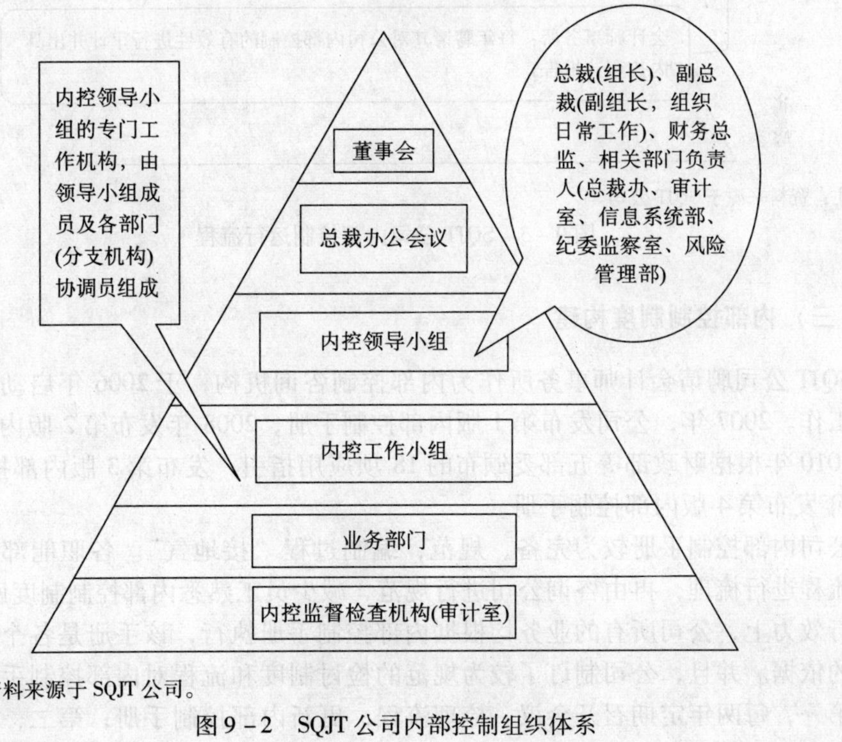

注：资料来源于 SQJT 公司。

图 9－2　SQJT 公司内部控制组织体系

（二）内部控制运行流程

SQJT 公司内部控制运行流程如图 9－3 所示，SQJT 公司内部控制设立了四道防线，分别由业务部门、审计室、董事会及其审计委员会、会计师事务所四个机构负责。

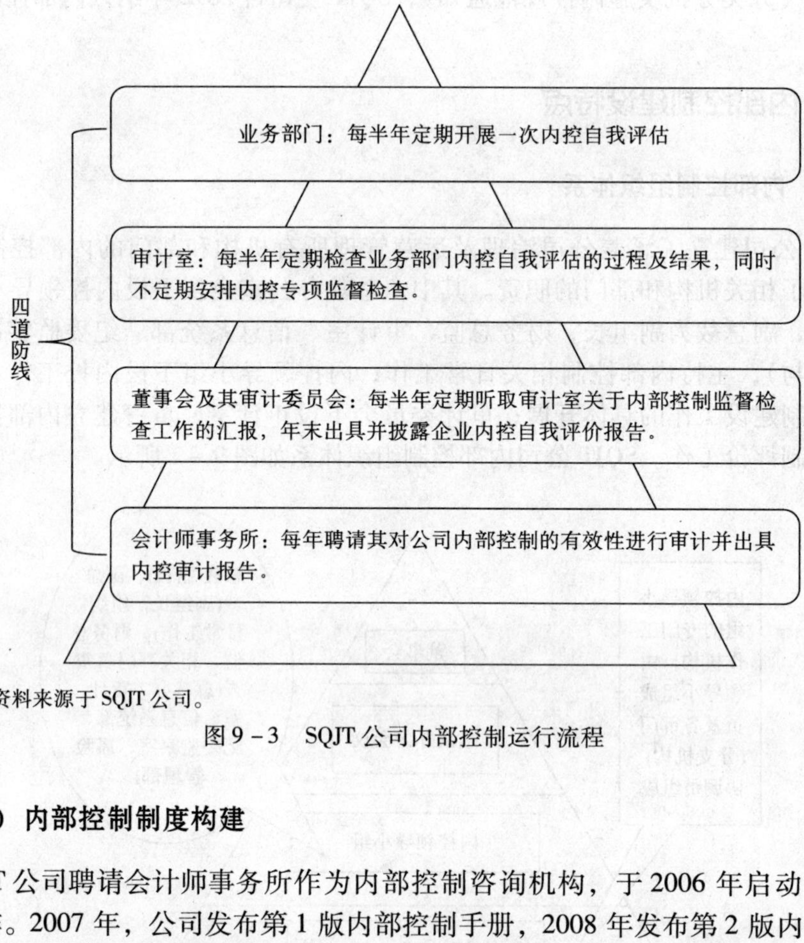

注：资料来源于 SQJT 公司。

图 9－3　SQJT 公司内部控制运行流程

（三）内部控制制度构建

SQJT 公司聘请会计师事务所作为内部控制咨询机构，于 2006 年启动内部控制建设工作。2007 年，公司发布第 1 版内部控制手册，2008 年发布第 2 版内部控制手册，2010 年根据财政部等五部委颁布的 18 项应用指引，发布第 3 版内部控制手册，2012 年发布第 4 版内部控制手册。

公司内部控制手册较为完备、规范，编制过程“接地气”。各职能部门首先对业务流程进行梳理，再由咨询公司进行规范，减少员工熟悉内部控制制度所需时间。在执行效力上，公司所有的业务均根据内部控制手册执行，该手册是各个层级处理业务的依据。并且，公司制订了较为规范的检讨制度和流程对内部控制手册进行修订：第一，每两年定期召开会议，梳理流程，更新内部控制手册；第二，内控领导小组不定期召开临时会议，结合临时性重大事项对内部控制手册进行修订。

（四）信息系统使用

SQJT 公司开发了制度文档管理系统，实现内部控制制度在线审批，保证更新及时性，提高查阅便利性。同时，2008 年，审计室和信息系统部、外部供应商联合开发了内部控制测评系统，对评价过程进行规范，提升工作效率，完善档案管理。

（五）内部控制绩效考核

SQJT 公司对纳入其六位一体年度考核范围的所属企业实施内部控制考核，考核周期为三年一次。内部控制考核以 100 分计，其中，内部控制建设总体评价 30 分，包含内部控制制度建设、总部内部控制检查和考核、下级公司内部控制检查和考核 3 项内容，每项 10 分；内部控制缺陷指标 70 分，包括重大缺陷、重要缺陷和一般缺陷以及未按时整改缺陷 4 项指标。

（六）内部控制投入

SQJT 公司内部控制人员投入情况为，审计室 14 人负责实施 SQJT 公司以及附属公司的内部控制建设评价工作；内部控制资金投入情况为聘请中介机构所需费用，其中 2012 年内部控制审计费用为 180 万元，2013 年内部控制审计费用为 195 万元。

（七）内部控制下一步工作计划

SQJT 公司下一步工作计划：（1）指导二级公司建立内部控制制度；（2）每年至少开展一次内部控制自我检查，并向董事会汇报年度内部控制检查结果；（3）每三年至少开展一次对所属企业的内部控制检查。

二、内部控制评价

（一）组织机构

SQJT 审计室负责组织实施总部及附属公司的内部控制评价，起草年度内部控制评价报告，相关职能部门负责内部控制自我评价，内部控制评价小组负责附属公司内部控制评价。内控领导小组、总裁办公会议、董事会审计委员会，负责审议年度/半年度内部控制监督检查工作汇报，董事会负责审议批准年度内部控制评价报告。

（二）开展程序

SQJT 审计室每半年组织一次内部控制自我评价，根据内部控制手册选取关键控制活动确定评价内容，评价方式为“业务部门自评 + 审计室独立测评”，业务部门每半年开展一次内部控制自我评价，审计室定期对业务部门内部控制自我评价的过程及结果进行检查，同时不定期安排内部控制专项监督检查。对发现的内部控制缺陷，相关业务部门负责制订并实施整改方案，跟踪后续整改情况。

（三）内部控制评价情况

根据 SQJT 2013 年内部控制评价报告，公司以风险导向为原则确定纳入评价范围的主要单位、业务和事项以及高风险领域，纳入评价范围单位的资产总额占合并财务报表资产总额的 84.34%，营业收入合计占合并财务报表营业收入总额的 91.22%。纳入评价范围的主要业务和事项包括：资金管理、采购管理、销售管理、资产管理、担保管理、预算管理、财务报告管理、研发管理以及信息系统管理等；重点关注的高风险领域主要包括长期股权投资、金融资产投资（含股票、债券、委托理财以及金融衍生产品等）、委托贷款、对外担保等。报告期内，公司不存在财务报告或非财务报告内部控制重大缺陷、重要缺陷。

三、结论与分析

（一）公司特点

SQJT 公司资产规模庞大，拥有众多子公司和合营企业，公司内部控制建设具有如下特点：（1）起步早，从 2006 年开始着手内部控制建设，内部控制手册能够得到及时更新；（2）各职能部门参与内部控制制度的制订过程，可以提高对内部控制制度的熟悉程度；（3）内部控制制度与公司业务流程紧密结合，所有业务流程均根据内部控制手册执行。

但 SQJT 公司在以下方面需要进一步完善：公司信息化有待改进和提高，办公系统和财务系统分开，没有对接，例如出差审批流程和报销流程分隔开来，降低了信息系统控制的效率。

（二）公司管理层观点

SQJT 公司管理层认为自内部控制实施以来公司取得了一定的效果：（1）总缺陷率大幅度下降，由 2007 年的 24% 下降到 2013 年的 1.01%，且自查缺陷比重上升，执行缺陷比重下降；（2）规范了工作流程，明确了关键流程节点，同时在风险可控的基础上，对部分流程进行合并，提高效率；（3）虽然早期合资方基于自有的管理理念和模式、保密和成本考量等因素，对合资企业实施内部控制持保留态度，但随着内部控制实施效果的显现，合资方也逐渐认同内部控制的必要性。

SQJT 公司管理层对内控建设提出了以下建议：（1）尽管在内控建设的起步阶段，内部控制评价部门与总裁办合署办公，可以减少矛盾，但长期来看，内部控制建设与评价工作应当分离；（2）内部控制涉及公司管理的全流程，应由董事长、总经理牵头，而不是仅停留在财务、审计环节。

SQJT 外部审计师对内部控制监管也提出了建议：（1）中小板和创业板公司风险较高，应当按照《基本规范》实施内部控制；（2）部分会计师事务所内部控制审计业务不规范，但出现过会计师事务所因内部控制审计失败而被处罚的案例，建议加强监管力度。

（三）调研组分析

通过 SQJT 公司的实地调研，内部控制建设可以采用内部与外部结合的方式，即在各职能部门梳理流程，自行编制内部控制手册的基础上，由咨询机构对内控制度进行规范。这样的做法可以在满足合规性要求的同时，将内控制度和管理流程有机结合起来，最大程度地提高内部控制的效率和效果。

第四节　SZNY 内部控制分析

SZNY 公司成立于 1993 年 1 月，1993 年 9 月在深圳证券交易所上市。2007 年 12 月 20 日，通过非公开发行股票收购母公司的股权和资产，实现了整体上市。SZNY 公司为地方国有控股上市公司，公司所在地为深圳市。

SZNY 公司所属行业为电力、热力、燃气及水生产和供应业。截至 2014 年 12 月 31 日，SZNY 公司总资产 384 亿元，净资产 204 亿元，在岗员工 3722 人。

SZNY 公司于 2011 年开始自愿试点内部控制建设。根据《分类分批实施内控规范通知》，SZNY 公司自 2012 年纳入内部控制强制实施范围。

一、内部控制建设特点

（一）内部控制组织体系

SZNY 公司设立了负责风控管理和建设的机构。风控管理委员会负责对集团风控工作进行统一领导和部署，对风控工作重大事项进行决策，对风控工作进行指导。风控管理委员会下设工作委员会，工作委员会主任召集各部门负责人，负责协调推进集团风控建设工作，研究落实重大风险应对措施和内控缺陷整改等工作。工作委员会下设风控工作办公室，风控工作办公室设在集团审计管理部，主要负责集团风控工作日常组织协调、内控测试等具体工作的开展。审计管理部下设风控管理部负责组织协调内控的建立实施及日常工作。集团总部成立 12 个风控执行小组，负责相关风险应对措施的建立、内控流程优化及内控自我测试等具体工作。SZNY 公司内部控制组织体系如图 9－4 所示。

（二）内控管理流程

通过流程创新和固化，借助风控信息化平台，实现公司制度与风控体系的同步，使控制活动与公司制度和实际业务保持一致，确保内部控制评价的准确性和完整性。

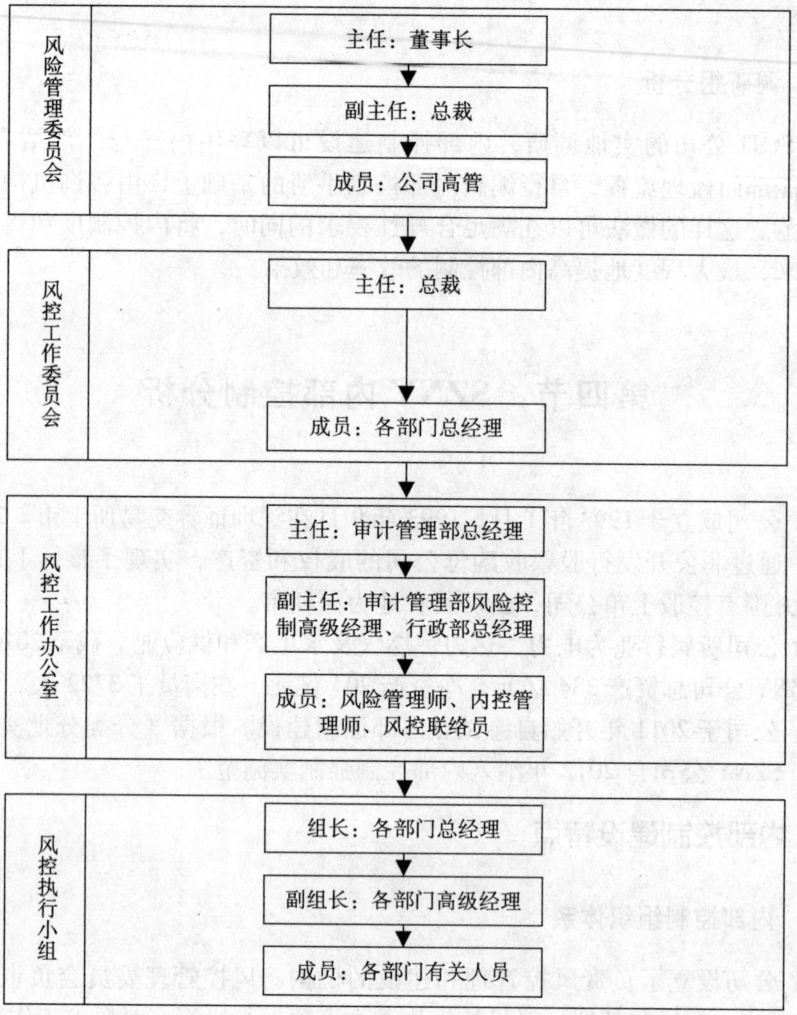

注：资料来源于 SZNY 公司。

图 9－4　SZNY 公司内部控制组织体系

（三）内部控制制度构建

SZNY 公司于 2008 年度启动风控项目一期，聘请管理咨询公司开展风险管理和内部控制规范体系建设项目。风控项目一期从 2008 年持续至 2010 年，管理咨询公司协助 SZNY 公司建立起较为完备的内部控制体系，并制订了相应的内部控制手册。

2010 年，SZNY 公司启动风控项目二期，聘请另外一家管理咨询公司为实施顾问，建设内部控制管理信息系统，该系统目前正准备上线；下属公司自主进行风险评估，制订内部控制流程，风控管理部组织审核，探索建立风控管理业务的日常运行机制。

（四）信息系统使用

SZNY 公司 IT 投入较大，OA、ERP 等系统已经上线，计划在信息系统的各个节点落实内部控制关键点。现阶段内部控制与风险管理信息系统准备上线。

（五）内部控制绩效考核

SZNY 公司将内部控制建设、运行、缺陷整改及风险评估和处置等工作纳入考核体系，由风控管理部制订风控业务绩效指标考核办法，核查各业务单位年度风控 KPI 绩效指标完成情况，并提供评价意见。

（六）内部控制投入

人员投入方面，SZNY 公司风控部门员工共 3 人，其中风控高级经理 1 人，风险管理师和内控师各 1 人。下属单位设有内控兼职人员，主要负责传达公司总部要求，组织各部门开展内部控制评价工作，但不负责具体评价工作。

资金投入方面，2008 年公司聘请中介机构服务费为 200 多万元（包含风险模块、业务模块等），2013 年内控审计费用为 46 万元。

二、内部控制评价

（一）组织机构

SZNY 公司建立并明确了内部控制评价组织机构与其职责，董事会负责审定内部控制评价报告及内部控制重大缺陷的最终认定；审计委员会负责监督内部控制的有效实施和内部控制评价情况，审定内部控制评价工作计划；集团部门及所属企业负责组织实施集团或所属企业内部控制自查工作，协调配合内部控制现场检查，落实内部控制缺陷整改。

（二）开展程序

内部控制评价流程为：（1）审计委员会制订评价工作计划；（2）集团部门及所属企业开展内部控制有效性自查；（3）风险管理部组建内部控制现场检查小组，进行现场检查；（4）风险管理部根据检查提出初步缺陷认定意见；（5）董事会对内部控制缺陷进行最终认定；（6）风险管理部编制内控检查报告，督促有关部门或企业落实内部控制缺陷整改，并对整改完成情况进行审核；（7）风险管理部编制内部控制评价报告，提交审计委员会、董事会审议。

内部控制审计流程为，根据年度审计工作计划要求，内部审计定期组织开展内部控制专项审计工作。外部审计在公司年度内部控制自我评价报告的基础上开展内部控制审计，编制公司内部控制审计报告并对外披露。

SZNY 公司内部控制评价流程如图 9－5 所示。

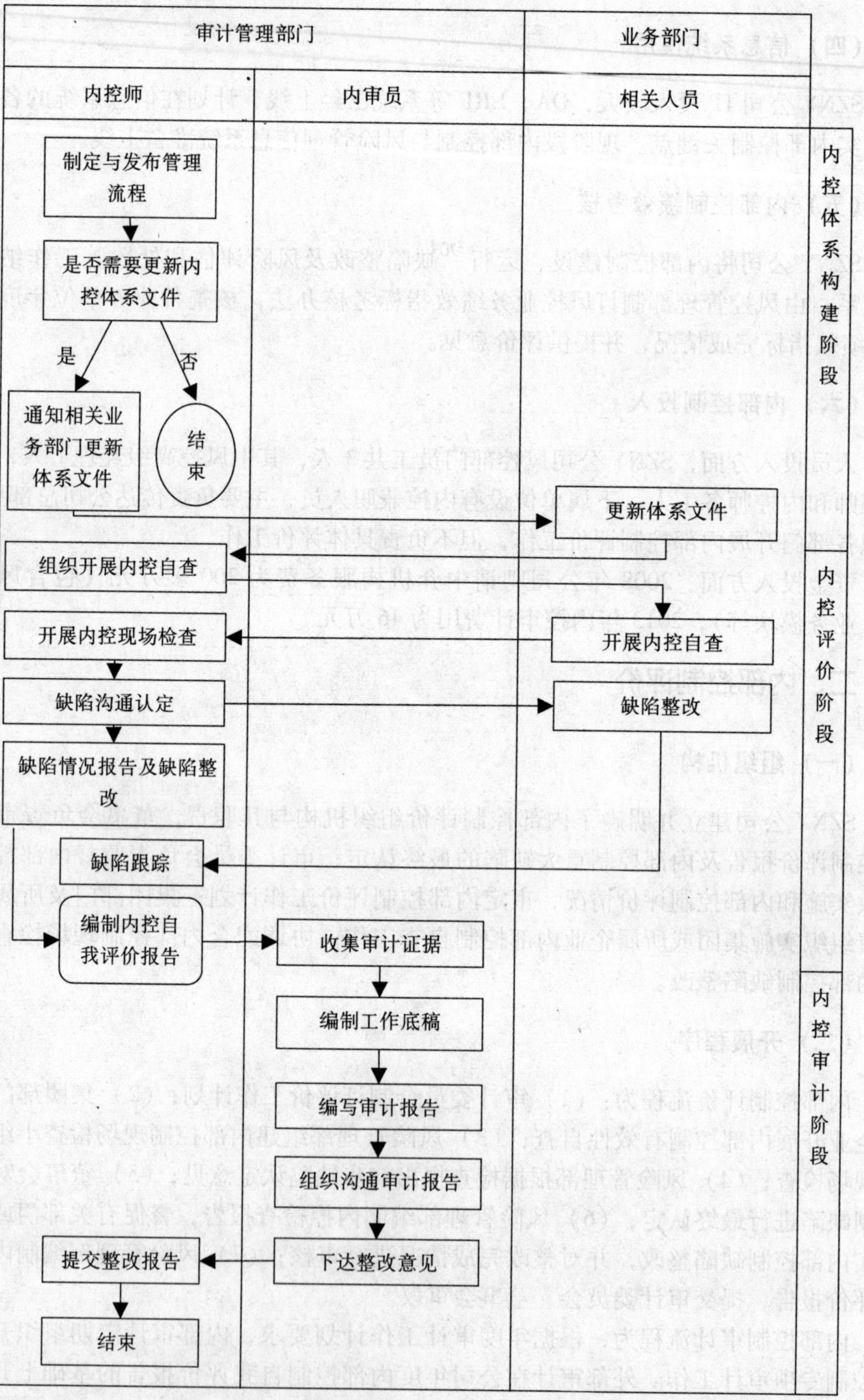

注：资料来源于 SZNY 公司。

图 9－5　SZNY 公司内部控制评价流程

三、结论与分析

（一）公司特点

SZNY 公司内部控制建设有以下特点，（1）对内部控制有强烈的需求，建立了合规型和管理型相结合的内控制度体系，覆盖所有下属公司及流程；（2）公司信息化投入较大，现阶段 OA、ERP 等系统已经在使用，下一步将上线风控信息系统；（3）将重大风险管控与集团对下属单位管理授权结合起来，例如，将应对和控制识别出的八大风险（投资风险、资金风险、采购风险、物流风险、人事风险、财务核算风险、招投标风险以及股权管理风险）的责任主体集中到集团总部，实行集权式控制；（4）公司特有的投资后评价、安全生产控制、财务轮岗（根据公司制度规定，财务负责人实行定期轮岗）、预算控制等制度与公司实际业务结合紧密，高于内部控制指引的标准。安全产生风险控制流程和财务轮岗制度详见附录一和附录二。

但是，SZNY 公司在以下方面还需要改善和提高，SZNY 公司仅有三名内控专员，内控相关人员不足；公司内控建设还处于满足合规要求的层次，需要进一步提高，与公司的战略发展相结合。

（二）公司管理层观点

SZNY 公司管理层认为内部控制对公司生产运营产生了积极的作用，具体有以下几点：（1）内部控制的实施能有效保障了资产安全。一是每年执行盘点制度确保了资产安全；二是通过职责权限的明确以及不相容职责的分离，形成了互相牵制的机制，内部控制实施以来公司未曾发现过舞弊行为。（2）通过内部控制实施能有效提升企业运行效率。一是将资金统一归集到集团财务公司进行管理，提高了资金管理的效率；二是通过八大风险的集中控制，使得公司上下调动灵活、渠道畅通、指挥有效，提高了公司运营和内控运行的规范性、稳健性、有效性。（3）通过内部控制实施能有效提升企业的效益和效果。一是通过投资前评价、后评价、全过程审计等，保证项目的有效进行，项目失败率非常低；二是安全生产风险一直是企业重大风险，常列十大风险之首，公司专门针对安全生产风险进行了地毯式清理，安全生产风险得到有效控制，从 2013 年起，不再被列入十大风险范围。（4）内部控制的实施能够提升企业的管理水平，改进管理理念和意识。一是公司内部控制建立明确、固化的制度，对于人员流动性较高的企业而言意义重大；二是现场检查的要求促使下属企业对内部控制缺陷进行清理、整改，内部控制检查发现的缺陷得到有效整改，而财务轮岗使得很多积年缺陷得到大力整改。

SZNY 管理层对内部控制监管政策提出相关建议：（1）建议相关规定更加明确、清晰，如重大缺陷的标准不够清晰，应当制订一个清晰的定量标准，并出具行业性内控指南，提高内控可操作性；（2）建议要求强制执行发布的内控相关制度。

（三）调研组分析

通过 SZNY 公司的实地调研，我们认为：（1）投资者和监管层难以从内部控制评价和审计报告中了解内部控制信息，建议考虑过程性的披露；（2）不同控制权属性的公司对内部控制监管的应对方式和方法存在差异，国有控股上市公司更注重合规和安全性风险，出于免责考虑，希望内部控制监管政策越细越好，需要明确、具体的要求，民营控股上市公司更注重效率，倾向于原则性的监管政策，避免内部控制政策过多地影响经营流程；（3）内部控制建设应该注重成本效益原则，内部控制建设的目标不是仅仅满足合规性要求，而是帮助企业提升管理水平，内部控制建设的资源投入应与建设阶段相适应。

附录一：SZNY 安全产生风险控制流程

1. 集团公司成立了以董事长为主任的安全委员会，下设安全委员会办公室负责安全管理日常事务，并根据工作需要和人员变动情况适时调整安委会及其办公室成员，保障安全责任的落实。对规模较大的企业成立了独立的安全监督管理部门，为安全管理体系的正常运转提供了有力组织保障。

2. 建立健全安全制度保障体系，集团总部制订了安全、职业健康及环保管理、外包工程安全管理、发电企业液氨使用安全管理、安全隐患管理、突发事件综合应急预案及专项应急预案、安全生产奖惩管理等系列制度 40 多项，指导具体业务操作。

3. 自 2008 年起要求所属企业每年开展安全风险因素识别与风险评价，找出重大安全风险源并进行重点管控。

4. 定期开展事故隐患排查治理、召开安全生产会议，通报存在的问题和下一步工作安排。

5. 集团公司所属各企业及其所属单位在承发包工程工作中，必须签订安全协议，协议中要明确安全监督的范围、内容及安全责任，并将安全协议作为合同的一个部分。

6. 加大对外包工程的管理，将安全管理关口前移，从施工队伍选择、风险预评估、资质预审，技术交底、现场管理、应急预案演练等不同阶段进行管控，每年对外包单位及其人员资质进行检查、考评，对不合格的单位在 2～3 年内不再邀请参加投标。

7. 针对液氨管理制订了完善的液氨区管理制度、操作程序，并进行了液氨泄露、消防、新闻媒体等应急预案的演习。

8. 建立联动机制，积极与政府应急、消防、卫生、环境等有关部门，以及周边企业保持沟通，建立应急联动和互助机制，规避突发事件造成的风险。

9. 积极开展多种形式的安全生产教育培训活动，提高安全意识。

10. 组织专家对所属企业年度安全业绩进行检查考核，更加客观的反映安全管理过程和结果。

附录二：SZNY 财务轮岗制度落实情况

按照公司制度规定，财务负责人实行定期轮岗制，岗位的轮换不仅对可能产生的舞弊风险提前预防和控制，而且不同的管理者带来的是不同的管理理念和管理措施。2014 年，集团公司对下属大部分企业的财务负责人实行了轮换和调整，新财务负责人对以前年度各种缺陷进行梳理并加大力度整改。在岗位实现轮换调整之后，新财务负责人对内部控制工作给予了高度的关注，对之前所发现的内部控制缺陷，包括会计凭证签核以及归档等方面的内控问题进行认真审查、核对并逐一整改，会计基础管理工作相对以往得到了较大改进。

第五节　GHYX 内部控制分析

GHYX 公司于 1999 年 9 月成立，2001 年在上海证券交易所上市，是一家地方国有控股上市公司，公司所在地为北京市。

GHYX 所属门类行业为信息传输、软件和信息技术服务业，大类行业为电信、广播电视和卫星传输服务。由于行业特殊性，公司由北京市国资委、国家广电总局直接监管。截至 2014 年 12 月 31 日，总资产约 105 亿元人民币，净资产约 62.9 亿元人民币。目前公司拥有 5 家控股子公司、2830 名员工。

根据《分类分批实施内控规范通知》，GHYX 公司自 2012 年纳入内部控制强制实施范围。

一、内部控制建设特点

（一）内部控制组织体系

GHYX 公司成立了以董事长、总经理为组长的内控工作领导小组，以《内部控制手册》为基础，开展内部控制实施工作，相关主管领导为副组长，领导小组下设办公室，为公司内控规范工作领导小组的日常工作机构，由党办、总经理办、战略发展部、财务部、人力资源部、董办和稽核管理部等部门组成。稽核管理部负责内部控制具体工作，包括制订内部控制体系建设规划和框架，内部控制体系实施及日常维护，拟定内部控制评估报告，开展内部控制业务培训、内部控制评价、缺陷整改评价等。各分、子公司的经营风险由总公司委派高管进行把控。GHYX 公司内部控制体系组织架构如图 9－6 所示。

公司内控领导小组及办公室设有例会制度，领导小组例会每半年召开一次，听取工作办公室关于内部控制工作总体运行情况的汇报，部署下一阶段内部控制工作

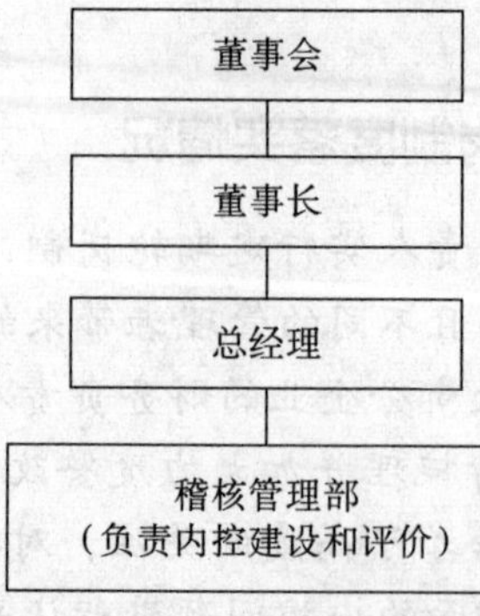

注：资料来源于 GHYX 公司。

图 9－6　GHYX 公司内部控制组织体系

重点，审核需要提交董事会的各项内部控制文件。工作办公室例会每季度召开一次，传达领导小组的会议精神，总结上一阶段内部控制工作计划的执行情况和存在问题，落实下一阶段内部控制工作重点，协调解决公司内部控制实施过程中的重大事项。领导小组和工作办公室可随时召开各种专题会议，研究部署内控具体工作。

（二）内部控制制度构建

2009 年，GHYX 公司财务部聘请管理咨询公司建立财务相关内控制度，制订了《财务管理手册》和《会计手册》，并于 2010 年开始实施。

《基本规范》配套指引发布后，公司内控建设领导小组组织外聘专业咨询机构与公司相关职能部门，梳理、分析公司管理制度与体系，建立了以《内部控制管理手册》、《内部控制制度手册》、《内部控制审计手册》和《内部控制评价手册》为主要内容，涵盖 19 个方面、106 项管理制度的内控框架。

GHYX 公司于 2011 年开始全面执行《基本规范》，先于规范所要求的实施时点（2012 年）。同时，公司每年展开内部控制评价活动，并在 2012 年、2013 年聘请外部审计师进行内部控制审计。

（三）信息系统使用

GHYX 公司建立了业务运营信息系统和 OA 系统，但尚需完善。近三年年均投入超过 2000 万元。

（四）内部控制绩效考核

GHYX 公司将内部控制评价纳入绩效考核，具体来说，公司设定内部管理指标，包括财务管理和人力资源管理两部分。财务管理包括年度内是否存在业务违规、营私舞弊、财务造假等；人力资源管理指标指分公司对《分公司组织机构设置及人员暂行管理规定》的执行情况，包括部门设置、岗位编制、人工成本等。稽核管理部每年结合上述指标对各部门进行考核，并形成稽核报告。

（五）内部控制投入

GHYX公司内部控制建设、评价工作由稽核管理部负责，部门人数为4人。内控建设初期，2011年，公司发生内部控制咨询费用70万元，2012年、2013年内部控制审计费用分别为40万元和70万元。

二、内部控制评价

（一）组织机构

GHYX公司由稽核管理部负责内部控制评价具体工作，审计委员会对内部控制评价工作进监督。

（二）开展程序

GHYX公司经理层结合日常管理情况，识别出高风险业务和事项，对内部控制评价方案提出相应的修改建议。各部门及子公司根据内部控制评价方案组织本部门的内部控制自查、测试和评价工作，向稽核管理部报送评价结果及缺陷整改方案和整改计划。稽核管理部对评价结果进行复核并关注缺陷整改情况。

三、结论与分析

（一）公司特点

GHYX公司承担信息文化传播的任务，具有较高的政治风险，公司对安全控制及相关风险防范具有良好的控制制度和流程，同时公司建立了较为全面的内部控制手册，制度建立健全情况良好。

GHYX公司的内部控制还需要完善和提高，内控制度建立、评价较为依靠中介机构，且只关注财务报告内控。

（二）公司管理层观点

GHYX公司管理层认为内部控制建设可以对业务流程进行梳理、改进和固化，有助于各项责任的落实，有助于避免风险漏洞，进一步地优化、提升与完善管理，公司高管应该提高对内部控制的重视程度。

GHYX公司管理层对内部控制建设和监管提出相关建议：（1）可以建立相关激励机制，促进公司主动、自发地实施内部控制；（2）各公司实际环境不同，对内部控制的理解也不同，建议为公司理解内部控制政策预留一定时间；（3）目前内部控制监管政策及相关指引过于原则化，公司参照执行的可操作性不强，建议发布行业性的内部控制指引及优秀案例，帮助公司实施内部控制规范体系；（4）建议加强内部控制信息披露监管；（5）建议开展内部控制培训，提供与优秀企业交流、学习的机会。

（三）调研组分析

通过 GHYX 公司的实地调研，我们认为，内控建设应以风险为导向，在识别出经营管理风险后，按照重要性进行排序，先建立针对重要风险的内控制度，再由点及面，建立全面的内控体系。

第六节　FXYY 内部控制分析

FXYY 公司成立于 1994 年，1998 年 8 月和 2012 年 10 月分别在上海证券交易所和香港联合交易所主板挂牌上市，是一家民营控股上市公司，公司所在地为上海市。

FXYY 经营业务覆盖医药健康产业多个环节，主要从事的业务包括制药、药品分销及零售、医学诊断与医疗器械和医疗服务，所属行业为医药制造业。公司 2014 年营业收入 1202550 万元，净利润 236984 万元，总资产 3533630 万元，净资产 1910300 万元。

根据《分类分批实施内控规范通知》，FXYY 公司自 2012 年纳入内部控制强制实施范围。

一、内部控制建设特点

（一）内部控制组织体系

FXYY 公司的内部控制组织体系由审计部、风险和控制委员会和廉政监察部三个部分组成，审计部受审计委员会直接领导，负责审查公司内部控制制度、监督内部控制实施效果及开展内部控制评价等工作，审计部每年与审计委员会进行至少六次沟通；风险与控制委员会上级为总裁办公室，领导财务部内控与流程管理组开展内部控制建设及缺陷整改工作，公司总部各部门、子公司制订具体内部控制建设方案并落实，有条件的可自行执行内部控制自评工作；董事会下设廉政监察部，负责廉政建设。FXYY 公司内部控制组织体系如图 9－7 所示。

（二）内部控制运行流程

1. 内控建设流程

FXYY 公司内控与流程管理组统筹内部控制建设工作计划，各下属控股公司对照《FXYY 集团内部控制手册》及相应提示风险，结合各公司已有制度、流程等，完成业务流程梳理。根据梳理出的管理空白点和不足之处，结合内外部管理建议书进行整改。内控与流程管理组复核各控股公司梳理结果及内部控制建设的质量和合

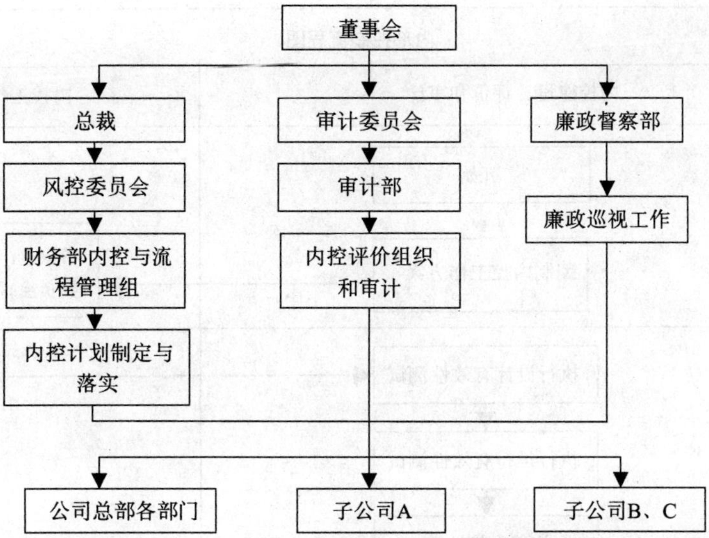

注：资料来源于 FXYY 公司。

图 9－7 FXYY 公司内部控制组织体系

理性，持续跟进各公司内部控制建设进度和建设效果。

2. 内部控制评价和审计流程

2013 年及以前，公司内部控制评价和审计工作均由总部审计部开展。2014 年进一步改善，其中有评价能力的子公司逐步开始自行开展内部控制评价，由总部审计部执行审核抽查程序；公司新收购的下属企业及基础条件较薄弱的企业，依然由审计部主导完成内部控制评价及审计工作。

FXYY 公司内部控制运行流程如图 9－8 所示。

（三）内部控制制度构建

FXYY 公司自 2002 年起开始建设信用体系，并持续关注财务和法律相关风险及其控制流程。2007 年，公司聘请管理咨询公司开展内部控制建设工作。2011 年启动内控整体提升项目。2012 年，公司发布《FXYY 集团内控手册》。FXYY 公司将内部控制手册定位为标准，各部门的制度和流程需要参照内部控制手册的要求制订。目前，公司已按照相关监管要求建立了覆盖所有业务的内部控制制度，并按照内部控制流程定期对执行效果进行评价。

（四）信息系统使用与绩效考核

FXYY 公司尚未采用信息系统进行内控管理。内部控制体系建设初期，公司制订了相关的绩效考核指标，目前员工已普遍接受和理解了内部控制的重要性。

（五）内部控制投入

内部控制人员投入方面，内控与流程管理组专职员工为 2 人，审计部专职员工

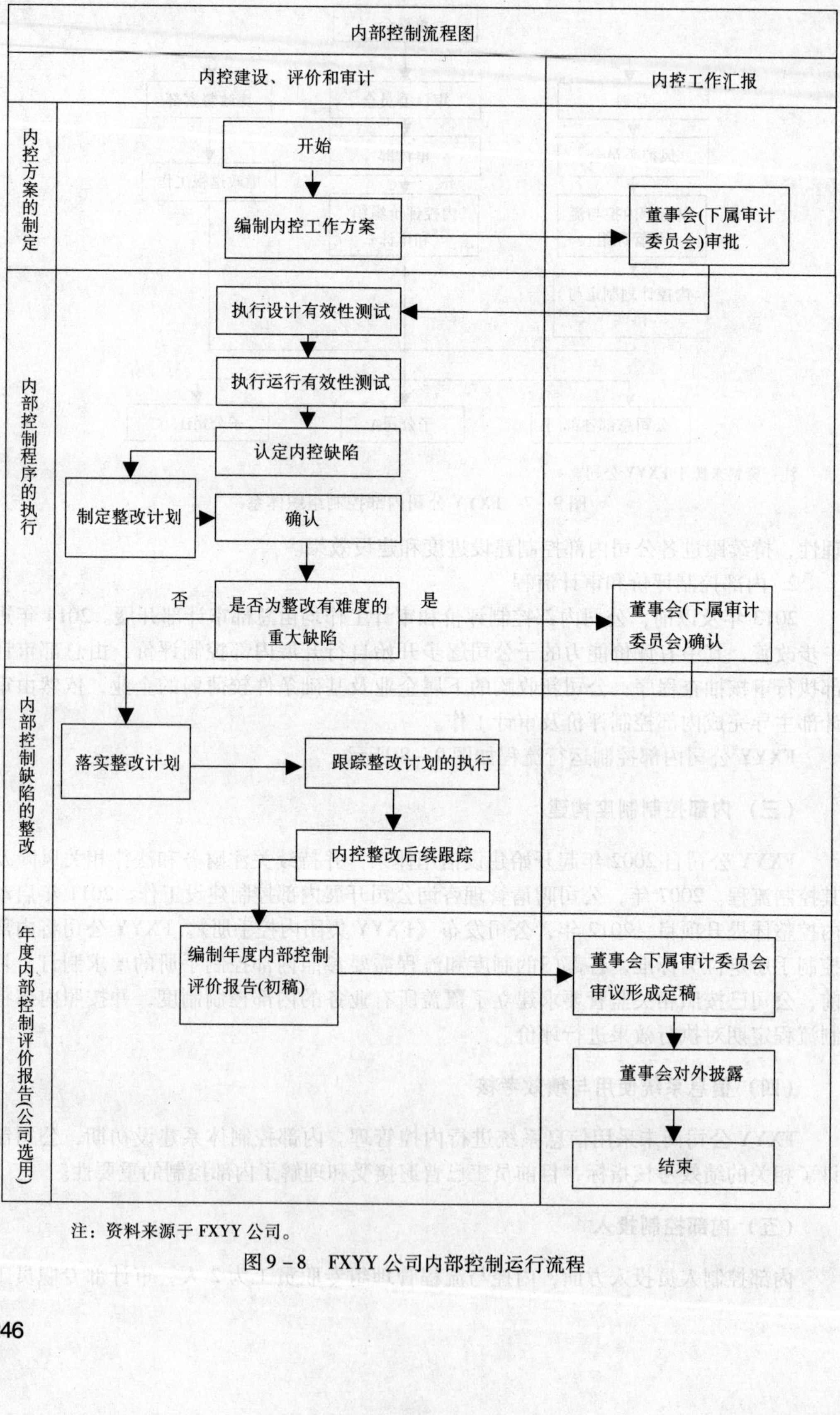

注：资料来源于 FXYY 公司。

图 9－8　FXYY 公司内部控制运行流程

为8人。内控资金投入方面，2007年，公司聘请内控咨询费用为198万元；2013年，公司内控审计费用为90万元。

二、内部控制评价

（一）内部控制评价组织

FXYY公司的内部控制评价组织为审计部门，评价依据为内控手册。

（二）开展程序

FXYY公司审计部牵头，在相关单位的配合下，根据合并报表范围和重要性水平，确定内部控制评价范围，开展第一轮评价。通过访谈、风险控制矩阵编制、穿行测试、内部控制运行有效性测试等方法，识别被评价单位的内部控制缺陷，提出整改建议，并要求其落实。针对第一轮评价中存在较多缺陷或重要以上缺陷的子公司，对其缺陷整改情况进行再次评价，确保重大内部控制缺陷的整改得到落实。

根据公司2013年内部控制评价报告，公司按照风险导向原则确定评价范围，纳入评价范围单位的资产总额占合并财务报表资产总额的50.50%，营业收入占比为58.69%。公司在报告期内对一般缺陷进行了及时整改，在内部控制评价报告基准日，公司不存在未完成整改的重大缺陷或重要缺陷，一般缺陷风险在可控范围内。

三、结论与分析

（一）公司特点

由于医药行业特点、投资型管控模式以及A+H两地监管机构的要求，FXYY公司对内部控制有内生性的需求，公司管理层对于内部控制体系和制度建设的重视程度较高，认为内部控制应该落实到每一个人。公司内部控制体系重点关注药厂生产流程和质量的控制。

但是，FXYY公司的内部控制手册由管理咨询公司协助建立，该手册基本是流程的梳理，缺少规范的检讨制度和流程，应用效果有待商榷。

（二）公司管理层观点

FXYY公司管理层对内部控制有较高的认同感，具体来说：（1）从管理角度看，内部控制需要“横向到边，纵向到底”，内部控制的实施主体应由上至下，涵盖所有员工，且员工对内控建设应有认同感；（2）鉴于医药行业的特殊性，其安全生产要求和法律风险高，需要全过程、可追溯地管理，而内部控制是非常有效的管理手段，使得风险可控、产品安全；（3）由于FXYY公司近几年工程建设投入非常大，内部控制对于帮助公司梳理业务流程，规范工程项目建设也起到了重要作用。

FXYY公司管理层和外部审计师建议：（1）建议加强相关人员培训，提高业务与内部控制结合度；（2）建议公司加大对内部审计部门的投入，促进审计委员会充分发挥作用；（3）公司在不同发展阶段，需要不同内容和程度的内部控制，不同公司应该区别对待，对于中小板和创业板，应该推行内部控制规范体系，尤其是针对重大风险和重要的业务流程的内部控制，建议选择典型行业进行试点；（4）应加大对中介机构和保荐机构的监管力度。

（三）调研组分析

通过FXYY公司的实地调研，我们认为：由于医药行业特点、投资型管控模式以及A+H两地监管机构的要求，FXYY公司对内部控制有内生性的需求，公司管理层对内部控制重视程度较高。对于新进入公司需要开展内部控制辅导和检查，及早导入内部控制体系；对各级公司和部门开展内部控制相关培训，内部控制的理念和文化渗透效果较好。

第七节　HYGF内部控制分析

HYGF公司于1998年在深圳证券交易所挂牌上市，是一家民营控股上市公司，公司所在地为上海市。

HYGF公司主营业务涉及主题商场及综合性商业物业开发租赁、酒店、房地产、高岭土、炭黑等领域，所属行业为租赁和商务服务业。截至2014年12月31日，公司资产规模为68.06亿元，营业收入19.19亿元，净利润2.85亿元，共有在册员工1381人。

根据《分类分批实施内控规范通知》，HYGF公司自2013年纳入内部控制强制实施范围。

一、内部控制建设特点

（一）内部控制组织体系

为了确保内部控制体系建设工作的顺利开展，保障内部控制体系的长期有效运行，HYGF公司根据相关规定和要求，建立了内控规范实施领导小组、内控工作组和子公司内控小组（见图9-9）。

其中，董事长任内控领导小组组长，负责组织与部署公司的内部控制规范实施工作，检查工作小组对内部控制规范体系建设、运行及维护的实施情况等；内控工作组主任由财务总监担任，作为领导小组下设机构，负责拟定内部控制规范工作实施方案并报领导小组审批，开展公司内部控制规范体系的培训，对控股子公司的内部控制规范工作进行指导和监督等；子公司内控小组的第一负责人为该子公司负责

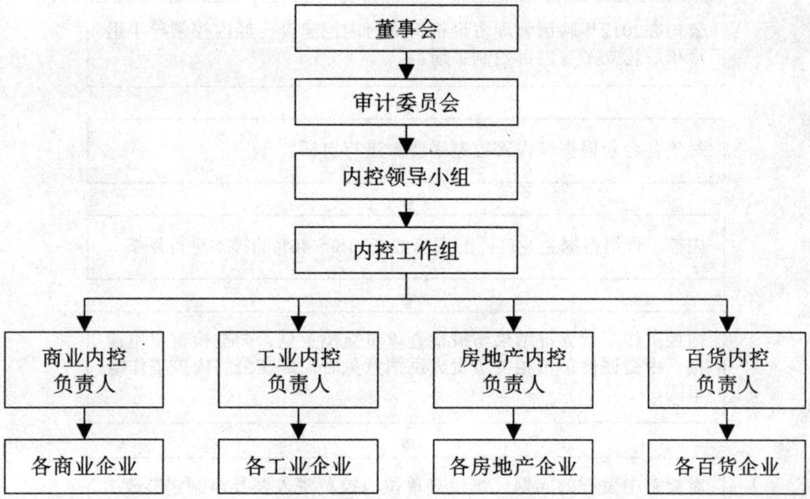

注：资料来源于 HYGF 公司。

图 9-9　HYGF 公司内部控制组织体系

人，主要根据领导小组及内部控制工作组的统一安排，负责子公司内部控制规范体系建设、运行及维护工作的实施。

（二）内部控制运行流程

HYGF 公司的各子公司依据《HYGF 内部控制手册》进行自评，内控工作组根据子公司自评的底稿，抽查 30%~40% 的样本进行复核。内控工作组就评价结果与被检查单位交换意见，由被评价单位相关负责人反馈意见后，提交内控工作组审阅。对于检查中发现的问题，被检查单位内控负责人要及时制订整改方案，并落实整改，整改情况及结果须在评价结束后 1 个月内向内控工作组反馈。内控工作组对各单位的整改情况进行跟踪和监督，并编制后续整改报告。内部控制运行流程如图 9-10 所示。

（三）内部控制制度构建

2012 年，HYGF 公司聘请管理咨询公司，开始内部控制体系建设工作，对内部控制存在的问题进行整改并编制内部控制手册，建立健全内控制制度，内部控制体系覆盖母公司及所有子公司。

为确保内部控制体系建设与运行顺利开展，公司制订了相应的工作计划：（1）制订内部控制实施方案并对相关人员进行培训；（2）梳理内控制度及业务流程，编制内部控制风险清单；（3）检查内部控制缺陷，制订相应整改方案并对整改效果进行跟踪。公司计划根据新业务中识别出的风险点，对内部控制手册进行定期梳理和修订，并采取设立内部控制常设机构，安排内部控制专职人员等措施持续改进内部控制实施效果。

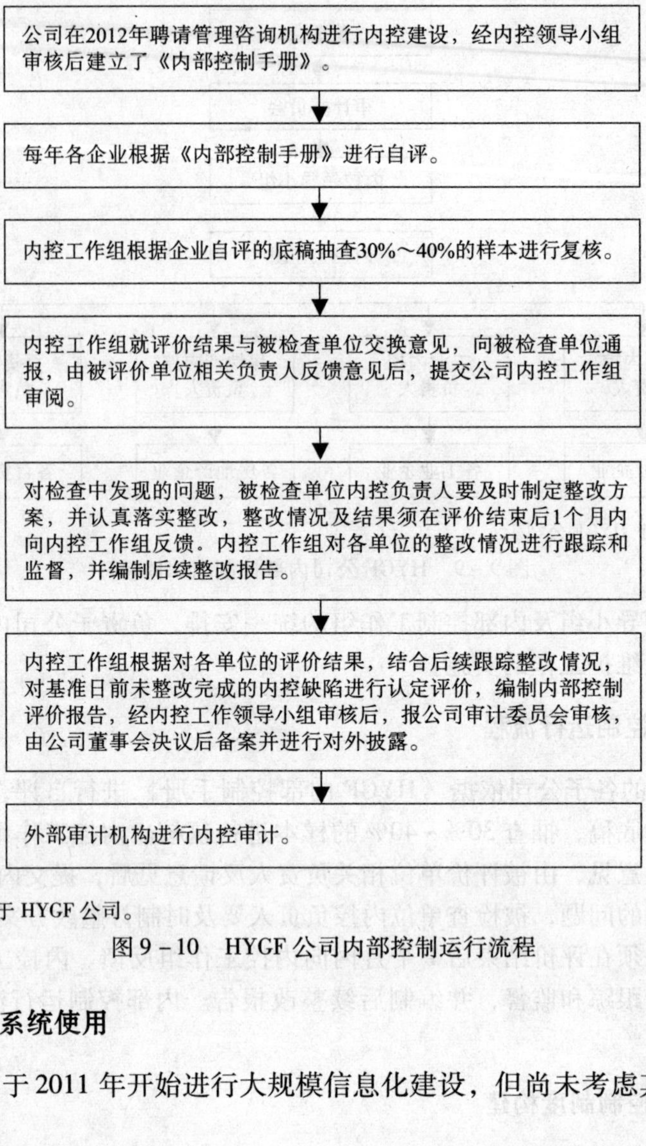

注：资料来源于 HYGF 公司。

图 9－10　HYGF 公司内部控制运行流程

（四）信息系统使用

HYGF 公司于 2011 年开始进行大规模信息化建设，但尚未考虑其与内部控制体系衔接。

（五）内部控制绩效考核

为了促进内部控制体系的有效实施，HYGF 公司规定内部控制建设和运行情况与员工薪酬挂钩。

（六）内部控制投入

HYGF 公司共有 9 人参与内部控制相关工作，其中，参与内部控制评价工作的人员有 2 人。资金投入方面，公司于 2012 年投入 100 万元聘请管理咨询公司，开展内控体系建设项目。

二、内部控制评价

（一）内部控制评价组织

为规范内部控制评价工作，HYGF 公司由内控领导小组领导内部控制评价工作，并成立内部控制评价工作组，组长由财务总监担任。

（二）内部控制评价程序与方法

内控领导小组和内控工作组首先组织内部控制评价会议，部署和动员评价工作，再对评价人员开展相关培训。各单位按照内部控制手册进行自评，内控工作组对自评结果进行抽样复核，针对所发现问题，要求相关单位制订整改方案，并对整改情况进行跟踪与监督。最后，根据评价结果和后续整改情况，编制内部控制评价报告。

（三）内控工作开展情况

HYGF 公司进行了两次内部控制评价。2013 年年初，由内控工作组牵头，对 2012 年内部控制工作进行评价，要求各子公司根据评价结果进行整改。

结合前期内部控制评价相关经验，内控工作组从公司层面和流程层面对内控设计与运行情况进行分析，研究制订了评价策略、依据和方法，要求各子公司认真执行，确保评价依据和方法的落实，并于 2013 年 10 月启动 2013 年内部控制评价工作。

评价方法上，公司根据内控手册，综合运用了个别访谈、调查问卷、穿行测试、抽样检查等，充分收集被评价单位内控是否有效的证据，并根据自评工作底稿开展抽查工作。内控工作组结合评价结果与跟踪整改情况编制内部控制评价报告，经内控领导小组和董事会审议批准后，对外披露。

三、结论与分析

（一）公司内部控制特点

HYGF 公司内部控制具有以下特点：（1）公司管理层比较重视内部控制建设，认为内部控制是企业的内生需求，将其与企业的日常业务相结合；（2）董事长以身作则，员工凝聚力强，员工薪资不高但离职率低，公司已经形成特有的文化氛围；（3）公司管理层认为信息披露和信息公开的方法可以更好地实现公司管理目标，例如公司定期公示各个人员支出情况，倒逼员工提高效率、节约成本；（4）公司已经形成学习型企业的文化，注重企业文化建设和员工学习成长，曾多次组织员工培训并由董事长亲自授课。

但公司的内部控制建设仍然局限于满足合规性要求，现行规章和业务流程按照 18 项应用指引编制，较少关注运营效率的提升，HYGF 公司的内控建设有待改进。

（二）公司管理层观点

HYGF 公司管理层对内部控制提出以下观点：（1）内部控制能够对公司经营管理活动产生积极效果，有助于健全、优化公司管控制度；（2）内部控制能够发现并有效控制企业风险，特别是结构性风险，也可保证信息披露准确性；（3）不管是主板上市公司，还是中小创业板上市公司，加强内部控制都是利大于弊，相关监管部门也应对企业的内部控制建设制订相应的指引并进行监督。

对于内部控制监管政策，HYGF 公司管理层也提出了相关建议：（1）建议监管部门提供更加明确和更具针对性的指引，提高监管政策的可操作性；（2）建议监管部门开展内部控制相关培训，或者发布内部控制相关资料和典型案例，为公司管理人员提供学习机会。

（三）调研组分析

通过 HYGF 公司的实地调研，我们认为：（1）公司管理层对内部控制的认识和理解水平，对公司的文化建立和内部控制实施有重要影响，内部控制是一把手工程，管理层对内部控制越重视，越有利于公司建立健全内部控制制度；（2）管理层以身作则，对公司文化有显著影响，但其凌驾于控制之上的风险也较高，因此，仍然需要相关的制度来实现对管理层的管控，毕竟文化建设不能取代制度建设。

第八节　KLDZ 内部控制分析

KLDZ 公司成立于 1996 年，于 2007 年 3 月在深圳证券交易所中小板挂牌上市，是一家民营控股上市公司，公司所在地为深圳市。

公司主营业务为智能电网和新能源应用、节能减排提供整体技术与产品解决方案，所属行业为仪器仪表制造业。截至 2014 年 12 月 31 日，公司资产规模为 46.75 亿元，营业收入 19.55 亿元，净利润 1.29 亿元，员工 3031 人，研发人员 647 人。

KLDZ 公司适用的内部控制监管政策依据为《中小板上市公司规范运作指引》。

一、内部控制建设特点

（一）内部控制组织体系

KLDZ 公司成立了专门的内控部门，由公司副总裁担任内控部门负责人，部门成员由公司审计部及各业务模块经验丰富的骨干人员组成，负责公司内控建设及持续优化工作。内控工作小组由 10 人组成，其中 3 人专职，7 人兼职。公司内控工作小组独立于各业务部门开展工作，具体工作情况直接向公司总裁汇报。KLDZ 公司内部控制组织体系如图 9 – 11 所示。

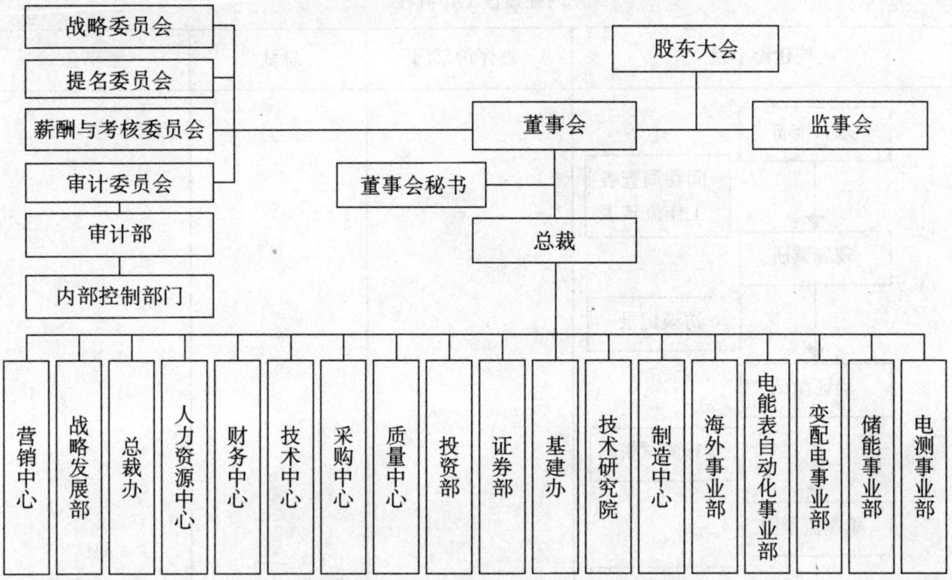

注：资料来源于 KLDZ 公司。

图 9 – 11　KLDZ 公司内部控制组织体系

（二）内部控制运行流程

KLDZ 公司内部控制建设工作流程主要包括项目准备、现场调研、验证测试、编制流程图、识别风险点和编制风险矩阵、诊断缺陷、提出整改方案、组织整改缺陷、跟踪缺陷整改情况，并在此基础上形成内部控制手册。KLDZ 公司内部控制建设工作流程如图 9 – 12 所示。

（三）内部控制制度构建

KLDZ 公司于 2011 年 2 月启动内控建设工作，2012 年 6 月完成内控制度的建设工作，形成了包括主要业务事项和核心流程，涵盖经营管理主要方面的内控体系。具体工作成果包括工作流转表、制度文件、访谈记录、穿行测试资料、流程图、流程描述、风险矩阵、缺陷汇总表，内部控制管理手册、内控流程手册、内部控制评价手册、内控制度体系等。

公司内控制度建设主要工作程序包括项目准备、现场调研、现场测试、内控体系诊断、内控体系完善、内控落地执行及持续改进等。主要方法包括问卷调查，访谈，验证测试，编制流程图和流程描述，识别风险点和编制风险矩阵，诊断分析缺陷，提出整改方案，完善内部控制手册等。

（四）信息系统使用

KLDZ 公司较为重视信息化建设，从决策支持到运营管理，每一个主要业务模

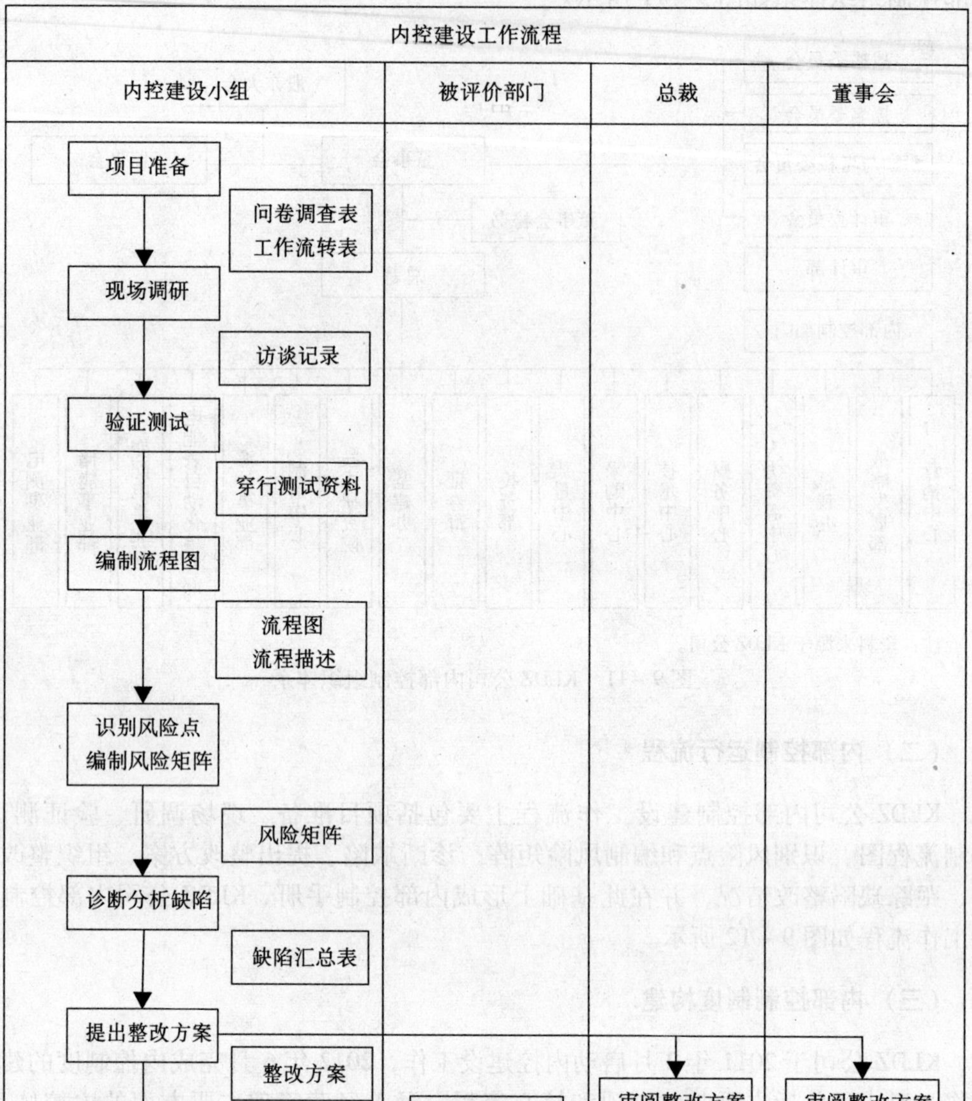

注：资料来源于 KLDZ 公司。

图 9－12　KLDZ 公司内部控制建设工作流程

块均建立了相应的 IT 系统支持，包含了 OA（SRM）、ERP 核心模块、CRM 等。目前，公司完成了新 OA 系统的开发，新 OA 系统结合已梳理优化的工作流程对邮件模块、财务模块、物料选型模块进行了门户整合，对 K3、CRM、MES、ERP 等核心业务系统进行二次开发，与财务费用远程报销系统、报表系统等业务模块对接，为高层决策及精细化管理推进提供支持。

（五）内部控制绩效考核

KLDZ 公司计划将内部控制纳入考核计划，将内部控制建设、评价及整改情况与“卓越绩效”计划挂钩。

（六）内部控制投入

KLDZ 公司内控工作小组由 10 人组成，其中 3 人专职，7 人兼职。资金投入主要包括聘请内控咨询机构的费用和信息系统的投入。其中，内控咨询费用为 90 万元，内控审计费用为 40 万元，信息系统年均预算超过 500 万元。

（七）内部控制下一步工作计划

第一，对内部控制关键点、组织架构和报告流程进行优化，发布流程管理制度，建立流程管理流程，与 ISO 体系相结合，使得管理体系能够适应公司业务的快速发展，并定期更新内部控制手册；第二，进一步完善信息系统，实现所有流程的 IT 化。

二、内部控制评价

（一）组织机构

KLDZ 公司建立了明确的内部控制评价组织机构与职责，内部控制评价工作由内控工作小组全面负责，主要包括内部控制评价工作的安排与推动、沟通与协调、监督与具体实施等。现场测试工作结束后，审计部负责汇总内部控制评价工作结果，结合内部控制评价工作底稿等资料，起草内部控制评价报告。报经集团董事会审批后予以公告。

（二）开展程序

KLDZ 公司内部控制评价工作流程主要包括制订内部控制评价方案、成立内部控制评价小组、组织现场测试、认定内部控制缺陷、整改内部控制缺陷、跟踪内部控制缺陷整改、编制内部控制评价报告，公司董事会审批内部控制评价报告并向公众披露。KLDZ 公司内部控制评价工作流程如图 9－13 所示。

KLDZ 公司在内部控制评价过程中，始终强调发挥内部审计监督的作用，即事前介入，前期开展内部控制建设和培训，完善制度；事中参与，参加开标会议，参

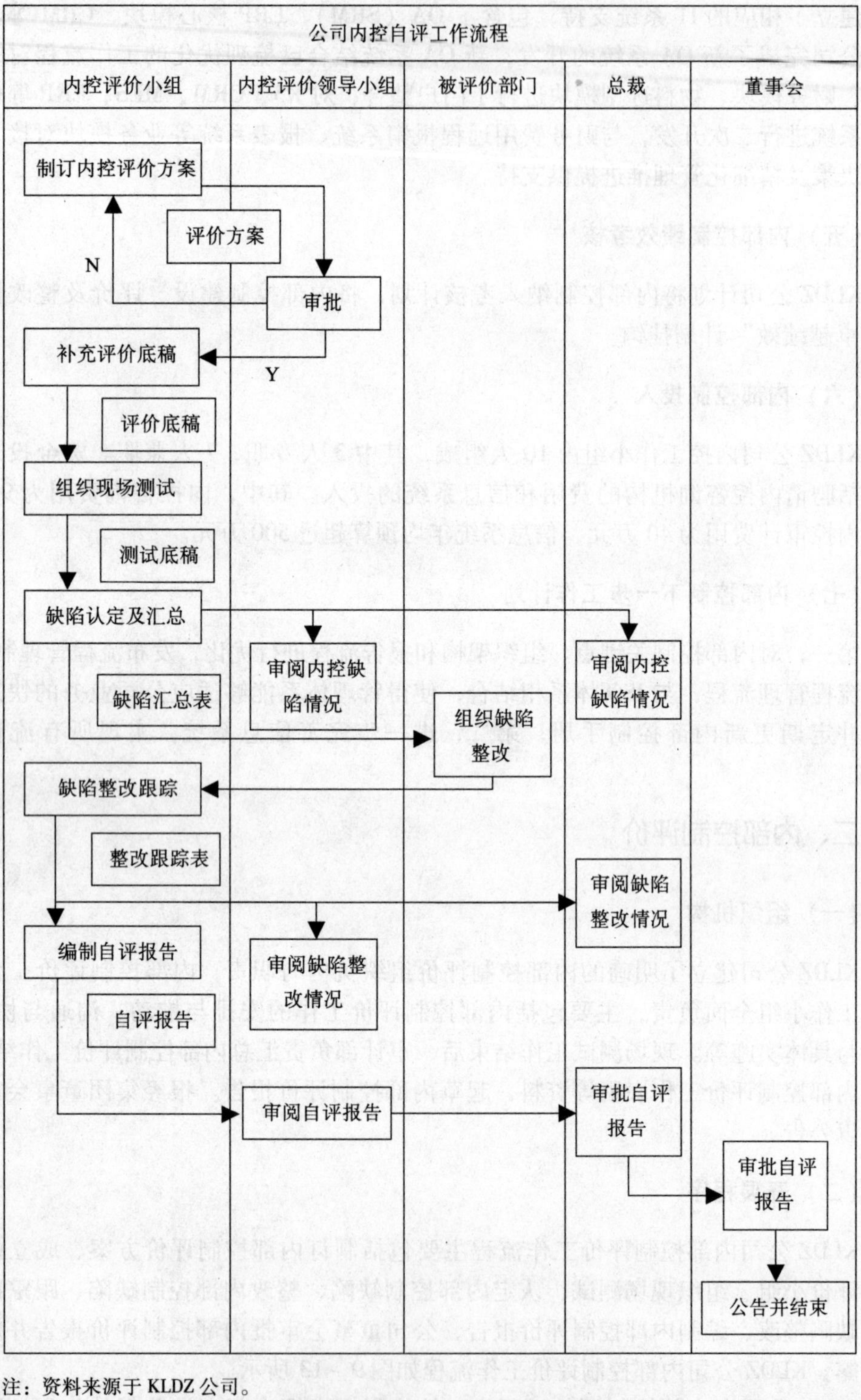

注：资料来源于 KLDZ 公司。

图 9－13　KLDZ 公司内部控制评价工作流程

加供应商现场评审团队；事后审计，定期审计、发现问题、监督整改。

经过评价和审计，根据公司披露的内部控制评价报告和审计报告，公司内控在2012年和2013年仅存在一般缺陷，不存在重大或重要缺陷。

三、结论与分析

（一）公司特点

KLDZ公司内部控制体系具有以下特点：（1）业务全面IT化支持；（2）建立符合公司经营特点的管理型内控制度；（3）管理层重视人才建设工作，培养和建设专业的内控人才，使得各业务模块内控均有人员支撑。

但KLDZ公司在以下方面还需要进一步改进和提高，部分员工对内控的理解和执行不到位，如部分员工认为审批程序牺牲了效率。

（二）公司管理层观点

KLDZ公司管理层重视内部控制建设工作，认为内部控制是公司的内生需求，有效的内部控制体系允许管理层投入更多精力关注公司战略发展层面的事项，有助于提高公司运营效率；公司管理层认为现行的内部控制指引符合公司的实际情况。

KLDZ公司管理层对监管政策提出相关建议：（1）建议考虑市场中的内部控制专业人才断档的情况，应该采取措施保证市场有足够的内部控制专业人才，或者对内部控制咨询人才进行行业规范管理，建立资格审查等制度；（2）对于上市公司内部控制监管，应该要求公司在上市前就建立内控制度，上市后进行持续督导。

（三）调研组分析

通过KLDZ公司的实地调研，我们认为：不同公司内部控制建设重心不同，监管者不应该用一套统一、相同的内部控制体系要求所有公司，例如，对小公司制订特殊的内部控制指引，或者制订原则性的规定，控制关键节点，由公司根据自身情况建设内部控制体系。

第九节　MBFS内部控制分析

MBFS公司成立于2000年，于2008年8月在深圳证券交易所中小板挂牌上市，是一家民营控股上市公司，公司所在地为上海市。

公司主要从事服装设计开发；服装、鞋、针织品、皮革制品、羽绒制品、箱包、玩具、饰品、工艺品（除金银）、纸制品的销售。公司所属行业为纺织服装、服饰业。公司2014年营业收入662077万元，净利润14564万元，总资产698674万元，净资产 363653 万元，公司员工总数为 1576 人。

MBFS 公司适用的内控监管政策依据为《中小板上市公司规范运作指引》。

一、内部控制建设特点

（一）内部控制组织体系

MBFS 公司属于典型的“家长式”内控模式，董事长的权威性较高。公司与内部控制相关的机构包括董事会、审计委员会、审计部、CEO 和财务部。其中董事会是推动内部控制管理工作的最高权威机构；审计委员会负责监管集团之间内部控制流程，并对其有效性发表意见，指派审计部定期检查；审计部负责检查和评估集团内部控制流程的效率效果；CEO 是公司内部控制工作的执行决策机构，对内部控制体系的建立健全、内部控制标准的有效执行向董事会负责；财务部在 CEO 授权下负责内部控制管理具体协调、组织和支持工作，包括集团内部控制体系的规划和建设支持工作、协调内部控制体系在各系统推广实施、组织内部控制有效性自我评估。

基于公司管理实践和最佳实践，内控管理组织结构包含最终责任机构、监督机构、执行机构；执行机构再分执行决策层、执行协调层和执行操作机层。MBFS 公司内部控制组织体系如图 9 - 14 所示。

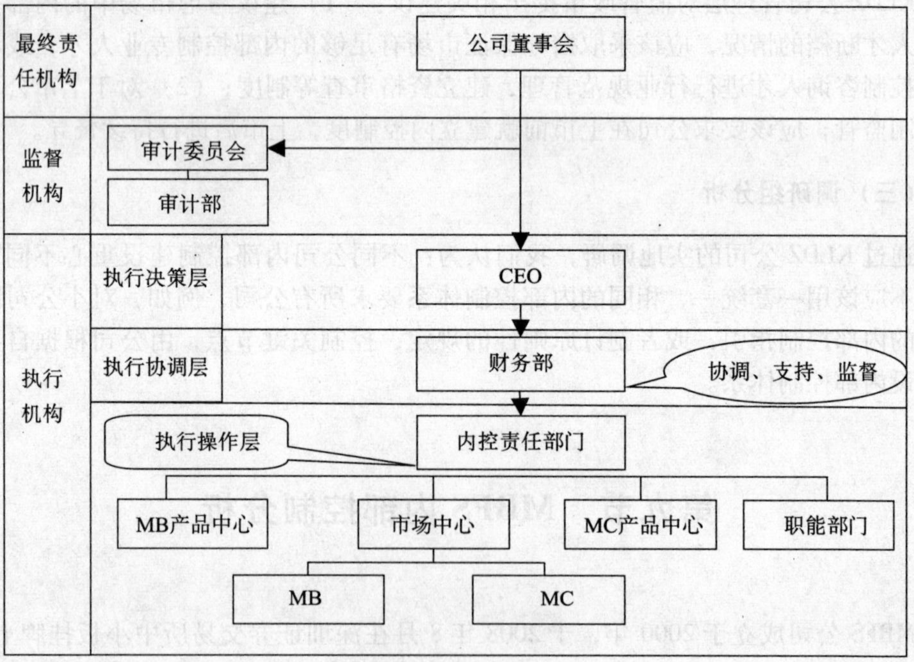

注：资料来源于 MBFS 公司。

图 9 - 14　MBFS 公司内部控制组织体系

（二）内部控制制度构建

MBFS 公司未单独编制内控手册等，而是更注重企业发展的实际需求，如公司按照相关内部控制要求建立了管理制度，并按照内部控制流程对其执行效果进行了评价，总体运行情况良好。公司的内部控制体系重点关注对业务的执行管控，而对顶层设计关注较少。

公司审计部每年均制订审计计划，重点针对非财务审计（财务相关内部审计则由外部审计师负责），审计部每 2 周与 CEO 正式或非正式单独沟通，每年 3 次与董事会沟通；审计部根据审计计划实施审计，针对发现的问题出具管理建议，并负责将建议落实到位。

公司经过内部控制风险评估后，认为其面临的主要风险是产品流通风险和设计风险。针对已识别风险，公司正在进行互联网创新，包括建立信息对称的商业管理机制、打通全国的“寻路中国”系统、云货架、虚拟经销商平台等。

（三）信息系统使用

MBFS 公司较为重视信息系统建设，董事长亲自带队构建“云货架”和“柔性供应链”管理系统。目前，信息技术部约 200 人，ERP 系统投入约 2 亿，主要分为系统开发、系统管理、硬件维护三个部分，并聘请管理咨询公司进行系统规划和系统实施。

（四）内部控制绩效考核

MBFS 公司对审计部的绩效考核为管理建议落实情况，约占 20% 的关键考核指数（KPM）。

（五）内部控制投入

MBFS 公司在内部控制人员投入方面，审计部员工人数为 8 人；财务部内部控制检查专职人员为 2 人。在内控资金投入方面，公司未聘请外部咨询机构进行内控建设，但是聘请会计师事务所对内控进行审计。在信息系统投入方面，如前所述，公司正在进行互联网创新。此外，公司还建立了完备的门店存货管理系统。

二、内部控制评价

（一）组织机构

MBFS 公司由审计部负责审查公司内部控制制度，监督内部控制的有效实施和开展内部控制评价工作。

（二）开展程序

MBFS 公司审计部每年制订本年度的总体审计计划，并根据上半年审计情况，对下半年的审计工作计划进行适度调整。

（三）内部控制评价结论

根据 MBFS 公司 2013 年内部控制评价报告，公司不存在与会计报表相关的内部控制重大缺陷。公司内部控制评价过程中，曾发现信息系统运行设计缺陷，存在应删除的超级权限账户（拥有开户、修改权限等功能）未及时删除的情况。针对此项缺陷，审计部督促相关部门及时整改完毕，并聘请会计师事务所核查。

三、结论与分析

（一）公司特点

MBFS 属于典型的“家长式”内部控制模式，董事长的权威性较高。该模式注重公司的执行力，结构相对简单，董事长在内部控制实施过程中发挥主要作用，内部控制效率较高。但公司内部控制偏重执行层面，对顶层设计关注较少，风险评估也仅关注业务层面，内部控制建设有待改进。

（二）公司管理层观点

MBFS 公司管理层对内部控制的认识可以归纳为以下几点：（1）内部控制建设最重要的是要守住最基本原则，内部控制就是用制度管住人，是无情的管理，同时也是定量的管理；（2）内部控制必须服务于公司发展的需要，与日常管理相融合；（3）实施内部控制具有必要性，既是对自己负责，也是对内部（员工）、外部（供应商、客户、消费者）负责，实施内部控制有利于合理防范风险，提高竞争力；（4）民营控股上市公司较易接受财务报表相关的内部控制，但对于非财务报表相关的内部控制，如采购等敏感度较高的业务和流程相关的内部控制理解水平有待提高。

对于内部控制监管政策，MBFS 公司管理层提出如下建议：（1）民营控股上市公司不适合严格的内部控制体系，建议监管机构加强财务报告相关的内部控制监管，对于非财务报告相关的内部控制，可以出台一些行业指引性文件；（2）内部控制缺陷认定标准，应该结合公司实际情况，监管机构不宜做强制的规定，建议发布行业的内部控制缺陷认定标准指南。

（三）调研组分析

通过 MBFS 公司的实地调研，我们认为：当公司的内部控制模式为“家长式”时，公司的执行力较高，内部控制效率较高，但潜在的内部控制风险也较大。民营控股上市公司实施内部控制应该循序渐进，与公司的现状相适应，部分民营控股上市公司的特点是关注重大风险，针对重大风险能够快速反应，内部控制体系也应该适应这个特点。

第十节　QMXC 内部控制分析

QMXC 公司成立于 1996 年，于 2010 年 6 月在深圳证券交易所中小板挂牌上市，是一家民营控股上市公司，公司所在地为北京市。

公司主营业务为网络安全产品、可信安全管理平台、安全服务与解决方案的综合提供商，所属行业为信息传输、软件和信息技术服务业。公司在全国拥有 15 个下属公司，截至 2014 年 12 月 31 日，公司总资产 24 亿元人民币，净资产 16.2 亿元人民币，在职员工 2671 人。

QMXC 公司适用的内控监管政策依据为《中小板上市公司规范运作指引》。

一、内部控制建设特点

（一）内部控制组织体系

QMXC 公司未设立专门的内部控制领导小组，公司内部控制的管理、完善最终职责归属于董事会与高级管理层。监事会对内部控制的建立、实施进行监督，具体建立、实施由业务管理层负责。内审部通过内部审计、内部控制咨询等方式监督内部控制的建立与实施，推动内部控制体系的优化。QMXC 公司内部控制组织体系如图 9－15 所示。

（二）内部控制运行流程

QMXC 公司的内部控制建设以风险管理为导向，内部控制制度由各相关部门组织起草，经分管领导审批后，提交内审部审核，内审部审核通过后，提请公司总经理审批，通过后以公司名义或以部门名义公布实施。设计业务流程时，依据控制目标，制订流程内容，采用流程图的形式标示关键控制活动和审批层级，同时考虑不相容岗位职责分离。公司将内部控制制度汇编为内部控制手册，公司管理层、监事会、内审部等对公司内部控制制度的执行进行持续监督，并根据公司外部环境及内部业务的变化对内控体系进行动态更新（如图 9－16 所示）。

（三）内部控制制度构建

QMXC 公司于 2004 年开始进行内控建设，并于当年通过 ISO9000 质量管理体系认证，2012 年通过 ISO14000 环境管理体系认证。质量管理体系覆盖人力资源、基础设施和工作环境、信息管理、产品管理、研发过程管理、生产管理等环节。2010 年公司上市后成立了内审部，负责内部控制建设。公司现有内部控制体系覆盖所有子公司及各业务环节，仍处于不断完善的过程。目前公司依据质量管理体系和内部

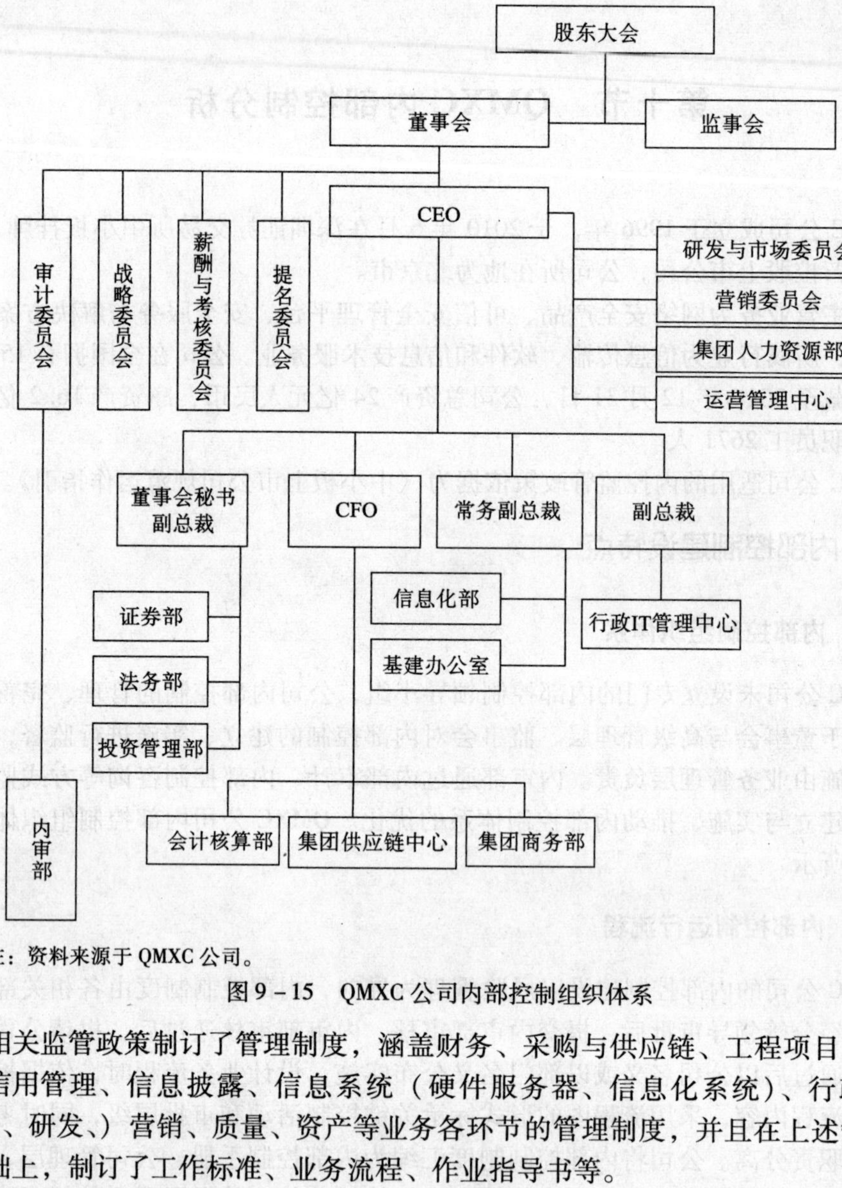

注：资料来源于 QMXC 公司。

图 9－15　QMXC 公司内部控制组织体系

控制相关监管政策制订了管理制度，涵盖财务、采购与供应链、工程项目、合同管理及信用管理、信息披露、信息系统（硬件服务器、信息化系统）、行政、研发（产品、研发、）营销、质量、资产等业务各环节的管理制度，并且在上述管理制度的基础上，制订了工作标准、业务流程、作业指导书等。

（四）信息系统使用

QMXC 公司建立了覆盖各子公司的集团化信息管理平台，该 ERP 系统包含 16 个业务模块。公司在内部控制与内部审计工作中充分利用了信息化系统。80% 以上的公司业务处理通过 OA 系统实现。

（五）内部控制投入

QMXC 公司内审部同时负责内部控制制度的优化、评审，推动各部门进行流程检查、更新。内审部现有专职人员三人。公司连续三年聘请会计师事务所为其进行

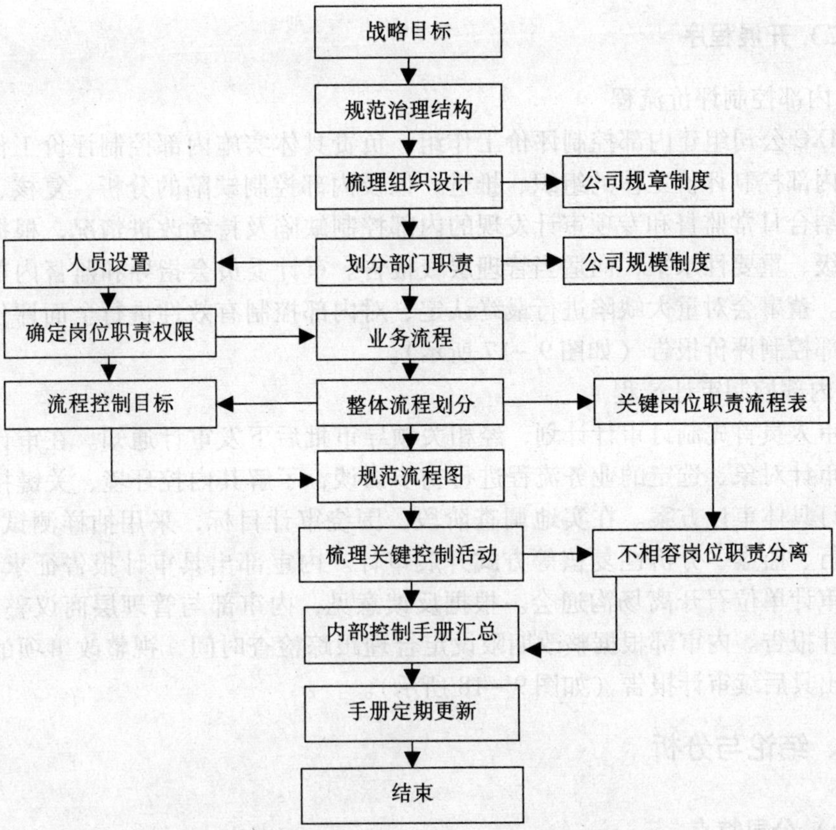

注：资料来源于 QMXC 公司。

图 9-16　QMXC 公司内部控制建设流程

内部控制鉴证，年均费用为 80 万元。信息系统采购由信息化部统一负责，整体规划。

（六）内部控制下一步工作计划

QMXC 公司内部控制体系中有些业务循环尚未建立起可量化的管理指标，尤其在第二道防线中的公司管理层检查方面存在不足，后续将会持续优化，为实现管理目标提供合理保证。

二、内部控制评价

（一）组织机构

QMXC 公司内部控制评价工作由公司常务副总裁主管，内审部协调，具体评价工作由业务部门骨干和不同层级管理者广泛参与。

（二）开展程序

1. 内部控制评价流程

QMXC 公司组建内部控制评价工作组，负责具体实施内部控制评价工作。内审部负责内部控制评价工作的组织、推进，以及内部控制缺陷的分析、复核、报告及跟踪，结合日常监督和专项审计发现的内部控制缺陷及持续改进情况，根据缺陷的不同等级、重要性水平，向适当管理层级报告。审计委员会指导和监督内部控制评价工作。董事会对重大缺陷进行最终认定、对内部控制有效性进行全面评价，审阅批准内部控制评价报告（如图 9 - 17 所示）。

2. 内部控制审计流程

内审人员首先制订审计计划，经相关领导审批后下发审计通知。在审计进场会议中对审计对象、选定的业务流程进行初步访谈，了解其内控环境、关键控制活动等，制订具体审计方案。在实地调查阶段，围绕审计目标，采用抽样测试、观察、重新执行、监盘、分析性复核等方式开展审计。内审部出具审计报告征求意见稿，并与被审计单位召开离场沟通会。根据反馈意见，内审部与管理层商议整改措施，修订审计报告。内审部根据整改期限设定合理跟踪检查时间，视整改事项的重要性水平，出具后续审计报告（如图 9 - 18 所示）。

三、结论与分析

（一）公司特点

QMXC 公司主要是通过 ISO（质量管理体系）实现管控的；由于客户多为军工企业，对安全的资质考核非常严格，公司内生需要内部控制。

QMXC 在以下方面还需要提高与完善：QMXC 对非财务报告的内部控制缺陷定义不够明确；虽然公司编制了内控评价手册，但是仍然为 2013 年版本并处于试行阶段。

（二）公司管理层观点

QMXC 公司管理层对内部控制的感受如下：（1）在信息安全行业，最重要的是公司信用问题；由于公司一部分客户为军方，而军方审核非常严格，公司非常需要内部控制。（2）内部控制并不等同于管理，内部控制是规则，管理是艺术。（3）内部控制是企业发展的制度保障，但不是为了控制所有风险，因此要符合成本效益原则以及企业自身的发展需求。（4）在不同阶段，内部控制要不断持续优化、改进。（5）要加强信息化升级，促进业务按照流程处理。

QMXC 公司管理层对内部控制监管政策的建议为：内部控制监管政策不要过细，要给予企业一定的自我调整空间。

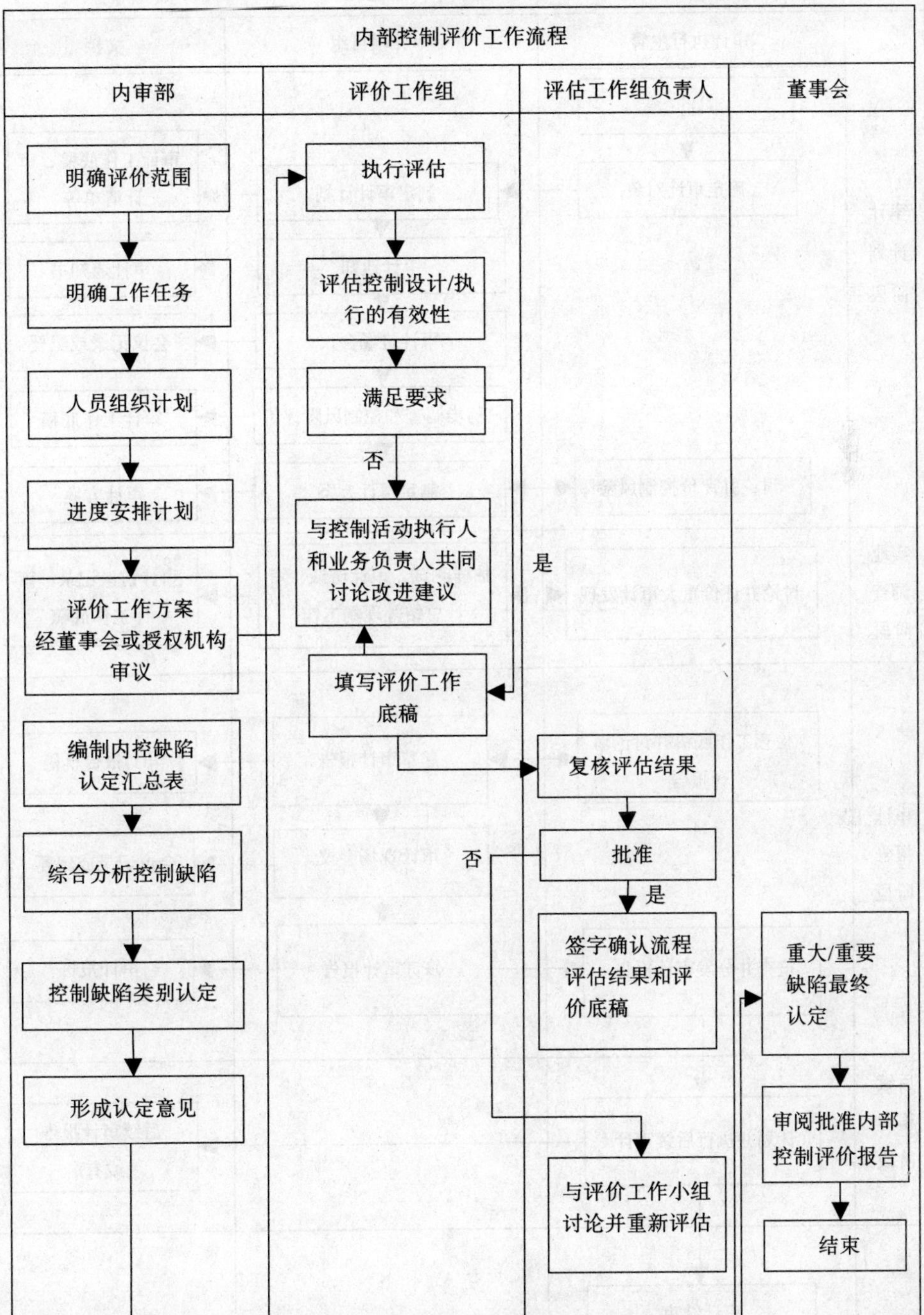

注：资料来源于 QMXC 公司。

图 9－17　QMXC 公司内部控制评价流程

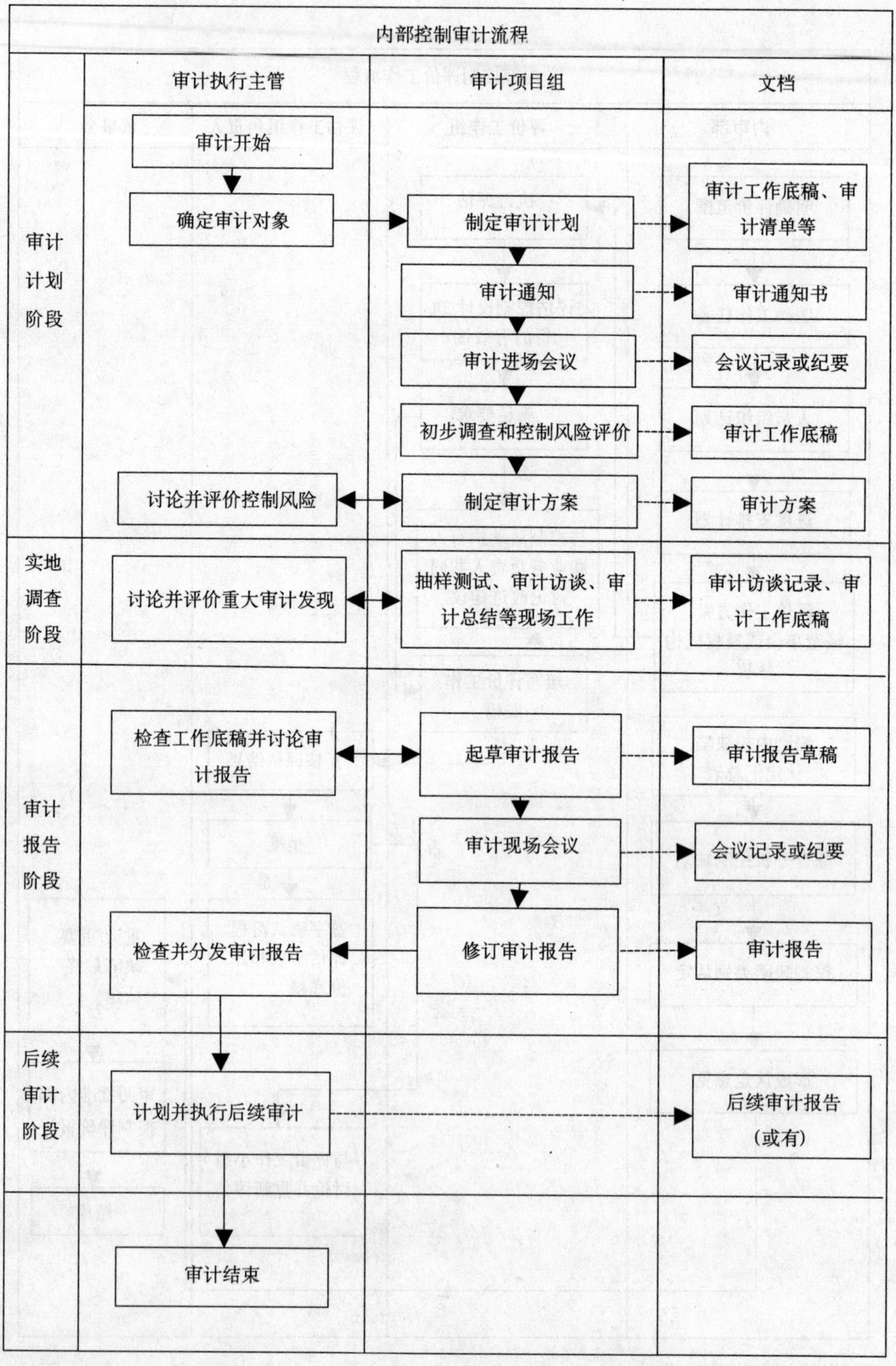

注：资料来源于 QMXC 公司。

图 9－18　QMXC 公司内部控制审计流程

（三）调研组分析

通过QMXC公司的实地调研，我们认为：（1）经验借鉴，QMXC公司发生并购后能够较好的合为一体并且运营，与企业文化和公司自身对内部控制的重视程度分不开；（2）国有控股上市公司和民营控股上市公司特点不同，应该进行差异化管理。例如，国有控股上市公司严格按照标准进行内部控制建设和评价，民营控股上市公司以财务报告为主或者通过编制指引、划定红线等方式进行管理，制订差异化的内部控制监管政策；（3）公司管理层对内审的定位以及内审人员的素质直接影响内部控制的开展；（4）参考SOX法案，结合企业自身情况进行个性化披露，提升公司披露动力，并对投资者进行内部控制方面的教育和宣传。

第十一节　BSY内部控制分析

BSY公司创办于2001年，于2010年在深圳证券交易所创业板挂牌上市，是一家民营控股上市公司，公司所在地为北京市。

公司业务领域涵盖水务全产业链，核心技术为生产过滤膜，近年逐渐拓展到与地方政府合作进行污水处理工，所属行业为水利、环境和公共设施管理业。截至2014年12月31日，公司净资产超过64亿元，员工总数为1941人。

BSY公司适用的内部控制监管政策依据为《创业板上市公司规范运作指引》。

一、内部控制建设特点

（一）内部控制组织体系

BSY公司未设立独立的内部控制部门，而是由各部门按照自身业务特点进行内部控制建设，公司总部向子公司委派或推荐董事、监事及主要高级管理人员。各职能部门对子公司相关业务和管理进行指导、服务和监督，从公司治理、日常经营及财务管理等方面对子公司进行管理。

公司审计部在董事会直接领导下，开展对公司内部控制制度建设和执行情况的审计，并定期向董事会和审计委员会报告。BSY公司的内部控制体系组织架构见图9-19。

（二）内部控制制度构建

BSY公司为满足上市要求建立了较为完善的公司治理制度，明确了岗位职责，覆盖全部分、子公司。公司将内部控制制度与业务流程和风险管理相结合，通过各部门的绩效考核督促落实。对分、子公司，将内部控制制度与经营计划、财务预算

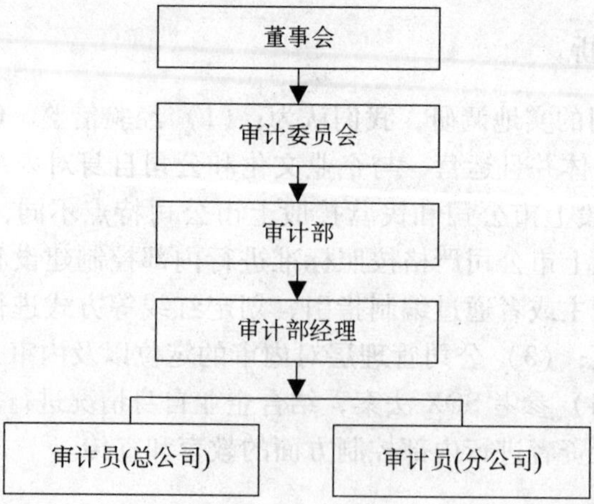

注：资料来源于 BSY 公司。

图 9-19 BSY 公司内部控制组织体系

和人力资源政策相结合，控制预算、资金等风险较高的业务活动。

（三）信息系统使用

BSY 公司建立了以办公自动化为重点的信息化管理系统，包括 OA 办公系统和 ERP 系统。但目前公司内部多采用微信、邮件、短信等方式进行内部信息沟通。

（四）内部控制绩效考核

BSY 公司将资金和预算的执行情况与子公司高管薪酬挂钩。

（五）内部控制投入

BSY 公司花费 150 万元聘请管理咨询公司进行了内部控制咨询，但并未产生良好的效果。此后，公司自行建设内部控制体系，相关资源投入为聘请会计师事务所提供内部控制鉴证服务费用，2013 年费用约为 70 万元。

（六）内部控制下一步工作计划

随着业务和规模的不断扩大，BSY 内部控制下一步工作计划：（1）进一步优化业务和管理流程，及时修订和完善内部控制制度；（2）加强内部控制培训工作，提高管理人员和员工对内部控制的认识水平。

二、内部控制评价

（一）组织机构

BSY 公司审计部在董事会直接领导下，开展对公司内部控制制度建设和执行情况的审计，并定期向董事会和审计委员会报告。

（二）开展情况

BSY公司成立内部控制评价工作小组，由审计部执行具体内部控制评价工作，通过观察、询问、访谈、检查、抽查、监盘等审计程序，对内部控制执行情况进行评价，督促整改、形成评价报告后提交董事会和审计委员会审议。此外，审计部对下属子公司进行定期及不定期的审计。公司内部控制评价流程见图9－20。

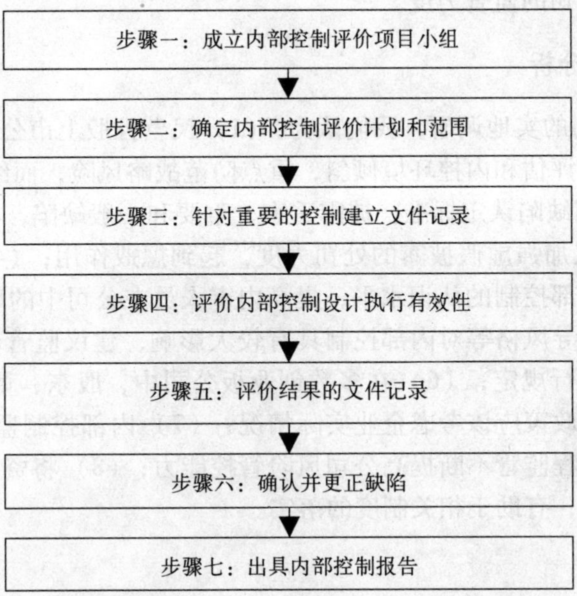

注：资料来源于BSY公司。

图9－20　BSY公司内部控制评价流程

三、结论与分析

（一）公司特点

BSY公司内部控制有以下特点：（1）内部控制和业务流程紧密结合在一起，如在投资、资金方面管控较好；（2）公司创始人、股东和管理层高度重合，对公司的风险点较为熟悉；（3）随着公司的发展壮大，人的有限精力可能会限制企业的发展。

BSY公司内部控制还需要进一步改进和提高，如信息化程度不高，缺陷标准认定过程不明确等。

（二）公司管理层观点

BSY公司管理层对内部控制有以下几点认识：（1）内部控制是管理的一部分，内部控制不好就是管理不好，内部控制的核心要素是“人”，用制度制约人的行为，才能达到内部控制的目的；（2）内部控制建设不能以满足监管要求为目标，应该与公司的实际情况相结合，适应公司的内部控制制度应当是从公司自身发展过程中总结出来的，国有控股上市公司建立的约束机制并不适用于民营控股上市公司。

BSY 公司管理层对内部控制监管政策提出如下建议：（1）监管部门应该确定"红线"，以"原则为导向"；（2）建议监管部门制订针对中小板和创业板公司的指引，提高可操作性；（3）建议监管部门以"结果为导向"，加强对存在问题或出现问题概率较大的公司的监管力度。

（三）调研组分析

通过 BSY 公司的实地调研，我们认为：（1）民营控股上市公司更关注业绩，建议监管重心向风险评估和内控环境倾斜，重点防范战略风险，而细节控制可以弱化；（2）要求公司披露缺陷认定标准，披露重大、重要和一般缺陷，向投资者提供足够的信息；（3）建议加强虚假披露的处罚力度，起到惩戒作用；（4）建议加强培训，提高管理人员对内部控制的认识水平，提高内审人员在公司中的地位；（5）上市公司行业、规模、领导风格等对内部控制具有较大影响，建议监管政策考虑公司的多样性，从原则上进行规定；（6）在多数创业板公司中，股东、董事、管理层重合，创业板公司的监管政策应该考虑企业实际情况；（7）内部控制监管应该关注过程，而非结果，通过过程监管不断提高公司风险管控能力；（8）将资金、预算的实际情况与高管薪酬挂钩，有助于相关制度的落实。

第十二节　ZYDZ 内部控制分析

ZYDZ 公司创立于 1994 年，2012 年在深圳证券交易所创业板挂牌上市，是一家民营控股上市公司，公司所在地为上海市。

ZYDZ 公司主要从事单片机集成电路设计与销售，所属行业为计算机、通信和其他电子设备制造业。公司 2014 年营业收入 37107 万元，净利润 3120 万元，总资产 63691 万元，净资产 57857 万元。

ZYDZ 公司适用的内部控制监管政策依据为《创业板上市公司规范运作指引》。

一、内部控制建设特点

（一）内部控制组织体系

ZYDZ 公司内部控制负责人及相关部门包括董事长、总经理、内控建设督导小组和审计部。ZYDZ 公司内部控制组织体系如图 9－21 所示。

董事长授权总经理根据《基本规范》及配套应用指引，并结合公司自身情况及

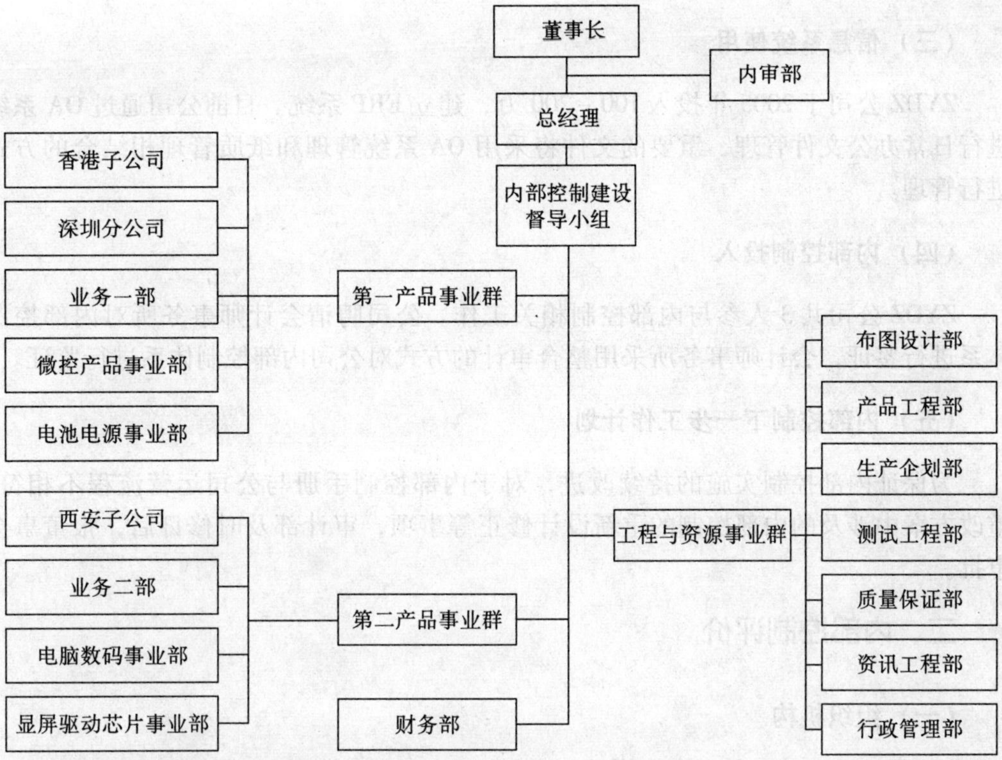

注：资料来源于 ZYDZ 公司。

图 9－21　ZYDZ 公司内部控制组织体系

特点，建设符合公司实际情况的内部控制体系。

总经理对董事长负责，组织建立内控建设督导小组，结合公司自身特点并根据《基本规范》及配套应用指引，领导内控建设督导小组开展内部控制建设工作。

内控建设督导小组对总经理负责，由总经理、第一产品事业群总经理、第二产品事业群总经理、工程与资源事业群总经理、财务总监组成。总经理任组长，小组成员根据总经理的指示，将工作目标细分并下发至各事业部和工程部进行推广、执行。

内审部对董事长负责，根据董事长的要求定期评价内部控制制度的设计及执行情况。

（二）内部控制制度构建

ZYDZ 公司内部控制体系已覆盖本公司及其控股子公司，编制了内部控制手册，对内部控制制度及业务流程进行了梳理，并编制了内控风险清单，识别出产品研发风险、人力资源风险和产品外包风险等主要风险。对内部控制缺陷，公司制订相应的整改方案并对整改效果进行跟踪。

（三）信息系统使用

ZYDZ 公司于 2005 年投入 100 - 200 万，建立 ERP 系统。目前公司通过 OA 系统进行日常办公文件管理，重要的文件将采用 OA 系统管理和纸质管理相结合的方式进行管理。

（四）内部控制投入

ZYDZ 公司共 3 人参与内部控制相关工作。公司聘请会计师事务所对内部控制体系进行鉴证，会计师事务所采用整合审计的方式对公司内部控制体系进行鉴证。

（五）内部控制下一步工作计划

为保证内部控制实施的持续改进，对于内部控制手册与公司运营流程不相符、整改方案中涉及的内部控制的重新设计修正等事项，审计部及时修订后，报董事会审批。

二、内部控制评价

（一）组织机构

ZYDZ 公司董事会指导并监督内部控制评价工作，内审部负责内部控制评价工作的开展。

（二）开展程序

ZYDZ 公司内部控制评价分为评价计划的制订和评价工作的执行两部分。

在评价计划工作的制订上，首先，内审部负责制订具体的年度评价计划，明确本年度评价的目标、范围、内容、时间安排和相应的资源配置；第二，内审部负责制订具体项目的内部控制评价实施方案；第三，准备必要的工作文件，包括风险控制矩阵和缺陷汇总模版、抽样计划、被评价部门的内部控制体系文件等；第四，在现场评价前与被评价部门、子公司建立初步联系，以确认相关评价事项和具体安排。

在评价工作的执行上，内审部按照既定的评价方案实施评价，将测试情况记录于工作底稿，将评价结论告知被评价单位负责人。被评价单位负责人对存在的问题进行限期整改，并将整改的进度和结果书面通知内审部。

三、结论与分析

（一）公司特点

ZYDZ 公司的产品生产全部外包，主营业务为开发、设计，属于轻资产、以人力资源为主的公司，在研发和外包管理方面沿用严格的 ISO 等管理体系，管理较为规范。但 ZYDZ 公司主要依赖质量管理体系，实施内部控制规范体系存在困难，内部控制规范体系只起到参考作用。

（二）公司管理层观点

ZYDZ 公司管理层对内部控制持以下观点：公司需要的是一套行之有效的管理制度，效率第一，对内部控制规范体系的投入和产出效果持保守态度。

ZYDZ 公司管理层对内部控制监管提出以下建议：（1）内部控制 18 项应用指引难以适应其业务特点，建议通过案例方式指引内部控制实务；（2）建议加强公司管理人员的教育和培训，提高管理人员的内部控制认识。

（三）调研组分析

通过 ZYDZ 公司的实地调研，我们认为：ZYDZ 公司主要依赖质量管理体系，实施内部控制规范体系存在困难，内部控制规范体系只起到参考作用。监管部门应当根据公司所属行业、公司规模进行分类监管，应当充分考虑研发型企业、设计型企业、生产型企业、文化创意类企业、网络企业的特点。

第十三节　GHSW 内部控制分析

GHSW 公司于 1999 年 10 月成立，于 2011 年 7 月在深圳证券交易所创业板挂牌上市，是一家民营控股上市公司，公司所在地为广州市。

公司主营业务为再生医学，在诱导再生功能的新型生物材料及其产品研发领域具有显著优势，所属行业为专用设备制造业。截至 2014 年 12 月 31 日，公司总股本超过 1.23 亿股，资产总额达到 6.20 亿元。2014 年实现营业收入 19035.67 万元。公司员工总数为 243 人，其中研发人员占 16%。

GHSW 公司适用的内控监管政策依据为《创业板上市公司规范运作指引》。

一、内部控制建设特点

（一）内部控制组织体系

GHSW 公司的内部控制体系建设与运行由内控建设小组负责，内控建设小组由内控领导小组和内控工作小组构成。内控领导小组由董事长担任组长，成员包括审计委员会主席、财务总监等；内控工作小组由总经理提供组长，成员包括风控部和各业务模块负责人。风控部负责内部控制体系建设与运行的具体工作，该部下设内控部和内审部，其中，内控部负责公司内部控制体系的建立健全，并通过不定期检查和内审部反馈意见进行修订、完善；内审部对公司内部控制体系执行的有效性进行检查，并向内控部反馈。GHSW 公司的内部控制体系组织架构如图 9－22 所示。

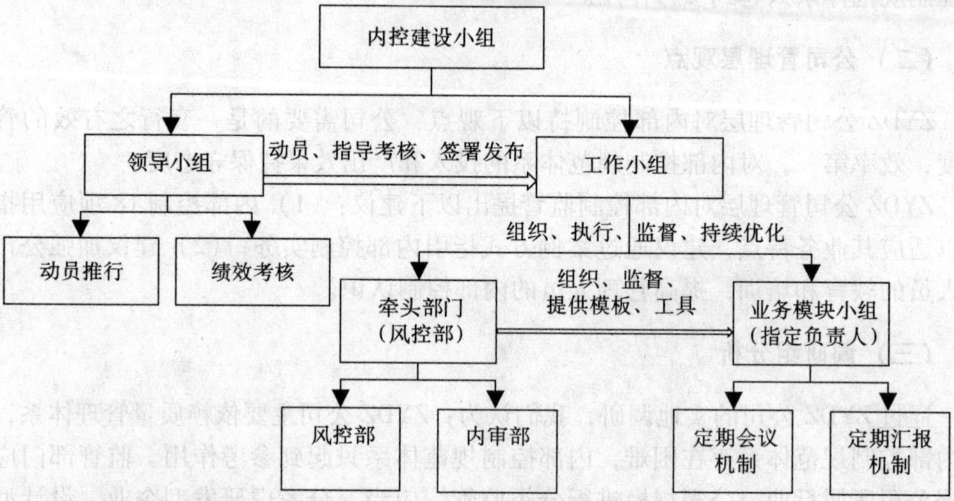

注：资料来源于 GHSW 公司。

图 9－22　GHSW 公司内部控制组织体系

（二）内部控制制度构建

GHSW 于 2009 年开始关注内部控制问题，并在当年建立了公司内部控制制度和内部控制手册。在后续年度，随着部分业务变更和发展战略调整，公司对相关内部控制制度进行了增补修订，并对增补修订制度的实施情况进行了追踪报告，同时也更新了相应的业务流程手册。

公司内部控制的建设与实施覆盖了公司总部及全资子公司，主要关注业务流程，以风险为导向。其中，对于风险评估，公司首先根据经验列出所了解的风险点，以问卷调查的形式让各部门对其进行打分，最终形成具有针对性的风险清单。

（三）信息系统使用

GHSW 公司的内部控制信息系统尚处于启动阶段，信息化内部控制仅局限于授权、批准和 OA 系统。

（四）内部控制投入

风控部有 3 名工作人员负责内部控制体系建设与运行的具体工作。公司自 2009 年开始关注内部控制体系建设，并曾聘请会计师事务所为其提供咨询服务。公司第一年的内部控制资金投入为 5－6 万元，其在后续年度有所提升，目前公司内部控制投入预算已超过 20 万元（不包括外聘专业人员）。

（五）内部控制下一步工作计划

目前公司内控和内审隶属于同一部门，但随着内部控制体系的进一步完善，公司将建立独立的内部控制部门。同时，从2015年开始把内部控制关注焦点转向公司战略层面。结合国家法律法规和公司发展战略，GHSW公司计划不断完善内部控制制度，强化规范运作意识，加强内部监督机制，使其在实际中得到更加有效的执行与实施。

公司尚未把内控与绩效考核挂钩，但针对该问题，公司风控部已在今年工作会议中两次向人力资源部提出建议，并在2015年开始正式实行内控与绩效考核挂钩。

二、内部控制评价

（一）组织机构

GHSW公司的内部控制评价工作主要由内审部负责，内审部根据相关监管要求及所制订的缺陷等级标准，对公司年度内部控制情况进行评价。

（二）开展程序

根据GHSW公司制订的缺陷整改流程，内审部若发现存在内部控制重大或重要缺陷，则与相应部门负责人沟通，要求负责人针对缺陷列出整改方案并签字，内审部根据整改方案，对整改情况进行跟踪。

GHSW公司已进行了三次内部控制评价工作，分别披露了2011年度、2012年度及2013年度内部控制评价报告，同时披露了内部控制鉴证报告。公司通过内部控制评价，尚未发现存在内部控制重大或重要缺陷，对于所发现的一般缺陷，公司在遵循相关监管要求的前提下对其做了跟踪整改。

三、结论与分析

（一）公司特点

GHSW公司的内部控制的特点为：（1）该公司的内部控制以风险为导向，属于管理型内部控制；（2）该公司的内部控制与实际业务结合较紧密，在安全生产和产品质量方面控制比较严格，重点关注资金活动、财务报告、工程项目等高风险领域；（3）该公司的内部控制建设尚处于初级阶段，主要关注业务层面。

但GHSW公司在以下方面还需要改善和提高：（1）内控信息系统有待进一步完善，目前的系统仅限于OA系统，只能实现简单的授权和审批功能；（2）内控手册自首次制定后未及时更新。

（二）公司管理层观点

GHSW公司管理层对内部控制的认识和感受如下：（1）内部控制对公司治理、风险管控很有帮助，有助于发现制度漏洞，对公司整体的经营管理活动产生了积极效果；（2）公司在内部控制方面能获得监管部门的帮助较为有限，只能参照针对主板上市公司的相关政策规定来开展内部控制工作；（3）公司在内部控制建设方面实际可选择的培训渠道与资源较少。

GHSW 公司管理层对内部控制监管政策提出如下建议，（1）建议监管部门能够提供专门针对中小板和创业板上市公司的内部控制相关政策或指引；（2）建议监管部门提供一些内部控制培训渠道和资源以便公司管理层学习；（3）在内部控制信息披露方面，监管部门不要有太多格式约束，上市公司应在遵循基本原则、基本规范的前提下，具有自身的披露特色。

（三）调研组分析

通过 GHSW 公司的实地调研，我们认为：GHSW 公司把内部控制贯穿于整个日常经营管理活动，不局限于满足合规要求。并且，公司管理层强调在满足基本监管要求的前提下，公司内部控制信息披露要具备自身特色。

本章小结

我们选择北京市、上海市、广州市、深圳市共 12 家上市公司进行实地调研，访谈内部控制相关人员，了解公司内部控制建设的现状、困惑，以及对内部控制监管的建议等，补充和验证前文基于调查问卷的分析。通过实地调研，我们认为，实施内部控制规范体系的主板上市公司基本达到内部控制监管的合规则性要求，从组织构架构建和业务流程上实现了“形似”；中小板和创业板上市公司基本建立了内部控制体系，形成了较为完善、具有一定特色的内部控制体系。

第十章　主要结论与政策建议

第一节　主要结论

上市公司建立、完善内部控制建设，对于提升经营效率、管控内外风险、发挥内部监督作用、实现公司战略目标具有重要意义。我们通过座谈会、问卷调查和实地调研，对中国上市公司内部控制进行全方位调研，重点考察了上市公司内部控制制度的建立健全、对内部控制的理解、内部控制投入和机构设置、内部控制实施效果以及内部控制评价与信息披露的情况。调研结果显示，总体上，上市公司内部控制制度建立健全情况较好，上市公司管理人员对内部控制的重要性有较充足的认识，内部控制的实施较为有效。然而，上市公司在业务层面内控制度的建设与执行、内部审计信息化建设等方面仍存在一定困难，在内部控制信息披露方面存在一些问题。以下为本次内部控制调研的具体结论。

一、内部控制制度的建立健全

总体而言，上市公司内控建立健全情况较好，超过80%的上市公司管理人员认为公司总体内控制度较为健全或非常健全。分组检验结果显示主板上市公司总体内控制度建立健全情况显著优于中小板公司，中小板上市公司总体内控制度建立健全情况显著优于创业板公司；国有控股上市公司总体内控制度显著优于民营控股上市公司；已实施内控规范体系上市公司总体内控制度显著优于未实施内控规范体系上市公司。

在公司层面内控制度方面，超过70%的上市公司管理人员认为其公司内部控制五要素建立健全情况较好。均值检验结果显示主板上市公司在内部环境、风险评估、控制活动以及内部监督方面显著优于中小板公司和创业板公司，而不同板块的上市公司在信息与沟通建立健全方面不存在显著差异；国有控股上市公司内部控制五要素建立健全情况均显著优于民营控股上市公司；已实施内控规范体系上市公司内部控制五要素建立健全情况均显著优于未实施内控规范体系上市公司。

在业务层面内控制度方面，统计结果显示上市公司存在建设与执行困难最大的5项内部控制制度分别为全面预算控制、工程项目控制、投资与并购控制、信息系统控制以及研究与开发控制。

二、内部控制的认知

我们对上市公司管理人员、外部利益相关者（会计事务所、机构投资者）对内部控制的认知进行调查，主要结论如下：

在上市公司管理层对内部控制的认知方面，问卷结果显示 74.18% 的上市公司管理层了解内部控制框架。主板上市公司内部控制相关人员（董事长、总经理和董事会秘书）对内部控制框架的熟悉程度显著高于中小板和创业板上市公司。已实施内部控制规范体系上市公司对内部控制框架的了解程度显著高于未实施内部控制规范体系的上市公司。81.57% 的上市公司管理层认为现行的内部控制规范能够为上市公司建设内部控制体系提供全面、具体的实务指导。同时企业希望监管部门能够根据行业、规模等特征，出台操作性更强的内部控制指引。大部分上市公司对内部控制的需求程度较高。

在会计事务所对内部控制的认知方面，问卷结果显示 87.18% 的会计师事务所认为所审计的上市公司较为重视内部控制。所审计上市公司的配合意识不强是会计师事务所进行内部控制审计时所面临的最大困难。

在机构投资者对内部控制的认知方面，问卷结果显示 69.12% 的机构投资者熟悉现行的内部控制法规，公募型机构投资者对内部控制的理解程度好于私募型机构投资者。

三、内部控制投入和机构设置

内部控制投入包括内部控制咨询和信息化建设。对于内部控制咨询，60.67% 的上市公司聘请了内部控制咨询机构，大部分的公司（66.27%）选择国内会计师事务所作为其内部控制咨询机构，内部控制咨询费用平均为 29.46 万元；随着内控建设的推进，上市公司内部控制费用呈上升趋势。对于信息化建设，62.18% 的上市公司选择《企业内部控制指引第 18 号——信息系统》作为其 IT 内部控制建设依据，目前 ERP 系统处于规划/实施/试行及正式上线的比例为77.61%；从 2011 年至 2014 年，上市公司在逐步加大对内部控制信息化投入的力度，内控信息化投入均值为 308.46 万元；仅有 48.37% 的上市公司采用了内部审计信息化系统，表明我国上市公司内部审计的信息化程度较低，仍需要进一步的发展。

在机构设置方面，绝大多数的公司（98.55%）都设立了内审专职部门或人员，内部审计部门或专员对审计委员会或董事长负责的比例合计为 87.74%，表明大多数公司的内审机构的独立性都较高，但内部审计部门规模普遍较小，一半的公司内审人员为 4 人或以下。

四、内部控制实施效果

内部控制的实施，包括内控制度执行和内部控制有效性。在内部控制执行方面，问卷调查结果显示超过60%的上市公司管理人员认为其公司内部控制制度执行有效；在内部控制有效性方面，超过90%的上市公司管理人员认为内部控制可以有效保证经营管理合法合规、保证资产安全、保证财务报告及相关信息真实完整，超过70%的上市公司管理人员认为内部控制可以有效提高经营效率和效果、促进企业实现发展战略。

内部控制的经济后果可以反映内部控制实施效果。问卷从企业价值、投资效率、预防和检测欺诈作用、实施成本以及净收益这几个方面进行调查内部控制的实施效果。其中，在企业价值方面，超过80%的上市公司认为内部控制对企业价值的实现具有正面影响；在投资效率方面，70%以上的上市公司认为内部控制有助于提升企业投资效率；在预防和检测欺诈的作用方面，超过90%的上市公司认为内部控制具有较好的预防和检测欺诈的作用；在内部控制实施成本方面，认为内部控制导致上市公司承担较多成本的比例仅占16%左右，说明绝大多数公司并不认为实施内部控制会大幅增加公司成本；在内部控制实施的净收益方面，随着遵循年度的推移，越来越多的上市公司认为遵循内部控制的收益大于成本。

五、内部控制评价与信息披露

在内部控制评价方面，84.47%的上市公司在内部控制评价过程中，能够较及时或非常准时地发现内部控制缺陷。上市公司偏向于将内部控制缺陷的责任落实在高管身上，通过晋升的方式进行考核。

在内部控制信息披露方面，大部分公司认为其已经充分披露了内部控制缺陷。但是55.34%的上市公司认为当前内部控制披露内容不足，应当进一步完善内部控制披露制度，出台操作性政策对披露内容规范化和具体化进行统一。此外，还应加强培训企业内部控制相关人员，提高员工对内部控制的重视程度。

第二节　政策建议

十八届三中全会指出，经济体制改革是全面深化改革的重点，核心问题是处理好政府和市场的关系，加强市场监管，维护市场秩序是政府的主要职责和作用之一。十八届四中全会明确了全面推进依法治国的重大任务，全会提出，法律是治国之重器，良法是善治之前提。法律的生命力在于实施，法律的权威也在于实施。

加快转变政府职能，深化行政体制改革，是党中央、国务院作出的重大决策。当前我国资本市场正面临着从审核审批向监管执法转型的重要时期，监管应当尊重市场规律，从事前把关向事中、事后监管转移。在宽进严管、加强监管执法的背景下，内部控制监管应当贯彻落实党中央、国务院对转变政府职能的要求，明确监管范围。

注册改革背景下，信息充分披露是监管的重点。内部控制监管也是重在内部控制信息披露监管。强化内控信息披露监管要求上市公司充分披露其内部控制建立与实施情况，能够提高资本市场信息透明度，切实有效地维护投资者合法权益。

一、实现过程与结果并重的披露

当前我国资本市场正处于监管转型的重要时期，就是要建立有效的事中事后监管新机制，督促上市公司发挥内部监督作用，不断强化内控机制，做好风险管控。良好的内控水平能够保证财务报告信息的可靠性，提升公司投资价值，增强投资者信心；透明、高效的信息披露监管，将促使企业强化公司治理，完善内部环境，发挥内部监督、风险管控的作用。因此，我们应当坚持以投资者需求为导向的信息披露监管，督促上市公司强化内控体系建设，从源头上确保信息披露质量。从过去“结果导向”的内控披露模式，向“评价过程与审计结果并重”的方向转变。

二、加强适合不同板块的内控机制建设

1. 关于主板上市公司

继续按照五部委出台的内部控制相关指引，建立健全内控制度、贯彻实施内控的相关要求，充分披露内控信息。对于上市公司内控体系建立、实施以及披露中存在的行业指引欠缺，执行低效的问题，建议中国上市公司协会出台相关行业指引，完善内部控制规范体系。同时，建议修改定期报告等相关披露规则，督促上市公司加强对内控体系建立、实施及评价过程诸环节的充分披露。加强披露中小股东对公司内控建设情况的评价意见，促使公司持续完善内控。将公司内控建设与高管人员年度绩效考核评价相挂钩。

2. 关于中小板、创业板上市公司

考虑到企业发展的不同阶段对内控建设需求的差异性，中小板和创业板上市公司规模通常较小，且多数公司处于成长期，应当平衡内控与发展的关系，防止过度内控影响效率，还要注意成本与效益的平衡，允许公司根据自己的特点，自主确定内控建设的重点和进度，“政府的手不宜伸得过长”。因此，中小板、创业板上市公司仍然暂不强制实施企业内控规范体系。建议明确中小板和创业板上市公司自主实施企业内控规范体系，亦可根据自身状况，参考中国上市公司协会推出的行业内控指引，援引最佳实践案例等形式，强化组织架构建设，关注关键节点和重要业务事项的风险，自主决定内控建设的具体方法。

三、促进有利决策的内控信息披露

上市公司内控信息披露监管，重在督促、引导上市公司加强内控建设，由合规型内控向管理型、价值型内控推进，提高上市公司信息披露质量，使内控信息成为投资者决策的重要参考，发挥市场约束作用，倒逼上市公司强化内控机制，促进投资者形成价值投资理念。

建议统一内控信息披露标准，对于披露内控评价报告的公司应遵循证监会公告［2014］1号文规定的规范格式统一披露，提高评价报告的可比性。

交易所应及时出台内控信息披露操作指引，根据行业特征、资产及盈利规模等因素，对缺陷认定标准、评价过程、披露范围以及披露内容进一步明确，改变现行结果导向的披露状况。引入境外市场“不披露即解释”原则，对于未按照规则要求披露信息的公司，要求其向市场和投资者解释无法披露的原因。一方面，对消极回避披露义务的公司形成外部市场约束；另一方面，对部分经营确实困难的公司可以适当简化内控信息披露要求，比如，考虑允许其根据自身情况，自愿聘请注册会计师出具内控审计报告等。

建议加强上市公司内控信息披露的事后检查，督促上市公司披露内控的建立、实施过程，披露内控的缺陷认定标准、抽样区间、抽样方法以及发现缺陷、整改缺陷的过程，督促上市公司定期开展内控缺陷发现及整改自查，加强对上市公司资产管理和资金活动的披露监管，满足投资者对内控有效信息的需求。

四、明确内部控制失效的事后责任追究制度

内部控制的有效与否很大程度上决定了上市公司的违规风险程度，内控存在缺陷或者失效意味着公司治理存在问题且极易触发风险事件。根据目前上市公司披露的内控整体结论及缺陷情况，可以看出，存在重大缺陷的上市公司基本都存在一定程度上的违规行为，但是内部控制失效的违法成本极低，现有规则只能规制导致内控失效的具体违规行为，内部控制失效的事后责任追究制度存在立法空白。建议制定相关制度明确上市公司董事会及其成员对内部控制失效承担的法律责任，以及对内部控制的有效性发表不实声明应承担的责任；增加中介机构对内部控制督导渎职或发表不实鉴证声明的法律责任等。

五、发挥自律引导作用，规范审计机构服务

资本市场有效性的发挥，有赖于市场主体的自我约束，也离不开行政监管、自律引导等外部监督。中国上市公司协会作为上市公司群体的会员自律服务组织，可发挥其自律管理作用，及时出台行业内控指引，先从有代表性的实施难度大的传统行业及关注程度高的新兴行业启动，稳步推进，保持指引的通用性和灵活性，供会员参考适用。借鉴或遵循行业优秀内控代表的标杆法，也是内控建设的重要方法。因此，协会可每年组织会员开展不定期的内控培训，通过宣传最佳内控实践案例等形式，加强与内控成熟的标杆企业的经验交流。

此外，为充分发挥中介审计机构“经济警察”的作用，建议及时出台相应的规范性文件，从人员素质、数量、执业质量以及收费规范性等方面，提出监管要求，保持与咨询机构的独立性。

附录一 内部控制调研的组织与实施过程

一、总体实施情况

为了做好上市公司内部控制调研工作，证监会上市部牵头组建了证监会上市公司内部控制调研课题组，由中山大学企业与非营利组织内部控制研究中心、证监会会计部、中国上市公司协会、上海证券交易所、深圳证券交易所和深圳市迪博企业风险管理技术有限公司等成员单位组成。

内控调研课题组综合定性和定量、典型案例研究和大样本研究的方法，组织召开座谈会，向上市公司、会计师事务所和机构投资者发放问卷调查，深入公司现场实地访谈。在此基础上，形成本研究报告。

（一）召开座谈会

内控调研课题组于2014年7月3日举行主板上市公司座谈会，9家上市公司参与了座谈会（其中，3家中央国有控股上市公司，2家地方国有控股上市公司，3家自然人控股上市公司，1家中外资共同控股上市公司）；于2014年8月14日举行中小板和创业板上市公司座谈会，9家上市公司参与了座谈会（6家自然人控股上市公司，3家中央国有控股上市公司），详见表1。了解参会公司内部控制建设及披露现状，实际存在的困难以及相关政策建议。

表1　参与座谈会的上市公司

主板上市公司座谈会		中小板和创业板上市公司座谈会	
上市公司	证券代码	上市公司	证券代码
泛海控股	000046	东华软件	002065
桑德环境	000826	太极股份	002368
中国国贸	600007	二六三	002467
五矿发展	600058	盛通股份	002599
三元股份	600429	神州泰岳	300002
昊华能源	601101	当升科技	300037
四方股份	601126	蓝色光标	300058
中国铁建	601186	乐视网	300104
中国银行	601988	银信科技	300231

（二）发放调查问卷

在证监会上市部的组织下，经过长达一年的准备，通过多次反复修改和论证，内控调研课题组设计了一整套内部控制调查问卷。内控调研课题组于2014年9月5日，通过上海证券交易所、深圳证券交易所、证监会会计部、中国证券投资基金业协会，分别向A股上市公司、具有证券期货执业资格的会计师事务所、机构投资者发放调查问卷。2014年10月10日，内控调研课题组召开调查问卷研讨会，分析问卷回收情况，落实调查问卷分析工作。截止至2014年10月31日，共回收2274套调查问卷（12730份），总体回收率为80.61%。

（三）实地调研

内控调研课题组综合考虑上市公司板块、控制权属性、公司所在地和行业等因素，选择北京市、上海市、广州市、深圳市的12家上市公司进行实地调研。内控调研课题组分为三个实地调研小组，于2014年10月下旬至11月上旬展开调研，深入现场，掌握第一手资料，系统、全面地记录、调查和分析上市公司内部控制运行机制，了解公司内控建设的现状、困惑以及对监管的意义、建议。

（四）总结调研工作

内控调研工作组分别于2014年12月1－2日、2015年6月25日，对座谈会、问卷调查和实地调研工作进行充分讨论，总结上市公司内部控制实施情况，讨论内部控制监管政策建议。

二、问卷调查的实施过程

我们通过以下八个方法和控制措施，以保证问卷调查的科学、合理性。

（一）科学设计调查问卷

1. 多维度调查

我们分别设计了上市公司、会计师事务所和机构投资者三套调查问卷，向上市公司调查其执行内部控制的情况、困难和政策建议，向会计师事务所调查进行内部控制鉴证的情况和政策建议，向机构投资者调查内部控制信息披露有效性和政策建议，以获得全面的认识。

2. 根据调查对象职位设计调查问卷

为了确保调查对象对所调查问题最为熟悉和了解，我们根据上市公司调查对象的职位合理设计调查问题，分别设计了董事长、总经理、董事会秘书、财务总监、内审负责人、IT负责人、内控负责人调查问卷（其中，仅向主板上市公司发放内控负责人调查问卷）。同时，考虑到上市公司管理层存在兼任的可能，当存在以下情况时，要求上市公司按照以下指南填写调查问卷，见表2。

表 2 调查对象存在兼任时的问卷填写指南

兼任情况	问卷填写指南
董事长与总经理两职合一	只需填写总经理的问卷
财务总监与董事会秘书两职合一	财务总监、董事会秘书问卷均需要填写
内审负责人与内控负责人两职合一	只需填写内控部门负责人的问卷

3. 根据构念设计调查问卷

为提高调查问卷的信度和效度，我们依据研究构念设计调查问题，对同一构念设计两道或以上的调查问题，以减少调查中的随机误差降低问卷信度的可能性，控制随机因素对研究问题的影响。

（二）充分咨询与借鉴专家学者的意见和建议

调查问卷设计过程中，充分咨询与借鉴国内外资深专家学者的意见和建议，这些学者包括：新加坡南洋理工大学柯滨教授、新加坡国立大学李真教授、新加坡管理大学 Gennaro Bernile 助理教授、香港城市大学杨志锋副教授、中山大学管理学院刘小平教授、蔡祥副教授、黄晓丽副教授、宋小宁副教授、郑颖副教授、史冰助理教授、叶青助理教授、重庆大学经济与工商管理学院辛清泉教授、暨南大学管理学院杨德明副教授、石水平副教授、华南师范大学刘善敏副教授、广东工业大学饶静助理教授和福州大学李万福助理教授等。

（三）通过座谈会充分讨论调查问卷

证监会上市部分别于 2014 年 7 月 3 日和 2014 年 8 月 14 日举行座谈会，与中山大学企业与非营利组织内部控制研究中心、证监会会计部、中国上市公司协会、上海证券交易所、深圳证券交易所等部门讨论调查问卷，充分吸收监管部门的意见。

（四）通过试填写提高调查问卷有效性

证监会上市部于 2014 年 8 月 15 日向 15 家上市公司发放调查问卷，进行试填写，并收集调查对象的反馈意见，包括填写调查问卷所耗时间、哪些题目存在表达不清或容易产生歧义等问题、哪些题目不符合企业的内部控制实务，以及调查问卷的改进建议。我们根据试填写的问卷填写情况和反馈意见，对调查问卷进行了适当修改。

（五）提供调查问卷填写咨询电话

考虑到问卷填写人可能对调查问卷题目存在疑惑，我们提供了三个咨询电话，供调查对象咨询，为调查对象的疑惑进行解答。

（六）通过正式渠道发放和回收调查问卷

我们分别通过上海证券交易所、深圳证券交易所、证监会会计部、中国证券投资基金业协会，分别向A股上市公司、具有证券期货执业资格的会计师事务所、机构投资者发放调查问卷，并要求调查对象实名填写。我们对回收的调查问卷进行备份，以供后期数据复核。

（七）控制数据录入过程

我们将回收的调查问卷在中山大学进行集中录入，设计数据录入模版，通过程序自动抓取提高数据录入效率，并进行人工一校、复校和终校三道校对程序，确保数据录入的准确性。

（八）通过实地调研复核数据

我们于2014年10月下旬至11月上旬对12家上市公司展开实地调研，在实地调研过程中，我们对调查问卷填写情况进行了复核，没有发现调查问卷数据与实际情况存在较大差异。

三、问卷调查的回收情况

内控调研课题组于2014年9月5日，通过上海证券交易所、深圳证券交易所、证监会会计部、中国证券投资基金业协会，分别向A股上市公司、具有证券期货执业资格的会计师事务所、机构投资者发放调查问卷。截止至2014年10月31日，共回收2274套调查问卷（12730份），总体回收率为80.61%。

其中，向2536家A股上市公司发放调查问卷，回收2154家（12551份），回收率为84.95%；向40家会计师事务所发放问卷，回收33家（41份），回收率为82.50%；向245家机构投资者发放问卷，回收87家（138份），回收率为33.51%。由于部分会计师事务所和机构投资者单家返回两份或两份以上的调查问卷，因此会计师事务所和机构投资者回收问卷份数超过回收家数，见表3。

表3　　调查问卷回收情况

调查对象	发放家数	回收家数	回收问卷份数	回收率
A股上市公司	2536	2154	12551	84.94%
会计师事务所	40	33	41	82.50%
机构投资者	245	87	138	33.51%
合计	2821	2274	12730	80.61%

上市公司调查问卷分板块的回收情况如下，向1427家主板上市公司发放调查问卷，回收1140家（6898份），回收率为79.89%；向722家中小板上市公司发放调查问卷，回收702家（3933份），回收率97.23%；向387家创业板上市公司发放调查问卷，回收312家（1720份），回收比率80.62%，见表4。

表 4　　上市公司调查问卷回收情况（分板块）

板块	发放家数	回收家数	回收问卷份数	回收率
主板	1427	1140	6898	79.89%
中小板	722	702	3933	97.23%
创业板	387	312	1720	80.62%
合计	2536	2154	12551	84.94%

上市公司调查问卷调查对象包括董事长、总经理、董事会秘书、财务总监、内审负责人、IT 负责人、内控负责人共 7 位公司管理人员（其中，仅向主板上市公司发放内控负责人调查问卷）。上市公司调查问卷的回收情况如下：董事长 1647 份，总经理 2081 份，董事会秘书 2129 份，财务总监 2092 份，内审负责人 1588 份，IT 负责人 1971 份，内控负责人 1043 份，共计 12551 份上市公司调查问卷，见表 5。

表 5　　上市公司调查问卷分布情况（分调查对象）

调查对象	全体样本	主板	中小板	创业板
董事长	1647	960	499	188
总经理	2081	1092	686	303
董事会秘书	2129	1124	694	311
财务总监	2092	1094	691	307
内审负责人	1588	590	691	307
IT 负责人	1971	995	672	304
内控负责人	1043	1043		
合计	12551	6898	3933	1720

附录二　主要调查问题

本书第四章至第八章对 2014 年中国上市公司内部控制调查问卷进行了数据分析，其中涉及的主要调查问题如下：

1. 近几年，相关部门颁布了一系列内部控制规范，您是否了解我国现行的内部控制规范和政策？请在相应的空格画“√”。

不了解	部分了解	一般	了解	非常了解

2. 请评价下列描述，在相应的空格画“√”。

事项	非常不同意	较不同意	一般	比较同意	非常同意
我了解 COSO 发布的内部控制整合框架					

3. 请评价下列描述，在相应的空格画“√”。

事项	非常不同意	较不同意	一般	比较同意	非常同意
《企业内部控制基本规范》及其配套指引能为贵公司的内控建设提供全面、具体的实务指南					

4. 如果相关监管部门发布企业内部控制指南，您希望是指导性指南还是操作性指南？(　)

A. 指导性指南　　B. 操作性指南

5. 在评价内部控制有效性时，您希望评价的标准是指导性标准还是操作性标准？(　　)

A. 指导性标准　　B. 操作性标准

6. 您认为现行条件下公司应优先确保完善哪方面的内部控制？(　　)

A. 财务相关　　B. 财务、人力、IT 相关

C. 其他（请填写________）

7. 您是否认同下述说法？请在相应的空格画“√”。

说法	非常不同意	较不同意	一般	较同意	非常同意
如果贵公司内部控制失效，将导致公司经营失败					
如果同行业的其他公司内部控制失效，将导致其经营失败					

8. 您认为，贵公司在根据我国内部控制相关规范建设内部控制时，以下关键技能与能力的重要性程度如何？请在相应的空格画“√”。

关键技能与能力	没用	部分有用	一般	有用	非常有用
梳理业务流程的能力					
合理地识别影响内部控制的关键控制点，以及非财务报告内部控制的关键控制点的能力					
通过分析已经发现的控制问题，正确地识别潜在的内部控制不足的能力					
独立地执行风险评估与内部控制自我评价的能力					

9. 您认为，贵公司对内部控制需求的程度如何？请在相应的空格画“√”。

不需要	部分需要	一般	需要	非常需要

10. 贵所审计的公司重视内部控制的程度如何？请在相应的空格画“√”。

非常不重视	较不重视	一般	较重视	非常重视

11. 在进行有效的内部控制审计时，您认为存在哪方面的困难？（可多选）(　　)

A. 自身的内部控制专业能力不强　　B. 被审计单位的配合意识不强

C. 团队中具有专业知识的人员太少　D. 审计经费不足

E. 其他（请填写________）

12. 对于已整改的内部控制缺陷，您认为是否需要在审计报告中披露该缺陷？(　　)

A. 需要　　B. 不需要

13. 贵所审计的上市公司内部控制缺陷的披露是否充分？(　　)

A. 不充分　　B. 一般

C. 充分

14. 您是否了解企业内部控制的内涵？请在相应的空格画“√”。

完全不了解	较不了解	一般	较了解	非常了解

15. 近几年，相关部门颁布了一系列内部控制规范，您是否了解我国现行的内部控制规范和政策？请在相应的空格画“√”。

完全不了解	较不了解	一般	较了解	非常了解

16. 您主要通过哪些信息来源来了解上市公司的内部控制情况（可多选）？（　　）

A. 公司定期财务报告　　B. 公司非定期公告

C. 分析师报告　　D. 新闻媒体报道

E. 自身调研　　F. 企业内部控制评价和审计报告

G. 政府行政部门公告　　H. 其他（请填写________）

17. 目前上市公司披露的《内部控制评价报告》是否有助于您的投资决策？请在相应的空格画“√”。

没有帮助	较小帮助	一般	较大帮助	非常有帮助

18. 上市公司《内部控制审计报告》或《内部控制鉴证报告》是否有助于增加您对《内部控制自我评价报告》的信任度？请在相应的空格画“√”。

没有帮助	较小帮助	一般	较大帮助	非常有帮助

19. 贵公司聘请内部控制外部咨询机构时，每年的咨询费用是多少？若没有聘请外部咨询机构，则填写“0”。

年份	内部控制咨询费用（万元）	聘请内部控制咨询机构的类型（请打“√”）		
		国际四大会计师事务所	国内会计师事务所	其他咨询机构
2011				
2012				
2013				
2014（预计）				

20. 与以前会计年度相比，最近会计年度，贵公司投入的内部控制总费用变化情况如何？（　　）

A. 增加　　B. 减少

C. 保持不变

21. 与最近会计年度相比，预计下一会计年度，贵公司投入的内部控制总费用变化情况如何？（　　）

A. 预计增加　　B. 预计减少

C. 预计保持不变

22. 贵公司是否设立专门机构或者指定适当的机构具体负责组织和协调内部控制的建立实施及日常工作？（　　）

A. 已设立　　B. 没有设立

23. 目前，贵公司下述哪个职能部门负责内部控制工作？（　　）

A. 内部审计部门　　B. 财务部门

C. 风险管理部门　　D. 由董事会授权的其他机构

E. 其他（请填写______）

24. 请问贵公司内部审计部门的经费是否充足？请在相应的空格画“√”。

非常缺乏	较为缺乏	一般	较为充足	非常充足

25. 贵公司是否有专门负责内部审计的部门或人员（以下简称“专员”）？（　　）

A. 有专门负责　　B. 没有专门负责

26. 贵公司内部审计负责人近五年内是否发生过变更？（　　）

A. 没变更

B. 已变更（请填写发生变更的年份______）

27. 贵公司内部审计部门或专员对谁负责？（　　）

A. 董事长　　B. 总经理

C. 财务总监　　D. 审计委员会

E. 财务经理　　F. 其他（请填写______）

28. 内部审计负责人是否会在没有其他高管的情况下，与审计委员会单独开会？（　　）

A. 所有会议都无其他高管在场　　B. 所有会议都有部分单独会面时间

C. 一年中有几次单独开会机会　　D. 没有单独会面

29. 请问您的最高学位？（　　）

A. 专科或以下　　B. 学士学位

C. 硕士学位　　D. 博士学位

30. 您拥有多少年的会计、财务或企业内审工作经验？（　　）

A. 3 年以下　　B. 3－5 年

C. 6－10 年　　D. 10 年以上

31. 您拥有多少年的会计师事务所任职经验？（　　）

A. 0 年　　B. 1－5 年

C. 6－10 年　　D. 10 年以上

32. 请问您拥有哪些资格证书？（可多选）（　　）

A. 初级会计/审计师　　B. 中级会计/审计师

C. 高级会计/审计师　　D. 中国注册会计师

E. CIA　　F. CISA

G. 国家计算机考试证书　　H. 其他（请填写______）

33. 请填写贵公司本部及合并子公司的内部审计专职员工（不包括内审负责人）的情况：

项目	2011 年	2012 年	2013 年
内审人员总数			

34. 请您客观判断以下关于公司内部审计工作的相关陈述是否符合贵公司的实际情况。请在相应的空格画“√”。

我认为以下陈述	完全不符合	部分符合	一般	符合	完全符合
定期开展日常审计工作					
不定期开展专项审计工作					
内审工作底稿均装订成册、保存良好					
及时解决内审工作中发现的问题					
对内审工作中发现的问题进行后续跟进					

35. 请对贵公司内部审计和外部审计之间的合作程度进行评价。请在相应的空格画“√”。

非常低	较低	一般	较高	非常高

36. 请评估贵公司的审计委员会与内部审计部门工作情况。请在相应的空格画“√”。

事项	不同意	同意	不适用
贵公司的审计委员会复核内部审计的预算			
贵公司的审计委员会复核内部审计部门的工作计划			
贵公司的审计委员会复核内部审计与外部审计协调的工作计划			
贵公司的审计委员会复核财务报告内部审计结论			
贵公司的审计委员会复核内部控制的内部审计结论			
贵公司的审计委员会向内部审计负责人询问内部审计过程中存在的困难和制约			

37. 贵公司目前在哪些具体领域实施了 ERP 系统？请在相应的空格画"√"。若因行业自身特点而没有对应系统，请在"不适用"一栏处画"√"。

系统	目前所处阶段			
	尚未规划	规划/实施/试行	正式上线（注明开始年份）	不适用
财务会计				
生产计划				
成本控制				
供应链管理				
销售与分销管理				
客户关系管理				
人力资源管理				
商务智能/数据服务				
其他：______				

38. 目前贵公司 IT 内部控制的建设依据是什么？（可多选）（　）

A. COSO 发布的内部控制整合框架　B. COSO 发布的 ERM 框架
C. ISACA 发布的 COBIT 框架　D. ISO/IEC 20000
E. ITIL　F. ISO/IEC 27001
G. 企业内部控制指引第 18 号——信息系统
H. 其他（请填写________）　I. 没有采取 IT 内部控制
J. 不清楚

39. 贵公司在最近几年中对 IT 投入多少资金？如无，请填"0"；单位：万元。

年份	IT 总投入	其中：内部控制信息化投入
2011		
2012		
2013		
2014 年（预计）		

40. 贵公司内部控制实现信息化的程度如何？请在相应的空格画"√"。

完全没有实现	基本没有实现	一般	基本实现	完全实现

41. 您认为，IT 技术/信息系统对贵公司内部控制的主要作用，以及应用过程中存在的困难分别是什么？

42. 贵公司内部审计部门是否采用了信息化审计系统或信息化辅助审计工具？（　　）

A. 没采用　　　　　　　　　　　　B. 采用

43. 目前贵公司内部控制的建设依据是什么？（可多选）（　　）

A. COSO 内部控制整合框架

B. 财政部、证监会等《企业内部控制基本规范》

C. 上交所、深交所《上市公司内部控制指引》

D. 其他（请填写____________）

E. 不清楚

44. 目前贵公司总体的内部控制制度建立健全、执行情况如何？请在相应的空格画“√”。

事项	非常不同意	较不同意	一般	较同意	非常同意
贵公司内部控制制度已经健全					

45. 目前贵公司内部控制各要素的建立健全情况如何？请在相应的空格画“√”。

控制要素	完全没有	基本没有	一般	较为健全	非常健全
内部环境					
风险评估					
控制活动					
信息与沟通					
内部监督					

46. 请根据贵公司的实际情况，在相应的空格画“√”。

事项	非常不同意	较不同意	一般	较同意	非常同意
贵公司通过多种渠道表明诚信和道德价值的重要性					
董事会独立于管理层，并对内部控制的开展与成效实施监督					
贵公司授予不同管理人员合理的权力与责任					
贵公司拥有一套吸引、培养和留用符合企业发展目标要求的人才机制					

47. 请您客观判断下述陈述是否符合贵公司的实际情况。请在相应的空格画“√”。

我认为以下陈述	完全不符合	比较不符合	一般	比较符合	完全符合
有一套完整的批准、授权、核实、调节和审查程序					
有明确的财产定期核查制度和日常管理制度					
有明确的事务授权制度					
授权、执行、评估工作相互分离，以及不相容职位是由不相关人员负责					
执行全面预算管理制度，明确各责任单位在预算管理中的职责权限					

48. 请您客观判断下述陈述是否符合贵公司的实际情况。请在相应的空格画“√”。

我认为以下陈述	完全不符合	比较不符合	一般	比较符合	完全符合
能够有效获取和辨别所需的内部、外部信息					
明确内部控制相关信息的收集，确保信息及时沟通，促进内部控制有效运行					
有反舞弊举报专线，有举报投诉处理程序、办理时限和办结要求					

49. 贵公司在以下哪些业务层面的内部控制建设或执行过程中存在困难？（可多选）（　　）

A. 资金活动控制　　B. 采购业务控制
C. 资产管理控制　　D. 销售业务控制
E. 研究与开发控制　　F. 工程项目控制
G. 担保业务控制　　H. 业务外包控制
I. 全面预算控制　　J. 合同管理控制
K. 内部信息传递控制　　L. 信息系统控制
M. 信息披露控制　　N. 投资与并购控制
O. 财务报告业务流程控制　　P. 再融资控制
Q. 税收统筹控制　　R. 其他（请填写＿＿＿＿＿＿）

50. 目前贵公司总体的内部控制情况如何？请在相应的空格画“√”。

事项	非常不同意	较不同意	一般	较同意	非常同意
董事会对内部控制相关法规非常重视					
投资者对贵公司内部控制非常关注					

51. 目前贵公司总体的内部控制制度执行情况如何？请在相应的空格画“√”。

事项	非常不同意	较不同意	一般	较同意	非常同意
贵公司内部控制执行有效					

52. 您认为贵公司的内部控制对以下目标的实现是否有效？请在相应的空格画“√”。

控制目标	完全无效	较为无效	一般	较为有效	完全有效
保证经营管理合法合规					
保证资产安全					
保证财务报告及相关信息真实完整					
提高经营效率和效果					
促进企业实现发展战略					

53. 据您所知，我国《企业内部控制基本规范》和《企业内部控制配套指引》的实施对贵公司以下事项产生怎样的影响？请在相应的空格画“√”。

项目	较大负面影响	较小负面影响	基本无影响	较小正面影响	较大正面影响
企业价值					
投资效率					
预防和检测欺诈的能力					

54. 您认为，实施内部控制是否显著增加了企业的财务负担？请在相应的空格画“√”。

没有增加	增加较少	一般	增加较多	显著增加

55. 您认为，贵公司遵循《企业内部控制基本规范》和《企业内部控制配套指引》的收益与成本相比怎样？请在相应的空格画“√”。

	成本远大于收益	成本略大于收益	成本大致等于收益	收益略大于成本	收益远大于成本	不确定
遵循后第一年						
遵循后第二年						
遵循后第三年						

56. 贵公司报告内部控制评价过程中发现缺陷的及时程度如何？请在相应的空格画“√”。

非常不及时	较不及时	一般	较及时	非常及时

57. 贵公司高管、员工的晋升、绩效考核等，是否与内部控制缺陷（设计或运行缺陷）挂钩？请在相应的空格画“√”。

	挂钩	不挂钩
高管的晋升		
高管的绩效		
员工的晋升		
员工的绩效		

58. 贵公司在进行绩效评价时，是否会考虑内部控制缺陷的整改情况？请在相应的空格画“√”。

公司在进行绩效评价时会考虑	考虑	不考虑
财务报告内部控制重大缺陷		
财务报告内部控制重要缺陷		
财务报告内部控制一般缺陷		
非财务报告内部控制重大缺陷		
非财务报告内部控制重要缺陷		
非财务报告内部控制一般缺陷		

59. 您认为，贵公司内部控制缺陷的披露是否充分？（　　）

完全不充分	较不充分	一般	较充分	非常充分

60. 您认为，在内部控制自我评价报告中是否需要披露内部控制一般缺陷？（　　）

A. 需要披露　　B. 不需要披露

61. 请问您对当前内部控制的披露要求有何看法？（　　）

A. 披露内容过多　　B. 披露仍显不足

62. 您对完善上市公司内部控制信息披露有什么建议？

附录三　上市公司2014年年报内部控制信息披露情况分析[①]

一、样本选取与数据来源

我们选取2015年4月30日前在沪、深交易所A股上市的公司作为初始样本，共计2692家上市公司。这些公司之中，101家公司在2015年1月1日至2015年4月30日之间上市，其中，有61家公司在上市公告书中披露了2014年年度财务会计资料，并未单独披露2014年年度报告。因此，我们在统计与分析过程中剔除了这61家公司，最终样本为2015年4月30日之前在沪、深交易所A股上市，并且披露2014年年度报告的上市公司，共2631家上市公司。数据来源于上市公司公开披露的年报、内部控制评价报告、内部控制审计报告等。

目前，沪市和深市主板上市公司都已纳入内部控制强制实施范围，而深市中小板和深市创业板上市公司主要按照深交所的《上市公司规范运作指引》实施内部控制体系，沪市主板、深市主板、深市中小板和深市创业板之间不同的监管要求导致各板块上市公司的内部控制体系实施情况以及信息披露之间存在较大差异，因此，我们在统计与分析时区分了各个板块的情况。

二、内部控制评价报告

（一）内部控制评价报告披露数量

2014年度，2586家上市公司披露了内部控制评价报告，总体披露比例为98.29%。其中，沪市主板、深市主板、深市中小板和深市创业板的披露比例分别为96.12%、99.15%、99.73%和100.00%，如表1所示。

（二）内部控制评价报告格式的规范性

我们将内部控制评价报告格式分为规范的格式、以前的格式、其他的格式三种类型。其中，规范的格式，指按照《信息披露编报规则第21号》披露的内部控制

① 我们综合《沪深两市上市公司2014年内控信息披露情况分析》、《沪市上市公司2014年年报内部控制信息披露情况分析》、《深市上市公司2014年内控报告披露情况分析报告》和《中国上市公司2015年内部控制白皮书》，形成本分析报告。数据来源：DIB内部控制与风险管理数据库 www. ic – erm. com。

表1　　2014年度上市公司内部控制评价报告总体披露情况

所属交易所和板块	披露内控评价报告的公司		未披露内控评价报告的公司		上市公司数量
	数量	占比	数量	占比	
沪市主板	965	96.12%	39	3.88%	1004
深市主板	464	99.15%	4	0.85%	468
深市中小板	738	99.73%	2	0.27%	740
深市创业板	419	100.00%			419
总计	2586	98.29%	45	1.71%	2631

评价报告；以前的格式，指沿用《内部控制相关问题解释第1号》的格式要求披露的内部控制评价报告；除按上述两种格式披露的内部控制评价报告外，其他的内部控制评价报告格式统称为其他的格式。

2014年度，2088家上市公司按照规范的格式披露了内部控制评价报告，占比为80.74%。其中，沪市主板94.09%的公司披露了规范格式的内部控制评价报告；深市主板91.16%的公司披露了规范格式的内部控制评价报告；深市中小板73.85%的公司披露了规范格式的内部控制评价报告；深市创业板仅有50.60%的上市公司披露了规范格式的内部控制评价报告，如表2所示。

表2　　2014年度上市公司内部控制评价报告格式规范性情况

所属交易所和板块	披露规范的格式的内控评价报告的公司		披露以前的格式的内控评价报告的公司		披露其他的格式的内控评价报告的公司		披露内控评价报告的公司
	数量	占比	数量	占比	数量	占比	数量
沪市主板	908	94.09%	49	5.08%	8	0.83%	965
深市主板	423	91.16%	40	8.62%	1	0.22%	464
深市中小板	545	73.85%	162	21.95%	31	4.20%	738
深市创业板	212	50.60%	165	39.38%	42	10.02%	419
总计	2088	80.74%	416	16.09%	82	3.17%	2586

（三）内部控制评价结论

依据《信息披露编报规则第21号》要求，上市公司在内部控制评价报告中应当分别披露对财务报告内部控制有效性的评价结论，以及是否发现非财务报告内部控制重大缺陷。据此，我们将内部控制评价结论划分为五种类型：内部控制整体有效；财报内控有效、非财报内控无效；财报内控无效、非财报内控有效；内部控制整体无效；未出具结论。

2014年度，内部控制评价结论整体有效的上市公司共2549家，占比为98.57%；非整体有效的上市公司37家，占比1.43%。内部控制评价结论非整体有效的上市公司中，9家为财报内控有效、非财报内控无效，占比0.35%；18家为财报内控无效、非财报内控有效，占比0.70%；8家为内部控制整体无效，占比

0.31%；2家未出具内部控制评价结论，占比0.08%，如表3所示。

表3　2014年度上市公司内部控制评价结论情况

上市公司内部控制评价结论	公司数量	比例
内部控制整体有效	2549	98.57%
财报内控有效、非财报内控无效	9	0.35%
财报内控无效、非财报内控有效	18	0.70%
内部控制整体无效	8	0.31%
未出具结论	2	0.08%

按照所属交易所和板块的不同，沪市主板98.13%的公司内部控制评价结论为整体有效；深市主板98.06%的公司内部控制评价结论为整体有效；深市中小板98.78%的公司内部控制评价结论为整体有效；深市创业板99.76%的公司内部控制评价结论为整体有效，如表4所示。

表4　2014年度上市公司内部控制评价结论有效性情况

所属交易所和板块	内控评价结论整体有效的公司		内控评价结论非整体有效的公司		披露内控评价报告的公司数量
	数量	占比	数量	占比	
沪市主板	947	98.13%	18	1.87%	965
深市主板	455	98.06%	9	1.94%	464
深市中小板	729	98.78%	9	1.22%	738
深市创业板	418	99.76%	1	0.24%	419
总计	2549	98.57%	37	1.43%	2586

（四）内部控制评价范围及评价方法

2014年度，披露了内部控制评价报告的上市公司中，2262家公司披露了内部控制评价范围，披露比例为87.47%；274家上市公司披露了内部控制评价方法，披露比例为10.60%，如表5所示。其中，主板上市公司内部控制评价范围披露比例显著高于中小板和创业板。

表5　2014年度上市公司披露内控评价范围及内控评价方法的情况

所属交易所和板块	披露内控评价范围的公司		未披露内控评价范围的公司		披露内控评价方法的公司		未披露内控评价方法的公司		披露内控评价报告的公司数量
	数量	占比	数量	占比	数量	占比	数量	占比	
沪市主板	955	98.96%	10	1.04%	118	12.23%	847	87.77%	965
深市主板	455	98.06%	9	1.94%	65	14.01%	399	85.99%	464
深市中小板	605	81.98%	133	18.02%	57	7.72%	681	92.28%	738
深市创业板	247	58.95%	172	41.05%	34	8.11%	385	91.89%	419
总计	2262	87.47%	324	12.53%	274	10.60%	2312	89.40%	2586

三、内部控制评价缺陷

（一）内部控制缺陷认定标准披露情况

2014 年度，2141 家上市公司披露了内部控制缺陷认定标准。其中，1963 家上市公司披露了完整的财报和非财报内部控制缺陷定性及定量认定标准，178 家上市公司未披露完整的内部控制缺陷认定标准。按照所属交易所和板块的不同，沪市主板、深市主板、深市中小板和深市创业板上市公司中，未完整披露内部控制缺陷认定标准的公司占比分别为 7.01%、14.12%、5.05% 和 10.68%，如表 6 所示。

表 6　2014 年度上市公司披露了内部控制缺陷认定标准的情况

所属交易所和板块	披露了内控缺陷认定标准的公司						未披露内控缺陷认定标准的公司		披露内控评价报告的公司数量
	完整披露财报和非财报内控缺陷定量、定性认定标准的公司		未完整披露财报和非财报内控缺陷定量、定性认定标准的公司		披露内控缺陷认定标准的公司小计				
	数量	占比	数量	占比	数量	占比	数量	占比	
沪市主板	876	92.99%	66	7.01%	942	97.62%	23	2.38%	965
深市主板	377	85.88%	62	14.12%	439	94.61%	25	5.39%	464
深市中小板	526	94.95%	28	5.05%	554	75.07%	184	24.93%	738
深市创业板	184	89.32%	22	10.68%	206	49.16%	213	50.84%	419
总计	1963	91.69%	178	8.31%	2141	82.79%	445	17.21%	2586

（二）内部控制缺陷披露情况

2014 年度，351 家上市公司披露了其存在内部控制缺陷。其中，343 家公司披露了 2014 年度内部控制缺陷，其他 8 家公司仅披露了上年度内部控制缺陷的整改情况。

2014 年度，披露了内部控制评价报告的 A 股上市公司中，13.26% 的上市公司披露了内部控制缺陷。其中，披露了财报内部控制缺陷的公司占比 6.38%，披露了非财报内部控制缺陷的公司占比 10.52%；披露了内部控制重大缺陷的公司占比 1.62%，披露了重要缺陷的公司占比 1.86%，披露了一般缺陷的公司占比 10.17%，未区分缺陷等级的公司占比 0.15%，如表 7 所示。

2014 年度，343 家上市公司共披露 2345 项内部控制缺陷。其中，重大缺陷 96 项，占比 4.09%；重要缺陷 77 项，占比 3.28%；一般缺陷 2165 项，占比 92.32%；未区分缺陷等级的内部控制缺陷 7 项，占比 0.30%，如表 8 所示。

（三）内部控制评价缺陷内容

2014 年度，343 家披露其存在内部控制缺陷的上市公司中，312 家公司披露了

表 7 2014 年度披露内部控制评价缺陷的上市公司数量

			沪市主板	深市主板	深市中小板	深市创业板	总计
内控缺陷类型	披露财报缺陷	数量	64	35	49	17	165
		占比	6.63%	7.54%	6.64%	4.06%	6.38%
	披露非财报缺陷	数量	125	52	55	40	272
		占比	12.95%	11.21%	7.45%	9.55%	10.52%
内控缺陷严重性	披露重大缺陷	数量	20	11	11	0	42
		占比	2.07%	2.37%	1.49%	0.00%	1.62%
	披露重要缺陷	数量	27	11	7	3	48
		占比	2.80%	2.37%	0.95%	0.72%	1.86%
	披露一般缺陷	数量	111	51	59	42	263
		占比	11.50%	10.99%	7.99%	10.02%	10.17%
	未区分缺陷等级	数量	1	1	2	0	4
		占比	0.10%	0.22%	0.27%	0.00%	0.15%
披露内控缺陷的公司总计		数量	149	71	78	45	343
		占比	15.44%	15.30%	10.57%	10.74%	13.26%

表 8 2014 年度内部控制评价缺陷数量披露情况

内部控制评价缺陷	缺陷数量	比例
重大缺陷	96	4.09%
重要缺陷	77	3.28%
一般缺陷	2165	92.32%
未区分缺陷等级	7	0.30%

内部控制缺陷的具体内容，占比 90.96%；31 家公司未披露缺陷内容，占比 9.04%。其中，沪市主板披露具体缺陷内容的公司占比 88.59%，未披露具体缺陷内容的公司占比 11.41%；深市主板披露具体内容的公司占比 85.92%，未披露具体缺陷内容的公司占比 14.08%；深市中小板和创业板披露具体缺陷内容的公司分别占比 97.44%、95.56%，未披露具体缺陷内容的公司分别占比 2.56%、4.44%，如表 9 所示。

表 9 2014 年度披露具体缺陷内容的上市公司情况

所属交易所和板块	披露具体缺陷内容的公司		未披露具体缺陷内容的公司		披露内控评价缺陷的公司数量
	数量	占比	数量	占比	
沪市主板	132	88.59%	17	11.41%	149
深市主板	61	85.92%	10	14.08%	71
深市中小板	76	97.44%	2	2.56%	78
深市创业板	43	95.56%	2	4.44%	45
总计	312	90.96%	31	9.04%	343

2014 年度，343 家上市公司披露的 2345 项内部控制缺陷中，披露了具体内容的内部控制缺陷 838 项，占比 35. 74%；未披露具体内容的内部控制缺陷 1507 项，占比 64. 26%。其中，沪市主板披露具体内容的内部控制缺陷占比 22. 76%，未披露具体内容的内部控制缺陷占比 77. 24%；深市主板披露具体内容的内部控制缺陷占比 55. 07%，未披露具体内容的内部控制缺陷占比 44. 93%；深市中小板披露具体内容的内部控制缺陷占比 76. 39%，未披露具体内容的内部控制缺陷占比 23. 61%；深市创业板披露具体内容的内部控制缺陷占比 92. 50%，未披露具体内容的内部控制缺陷占比 7. 50%，如表 10 所示。

表 10　2014 年度披露了具体内容的内部控制缺陷数量

所属交易所和板块	披露具体内容的内控缺陷		未披露具体内容的内控缺陷		内控评价缺陷数量
	数量	占比	数量	占比	
沪市主板	386	22. 76%	1310	77. 24%	1696
深市主板	163	55. 07%	133	44. 93%	296
深市中小板	178	76. 39%	55	23. 61%	233
深市创业板	111	92. 50%	9	7. 50%	120
总计	838	35. 74%	1507	64. 26%	2345

我们按照财报缺陷/非财报缺陷、缺陷等级、设计缺陷/运行缺陷、内部控制五要素对 2014 年度披露了具体内容的内部控制缺陷进行分类，统计出每个分类的内部控制缺陷数量和占比。其中，财报缺陷 289 项，占比 34. 49%，非财报缺陷 549 项，占比 65. 51%；设计缺陷 144 项，占比 17. 18%，运行缺陷 601 项，占比 71. 72%；内部环境类缺陷 255 项，占比 30. 43%，风险评估类缺陷 11 项，占比 1. 31%，控制活动类缺陷 493 项，占比 58. 83%，信息与沟通类缺陷 60 项，占比 7. 16%，内部监督类缺陷 19 项，占比 2. 27%。

2014 年度，上市公司披露了具体内容的 93 项内部控制重大缺陷中，根据缺陷涉及的业务活动/事项统计，排名前三位的分别是资金活动类缺陷、财务报告类缺陷、组织架构类缺陷。其中，资金活动类缺陷 22 项，财务报告类缺陷和组织架构类缺陷均为 13 项，如表 11 所示。

表 11　内部控制重大缺陷涉及的业务活动/事项情况

业务活动/事项	数量
资金活动	22
财务报告	13
组织结构	13
销售业务	8
信息披露	7
资产管理	6

续表

业务活动/事项	数量
工程项目	5
采购业务	3
关联交易	3
内部审计	3
其他	3
人力资源	3
社会责任	2
展现对诚信和道德价值的承诺	2
担保业务	1
合同管理	1

（四）内部控制评价缺陷整改情况

2014年度，已披露具体内容的838项内部控制缺陷中，594项内部控制缺陷已开始整改，占比70.88%。其中，314项内部控制缺陷已经有效整改，占比37.47%；93项内部控制缺陷尚未完成整改，占比11.10%；187项内部控制缺陷未披露整改结果，占比22.32%。未开始整改的内部控制缺陷244项，占比29.12%。如表12所示。

表12　　披露了具体内容的内控缺陷整改情况

所属交易所和板块	已开始整改的缺陷						已开始整改的缺陷小计		未开始整改的缺陷		缺陷数量
	有效整改的缺陷		未完成整改的缺陷		未披露整改结果的缺陷						
	数量	占比	数量	占比	数量	占比	数量	占比	数量	占比	
沪市主板	194	50.26%	51	13.21%	87	22.54%	332	86.01%	54	13.99%	386
深市主板	65	39.88%	27	16.56%	48	29.45%	140	85.89%	23	14.11%	163
深市中小板	34	19.10%	12	6.74%	36	20.22%	82	46.07%	96	53.93%	178
深市创业板	21	18.92%	3	2.70%	16	14.41%	40	36.04%	71	63.96%	111
总计	314	37.47%	93	11.10%	187	22.32%	594	70.88%	244	29.12%	838

四、内部控制审计报告

（一）内部控制审计报告披露数量

2014年度，2049家上市公司披露了内部控制审计报告，总体披露比例为77.88%。其中，沪市主板、深市主板、深市中小板和深市创业板的披露比例分别为

92.43%、96.79%、56.49%和59.67%，如表13所示。

表13　　2014年度上市公司内部控制审计报告披露情况

所属交易所和板块	披露内控审计报告的公司		未披露内控审计报告的公司		上市公司数量
	数量	占比	数量	占比	
沪市主板	928	92.43%	76	7.57%	1004
深市主板	453	96.79%	15	3.21%	468
深市中小板	418	56.49%	322	43.51%	740
深市创业板	250	59.67%	169	40.33%	419
总计	2049	77.88%	582	22.12%	2631

（二）内部控制审计报告格式的规范性

我们根据审计依据和审计对象将内部控制审计报告分为规范的内部控制审计报告、内部控制鉴证报告、内部控制审核报告、中小板内部控制审计报告、内部控制专项报告、其他类型报告。2014年度，1424家上市公司披露了规范的内部控制审计报告，占比为69.50%；未披露规范的内部控制审计报告的公司625家，占比30.50%。其中，深市中小板仅有11.00%的公司披露了规范的内部控制审计报告，89.00%的公司披露格式不规范；深市创业板仅有3.20%的公司披露了规范的内部控制审计报告，96.80%的公司披露格式不规范，如表14所示。

表14　　2014年度上市公司披露内控审计报告格式的规范性情况

		沪市主板	深市主板	深市中小板	深市创业板	总计
披露规范的内控审计报告的公司	数量	921	449	46	8	1424
	占比	99.25%	99.12%	11.00%	3.20%	69.50%
披露内控鉴证报告的公司	数量	6	4	230	185	425
	占比	0.65%	0.88%	55.02%	74.00%	20.74%
披露内控审核报告的公司	数量	1	—	75	51	127
	占比	0.11%	—	17.94%	20.40%	6.20%
披露中小板内控审计报告的公司	数量	—	—	50	—	50
	占比	—	—	11.96%	—	2.44%
披露内控专项报告的公司	数量	—	—	15	5	20
	占比	—	—	3.59%	2.00%	0.98%
披露其他类型报告的公司	数量	—	—	2	1	3
	占比	—	—	0.48%	0.40%	0.15%
披露内控审计报告的公司数量		928	453	418	250	2049

（三）内部控制审计意见

2014年度，内部控制审计意见为标准无保留意见的上市公司共1965家，占比为95.90%；内部控制审计意见为非标意见的上市公司共84家，占比为4.10%。其中，内部控制审计意见为非标意见的上市公司中，带强调事项段的无保留意见共58家，占比2.83%；保留意见共2家，占比0.10%；否定意见共21家，占比1.02%；无法表示意见共3家，占比0.15%，如表15所示。

表15　　2014年度上市公司内部控制审计意见情况

内部控制审计意见	公司数量	比例
标准无保留意见	1965	95.90%
带强调事项段的无保留意见	58	4.10%
保留意见	2	2.83%
否定意见	21	0.10%
无法表示意见	3	0.15%

按照所属交易所和板块的不同，2014年度，沪市主板94.61%的公司内部控制审计意见为标准无保留意见，5.39%的公司为非标意见；深市主板94.70%的公司内部控制审计意见为标准无保留意见，5.30%的公司为非标意见；深市中小板97.61%的公司内部控制审计意见为标准无保留意见，2.39%的公司为非标意见；深市创业板公司内部控制审计意见均为标准无保留意见，如表16所示。

表16　　2014年度上市公司内部控制审计意见情况对比

所属交易所和板块	内控审计意见为标准无保留意见的公司		内控审计意见为非标意见的公司		披露内控审计报告的公司数量
	数量	占比	数量	占比	
沪市主板	878	94.61%	50	5.39%	928
深市主板	429	94.70%	24	5.30%	453
深市中小板	408	97.61%	10	2.39%	418
深市创业板	250	100.00%			250
总计	1965	95.90%	84	4.10%	2049

（四）审计发现的内部控制重大缺陷

2014年度，导致否定意见的内部控制重大缺陷共计53项。根据其所涉及的业务活动/事项，排名第一位的是资金活动类缺陷，共14项，占比26.42%；其次是财务报告类缺陷和资产管理类缺陷，分别为7项、6项，占比13.21%、11.32%，如表17所示。

表 17　　导致否定意见的内部控制重大缺陷所涉及的业务活动/事项

业务活动/事项	缺陷数量	比例
资金活动	14	26.42%
财务报告	7	13.21%
资产管理	6	11.32%
组织构架	5	9.43%
信息披露	5	9.43%
销售业务	4	7.55%
工程项目	3	5.66%
人力资源	2	3.77%
内部审计	2	3.77%
担保业务	2	3.77%
社会责任	1	1.89%
其他	1	1.89%
关联交易	1	1.89%

（五）上市公司内部控制整合审计情况

2014 年度，采用内部控制整合审计的上市公司共计 2011 家，占比 98.15%；采用单独审计的上市公司 38 家，占比 1.85%，如表 18 所示。

表 18　　2014 年度上市公司内部控制整合审计情况

所属交易所和板块	整合审计		单独审计		披露内控审计报告的公司数量
	数量	占比	数量	占比	
沪市主板	906	97.63%	22	2.37%	928
深市主板	439	96.91%	14	3.09%	453
深市中小板	417	99.76%	1	0.24%	418
深市创业板	249	99.60%	1	0.40%	250
总计	2011	98.15%	38	1.85%	2049

（六）内部控制审计费用

2014 年度，2049 家披露了内部控制审计报告的上市公司中，1249 家公司披露其支付了内部控制审计费用，占比 60.96%。其中，1206 家公司单独披露了内部控制审计费用的数额，43 家公司未披露具体的内部控制审计费用数额，如表 19 所示。

表19　　2014年度上市公司内部控制审计费用披露情况

所属交易所和板块	披露支付了内控审计费用的公司						未披露内控审计费用的公司		披露内控审计报告的公司数量
	单独披露内控审计费用的公司		未单独披露内控审计费用的公司		披露支付了内控审计费用的公司小计				
	数量	占比	数量	占比	数量	占比	数量	占比	
沪市主板	885	95.37%	13	1.40%	898	96.77%	30	3.23%	928
深市主板	291	64.24%	25	5.52%	316	69.76%	137	30.24%	453
深市中小板	30	7.18%	5	1.20%	35	8.37%	383	91.63%	418
深市创业板	0	0.00%	0	0.00%	0	0.00%	250	100.00%	250
总计	1206	58.86%	43	2.10%	1249	60.96%	800	39.04%	2049

2014年度，单独披露内部控制审计费用的1206家上市公司，平均每家公司花费的内部控制审计费用为45.50万元。根据每家上市公司内部控制审计费用占审计费用总额的比例分析显示，内部控制审计费用占审计费用总额的比例平均为27.32%，如表20所示。

表20　　内部控制审计费用

所属交易所和板块	单独披露内控审计费用公司数量	内部控制审计费用平均值（万元）	内部控制审计费用占审计费用总额比例的平均值
沪市主板	885	49.54	27.07%
深市主板	291	34.04	28.22%
深市中小板	30	37.24	25.81%
深市创业板	0	—	—
总计	1206	45.50	27.32%

五、2011－2014年内部控制信息披露情况对比分析

（一）内部控制评价情况对比

自2011年1月1日首批强制实施开始，2014年，内部控制强制实施范围已扩展至所有主板上市公司。四年来，上市公司内部控制评价报告数量和质量均稳步提升。从报告披露比例来看，2011－2014年，上市公司内部控制披露比例较上一年度均有明显提高，平均增幅为7.71%；从缺陷认定标准披露情况来看，2011－2014年度，上市公司内部控制缺陷认定标准披露比例不断提升，尤其自2013年度开始，增幅有了大幅度提升，与2012年度相比，2013年度内部控制缺陷认定标准披露比例增幅达130.77%；从内部控制缺陷披露情况来看，2011－2014年，上市公司内部控制重大缺陷、重要缺陷的披露比例也在稳步上升，重大缺陷披露比例从2011年的

0.16%上升到2014年的1.62%，重要缺陷披露比例从2011年的0.76%上升到1.86%。此外，从2011－2014年度上市公司内部控制评价结论非整体有效比例的不断上升，也可以看出，近年来随着监管规范的不断完善和监管机构的不断推动，上市公司对内部控制的认识更趋理性和客观。

（二）内部控制审计情况对比

2011－2014年度，上市公司内部控制审计情况也发生了显著变化。从审计报告披露比例来看，2014年度，上市公司内部控制审计报告的披露比例每年都在稳步提升，平均增幅为24.76%；从内部控制审计费用披露情况来看，四年来，上市公司内部控制审计费用披露比例大幅提升，尤其是自2012年开始，平均增幅为220.18%。同时，从内部控制审计非标意见的披露情况来看，2011－2014年度，上市公司内部控制审计非标意见的比例也呈现出不断上升的趋势，从一定程度上反映出，随着监管力度的不断加大和监管要求的日益规范，上市公司内部控制审计工作也日趋严格。

六、上市公司内部控制存在问题及政策建议

（一）存在问题

1. 内部控制评价报告和内部控制审计报告披露格式不规范

根据证监会和财政部发布的《信息披露编报规则第21号》，凡在中华人民共和国境内公开发行证券并在证券交易所上市的股份有限公司，按照有关规定需要披露年度内部控制评价报告或需要参照年度内部控制评价报告披露有关内部控制信息时，应遵循本规则。但仍有19.26%的上市公司未按照该规定进行披露，其中，已纳入强制实施范围的主板上市公司中，分别有5.91%的沪市主板公司、8.84%的深市主板公司未按照规范要求进行披露，而是沿用了财政部2012年2月23日发布的《内部控制相关问题解释第1号》等格式要求；深市中小板和创业板上市公司中，分别有21.95%、39.38%的公司未按照规范要求进行披露，而是按照《中小板上市公司规范运作指引》、《创业板上市公司规范运作指引》等格式要求。

在内部控制审计报告披露方面，注册会计师应当按照财政部等五部委于2010年发布的《审计指引》为上市公司出具规范的内部控制审计报告。但2014年度仍有30.5%的上市公司未按照该指引进行披露，其中，已纳入强制实施范围的主板上市公司中，分别有0.75%的沪市主板公司、0.88%的深市主板公司其注册会计师依据《中国注册会计师其他鉴证业务准则第3101号——历史财务信息审计或审阅以外的鉴证业务》（以下简称《历史财务信息审计或审阅以外的鉴证业务》）、《内部控制审核指导意见》为上市公司出具了非规范的内部控制审计报告；深市中小板和创业板上市公司中，分别有89.00%、96.80%的公司其注册会计师主要依据《历史财务信息审计或审阅以外的鉴证业务》、《内部控制审核指导意见》以及《中小板上市公

司规范运作指引》、《创业板上市公司规范运作指引》关于内控审计的要求为上市公司出具了内部控制审计报告。

2. 内部控制缺陷信息披露不完整、可用性差

2014 年度，32. 10% 的上市公司披露的内部控制缺陷信息不完整、可用性差。其中，17. 21% 的公司未披露内部控制缺陷认定标准；8. 31% 的公司未完整披露财报和非财报内部控制缺陷的定量、定性认定标准；9. 04% 的公司未披露内部控制评价缺陷具体内容；3. 13% 的重大缺陷缺乏具体内容描述。此外，还存在泛泛而谈并未触及实质的缺陷内容；或披露了缺陷的具体内容，但对缺陷等级避而不谈；或仅侧重于缺陷事件本身的披露，缺乏对缺陷产生的原因、对控制目标的影响、缺陷整改计划及整改情况等信息的披露；或对公司发生的立案稽查或违法违规事项，仅在重大事项中进行简单披露，并未在内部控制缺陷中披露，弱化了缺陷的影响，容易导致使用者忽视。

3. 内部控制评价报告与内部控制审计报告存在重大不一致

2014 年度，共有 17 家上市公司内部控制评价报告与注册会计师出具的内部控制审计报告存在重大不一致。其中，15 家公司的内部控制审计报告中指明公司存在重大缺陷、持续经营能力、立案调查等问题，而其内部控制评价报告中却未说明这些问题；1 家公司内部控制审计报告中认为该公司存在的重大缺陷未整改完成，但其内部控制评价报告中却认为已经整改完成；1 家公司的内部控制审计报告认为该公司的缺陷为重大缺陷，但其内部控制评价报告认为该缺陷为重要缺陷。

4. 对内部控制评价结论有效性的认定标准理解存在差异

2014 年度，内部控制评价结论非整体有效的公司占比 1. 43%，而内部控制存在重大缺陷的公司占比 1. 62%，两者之间存在不一致。这主要是由于上市公司对监管规则中关于内部控制评价结论有效性的认定标准的理解存在差异。根据《信息披露编报规则第 21 号》，内部控制评价报告基准日，不存在内部控制重大缺陷，则认为公司内部控制有效；而根据《内部控制相关问题解释第 1 号》，报告期内，公司在内部控制设计和运行方面不存在尚未完成整改的重大缺陷，则认为公司内部控制有效。实践中，部分公司依据后一标准，若内部控制重大缺陷已于报告期内整改完成，则认为本公司内部控制整体有效，因而导致了上述不一致现象。

5. 上市公司在资产管理和资金活动管控方面问题比较集中

根据公司内部控制五要素等不同标准对内部控制缺陷进行分类统计显示，2014 年度，上市公司披露的内部控制缺陷中，58. 83% 属于控制活动类缺陷。根据缺陷涉及的具体业务活动和事项分类统计发现，资产管理类缺陷和资金活动类缺陷在上市公司内部控制缺陷中表现最为突出，占比分别为 13. 25%、12. 41%，其次是销售业务类缺陷、组织结构类缺陷和采购业务类缺陷。同时，对 2014 年度上市公司披露了具体内容的 93 项内部控制重大缺陷，以及导致内部控制审计为否定意见的 53 项内部控制重大缺陷的分类统计显示，资金活动类重大缺陷均最为突出，占比分别为 23. 66%、26. 42%，明显高于其他类重大缺陷，属于上市公司重大缺陷发生的重

灾区。

6. 注册会计师内部控制审计的执业质量有待提高

根据《审计指引》的规定，注册会计师出具的内部控制审计意见主要有四种类型：标准无保留意见、带强调事项段的无保留意见、否定意见和无法表示意见。然而，2014 年度仍有 2 家公司的注册会计师未按照该指引进行操作，而是按照《历史财务信息审计或审阅以外的鉴证业务》为上市公司出具了保留意见。

剔除因非财报内部控制缺陷等因素导致的不一致，2014 年度，共有 54 家上市公司内部控制审计意见与财务报表审计意见存在显著差异。此外，根据《审计指引》，注册会计师在已执行的有限程序中发现财务报告内部控制存在重大缺陷的，应当在内部控制审计报告中对重大缺陷作出详细说明，包括缺陷的定义、性质及其对财务报告内部控制的影响程度。对发现的非财务报告内部控制重大缺陷也应如此。但是实际中，仍有 1.95% 的上市公司内部控制审计报告中，仅描述了导致非标意见的事件过程，并未对重大缺陷的性质、产生原因、导致影响、整改情况等进行说明。

7. 内部控制咨询机构信息披露较少

根据《基本规范》第十条第二款的规定，内控咨询机构与内控审计机构不得相同。2014 年上市公司披露内控咨询机构信息的数量及内容仍然较少，部分公司主动披露了聘请内控咨询机构的名称，但是内控咨询机构相关信息披露较少，使得监管机构、投资者等报告使用主体无法判断内部审计机构的独立性。

（二）政策建议

虽然 2014 年度上市公司内部控制信息披露的数量和质量较以往年度均稳步提升，整体披露情况良好，但不可否认，上市公司在内部控制信息披露和内部控制建设中依然存在一些不可忽视的问题。为此，我们提出以下几项政策建议，以促进上市公司进一步提升内部控制水平，提高风险防范能力，促进资本市场健康发展。

1. 统一内部控制监管标准，提高上市公司内部控制实施的规范性

目前，上市公司在内部控制评价、审计等方面可遵循的监管规则众多，包括证监会和财政部联合发布的《信息披露编报规则第 21 号》，财政部发布的《内部控制相关问题解释第 1 号》、《审计指引》、《历史财务信息审计或审阅以外的鉴证业务》，深圳证券交易所针对中小板和创业板分别发布的《上市公司规范运作指引》，以及中国注册会计师协会发布的《内部控制审核指导意见》等。由于不同的监管标准之间的关系并未明确，给上市公司提供了选择性披露的投机机会。因此，建议尽快统一上市公司内部控制监管标准，明确不同标准之间的层级关系，及时废止旧的、不适用的监管规则，提高上市公司内部控制实施的规范性。

2. 完善内部控制缺陷信息披露，加强对上市公司内部控制缺陷整改的监管

内部控制缺陷是衡量上市公司内部控制有效性的负向指标。内部控制缺陷的模糊披露将不利于投资者、监管机构等报告使用人判定上市公司的内部控制有效性，

从而影响其作出合理的投资或监管决策。因此，建议上市公司严格按照内部控制评价报告内容与格式要求，客观全面地做好内控评价信息披露工作，充分如实地披露内部控制缺陷信息，切实提高公司内控缺陷的披露质量，为报告使用者提供更多有效的内控信息。

同时，内部控制缺陷的整改情况是一项重要的信息，但多数上市公司关于缺陷整改情况的描述不完善，因此，建议监管机构加强对内部控制缺陷整改的监管力度，督促上市公司积极落实整改缺陷，提升内部控制水平。

3. 根据行业、资产及盈利规模等因素，对内部控制缺陷的认定标准予以统一规范

内控信息披露实践中，上市公司关于内控缺陷认定标准的规范性和一致性存在较大问题，上市公司之间缺陷认定标准可比性不强，同行业或者类似规模的上市公司所界定的内控缺陷认定标准千差万别，部分公司披露的重大缺陷标准有欠妥当。这也反映出上市公司在认定内控缺陷时带有一定的主观性，并没有充分考虑所处行业环境、自身经营状况等客观因素。针对这个问题，我们建议根据行业、资产及盈利规模等因素，建立相对统一、可供参考的定量标准。并要求公司在披露定量标准的同时，充分说明设定该标准的考虑因素，便于投资者理解。

4. 适当简化经营困难公司的内控信息披露要求，引入“不披露即解释”原则

内部控制信息的披露必然会发生成本的支出，上市公司直接承担为提供内部控制信息而发生的一切支出，如搜集、评价、报告的成本。对于盈利能力良好的公司来说，在内部控制的信息披露上花费一定的人力、物力不会影响公司正常生产经营活动的进行，并且有助于提升公司在公众心中的良好形象，从而给公司带来一定的利益。然而，这种利益往往不是短期的直接经济利益。因此，对于经营困难的公司来说，负担的内部控制信息披露成本可能会占用生产经营活动的资源，并且对当期利润产生较大的影响。鉴于此，建议采取内控信息披露强制性与自愿性相结合原则，对经营困难公司，如最近三年营业收入或净利润低于一定标准的公司，适当简化内部控制信息披露要求，或允许其可以根据自身情况，自愿聘请注册会计师出具内控审计报告等。

同时，建议在相关规则中引入“不披露即解释”原则。对于未按照规则要求披露信息的公司，要求其向市场和投资者解释无法披露的原因，对消极回避信息披露义务的公司适度形成外部市场压力，同时也为部分确有客观原因难以披露相关信息的上市公司，提供一定缓冲。

5. 内部控制落实情况自查活动常态化

内部控制的完善是一个漫长而持续的过程，需要上市公司不断地审视自身，寻找内部控制体系的缺陷加以整改。建议进一步要求上市公司定期开展自查活动，同时监管机构监督公司自查活动的开展，促使上市公司时刻审视自身内部控制体系的完整性以及运行的有效性，有效地提高上市公司的内部控制水平和内控报告信息披露质量。

6. 强化内部控制失效的监管力度

内部控制的有效与否很大程度上决定了上市公司的违规风险程度，内控存在缺陷或者失效意味着公司治理存在问题且极易触发风险事件。根据目前上市公司披露的内控整体结论及缺陷情况，可以看出，存在重大缺陷的上市公司基本都存在一定程度上的违规行为，但是内部控制失效的违法成本极低，现有规则只能规制导致内控失效的具体违规行为，内部控制失效的事后责任追究制度存在立法空白。建议制定相关制度明确上市公司董事会及其成员对内部控制失效承担的法律责任，对内部控制的有效性发表不实声明的法律责任；明确中介机构对内部控制督导渎职或发表不实鉴证报告的法律责任。

7. 重视上市公司资产管理和资金活动的监督检查

资产作为企业重要的经济资源，是企业从事生产经营活动并实现发展战略的物质基础。而资金是企业生产经营中流动性最强的资产，被视为企业生产经营的血液。两者的重要性不言而喻，也是企业最容易滋生腐败和欺诈的温床。因此，建议监管机构重视对上市公司资产管理和资金活动领域的监督检查工作，督促上市公司强化资产和资金的安全完整和使用效益，尤其要重点加强对上市公司重大资产重组、投融资活动、募集资金管理和使用等方面的监管，促进上市公司健康高效发展。

8. 强化对注册会计师内部控制审计执业行为的监管，提高其执业质量

实施内部控制审计，有利于保证上市公司内部控制信息的真实、可靠和完整，促进资本市场健康发展。针对目前注册会计师在内部控制审计业务中存在的不合规、不严谨等现象，建议监管机构强化对注册会计师内部控制审计执业行为的监管力度，要求注册会计师严格按照监管规定执行内部控制审计，对注册会计师在内部控制审计过程中存在的各种失职行为进行惩罚，切实发挥注册会计师对上市公司内部控制建设的监督作用。

9. 积极探索开展上市公司内部控制外部评价工作

外部独立机构关于上市公司内部控制的评价有助于推动上市公司不断建立健全内部控制规范体系，建议监管机构积极推动独立机构探索建立涵盖上市公司内部控制建设、实施情况的内控评级体系，开展上市公司内部控制外部质量评价工作，以评促建，同时也为投资者、监管机构了解上市公司内部控制水平提供直观参考。

10. 加强对上市公司内控相关培训

我们建议对上市公司开展现场和视频的内部控制相关培训，加大内部控制培训的频度、拓展内部控制培训对象的范围、广泛收集内部控制报告披露及内部控制工作执行的意见建议，强化公司、董监高、控股股东及实际控制人的内部控制合规意识。

附表 1　　2014 年年报上市公司披露的内部控制重大缺陷汇总

股票代码	公司简称	重大缺陷	整改情况
000652	泰达股份	部分子公司未定期执行资产减值评估，或在资产减值评估过程中未发现已表明该资产已发生减值的客观证据。	未完成整改
000652	泰达股份	部分区域开发板块子公司未执行对于应付未付工程款进行暂估、预提的分析审核的内部控制。	未完成整改
000652	泰达股份	个别区域开发板块子公司未执行对于工程施工成本归集和分摊的审核的内部控制且尚未建立定期分析工程进度并按照完工百分比法进行相应会计处理的内部控制。	未完成整改
000652	泰达股份	从事贸易批发业务的部分子公司尚未建立从贸易批发业务所承担的存货风险、信用风险等业务实质进行分析判断所适用的收入确认原则的内部控制。	未完成整改
000652	泰达股份	部分子公司未执行对在建工程是否达到可使用状态进行检查的控制。	未完成整改
000652	泰达股份	对财务人员的专业培训不够充分、对部分会计准则的理解不够准确、会计处理及财务报告披露流程中的审核存在部分运行缺陷，未能及时发现对部分子公司资产减值、应付未付工程款的计提、按完工百分比法的销售确认、贸易收入及成本的确认、在建工程转固、现金流量表中对现金及现金等价物的认定、银行融资在应付票据与短期借款的分类、借款在长期负债与短期负债的分类、营业收入和利息收入的分类、BOT 项目核算、尚未获得土地证的预付土地款记录等会计处理的差错，影响财务报表中多个披露项目的准确性。	未完成整改
000735	罗牛山	公司在关联交易管理中缺少识别、获取及确认关联方信息的机制。	整改运行有效
000735	罗牛山	公司的收入主要来源于畜牧、食品加工、教育、房地产以及工程施工，业务较为分散。根据公司发展战略，公司近年来将业务的重心放在畜牧和食品加工行业；同时工程施工行业的整体不规范也加大了管理的难度，公司认为现阶段对工程管理项目进行有效的管控具有一定的难度，因此果断采取了规避风险的应对措施，处置了相关业务。 公司并非专业的房地产开发企业，对房地产业务的管理存在交房过程中单据流转不及时、责任不明确、房地产销售收入确认政策不明确的缺陷。	整改运行有效
002359	齐星铁塔	2014 年出现公司为控股股东倒贷提供短期资金拆借的行为。	未披露整改运行结果
600423	柳化股份	报告期内公司与关联方发生非经营性资金往来 106195.10 万元，该事项未能按照《公司章程》、《关联交易规则》等进行审议、披露，不符合《关于规范上市公司与关联方资金往来及上市公司对外担保若干问题的通知》的规定。该事项表明公司与关联方的往来管控方面存在缺陷。	整改运行有效
600677	航天通信	公司在开展贸易业务过程中，存在未能对客户的资信情况进行详细评估、超授信额度发货情况。	未完成整改

续表

股票代码	公司简称	重大缺陷	整改情况
002422	科伦药业	公司财务报告流程中有关完整识别关联方关系的内部控制存在重大缺陷，无法保证关联方及关联方交易被及时识别，并履行相关的审批和披露事宜。影响财务报表中关联方及关联方交易、相关交易余额披露的准确性和完整性，与之相关的内部控制设计失效。	整改运行有效
600315	上海家化	2013 年底存在的财务人员的专业培训尚不够充分、对最新会计准则的掌握不够准确、财务报告及披露流程中的审核存在部分运行失效的情况。	整改运行有效
600315	上海家化	关联交易管理中缺少主动识别、获取及确认关联方信息的机制，也未明确关联方清单维护的频率；无法保证关联方及关联方交易被及时识别，并履行相关的审批和披露事宜，影响财务报表中关联方及关联方交易完整性和披露准确性，与之相关财务报告内部控制设计失效。	整改运行有效
600315	上海家化	部分子公司 2013 年年末尚未建立在会计期末对当期应付但未付的销售返利和运输费等费用总金额进行统计和预提的内部控制。	整改运行有效
000568	泸州老窖	公司在与银行存款相关的制度设计方面以及制度执行层面存在的缺陷： 制度设计缺陷：公司《银行存款管理规定》未明确要求经办人员必须亲临柜台办理开户业务，因此，在开户的具体执行过程中，出于对国有大型商业银行的信任，在异地开户时，接受了银行的上门开户服务，给怀有不良动机人员留下可乘之机。 执行缺陷：公司《银行存款管理规定》第五章第二十二条规定：银行存款余额必须随时与银行进行核对，根据银行存款对账单，必须保证每月至少核对一次，并编制银行存款余额调节表。公司存在部分账户对账周期过长的缺陷。	整改运行有效
600721	百花村	2014 年 7 月 5 日，公司控股子公司新疆大黄山豫新煤业有限责任公司在一号井工作面密闭火区未熄灭的情况下，盲目决定缩小封闭范围，在违规打开原密闭、施工新密闭过程中，发生瓦斯爆炸事故，造成 17 人遇难、3 人受伤，经国家煤矿安全监察局新疆生产建设兵团煤矿安全监察局会同其他相关部门调查，认定为责任事故。事故造成大黄山豫新煤业公司停产。 公司具有较完善的安全生产管理制度，但是在实际工作中存在安全责任、技术管理、操作作业未能有效按照安全生产管理制度执行的情况，导致安全责任事故。	未完成整改
600403	大有能源	公司下属全资子公司天峻义海能源煤炭经营有限公司（以下简称“天峻义海”）根据青海省木里矿区资源整合政策，与青海省木里煤业开发集团有限公司（以下简称“木里煤业集团”）于 2013 年 1 月 25 日签署《采矿权转让合同》，将天峻义海聚乎更矿区一露天首采区采矿权以“零价款”转让给木里煤业集团。2013 年 5 月 20 日天峻义海将采矿证变更至木里煤业集团，给天峻义海资产和经营收入的确认带来不确定性，与之相关财务报告内部控制运行失效。	未完成整改

续表

股票代码	公司简称	重大缺陷	整改情况
600403	大有能源	根据青海省木里矿区资源整合有关政策的要求，木里矿区所有开发企业，包括公司的全资子公司天峻义海，从2013年开始，销售模式由直接销售给终端客户变更为通过青海省矿业集团股份有限公司（以下简称青海矿业）子公司青海省矿业集团天峻煤业开发有限公司及青海木里能源有限公司销售给终端客户，此模式给天峻义海销售的独立性带来影响。	未完成整改
600403	大有能源	2014年3月27日，公司下属分公司千秋煤矿发生一起冲击地压事故，导致6人遇难，13人受伤，经河南煤矿安全监察局会同其他相关部门调查，认定为责任事故。事故造成千秋煤矿停产。	整改运行有效
600671	天目药业	公司董事会于2013年审议通过了《关于转让深圳京柏公司股权的议案》，将公司控股子公司深圳京柏医疗设备有限公司60%股权转让给该公司股东梁满初。转让后，公司不再持有深圳京柏股份。2014年2月11日，深圳京柏完成工商登记变更。但在2014年度第一季度报告中，依然将深圳京柏作为合并范围内的子公司，相关财务报表存在重大差错。	整改运行有效
600671	天目药业	公司未严格执行资产减值评估制度，导致部分存货及发出商品未及时、合理计提减值准备。	未开始整改
600966	博汇纸业	截至2013年12月31日内部控制鉴证报告提及的公司及其子公司存在部分货币资金收付及部分已签发票据所涉及的相关业务未及时进行账务处理、成本费用核算不规范等内部控制缺陷。	整改运行有效
002558	世纪游轮	本公司全资子公司重庆新世纪国际旅行社有限公司（以下简称“新世纪国旅”）缺失对门店经营成果识别、获取、汇总的财务管控机制，无法保证门店的经营成果被准确、完整地纳入新世纪国旅的会计核算范围，该等缺陷影响财务报表中的营业收入、销售费用及税金的准确性、完整性及截止性，与之相关财务报告内部控制设计存在重大缺陷。	未完成整改
002558	世纪游轮	新世纪国旅尚未就旅游业务的承接、缴费、组团等业务环节建立财务系统和业务系统核对的内部控制机制，该等缺陷影响财务报表中的营业收入、营业成本及销售费用的准确性、完整性及截止性，与之相关财务报告内部控制设计失效。	未完成整改
002316	键桥通讯	违规对外贷款：2013年1月与“深圳市某科技发展有限公司”签订2.55亿元借款合同，未经董事会审议，也未针对该借款事项进行临时公告。	整改运行有效
002316	键桥通讯	违规担保：2013年3月26日、4月5日，公司分别与广某银行深圳分行签订两份《最高额权利质押合同》1.5亿元，约定以6000万元的定期存单作为质押向深圳市优某供应链有限公司合计本金1.5亿元债务本息提供担保（其目的为既满足银行对其存款指标的要求，又不影响公司实际使用贷款额度），再以优某供应链名义为键桥通讯自身贷款6000万元，该事项未经董事会审议进行临时公告。也未在《2013年半年度报告》中披露该担保事项。	整改运行有效

续表

股票代码	公司简称	重大缺陷	整改情况
002316	键桥通讯	虚构营业收入、成本以及虚构应收账款回款少计提坏账准备：公司从2009－2012年存在虚增收入、成本以及虚构应收账款收回等虚假记载，因为这些虚假记载分别影响了2009－2012年度的利润总额。	整改运行有效
603366	日出东方	公司已对对外投资建立了的适当的控制措施，但实际执行中存在不到位的情况。2013年11月，公司对深圳市鹏桑普太阳能股份有限公司（以下简称“鹏桑普公司”）投资1.74亿元，持有该公司30%的股权，投资前，公司履行了尽职调查等程序，获取了该公司近几年经会计师事务所审计的审计报告等资料，并依据尽职调查情况，进行了分析讨论，经董事会、股东会批准后决定进行投资。投资后公司对鹏桑普公司关注较少，未按相关内控制度要求进行跟踪管理。2014年11月接到鹏桑普公司经营层汇报该公司财务资金已陷入困难状态情况后，立即采取补救措施，安排专人对该公司进行跟踪管理，参加该公司的重要会议，了解该公司的财务状况等成立了鹏桑普公司事务专项小组，委托律师对鹏桑普公司进行跟踪，做好追偿等法律准备工作，以尽量减少公司的损失。此外，分别于2014年12月1日、2015年2月17日披露了鹏桑普公司财务资金陷入困难状态、进入破产重整程序等重大事项（详见《上海证券报》、《中国证券报》和上海证券交易所网站2014－051号公告、2015－001号公告）。	未完成整改
601003	柳钢股份	公司目前组织机构中，部分职能部门如公司办公室、人力资源中心、策划部、审计部等与控股股东广西柳州钢铁（集团）有限公司存在“一套人马、两块牌子”情形，上市公司独立性不强，内部控制环境存在重大缺陷。	未披露是否开始整改
601003	柳钢股份	公司日常经营中关联交易比重较大，关联交易对公司经营成果具有重大影响。但公司在关联方及关联方交易识别及履行相关的审批和披露方面部分存在重大缺陷，一定程度影响财务报表中关联方及关联方交易完整性和披露准确性，与之相关的财务报告内部控制设计及运行失效。	未披露整改运行结果
000511	烯碳新材	公司未建立完善对外投资管理制度。	未完成整改
002336	人人乐	公司全资子公司天津市人人乐商业有限公司财务部门于2015年1月份核查账务期间，发现天津市人人乐商业有限公司迁安购物广场财务经理胡某利用职务之便侵占公司财产，公司已于2015年1月21日向河北省迁安市公安机关报案并获受理，经公司财务部门初步统计，本次财务人员舞弊案件造成公司财产损失金额约为3490.11万元，损失金额大于期末净资产的1%。	未完成整改
002506	*ST集成	对外投资缺陷。公司对于重大投资项目在《公司章程》、《股东大会议事规则》、《董事会议事规则》、《总经理工作细则》和《对外投资管理制度》中明确了审批权限，制定了相应的审批程序，但长期股权投资和固定资产方案未进行严格的可行性研究与分析，未制定投资计划，未合理确定投资规模，导致盲目投资、投资的现金流量在规模和时间上不能与筹资现金流量保持一致，引发财务危机。	整改运行有效

续表

股票代码	公司简称	重大缺陷	整改情况
002506	*ST集成	对境外电站的管理缺陷。设计和运行缺陷。公司对境外电站的投资欠缺管理制度，缺乏有效控制。2013年南意大利9个电站项目已签订股权转让协议并移交给收购方，确认了电站转让损益，该转让事项未进行必要的审计及评估，亦未经董事会及股东大会批准，直接影响当年（2013年）财务报表的准确性。	整改运行有效
002506	*ST集成	应收账款回收缺陷。运行缺陷。公司制定《货款回收管理制度》，对定价原则、收款方式以及涉及销售业务的机构和人员的职责等相关内容作了基本规定。但销售后客户追踪管理特别是对应收账款、其他应收款回收的管理力度不足，未定期与客户进行对账，逾期应收账款催收缺乏有效措施，导致巨额应收账款长期无法收回，并导致公司资不抵债，从2014年6月26日起进入重整程序并以管理人管理模式运营。	整改运行有效
002506	*ST集成	固定资产管理缺陷。设计运行缺陷。公司资产管理控制存在重大缺陷，包括部分长期闲置的固定资产缺乏有效管理和处置的控制措施；各部门、子公司间资产转移未采取完善的审批流程，难以确保资产的安全及效益。	整改运行有效
002565	上海绿新	因控股子公司浙江德美彩印有限公司的经营层违反公司内部管理制度，未能履行对公司的忠实和勤勉义务，存在严重违规及其他行为，致使公司对子公司管控方面的内部控制制度在对子公司浙江德美彩印有限公司（以下简称浙江德美）的管理过程中无法得到有效执行，公司派出的财务负责人无法正常履行职责，导致公司失去对浙江德美的控制。	未完成整改
002608	舜天船舶	①公司将以前年度已取消采购订单不符合预付账款性质的长账龄预付进口设备款，仍挂列预付账款，直接影响了财务报表的准确性。 ②公司将以前年度不符销售确认的船舶按分期收款确认销售，从而直接影响了财务报表的准确性。	未完成整改
002608	舜天船舶	公司分别于2013年7月5日、7月16日、8月28日委托公司职员张立新作为名义上的出借人，分别与昌旭初、芜湖首创、丰安科技签订了总计1.22亿元借款合同，并于2013年7月至2014年1月间对外支付了上述借款。由于上述借款系基于公司委托代理形成，因此实际债权人为公司。根据借款合同约定，借款人按每月2%的利率按季支付利息，借款期限6—12个月不等。截至2014年10月，上述对外借款全部到期，借款人均未按期归还。 公司的上述借款属于对外提供财务资助行为，且连续12个月内累计对外提供财务资助金额达2.35亿元，超过公司2012年经审计净资产的10%。对于此重大事项，公司未履行相应的审批程序，决策违反程序并导致重大失误。	未完成整改
002638	勤上光电	过往公司与公司第一大股东东莞勤上集团有限公司存在非经营性资金往来情况，累计金额为182750万元，公司对该事项未履行信息披露义务。	未披露整改运行结果

续表

股票代码	公司简称	重大缺陷	整改情况
002638	勤上光电	会计核算管理存在不足。	未披露整改运行结果
002647	宏磊股份	公司发现在2014年度贸易业务实际执行中存在偏差，控制方面存在不足，主要是：①贸易业务付款审批控制执行不到位，部分现款现货的交易实际存在预付款与货物交割时间间隔较长的情况；②贸易商品相应仓单递交财务部门不及时，存在未能及时、准确地反映到会计核算系统中的情况；③贸易收款政策执行不到位，存在货款账期长于合同约定的情况；④缺少对贸易供应商和客户资信的书面评审程序。	未开始整改
002694	顾地科技	公司发生控股股东控制占用公司资金的事项，公司资金、票据的内部控制运行部分失效。	未完成整改
002694	顾地科技	公司对子公司的管控存在薄弱环节，对子公司的财务管控有待加强。全资子公司佛山顾地塑胶有限公司在大宗原材料采购业务中，未严格执行对供应商资信及采购合同的评审程序、与大宗原材料采购业务相关的采购付款内部控制执行不到位，存在通过采购业务预付套取公司资金的情况。	未开始整改
600234	山水文化	公司于2014年12月10日披露的重大资产重组预案在信息披露中存在违规事项，2015年3月2日，上海证券交易所对山水文化公司发布“关于对山水文化及有关责任人予以通报批评的决定”。对公司董事予以通报批评和监管关注。违规事项主要有：一、影响标的资产交割的实质性条款未披露。二、公司本次资产收购资金来源安排不明确。三、影响标的资产控制权归属的协议内容披露不充分。四、标的资产定价依据披露不充分。五、标的资产未来经营状况的披露不充分。	未开始整改
000511	烯碳新材	公司房地产销售相关财务内部控制存在重大缺陷。	未完成整改
000611	内蒙发展	未能建立专门的内控部门。	未完成整改
000611	内蒙发展	公司商票的购买和使用登记不准确。	未完成整改
000611	内蒙发展	未能建立有效的内控制度。	未完成整改
600234	山水文化	设立并购基金、俊人影业、广西及北京子公司等项目进展情况不清晰，对项目的预期效益未进行有效评估。国家体育馆项目在短期实施后即进行转让，体现了重大投资事项的不谨慎。	未开始整改
600234	山水文化	公司印鉴使用及管理问题。公司未严格执行合同管理业务流程及印鉴管理规定，且公司存在印鉴外借使用信息登记不完善情况，导致公司2014年6月在向交通银行青岛崂山支行申请借款时未履行外借印章程序，无借章审批单，相关部门未能及时发现公司与交通银行青岛崂山支行的借款事项以及青岛和田生物公司的担保事项，青岛和田生物2014年10月对公司提起诉讼后，公司也未及时披露。	未披露整改运行结果
600234	山水文化	贷款审批程序问题。2014年6月，公司向交通银行股份有限公司青岛分行申请借款2000万元时，公司内部无审批流程和手续，财务部门未及时入账。该笔借款支出时，未按照公司财务支出审批核决权限履行相应的程序，亦未按照借款合同约定的用途使用。	未披露整改运行结果

续表

股票代码	公司简称	重大缺陷	整改情况
600234	山水文化	银行账户管理问题。公司未按照《支付结算办法》等有关规定，定期检查、清理银行账户的开立及使用情况的问题。可能导致银行存款管理不符合国家法律、法规和企业内部规章制度的要求，风险发生时，不能及时发现问题及时处理，企业无法及时采取有效的措施消除不良影响。	整改运行有效
600234	山水文化	资金支付未按照公司管理制度的规定履行审批程序，亦未签署相关合同的问题。 公司有部分资金支付未按照公司管理制度的规定履行审批程序，亦未签署相关合同或协议，具体为：广西岑开商贸有限公司 670 万元、上海兆羽资产管理有限公司 400 万元、杭州鑫瀚实业投资有限公司 260 万元。	未披露整改运行结果
600234	山水文化	公司存在使用个人账户的情况，对银行存款管理不善。	未披露整改运行结果
601901	方正证券	公司 2014 年 8 月完成对民族证券的股权收购事项，因股东、民族证券董事会和管理层对改选董事会以及整合方案存在分歧，致使公司重组后的整合未达预期，尚未满足《企业会计准则第 20 号——企业合并》中，"购买方实际上已经控制了被购买方的财务和经营政策，享有相应的收益并承担相应的风险"规定的情形。由于公司财务人员对合并事项的理解不准确以及未能有效评估相关风险，对季度合并报表范围确认错误，将民族证券纳入了 2014 年第三季度合并报表范围，在公司内部审批时也未能发现这一错误，导致公司 2014 年第三季度财务报告内部控制存在重大缺陷。	整改运行有效
000048	康达尔	西乡山海上园项目在四证不齐的情况下先开工，监理合同在四证齐全后才签订，导致项目工程现场管控存在缺陷。	整改运行有效
000048	康达尔	关联方交易方面的缺陷（关联方交易的审批制度和合同签订操作规范未得到始终一贯有效执行，对于关联方交易定价、合同签订等重大事项和程序未完全严格按照规范控制流程实施，未能及时履行信息披露程序）。	整改运行有效
600247	*ST 成城	由于公司前任管理层管理较为混乱，公司在 2012 年下半年至 2014 年上半年间开具了大量商票，而这些商票的开具绝大部分并没有基于真实的贸易关系或债权关系。此为内部控制的一个运行缺陷。	整改运行有效
600408	安泰集团	公司对关联方山西新泰钢铁有限公司未能按照协议约定时间支付款项的情况，未能及时采取相应措施加以催收或有效控制，形成大额应收账款。	未完成整改
600408	安泰集团	公司控股股东控制的关联企业发生占用公司及子公司资金的情况，导致公司的内部控制运行部分失效。	未完成整改
600806	昆明机床	公司尚未建立与砂箱、备件和铸件非经常性交易相关的内部控制。交易发生时，财务部门与业务部门缺乏充分的沟通，并且后续的财务报告流程中的相关复核控制运行失效。	未披露整改运行结果

续表

股票代码	公司简称	重大缺陷	整改情况
002124	天邦股份	2013 年 12 月 6 日，公司全资子公司益辉国际发展有限公司收购 Agfeed Industries，Inc（Nevada）（以下简称“艾格非国际”）持有的 Agfeed Industries，Inc（BVI）（以下简称“艾格非实业”）100% 股权，支付股权收购价款为 46920664.13 美元，折合人民币 286064508.46 元；支付艾格非实业人员补偿款人民币 2557503.80 元，合计人民币 288622012.26 元。本次收购是按照美国破产法的相关规定在美国破产法庭主持下的海外收购，必须严格按照美国破产法以及《股份出售及收购协议》及其修正案的相关约定，全额支付收购价款和交割股权。基于该交易的特殊背景，公司收购方案安排了“回购机制”，即：天邦股份将根据非公开发行的相关规定，向中国证监会申请本次非公开发行股份募集资金收购艾格非实业 100% 股权。若中国证监会未核准本次非公开发行募集资金，天邦股份将会向中国证监会报送重大资产重组申请。若公司重大资产重组申请未获得中国证监会核准，而由于天邦股份已完成本次收购，公司实际控制人张邦辉先生、吴天星先生承诺购回艾格非实业 100% 股权”。 截至 2013 年 12 月 31 日，公司已与艾格非国际履行股权交割程序，股权转让价款已经全额支付，并已开始进行收购后的资产整合工作，包括委派关键管理人员及决定重要的财务和经营政策等。公司 2013 年年报未将艾格非实业纳入合并范围，主要系基于虽然于 2013 年完成了艾格非实业 100% 股权的交割，而最终购买方、购买日的暂不确定，以及因前述的不确定导致支付的对价暂不能在取得的可辨认资产和负债之间进行分配。 根据 2014 年 10 月 10 日召开的公司本次非公开发行发审会上的聆讯交流和发审委委员的指导意见，经过发审会后公司对发审委委员指导意见的研究讨论并重新评估后，公司对未将艾格非实业纳入合并报表范围进行了会计差错更正及追溯调整。	整改运行有效
300167	迪威视讯	公司于 2013 年 7 月 29 日收到中国证券监督管理委员会立案调查通知书（编号：深证调查通字 13213 号）。因公司涉嫌信息披露违法违规，根据《中华人民共和国证券法》的有关规定，决定对公司进行立案调查。2014 年 12 月 30 日，公司收到证监会深圳监管局《行政处罚决定书》（［2014］9 号）。本案现已调查、审理终结。	整改运行有效
600211	西藏药业	公司 2014 年股权纷争及董事会席位争夺，给企业声誉及正常经营带来一定的负面影响，表现出公司在企业层面非财务报告的内部控制存在重大缺陷。	整改运行有效
600211	西藏药业	公司对控股子公司四川本草堂药业有限公司的日常经营管理参与程度较弱，对本草堂经营管理层也无明确的经营业绩考核指标，可能不能完全保证四川本草堂提高经营效率和效果，同时也不利于促进企业发展战略目标。	未开始整改
600732	上海新梅	公司内审部于 2014 年 8 月才重新设立，尚不能对公司的整体内部控制作出有效的评价和监督。	未完成整改

续表

股票代码	公司简称	重大缺陷	整改情况
600732	上海新梅	报告期内公司因股权纠纷，公司股东大会和董事会的职能部分受到限制，股东大会不能正常召开和通过议程；公司虽然制定了战略发展目标和规划，但由于上述限制，战略发展规划无法即时的在股东大会和董事会通过并实施，对企业未来的发展和收益带来重大影响。	未完成整改
000632	三木集团	2014年3月28日，公司与子公司福建武夷山三木实业有限公司及华融资产管理有限公司福建省分公司三方签订了总额为1.5亿元的《债权转让协议》，该协议金额占公司最近一期（2012年年度报告）经审计的净资产的12.2%，达到需要及时披露的标准，但公司未履行披露义务。	整改运行有效
000912	泸天化	未对子公司实施内部审计。由母公司四川化工控股（集团）有限责任公司安排对子公司的审计项目并审计。未对子公司实施内部审计，不能发挥监督机制作用。	未披露整改运行结果
000912	泸天化	高管薪酬未经公司董事会确定。公司及所属子公司高管薪酬虽由公司及所属子公司支付，但高管薪酬系由母公司四川化工控股（集团）有限责任公司考核确定，不是由相关公司董事会确定。公司高管薪酬受控于控股股东，缺乏独立性。	未披露整改运行结果
002278	神开股份	公司下属部分全资子公司仍存在先开票后发货的交易。全资子公司上海神开石油设备有限公司截至2014年12月31日未发出货物提前开具增值税专用发票4010万元，其中49万元于2012年开具、1572万元于2013年开具、2389万元于2014年开具；全资子公司上海神开石油科技有限公司截至2014年12月31日未发出货物提前开具增值税专用发票70万元，其中4万元于2013年开具、66万元于2014年开具。	未完成整改
002278	神开股份	公司全资子公司的下属公司在外汇管理国家通过非法定认可渠道外币兑换的情况，涉及14.30万美元，公司将兑换所得均用于在当地的经营支出，兑换收益在报告期财务报表反映，由于实际兑换汇率与官方汇率的差异公司由此获益，不符合当地外汇管理的规定。	未完成整改
600870	厦华电子	公司2014年度全力推进资产、负债、人员清理工作并已于2014年4月1日起停止彩电业务生产，主营业务已经停顿，原有的内部控制制度已经不适用。对此，公司为适应过渡期的现状，将原有内控制度体系进行了修订（涉及金额的，沿用原授权体系不变），并于2014年9月1日起试行修订后的内控制度体系，该内控制度体系尚未经过公司董事会的授权批准，表现出公司在企业层面非财务报告的内部控制存在重大缺陷。	整改运行有效
600575	皖江物流	2014年9月，皖江物流公司全资子公司淮矿现代物流有限责任公司出现重大信用风险事项，涉及巨额债权债务，且已出现债务逾期情形和重大坏账风险。淮矿物流公司对于债权未能采取有效的担保、抵押、质押等措施，对应收款项进行风险全覆盖，导致巨额债权出现重大坏账风险。	未披露整改运行结果

续表

股票代码	公司简称	重大缺陷	整改情况
600575	皖江物流	淮矿物流公司使用银行授信开展商贸银业务操作流程不规范，部分交易和事项的会计处理缺乏审核和审批流程，可能存在虚列收入、成本和虚增资产等情况。公司对全资子公司淮矿物流公司缺少有效的内部监督及审计等内部控制。	未披露整改运行结果
600575	皖江物流	淮矿物流未对期末存货进行盘点，无法对存货实施有效控制。	未披露整改运行结果
600575	皖江物流	由于淮矿现代物流有限责任公司原董事长汪晓秀滥用职权，系统性地串通舞弊，导致其所存在的问题一直没有被发现，致使皖江物流对淮矿物流公司内部控制失效。 淮矿物流公司出现重大信用风险事项，涉及巨额债权债务，且已出现债务逾期情形和重大坏账风险。该等事项表明皖江物流公司对淮矿现代物流公司在法人治理、内部控制、日常监管等相关内部控制制度的执行上存在重大缺陷。 淮矿现代物流有限责任公司2014年10月15日向淮南市中级人民法院申请重整，10月28日中院裁定受理物流公司重整一案，目前在重整过程中。 2014年10月，皖江物流公司因涉嫌信息披露违法违规被中国证监会立案调查。	未披露整改运行结果
601558	*ST锐电	在2013年内控自评估时，发现存货管理的执行存在重大缺陷，2014年公司严格按照整改计划进行整改，落实存货出入库、实物管理责任制，完善出入库的单据、手续和记录管理，大幅改进了存货管理工作，但目前的存货管理信息系统依然不能适应集团的需求，现场维修材料的实物管理与账务管理分别由子公司与集团本部负责，导致部分存货账实出入库信息严重不同步的情况。在2014年年末存货盘点中，发现账实存在差异。此缺陷为控制运行缺陷。	未完成整改
600310	桂东电力	贸易销售业务收款控制存在重大缺陷。 公司发行在2014年度毛细销售业务实际执行中存在偏差，内部控制方面存在不足，贸易销售收款政策执行不到位，存在贷款账期长于合同约定，且截至报告期末回款存在重大不确定性的情况。 以上内部控制缺陷工造成应收账款17354.536万元回收存重大不确定性，其中：2013年12月销售南昌市驰铃贸易有限公司机床形成应收账款5289万元，该公司开出的商业承兑汇票到期后无法承兑；2014年3月销售广州博材燃料有限公司（以下简称“广州博材”）贸易煤形成应收账款12065.536万元，销售业务发生后广州博材逾期不按合同付款。	整改运行有效

续表

股票代码	公司简称	重大缺陷	整改情况
600310	桂东电力	贸易采购业务付款控制存在重大缺陷。 公司发现在2014年度贸易销售业务实际执行中存在偏差，贸易业务付款控制执行不到位，存在贸易业务未按合同规定时间进行贸易交割，且截至报告期末预付款收回存在重大不确定性的情况。 以上内部控制缺陷共造成应收账款44575.5014万元回收存重大不确定性。其中：2013年11月至12月按合同预付柳州正菱集团有限公司及其子公司机床贸易款20084万元，对方因发生重大债务危机一直未履行合同；2013年6月按合同预付广州博材煤款6480.5014万元，合同逾期未继续执行形成债务；2014年3月支付了广州生源能源发展有限公司（以下简称“广州生源”）3000万元贷款，但广州生源此后一直未交付任何货物；2013年11—12月按合同预付广西南宁台协干商贸有限公司（以下简称“南宁台协干”）贸易款15011万元，南宁台协干未执行合同。	整改运行有效
600598	*ST大荒	北大荒公司控股子公司黑龙江省北大荒米业集团有限公司未对存货、固定资产等实物资产实施有效控制。	整改运行有效
600598	*ST大荒	米业公司未定期核对往来款项，未能有效执行《公司资产减值提取和资产损失处理内部控制制度》和《财务管理制度》等有关规定。	整改运行有效
000033	*ST新都	内部控制评价报告基准日至内部控制评价报告发出日之间发现1项违规担保、违规借款诉讼。这些违规担保、违规借款是公司前任董事长、实际控制人违反公司《章程》及其他相关制度规定，在未经公司董事会、股东大会审议的情况下，私自以公司名义为其及其关联公司借款提供担保。	未完成整改
000033	*ST新都	在借款到期后，债务人未能按期还款导致债权人诉至法院。公司前任董事长及相关责任人对相关诉讼信息刻意隐瞒，以致公司在诉讼发生期间内履行了必要的控制、检查程序后仍未能及时发现、披露这些诉讼。	未完成整改
000155	ST川化	未对部分控股子公司实施内部审计。	未披露整改运行结果
000403	ST生化	公司2014年度发生更正已公布的财务报告，符合《内控自评报告》中对重大缺陷认定之（3）“公司更正已公布的财务报告”的规定。	未完成整改
000403	ST生化	公司未设立内部审计机构，无法对生产经营活动进行有效监督。该缺陷不符合《企业内部控制基本规范》第十五条、第四十四条之规定。与贵公司《内控自评报告》中认定为重大缺陷之（4）“公司审计委员会和内部审计机构对内部控制的监督无效”之规定相一致。	未完成整改
000403	ST生化	公司2014年8月7日收到中国证券监督管理委员会山西监管局下发的行政监管措施决定书［2014］5号《关于对振兴生化股份有限公司采取出具警示函措施的决定》和［2014］6号《关于对振兴生化股份有限公司采取责令公开说明措施的决定》。	未完成整改

续表

股票代码	公司简称	重大缺陷	整改情况
000668	荣丰控股	公司于往年存在资产认购协议、对外财务资助、重大合作协议未及时履行披露义务的违规行为，受到深交所通报批评处分，且在本年度报告期内未能完成整改。	未完成整改
600145	*ST国创	公司制定了银行账号及货币资金管理制度，但在实际业务中未得到有效执行，部分银行账户未纳入财务报表，部分银行账户虽纳入财务报表但未编制余额调节表。	未完成整改
600145	*ST国创	公司对外投资未制定有效的控制措施，防止不适当的对外投资业务，亦未对投资业务进行有效的后续管理。	未完成整改
600145	*ST国创	公司及子公司对外借款、担保等特殊事项无有效控制措施，同时对类似特殊业务在会计期末也未做出合理的估计和会计处理。	未完成整改
600145	*ST国创	公司及子公司未制定对账制度，对应收账款、应付账款、其他应收、应付款等往来科目未定期与对方公司核对。	未完成整改
600145	*ST国创	公司制定了职工薪酬业务循环相关控制，但未得到实际执行，部分职工保险未进行账务处理也未缴纳。	未完成整改
600656	*ST博元	于内部控制评价报告基准日，在公司层面存在财务报告内部控制重大缺陷。	未披露是否开始整改
600656	*ST博元	于内部控制评价报告基准日，在销售流程方面存在财务报告内部控制重大缺陷。	未披露是否开始整改
600656	*ST博元	于内部控制评价报告基准日，在投资流程方面存在财务报告内部控制重大缺陷。	未披露是否开始整改
600656	*ST博元	于内部控制评价报告基准日，在采购流程方面存在财务报告内部控制重大缺陷。	未披露是否开始整改
600656	*ST博元	于内部控制评价报告基准日，在资金活动方面存在财务报告内部控制重大缺陷。	未披露是否开始整改
600656	*ST博元	于内部控制评价报告基准日，公司并未设立部门和制度以降低管理层和治理层凌驾于控制之上的风险。	未披露是否开始整改
600656	*ST博元	公司因涉嫌信息披露违法违规，被中国证券监督管理委员会立案调查。	未披露是否开始整改

数据来源：DIB 内部控制与风险管理数据库 www. ic－erm. com。

附表2　　2014年年报上市公司非标意见内部控制审计报告意见汇总

证券代码	证券简称	会计师事务所	内部控制审计意见	非标内部控制审计意见说明
000017	深中华A	瑞华会计师事务所（特殊普通合伙）	带强调事项段的无保留意见	我们提醒内部控制审计报告使用者关注：中华自行车公司重整计划已于2013年12月27日执行完毕并终结破产程序，公司在重整计划中设置了引入重组方的条件，期望通过资产重组恢复持续经营能力和持续盈利能力。截至报告日，公司尚未引入重组方，仅保留自行车业务来保持重组方注入资产前中华自行车公司的持续经营能力。因此中华自行车公司的持续经营能力尚存在不确定性。
000035	中国天楹	立信会计师事务所（特殊普通合伙）	带强调事项段的无保留意见	我们提醒内部控制审计报告使用者关注：报告期内，贵公司共计使用募集资金支付项目款53873.77万元，其中向子公司南通天蓝环保能源成套设备有限公司支付的设备款12000万元存在由内部子公司代收代付行为（其中4000万元系在理财到期后由理财账户直接进行支付）。为进一步规范募集资金使用，贵公司已要求将上述12000万元予以重新支付，还原应有路径，并于2015年4月17日召开董事会对上述情况进行确认。
000038	深大通	瑞华会计师事务所（特殊普通合伙）	带强调事项段的无保留意见	我们提醒内部控制审计报告使用者关注：由于康城1期项目工期延误，导致承担延期交房违约责任，出现支付违约金情况，给公司造成损失。
000048	康达尔	瑞华会计师事务所（特殊普通合伙）	带强调事项段的无保留意见	我们提醒内部控制审计报告使用者关注：如贵公司董事会2014年财务报告内部控制评价报告所述，贵公司2014年收购了深圳市金鹏辉实业发展有限公司，并将其纳入了2014年度财务报表的合并范围。按照中国证券监督管理委员会发布的《上市公司实施企业内部控制规范体系监管问题解答》（2011年第1期，总第1期）的相关豁免规定，贵公司在对财务报告内部控制于2014年12月31日的有效性进行评价时，未将被收购公司的财务报告内部控制包括在评价范围内。同样地，按照《企业内部控制审计指引实施意见》的相关指引，我们对贵公司财务报告内部控制执行审计工作时，也未将被收购公司的财务报告内部控制包括在审计范围内。
000066	长城电脑	信永中和会计师事务所（特殊普通合伙）	带强调事项段的无保留意见	我们提醒内部控制审计报告使用者关注：长城电脑公司之子公司冠捷科技有限公司（以下简称"冠捷科技公司"）系香港及新加坡上市公司，其内部控制执行香港联合交易所相关规定。据香港联合交易所发布的《主板上市规则》相关规定，董事会应确保公司内部监控系统稳健妥善而且有效，以保障股东的投资及公司的资产。根据冠捷科技公司审计委员会提供的自我评价报告，冠捷科技公司已按照1992年COSO整体框架建立公司内部控制体系，并根据COSO框架及冠捷科技实际业务，指定17个关键程序和循环，各地管理者和运营单位每季度向冠捷科技内部审计部门报告结果和执行计划，内部审计部门对业务部门进行定期审计以确保内部控制系统的有效性。由于冠捷科技公司执行的是COSO内部控制整体框架，且香港联合交易所暂未要求主板上市公司执行内部控制审计及对外披露内部控制审计报告，因此冠捷科技公司未包含在本次内控制审计范围内。

续表

证券代码	证券简称	会计师事务所	内部控制审计意见	非标内部控制审计意见说明
000155	ST 川化	四川华信（集团）会计师事务所（特殊普通合伙）	带强调事项段的无保留意见	根据《川化股份有限公司内部审计制度》规定，贵公司应当对控股子公司实施内部审计，但未对部分控股子公司实施内部审计。
000408	金谷源	大信会计师事务所（特殊普通合伙）	带强调事项段的无保留意见	我们提醒内部控制审计报告使用者关注：贵公司董事会2014年财务报告内部控制评价报告所述，（一）昆山宏图实业有限公司2012年因与贵公司存在借贷纠纷向河北省高级人民法院提起诉讼，2013年4月28日，最高院作出了二审判决。针对昆山宏图实业有限公司诉讼事项，贵公司向最高人民检察院申请检察监督，最高人民检察院于2014年4月24日作出高检控民受（2014）16号民事监督案件受理通知书，基于贵公司当时所掌握的资料，本着谨慎性原则，在2013年度报告中贵公司对此计提了预计负债6000万元。对此出具了保留意见的审计报告。2014年10月20日，贵公司收到最高人民检察院于2014年5月26日作出的高检民监（2014）69号通知书，基于新获取的资料，贵公司对前述处理进行了追溯调整。对于2013年度报告进行的更正，是基于新获取及掌握的资料，进行的合理准确的判断，并不是由于内控缺陷导致；（二）2013年12月27日，贵公司收到邯郸市中级人民法院发来的《民事裁定书》，裁定对河北省高级人民法院就中国建设银行邯郸市峰峰支行（以下简称“建行峰峰支行”）与贵公司、国林陶瓷（邯郸）有限公司、北京路源世纪投资管理有限公司（以下简称“路源世纪”）、河南路桥建设股份有限公司借款担保纠纷一案作出的（2005）冀民二初字第24号民事调解书执行终结。邯郸市中级人民法院已将质押路源世纪的股票、查封的股权处置完毕，贵公司将对建行借款剩余本金及利息计入营业外收入。报告期内，经贵公司与邯郸市中级人民法院、路源世纪核对，发现路源世纪代为归还建行的借款及费用745万元贵公司未在2013年度进行账务处理，同时针对建行诉讼已计提的诉讼费600万元未从预计负债中冲减。贵公司已对此进行了会计差错更正处理。上述追溯调整及会计差错更正，是基于新获取及掌握的资料，进行的合理准确的判断，而非由于内部控制缺陷所导致。

续表

证券代码	证券简称	会计师事务所	内部控制审计意见	非标内部控制审计意见说明
000504	南华生物	天健会计师事务所（特殊普通合伙）	带强调事项段的无保留意见	我们提醒财务报表使用者关注：如财务报表附注十二、（二）1所述，南华生物公司于2014年11月13日收到《中国证券监督管理委员会调查通知书》（编号：稽查总队调查通知142797号），因南华生物公司涉嫌信息披露违法违规，中国证券监督管理委员会已对南华生物公司立案稽查；截至审计报告日，中国证券监督管理委员会对南华生物公司涉嫌信息披露违法违规的稽查尚未结案。
000568	泸州老窖	四川华信（集团）会计师事务所（特殊普通合伙）	带强调事项段的无保留意见	我们提醒内部控制审计报告使用者关注：泸州老窖于2014年10月15日、2015年1月10日先后披露的与中国农业银行长沙迎新支行、中国工商银行南阳中州支行等三处储蓄存款合同纠纷事项金额50000万元案件，反映出的公司银行存款相关的设计缺陷——泸州老窖《银行存款管理规定》未明确要求经办人员必须亲临柜台办理开户业务，在办理异地银行开设存款账户时，接受了银行工作人员上门开户的服务；以及执行缺陷——存在部分异地银行账户未按月进行银行对账，公司已对该等设计缺陷和执行缺陷进行了有效整改。
000691	亚太实业	瑞华会计师事务所（特殊普通合伙）	带强调事项段的无保留意见	我们提醒内部控制审计报告使用者关注：1. 亚太实业公司的控股子公司兰州同创嘉业房地产开发有限公司所经营的房地产开发业务活动由亚太实业公司的同一控制人控制的关联方兰州亚太实业（集团）股份有限公司组织实施和管理；同时亚太实业公司与受同一控制人控制的关联方存在经营相同业务——房地产业务的情况，公司控制环境存在重大缺陷。2. 亚太实业公司没有设置内部审计部门，没有执行内部控制监督制度。
000719	大地传媒	中勤万信会计师事务所（特殊普通合伙）	带强调事项段的无保留意见	我们提醒内部控制审计报告使用者关注：如大地传媒2014年度内控自我评价报告中所述，大地传媒2014年发生重大资产重组业务，通过以现金及发行股份购买资产的方式购买中原出版传媒集团有限公司所持下属河南省新华书店发行集团有限公司100%股权、河南出版对外贸易有限公司100%股权、河南人民出版社有限责任公司100%股权、河南省郑州市新华书店有限公司100%股权，上市日期2014年8月22日； 根据证监会发布的《上市公司实施企业内部控制规范体系监管问题解答》（2011年第1期）的规定，“公司在报告年度发生并购交易的，可豁免本年度对被并购企业财务报告内部控制有效性的评价，所以，本次内控审计范围未包括上述公司。

续表

证券代码	证券简称	会计师事务所	内部控制审计意见	非标内部控制审计意见说明
000735	罗牛山	中审亚太会计师事务所（特殊普通合伙）	带强调事项段的无保留意见	我们提醒内部控制审计报告使用者关注贵公司财务报告内部控制存在的重大缺陷及整改情况： 1. 关联方识别程序。公司在关联交易管理中缺少识别、获取及确认关联方信息的机制。公司2014年修订了《罗牛山股份有限公司关联交易管理制度》、制订了《罗牛山股份有限公司关联交易日常管理细则》。对于关联方识别、申报、关联交易定价的原则、决策权限、回避表决、审议程序和披露等提供了具体的控制办法，保证关联方的有效识别，关联交易的及时审批和披露。 2. 工程项目管理。公司的收入主要来源于畜牧、食品加工、教育、房地产以及工程施工，业务较为分散。根据公司发展战略，公司近年来将业务的重心放在畜牧和食品加工行业；同时工程施工行业的整体不规范也加大了公司管理的难度。公司果断采取了规避风险的应对措施，处置了相关业务。对于房地产业务的管理，公司于2014年9月制定了《锦地翰城项目新交房管理办法》、《罗牛山股份有限公司房地产分公司收入管理办法（试行）》等制度。对交房流程、交房过程中相关单据的流转、各环节的具体责任人等进行了明确。在房地产销售收入确认的过程中对收入确认的原则、条件、时点以及流程进行了规范，并在财务报告的会计政策部分进行了披露。 贵公司管理层已识别上述重大缺陷，并已经完成了整改，将其包含在贵公司2014年内部控制自我评价报告中。
000788	北大医药	天健会计师事务所（特殊普通合伙）	带强调事项段的无保留意见	北大医药于2014年11月18日收到中国证券监督管理委员会《调查通知书》（编号：沪专调查字2014477号），因北大医药涉嫌违反证券法律法规，根据《中华人民共和国证券法》的有关规定，中国证券监督管理委员会决定对北大医药立案调查。截至本审计报告日，中国证券监督管理委员会对北大医药涉嫌违反证券法律法规尚在调查过程中。
000815	美利纸业	立信会计师事务所（特殊普通合伙）	带强调事项段的无保留意见	我们提醒内部控制审计报告使用者注意：受整体行业影响，扣除非经常性损益，美利纸业经营业绩连年亏损。2014年度，为实现公司转型，美利纸业中止三个在建工程项目建设，与部分闲置固定资产一并进行了处置；对部分人员进行了调整，亏损额较2013年度有所增加。 如美利纸业2014年度内部控制自我评价报告四、所述：美利纸业于2015年1月22日收到杨云先生和邵进华先生分别转来的中国证券监督管理委员会（以下简称“证监会”）《调查通知书》，因其涉嫌内幕交易“美利纸业”股票，根据规定，证监会决定对其进行立案调查。杨云先生和邵进华先生已不再担任本公司任何职务，截至目前，证监会尚未对上述事项结案。

续表

证券代码	证券简称	会计师事务所	内部控制审计意见	非标内部控制审计意见说明
000820	金城股份	亚太（集团）会计师事务所（特殊普通合伙）	带强调事项段的无保留意见	我们提醒内部控制审计报告使用者关注：公司提供的《金城造纸股份有限公司内部控制管理手册》中对于全面预算制度已经建立，但截至目前尚未有效的执行。在建工程作为公司重要资产，需要严格按照立项申请、可行性研究、技术论证、概预算等内部控制的相关规定执行，目前公司开展的部分在建工程项目概预算环节未执行到位。
000912	泸天化	四川华信（集团）会计师事务所（特殊普通合伙）	带强调事项段的无保留意见	我们提醒内部控制审计报告使用者关注： 1. 根据《四川泸天化股份有限公司内部审计制度》规定，贵公司应当对控股子公司实施内部审计，但并未对控股子公司实施内部审计。 2. 贵公司及所属子公司高管薪酬虽由贵公司及所属子公司支付，但高管薪酬系由母公司四川化工控股（集团）有限责任公司考核确定，不是由相关公司董事会确定。
000982	中银绒业	信永中和会计师事务所（特殊普通合伙）	带强调事项段的无保留意见	我们提醒内部控制审计报告使用者关注：因涉嫌信息披露违法违规，中银绒业公司于2015年1月29日收到中国证券监督管理委员会《调查通知书》，决定对公司进行立案调查。截至审计报告签发日，证监会立案调查工作尚未结束，我们无法判断证监会立案调查结论对中银绒业公司财务报表可能产生的影响。
002124	天邦股份	天职国际会计师事务所（特殊普通合伙）	带强调事项段的无保留意见	正如天邦股份2014年度内部控制评价报告内容中对财务报告内部控制缺陷认定及整改情况所述，2013年12月，天邦股份全资子公司益辉国际发展有限公司收购Agfeed Industries，Inc（Nevada）（艾格菲国际）持有的Agfeed Industries，Inc（BVI）（艾格菲实业）100%股权，根据交易的特殊背景及“回购机制”等条件的判断，天邦股份2013年年报未将艾格菲实业纳入合并范围。根据2014年10月10日召开的天邦股份非公开发行发审会上的聆讯交流和发审委委员的指导意见，经过发审会后公司对发审委委员指导意见的研究讨论并重新评估后认为，天邦股份未将艾格菲实业纳入合并报表范围需按照重大会计差错更正进行追溯调整。2014年11月天邦股份已按照重大会计差错更正追溯调整前期财务报表并进行充分披露。
002288	超华科技	立信会计师事务所（特殊普通合伙）	带强调事项段的无保留意见	我们提醒内控鉴证报告使用者关注：如《2014年度内部控制自我评价报告》所述，应收账款的信用管理制度未严格执行，个别客户收款不及时；个别公司收入确认未严格执行会计政策的规定；存货仓储管理不完善。

续表

证券代码	证券简称	会计师事务所	内部控制审计意见	非标内部控制审计意见说明
002535	林州重机	中兴华会计师事务所（特殊普通合伙）	带强调事项段的无保留意见	中国证券监督管理委员会河南监管局2014年对林州重机进行了全面检查，并于2014年9月24日下发《关于对林州重机集团股份有限公司实施责令改正措施的决定》（公告［2014］10号）；《决定》中指出，林州重机存在2011—2013年度报告中未披露关联方资金拆借、经现场检查发现与部分关联方存在大量资金往来等事项。
002565	上海绿新	立信会计师事务所（特殊普通合伙）	带强调事项段的无保留意见	我们提醒内部控制鉴证报告使用者关注：我们注意到上海绿新公司的非财务报告内部控制存在一项重大缺陷。该缺陷是上海绿新公司对子公司管控方面的内部控制制度在对子公司浙江德美彩印有限公司的管理过程中无法得到有效执行，从而导致上海绿新公司2014年度失去对其子公司浙江德美彩印有限公司的控制，2014年度上海绿新公司不再将浙江德美彩印有限公司纳入公司合并范围，并且根据《企业会计准则》的相关规定经过测算后计提7380万元的长期股权投资减值准备。截至审计报告日，上海绿新公司已经对上述缺陷进行了整改。由于存在上述重大缺陷，我们提醒本报告使用者注意相关风险。
002600	江粉磁材	天职国际会计师事务所（特殊普通合伙）	带强调事项段的无保留意见	我们提醒内部控制鉴证报告使用者关注：正如《广东江粉磁材股份有限公司2014年度内部控制自我评价报告》中五、（三）的描述，江粉磁材在2014年度自我检查中发现内部控制存在缺陷，并就存在的缺陷积极进行整改且运行了一段时间。
002638	勤上光电	瑞华会计师事务所（特殊普通合伙）	带强调事项段的无保留意见	我们提醒内部控制专项报告使用者关注：如勤上光电公司《2014年度内部控制自我评价报告》三、①中所述，公司控股股东勤上集团与公司之间存在资金往来情况未披露事项，勤上光电公司董事会已将上述缺陷包含在企业内部控制评价报告中。在对勤上光电公司2014年度财务报表审计中，我们已经考虑了上述缺陷对审计程序的性质、时间安排和范围的影响，上述缺陷整改后未对在2015年4月28日对勤上光电公司出具的2014年度财务报表审计报告产生影响。
600091	ST明科	瑞华会计师事务所（特殊普通合伙）	带强调事项段的无保留意见	我们提醒内部控制审计报告使用者关注：由于明天科技公司自2009年以来主业一直停产，未发生生产业务，只有少量的采购和销售业务，故注册会计师未对生产管理、原料采购内部控制活动的有效性进行测试，对于销售管理受业务限制，也只进行了有限的测试。另，明天科技公司的子公司丽江德润房地产开发有限责任公司也未进行测试。
600139	西部资源	瑞华会计师事务所（特殊普通合伙）	带强调事项段的无保留意见	我们提醒内部控制审计报告使用者注意：西部资源公司以2014年12月31日为购买日分别取得重庆恒通客车有限公司66%股权、重庆恒通电动客车动力系统有限公司66%股权、重庆市交通设备融资租赁有限公司57.55%股权，西部资源公司2014年内控审计范围未包括上述三家新收购公司。

续表

证券代码	证券简称	会计师事务所	内部控制审计意见	非标内部控制审计意见说明
600146	大元股份	中兴财光华会计师事务所（特殊普通合伙）	带强调事项段的无保留意见	我们提醒内部控制报告使用者关注： （1）2014年度，大元股份控股子公司托里县世峰黄金矿业有限公司未能恢复生产，采矿权因涉诉被冻结，其名下采矿权证已过期，目前正在办理延续中。大元股份已于2015年3月像新疆托里县国土资源局递交矿权延期申请材料，截至审计报告日，上述矿权仍在办理中。 （2）因公司战略定位不清晰，方向不明确，战略执行不到位，导致大元股份近年来主业不突出，主业盈利能力弱，扣除非经营性损益，企业连年亏损，其持续经营能力仍然存在不确定性。大元股份目前正在积极进行重组工作，董事会审议通过了非公开发行募集资金购买环球星光国际控股有限公司的议案。截至审计报告日，重组工作仍在进行中。 （3）大元股份于2014年8月25日收到《中国证券监督管理委员会调查通知书》。因涉嫌违反证券法律法规，中国证券监督管理委员会已对大元股份立案调查。截至审计报告日，中国证券监督管理委员会对大元股份涉嫌违法证券法律法规的稽查尚未结案。
600156	华升股份	天健会计师事务所（特殊普通合伙）	带强调事项段的无保留意见	我们提醒内部控制审计报告使用者关注：（1）华升股份公司控股子公司湖南华升洞庭麻业有限公司（以下简称华升洞麻公司）系高新技术企业，按规定所得税税率为15%。2013年度华升洞麻公司应纳税所得额主要来自于处置所持岳阳华一房地产开发有限公司股权收益，在出具2013年度报告时，该项股权转让收益应适用的所得税税率尚未取得主管税务机关的确认，出于谨慎性原则按26%计提了应交企业所得税。2014年8月经岳阳市岳阳楼区地税局对华升洞麻公司提交的高新技术企业认定减免税资料备案，同意华升洞麻公司2013年度按应纳税所得额的15%缴纳企业所得税。（2）华升股份公司控股子公司湖南汇一制药机械有限公司（以下简称汇一药机公司）系高新技术企业，按规定所得税税率为15%。根据长沙市高新区国家税务局2014年11月17日出具的税务事项告知书，认定汇一药机公司自2012年度起生产经营活动发生了重大变化，产品（服务）不再属于《国家重点支持的高新技术领域》规定的范围，应从生产经营变化之日起不得享受高新技术企业所得税减免税优惠，自2012年起按应纳税所得额的25%缴纳企业所得税。报告期内，华升股份公司对上述事项进行追溯调整。

续表

证券代码	证券简称	会计师事务所	内部控制审计意见	非标内部控制审计意见说明
600186	莲花味精	亚太（集团）会计师事务所（特殊普通合伙）	带强调事项段的无保留意见	1. 如财务报表附注三、2 述：贵公司 2014 年度营业利润 -24005.05 万元，2014 年度营业利润 -35160.44 万元，截至 2014 年 12 月 31 日累计亏损 86365.37 万元；流动资产低于流动负债 69557.88 万元，以前年度借款全部逾期，无法通过银行等进入机构获得足够的资金支持。贵公司已在财务报表附注三、2 中披露上述财务报表仍然以持续经营假设为基础编制的理由及企业具体的应对计划，但其持续经营能力尚存在不确定性。 2. 贵公司未定期对应收款项坏账准备相关的会计估计进行复核。贵公司安装账龄分析法对 3 年以上应收款项按照应收款项余额的 35% 计提坏账准备，但对 3 年以上应收款项账龄未进行细分，且与同行相比坏账准备计提比例偏低。
600193	创兴资源	广东正中珠江会计师事务所（特殊普通合伙）	带强调事项段的无保留意见	我们提醒财务报表使用者关注：创兴资源于 2014 年 3 月 27 日收到中国证券监督管理委员会《调查通知书》（稽查局调查调字 1673 号），因公司涉嫌违反《中华人民共和国证券法》及相关规定，根据《中华人民共和国证券法》的有关规定，中国证券监督管理委员会决定对公司立案稽查。截至本审计报告日，稽查仍在进行中，其未来结果具有不确定性。
600211	西藏药业	四川华信（集团）会计师事务所（特殊普通合伙）	带强调事项段的无保留意见	我们提醒内部控制审计报告使用者关注： 1. 公司治理层面存在的重大缺陷 2014 年度内，西藏药业新一届董事会运行期间，在一些重要事项讨论和表决过程中出现了重大分歧，进而演变为两大股东阵营的股权及董事席位之争，并一度给企业声誉及正常经营带来一定的负面影响。截至审计报告日，该事项已基本平息，相关影响已逐步消除，董事会及管理层工作已恢复正常。 2. 对重要子公司管理控制力度不强从股权比例和董董事会席位来看，西藏药业在子公司四川本草堂药业有限公司中所占比例均超过半数，并且委派了财务总监和财务经理，满足实质控制的条件。但是西藏药业未派员参与该公司的日常经营管理，导致对四川本草堂的日常经营管理参与程度不强，西藏药业对四川本草堂经营管理层无明确的经营业绩指标考核政策，该项重大缺陷可能不能完全保证四川本草堂提高经营效率和效果，同时也不利于促进企业发展战略目标。

续表

证券代码	证券简称	会计师事务所	内部控制审计意见	非标内部控制审计意见说明
600225	天津松江	瑞华会计师事务所（特殊普通合伙）	带强调事项段的无保留意见	我们提醒内部控制审计报告使用者关注：天津松江公司三级子公司天津松江恒通建设开发有限公司（以下简称“恒通建设公司”）出纳，自2014年9月开始利用职权累计挪用恒通建设公司银行存款1000万元，私自开设基金账户申购基金，并将基金转至个人名下。公司发现银行存款出现异常后已于2015年3月31日向公安机关报案，该出纳已被拘押，现案件已移送天津河西区人民检察院，尚处于刑事侦查阶段。基金赎回资金涉案账户已被冻结，冻结资金足以归还挪用的恒通建设公司银行存款，预计不会存在无法收回风险、不会对恒通建设公司造成损失。
600228	*ST昌九	大华会计师事务所（特殊普通合伙）	带强调事项段的无保留意见	我们提醒内部控制审计报告使用者关注：由于江氨分公司及部分子公司停产多年，本报告期未发生生产业务，无正常采购及销售业务，故我们未对这部分分、子公司生产管理、原材料采购以及销售管理内部控制活动的有效性进行测试。
600236	桂冠电力	天职国际会计师事务所（特殊普通合伙）	带强调事项段的无保留意见	我们提醒内部控制审计报告使用者关注：广西桂冠电力股份有限公司和中国大唐集团公司广西分公司、龙滩水电开发有限公司、大唐集团广西聚源电力有限公司在人员、机构方面未实现相互独立，且存在业务同质性。
600280	中央商场	大信会计师事务所（特殊普通合伙）	带强调事项段的无保留意见	我们提醒内部控制审计报告使用者关注：2015年3月26日祝义财先生家属接到通知，检查机关于2015年3月23日起，对公司董事长、实际控制人祝义财先生执行指定居所监视居住的强制措施。
600301	ST南化	瑞华会计师事务所（特殊普通合伙）	带强调事项段的无保留意见	我们提醒内部控制审计报告使用者关注：由于南化股份公司自2013年9月份起全面停产并实施整体搬迁工作，未发生生产业务，无正常原材料采购业务，故我们未对生产管理及原材料采购管理内部控制活动的有效性进行测试。
600319	亚星化学	瑞华会计师事务所（特殊普通合伙）	带强调事项段的无保留意见	我们提醒内部控制审计报告使用者关注：亚星化学研发中心大楼的建筑物和土地使用权存在不同属问题。
600385	ST金泰	山东和信会计师事务所（特殊普通合伙）	带强调事项段的无保留意见	我们提醒内部控制审计报告使用者关注：金泰股份公司本部经营困难、资金缺乏，职工薪酬和社保费未按时发放和缴纳，未按规定履行纳税义务。

续表

证券代码	证券简称	会计师事务所	内部控制审计意见	非标内部控制审计意见说明
600401	海润光伏	立信会计师事务所（特殊普通合伙）	带强调事项段的无保留意见	我们提醒内部控制审计报告使用者关注：贵公司于2015年2月13日收到中国证券监督委员会《调查通知书》（编号：苏证调查通字1501号）。因贵公司涉嫌存在信息披露违反行为，根据《中华人民共和国证券法》的有关规定，中国证券监督委员会江苏证监局决定对贵公司进行立案调查。
600421	仰帆控股	立信会计师事务所（特殊普通合伙）	带强调事项段的无保留意见	我们提醒财务报表使用者关注：如财务报表附律十二（一）所述，截至财务报表批准日，中国证券监督管理委员会对贵公司立案调查尚在进行过程中。
600516	方大炭素	瑞华会计师事务所（特殊普通合伙）	带强调事项段的无保留意见	我们提醒内部控制审计报告的使用者关注：由于方大碳素部分子公司停产多年，本报告期未发生生产经营业务，无正常采购及销售业务，故我们未对这部分子公司内部控制活动的有效性进行测试。
600539	狮头股份	中喜会计师事务所（特殊普通合伙）	带强调事项段的无保留意见	我们提醒内部控制报告使用者关注：狮头水泥公司主要子公司太原中联狮头水泥有限公司（以下简称“中联水泥”，狮头水泥股权比例51%）仍处于建设和设备调试期，狮头水泥公司2014年主要生产经营活动基本处于停滞状态，我们未对生产管理、原材料采购以及销售管理内部控制活动的有效性进行测试。
600546	山煤国际	立信会计师事务所（特殊普通合伙）	带强调事项段的无保留意见	我们提醒内部控制审计报告使用者关注：山煤国际公司以全资子公司对外提供担保未能有效执行《对外担保管理制度》等有关规定。
600567	山鹰纸业	天健会计师事务所（特殊普通合伙）	带强调事项段的无保留意见	我们提醒内部控制审计报告使用者关注：山鹰纸业公司子公司浙江泰兴纸业有限公司和福建省莆田市阳光纸业有限公司2014年度在尚未履行公司相关内部决策程序的情形下，累计将38288.07万元资金预付给关联自然人张金珍和宋庆孝等12名关联自然人用于废纸采购。
600616	金枫酒业	立信会计师事务所（特殊普通合伙）	带强调事项段的无保留意见	我们提醒内部控制审计报告使用者关注： （1）根据中国证券监督管理委员会的相关文件规定，金枫酒业公司可豁免对2014年度被并购企业财务报告内部控制有效性进行评价，我们亦未将该等被并购企业纳入财务报告内部控制审计的范围； （2）金枫酒业公司原总经理董鲁平，因涉嫌受贿罪，经上海市金山区人民检察院立案侦查，2014年9月12日被上海市人民检察院第一分院依法批准逮捕。

续表

证券代码	证券简称	会计师事务所	内部控制审计意见	非标内部控制审计意见说明
600710	常林股份	信永中和会计师事务所（特殊普通合伙）	带强调事项段的无保留意见	我们提醒内部控制审计报告的使用者关注：如常林股份2014年度内部控制自我评价报告中所述，常林股份收到现代（江苏）工程机械有限公司（以下简称“现代江苏”）2014年度未经审计的财务报表后获悉现代江苏发生特别纳税调整（因转让定价）及超出董事会授权的关联交易行为等事项（常林股份作为现代江苏的非控股股东，通过其董事会行使股东权利。根据现代江苏的董事会决议，对交易金额大于人民币3000万元或大于5%净资产的关联交易，由董事会审议通过后方能实施）等事项，对现代江苏2014年度财务报告产生重大影响。常林股份与现代江苏持续进行交涉，截至内部控制审计报告出具日，常林股份与现代江苏的交涉仍未取得结果。在常林股份正式要求下仍未能获得现代江苏经审计的财务报告。基于谨慎性原则，并充分揭示可能风险，常林股份根据现代江苏提供的2014年度未经审计财务报表业绩数据进行财务核算，并在财务报表附注中进行了披露。
600721	百花村	中审华寅五洲会计师事务所（特殊普通合伙）	带强调事项段的无保留意见	我们提醒内部控制审计报告使用者关注：新疆百花村股份有限公司生产管理方面存在重大缺陷。2014年7月5日新疆百花村股份有限公司控股子公司新疆大黄山豫新煤业有限责任公司因在一号井工作面密闭火区未熄灭的情况下，盲目决定缩小密闭范围，在违规打开原密闭过程中，导致发生瓦斯爆炸事故，造成17死3伤的重大安全责任事故。截至审计报告日新疆大黄山豫新煤业有限责任公司尚未恢复生产。新疆百花村股份有限公司已在2014年度内部控制的自我评价报告中充分披露了上述事项及其影响。
600744	华银电力	天职国际会计师事务所（特殊普通合伙）	带强调事项段的无保留意见	我们提醒内部控制审计报告使用者关注：华银电力公司与中国大唐集团公司湖南分公司一套人马两块牌子，与控股股东在人员、机构方面未实现相互独立。由于华银电力公司和中国大唐集团公司湖南分公司存在业务同质性，公司控制环境存在缺陷。华银电力公司一直关注控股股东在湖南地区电力资产的经营状况和证券市场变化情况，积极促成控股股东在湖南地区的优质电力资产逐步注入公司，减少公司与控股股东之间的同业竞争。公司控股股东承诺在2017年6月30日前将其在湖南地区的优质电力资产在符合相关条件时注入公司。2014年10月23日，华银电力公司董事会审议通过了《关于公司发行股份购买资产并募集配套资金暨关联交易方案的议案》；2015年1月30日，华银电力公司董事会2015年第1次会议审议通过了《关于公司发行股份购买资产并募集配套资金暨关联交易方案相关补充事宜的议案》；2015年2月16日，华银电力公司2015年第1次临时股东大会审议通过了《关于公司发行股份购买资产并募集配套资金暨关联交易方案的议案》。上述交易完成后，华银公司控制环境方面存在的缺陷将得到改善。

续表

证券代码	证券简称	会计师事务所	内部控制审计意见	非标内部控制审计意见说明
600747	大连控股	中勤万信会计师事务所（特殊普通合伙）	带强调事项段的无保留意见	我们提醒内部控制审计报告使用者关注： 1. 贵公司2013年7月为控股股东大连大显集团有限公司提供1.5亿元担保、为大连太平洋电子有限公司提供2亿元担保，上述担保行为未履行相关审批程序，且公司未予以及时披露。 大连大显集团有限公司及代威先生于2015年2月9日向贵公司出具书面承诺，承诺与上述担保行为相关的经济责任将由大连大显集团有限公司及代威先生承担。 2. 贵公司通过全资子公司于2014年8月28日将募集资金3.4亿元从募集资金专用账户转入子公司其他定期存款账户，该行为发生时未履行相关审批程序，也未予以及时披露。 2015年2月6日，贵公司第七届董事会第三十次会议、第七届监事会第十四次会议分别审议通过上述事宜闲置募集资金事项，该行为独立董事对上述使用闲置资金事项出具了明确同意的独立意见。
600793	ST宜纸	四川华信（集团）会计师事务所（特殊普通合伙）	带强调事项段的无保留意见	我们提醒财务报表使用者关注：由于纸业公司于2011年8月21日起全面停产并实施整体搬迁工作，本报告期末发生生产业务，无正常采购及销售业务，故我们未对生产管理、原材料采购以及销售管理内部控制活动的有效性进行测试。
600822	上海物贸	立信会计师事务所（特殊普通合伙）	带强调事项段的无保留意见	我们提醒财务报表使用者关注：如财务报表附注十三/（一）所述，贵公司于2013年10月11日收到《中国证券监督管理委员会调查通知书》（编号：沪调查通字2013-1-031号），因贵公司涉嫌信息披露违法违规，中国证券监督管理委员会已对贵公司立案稽查；贵公司已收到《行政处罚事先告知书》（编号：沪证监处罚字［2014］6号）。截至本审计报告日，中国证券监督管理委员会对贵公司涉嫌信息披露违法违规的稽查尚未结案。
600870	厦华电子	福建华兴会计师事务所（特殊普通合伙）	带强调事项段的无保留意见	我们提醒内部控制审计报告使用者关注：公司根据各股东方签订的《框架协议》、《框架协议之补充协议》的约定，全力推进公司资产、负债、人员清理工作并已于2014年4月1日起停止彩电业务生产，主营业务已经停顿，原有的内部控制制度已经不适用，公司于2014年9月1日起试行修订后的内控制度体系，该内控制度体系尚未经过公司董事会的授权批准。截至审计报告日，该内控制度体系重新进行修订并经公司董事会于2015年4月28日决议授权批准。
600971	恒源煤电	立信会计师事务所（特殊普通合伙）	带强调事项段的无保留意见	我们提醒内部控制审计报告使用者关注：贵公司银行存款由安徽省皖北煤电集团有限责任公司（以下简称“皖北煤电集团”）资金管理中心以恒源煤电名义在银行开户进行集中管理，资金管理在一定程度上受到皖北煤电集团的影响。

续表

证券代码	证券简称	会计师事务所	内部控制审计意见	非标内部控制审计意见说明
601058	赛轮金宇	中兴华会计师事务所（特殊普通合伙）	带强调事项段的无保留意见	我们提醒内部控制审计报告使用者关注：如贵公司董事会2014年财务报告内部控制评价报告所述，贵公司于2014年收购了山东金宇实业股份有限公司及其子公司、福锐特橡胶国际公司及其子公司、KRT集团有限公司及其子公司（以下简称“被收购公司”），并将其纳入了2014年度财务报表的合并范围。按照中国证券监督管理委员会发布的《上市公司实施企业内部控制规范体系监管问题解答》（2011年第1期，总第1期）的相关豁免规定，贵公司在对财务报告内部控制于2014年12月31日的有效性进行评价时，未将被收购公司的财务报告内部控制包括在评价范围内。同样地，按照《企业内部控制审计指引实施意见》的相关指引，我们对贵公司财务报告内部控制执行审计工作时，也未将被收购公司的财务报告内部控制包括在审计范围内。
601117	中国化学	大华会计师事务所（特殊普通合伙）	带强调事项段的无保留意见	我们提醒内部控制审计报告使用者关注：中国化学的全资子公司中国成达工程有限公司（以下简称成达公司）在2012年至2013年期间，为其客户东源科技有限公司（以下简称东源科技）及其关联方的融资项目提供了增信支持，若东源科技自借款到期之日起六个月仍未清偿借款本息和相关费用，成达公司需无条件受让债权方未受偿的债权。该增信支持事项未经中国化学董事会审议，违反了中国化学《对外担保管理办法》的规定，且成达公司未向中国化学及时报告该事项，导致中国化学未能及时履行披露程序。中国化学在收到成达公司的报告后，及时报告和披露了事件的详细情况，并在2014年度财务报告中预计了该事项可能给中国化学带来的损失，并采取有效措施对缺陷进行整改。由于存在上述重大缺陷，我们提醒内部控制审计报告的使用者注意相关风险。
601268	*ST二重	信永中和会计师事务所（特殊普通合伙）	带强调事项段的无保留意见	我们提醒内部控制审计报告使用者关注：二重重装在销售合同签订前，未对订单合同的经济效益进行评审，销售报价资料缺乏有效支撑，造成公司出现部分亏损合同；二重重装个别下属子公司对贸易业务风险意识不强，客户信用管理不完善，导致公司部分债权发生或有损失。截至审计报告日，二重重装对上述缺陷已经在制度和执行层面进行了整改，重新组建了相应的组织机构，制定和修订了相关管理制度，规范了相应的业务操作流程。
601518	吉林高速	天健会计师事务所（特殊普通合伙）	带强调事项段的无保留意见	我们提醒内部控制审计报告使用者关注：吉林高速公司于2015年3月31日通过吉林省纪委网站获悉，吉林省高速公路集团有限公司董事长兼党委书记、吉林高速公路股份有限公司董事长韩增义涉嫌严重违纪，目前正接受组织调查。

续表

证券代码	证券简称	会计师事务所	内部控制审计意见	非标内部控制审计意见说明
601901	方正证券	天健会计师事务所（特殊普通合伙）	带强调事项段的无保留意见	我们提醒内部控制审计报告使用者关注： （一）股东分歧与公司治理 2014 年 8 月 11 日，方正证券公司完成发行股份购买中国民族证券有限责任公司（以下简称民族证券）的重大资产重组工作。 重组完成后北京政泉控股有限公司成为方正证券公司第二大股东。2014 年 9 月方正证券公司 2 名独立董事辞职，方正证券公司两大股东北大方正集团有限公司与北京政泉控股有限公司就收购民族证券后董事会、监事会的改选未达成一致意见并产生分歧。 2015 年 1 月 29 日，方正证券公司收到中国证券监督管理委员会湖南监管局（以下简称湖南证监局）《关于对方正证券股份有限公司采取责令改正等监管措施的决定》[（2015）3 号]。湖南证监局认定方正证券公司未按照资产收购协议适时召开股东大会进行必要的董事会、监事会改选工作，并且方正证券公司出现了治理结构不健全、内部控制不完善的情况。责令方正证券公司在 2015 年 2 月 16 日前改选第二届董事会全部董事和第二届监事会全部非职工代表监事，同时做好信息披露工作。 2015 年 2 月 10 日，方正证券公司收到湖南证监局《关于同意延期完成董事、监事改选工作的函》[湘证监函（2015）47 号]，湖南证监局同意方正证券公司延期至 2015 年 2 月底前完成董事、监事的改选工作。 截至审计报告日止，方正证券公司董事会和监事会的改选已完成。方正证券公司股东之间的矛盾对公司的声誉及经营造成了负面影响。 （二）重组整合未达预期 公司重组完成后，方正证券公司基于多方面的原因，未改选民族证券公司董事会、亦未派高管参与民族证券经营活动。方正证券公司与民族证券公司并购后的协同发展的效应尚未显现，目前的情况，不利于方正证券公司发展目标和公司战略的实现。
603333	明星电缆	瑞华会计师事务所（特殊普通合伙）	带强调事项段的无保留意见	我们提醒内部控制审计报告使用者关注：如财务报表附注十一、2 所述，明星电缆公司于 2015 年 2 月 1 日收到湖北省宜昌市伍家岗区人民检察院《起诉书》（编号：鄂宜市伍检刑诉［2015］2 号），因明星电缆公司涉嫌虚开增值税发票，被湖北省宜昌市伍家岗区人民检察院提起公诉。 该案件已于 2015 年 3 月 4 日在湖北省宜昌市伍家岗区人民法院开庭审理，截至本审计报告日，尚未收到正式判决书。

续表

证券代码	证券简称	会计师事务所	内部控制审计意见	非标内部控制审计意见说明
002289	宇顺电子	大华会计师事务所（特殊普通合伙）	保留意见	如后附的宇顺电子公司《2014年度内部控制评价报告》三、（三）内部控制缺陷认定及整改情况所述，由于宇顺电子公司之子公司深圳市雅视科技有限公司在存货管理方面存在问题，如供应商退换货以及半成品、成品在返修和拆解回收利用环节未能清晰反映其他入库和其他出库之间的对应关系，会计处理不够清晰和规范，可能导致成本费用的期间核算不相匹配的事项。我们认为，上述内部控制的设计和执行方面存在重要缺陷。 截至报告报出日，宇顺电子公司已对上述事项进行了整改，整改后的内部控制制度设计及执行符合相关法律法规的规定。 我们认为，除“四、导致保留意见的事项”所述事项可能产生的影响外，宇顺电子公司按照《内部会计控制规范——基本规范（试行）》和相关规定于2014年12月31日在所有重大方面保持了与财务报表相关的有效的内部控制。
002336	人人乐	立信会计师事务所（特殊普通合伙）	保留意见	我们认为，除《人人乐连锁商业集团股份有限公司2014年度内部控制自我评价报告》所述的资产安全管控缺陷外，人人乐集团按照财政部等五部委颁发的《企业内部控制基本规范》及相关规定于2014年12月31日在所有重大方面保持了与财务报表相关的有效的内部控制。
000033	*ST新都	立信会计师事务所（特殊普通合伙）	否定意见	新都酒店财务报告内部控制存在如下重大缺陷： 在公司及董事会不知情的情况下擅自以公司名义违规对外提供借款担保，其中已对外披露的已经法院初次判决的案件诉讼请求本金及相关利息合计48455.33万元；已经法院受理但尚未判决的案件诉讼请求本金及相关利息合计2754.39万元。除上述已披露的违规担保诉讼外，无法判断是否还存在其他对财务报表产生重大影响的诉讼、担保情况等。该等重大对外担保，新都酒店未按照《上市公司内部控制制度》等内控制度履行相应的决策审批程序、财务报告未予以及时披露、内部监督无效，上述缺陷表明与之相关的内部控制运行失效。有效的内部控制能够为财务报告及相关信息的真实完整提供合理保证，而上述重大缺陷使新都酒店内部控制失去这一功能。
000403	ST生化	致同会计师事务所（特殊普通合伙）	否定意见	振兴生化公司财务报告内部控制存在如下重大缺陷： 1. 振兴生化公司2014年度发生更正已公布的财务报告，符合《内控自评报告》中对重大缺陷认定之（3）“公司更正已公布的财务报告”的规定。 2. 振兴生化公司未设立内部审计机构，无法对生产经营活动进行有效监督。该缺陷不符合《企业内部控制基本规范》第十五条、第四十四条之规定。与贵公司《内控自评报告》中认定为重大缺陷之（4）“公司审计委员会和内部审计机构对内部控制的监督无效”之规定相一致。

续表

证券代码	证券简称	会计师事务所	内部控制审计意见	非标内部控制审计意见说明
000403	ST 生化	致同会计师事务所（特殊普通合伙）	否定意见	3. 振兴生化公司 2014 年 8 月 7 日收到中国证券监督管理委员会山西监管局下发的行政监管措施决定书［2014］5 号《关于对振兴生化股份有限公司采取出具警示函措施的决定》和［2014］6 号《关于对振兴生化股份有限公司采取责令公开说明措施的决定》。 有效的内部控制能够为财务报告及相关信息的真实完整提供合理保证，而上述重大缺陷使振兴生化公司内部控制失去这一功能。 振兴生化公司管理层已识别出上述重大缺陷，并将其包含在企业内部控制评价报告中。上述缺陷在所有重大方面得到公允反映。在振兴生化公司 2014 年财务报表审计中，我们已经考虑了上述重大缺陷对审计程序的性质、时间安排和范围的影响。本报告并未对我们在 2015 年 4 月 29 日对振兴生化公司 2014 年财务报表出具的审计报告产生影响。
000511	烯碳新材	大信会计师事务所（特殊普通合伙）	否定意见	贵公司的财务报告内部控制存在如下重大缺陷： 1. 贵公司在对海城三岩矿业有限公司、奥宇石墨集团有限公司、黑龙江省牡丹江农垦奥宇石墨深加工有限公司等项目的投资决策、后续管理方面存在不到位。在对上述投资项目会计核算中，未能正确核算长期股权投资成本的初始确认及后续计量金额，对存在的减值迹象未能及时进行减值测试。 2. 贵公司在确认房地产收入时，未按确定的方法及时准确地确认收入和结转成本，导致 2011—2014 年度国电项目收入及成本结转、车库收入确认存在大额跨期现象；未按企业会计准则规定进行借款费用核算，使 2014 年度房地产开发成本中利息资本化金额不准确；房地产相关销售税金计提不准确，导致 2014 年补提以前年度大额土地增值税。 贵公司尚未在 2014 年完成对上述内部控制重大缺陷的整改工作，但在编制本年度财务报表时已对这些可能存在的会计差错予以关注和纠正。根据董事会决议，贵公司对 2014 年度财务报表前期数据进行了追溯调整及重述，更正了涉及长期股权投资、商誉、投资收益、主营业务收入、主营业务成本、其他应付款、应交税金以及未分配利润、资本公积等会计科目。 有效的内部控制能够为财务报告及相关信息的真实完整提供合理保证，而上述重大缺陷使贵公司内部控制失去这一功能。贵公司管理层已识别出上述重大缺陷，并将其包含在 2014 年贵公司内部控制评价报告中。 在对贵公司 2014 年度财务报表审计中，我们已经考虑了上述重大缺陷对审计程序的性质、时间安排和范围的影响。本报告并未对我们在 2014 年 4 月 28 日对贵公司 2014 年度财务报表出具的审计报告产生影响。

续表

证券代码	证券简称	会计师事务所	内部控制审计意见	非标内部控制审计意见说明
000652	泰达股份	普华永道中天会计师事务所（特殊普通合伙）	否定意见	贵公司的财务报告内部控制存在如下重大缺陷： 1. 部分子公司未定期执行资产减值评估，或在资产减值评估过程中未发现已表明该资产已发生减值的客观证据。上述重大缺陷影响了财务报表中应收款项和可供出售金融资产相关的资产的计价以及资产减值的准确性，与之相关财务报告内部控制执行失效。贵公司尚未在2014年底完成对上述存在重大缺陷的内部控制的整改工作，但在编制2014年度财务报表时已对资产减值损失进行了恰当调整，并对前期对应数据相应进行了追溯调整及重述。 2. 部分区域开发板块子公司未执行对于应付未付工程款进行暂估、预提的分析审核的内部控制。上述重大缺陷影响了财务报表中应付未付的一级土地开发工程款的截止性和义务认定，与之相关财务报告内部控制执行失效。贵公司尚未在2014年底完成对上述存在重大缺陷的内部控制的整改工作，但在编制2014年度财务报表时已对存货、应付账款科目相关科目进行了恰当调整，并对前期对应数据相应进行了追溯调整及重述。 3. 个别区域开发板块子公司未执行对于工程施工成本归集和分摊的审核的内部控制且尚未建立定期分析工程进度并按照完工百分比法进行相应会计处理的内部控制。上述重大缺陷影响了财务报表中应该按照完工百分比法确认收入的交易的准确性和截止性，与之相关财务报告内部控制设计和执行失效。贵公司尚未在2014年底完成对上述存在重大缺陷的内部控制的整改工作，但在编制2014年度财务报表时已对二级代建开发成本、收入及相关科目进行了恰当调整，并对前期对应数据相应进行了追溯调整及重述。 4. 从事贸易批发业务的部分子公司尚未建立从贸易批发业务所承担的存货风险、信用风险等业务实质进行分析判断所适用的收入确认原则的内部控制。上述重大缺陷影响了财务报表中贸易收入及成本确认的完整性，准确性和截止性，与之相关财务报告内部控制设计失效。贵公司尚未在2014年底完成对上述存在重大缺陷的内部控制的整改工作，但在编制2014年度财务报表时已对这些可能存在的会计差错予以关注和纠正，并对前期对应数据相应进行了追溯调整及重述。 5. 部分子公司未执行对在建工程是否达到可使用状态进行检查的控制。上述重大缺陷影响了财务报表中在建工程、固定资产和管理费用的准确性和截止性，与之相关财务报告内部控制执行失效。贵公司尚未在2014年底完成对上述存在重大缺陷的内部控制的整改工作，但在编制2014年度财务报表时已对这些可能存在的会计差错予以关注和纠正，并对前期对应数据相应进行了追溯调整及重述。

续表

证券代码	证券简称	会计师事务所	内部控制审计意见	非标内部控制审计意见说明
000652	泰达股份	普华永道中天会计师事务所（特殊普通合伙）	否定意见	6. 对财务人员的专业培训不够充分、对部分会计准则的理解不够准确、会计处理及财务报告披露流程中的审核存在部分运行缺陷，未能及时发现对部分子公司资产减值、应付未付工程款的计提、按完工百分比法的销售确认、贸易收入及成本的确认、在建工程转固、现金流量表中对现金及现金等价物的认定、银行融资在应付票据与短期借款的分类、借款在长期负债与短期负债的分类、营业收入和利息收入的分类、BOT 项目核算、尚未获得土地证的预付土地款记录等会计处理的差错，影响财务报表中多个披露项目的准确性。贵公司尚未在 2014 年底完成对上述存在重大缺陷的内部控制的整改工作，但在编制 2014 年度财务报表时已对这些可能存在的会计差错予以关注和纠正，并对前期对应数据相应进行了追溯调整及重述。 有效的内部控制能够为财务报告及相关信息的真实完整提供合理保证，而上述重大缺陷使天津泰达公司内部控制失去这一功能。 天津泰达公司管理层已识别出上述重大缺陷，并将其包含在企业内部控制评价报告中。在天津泰达公司 2014 年度财务报表审计中，我们已经考虑了上述重大缺陷对审计程序的性质、时间安排和范围的影响。本报告并未对我们在 2015 年 3 月 18 日对天津泰达公司 2014 年度财务报表出具的审计报告产生影响。 我们认为，由于存在上述重大缺陷及其对实现控制目标的影响，天津泰达公司于 2014 年 12 月 31 日未能按照《企业内部控制基本规范》和相关规定在所有重大方面保持有效的财务报告内部控制。
000668	荣丰控股	众环海华会计师事务所（特殊普通合伙）	否定意见	荣丰控股公司于 2014 年 9 月 1 日收到深圳证券交易所《关于对荣丰控股集团股份有限公司相关当事人的监管函》（编号：公司部监管函［2014］第 71 号）。认定公司存在部分事项未履行董事会审议程序，也未及时履行披露义务。违反《股票上市规则（2012 年修订）》第 2.1 条、第 9.2 条、第 11.11.3 条第（九）项的规定。荣丰控股公司已识别出上述缺陷并开始整改，但截至 2014 年 12 月 31 日，整改尚未全部完成。部分整改措施尚未运行足够长时间。有效的内部控制能够为财务报告及相关信息的真实完整提供合理保证，而上述重大缺陷使荣丰控股公司内部控制失去这一功能。在荣丰控股公司 2014 年财务报表审计中，我们已经考虑上述重大缺陷对审计程序的性质、时间安排和范围的影响。本报告并未对我们在 2015 年 4 月 29 日对荣丰控股公司 2014 年度财务报表出具的审计报告产生影响。

续表

证券代码	证券简称	会计师事务所	内部控制审计意见	非标内部控制审计意见说明
002558	世纪游轮	瑞华会计师事务所（特殊普通合伙）	否定意见	在本次内部控制审核中，我们注意到贵公司的财务报告内部控制存在以下重大缺陷： 1. 贵公司全资子公司重庆新世纪国际旅行社有限公司（以下简称“新世纪国旅”）缺失对门店经营成果识别、获取、汇总的财务管控机制，无法保证门店的经营成果被准确、完整地纳入新世纪国旅的会计核算范围，该等缺陷影响财务报表中的营业收入、销售费用及税金的准确性、完整性及截止性，与之相关财务报告内部控制设计失效。 2. 新世纪国旅尚未就旅游业务的承接、缴费、组团等业务环节建立财务系统和业务系统核对的内部控制机制，该等缺陷影响财务报表中的营业收入、营业成本及销售费用的准确性、完整性及截止性，与之相关财务报告内部控制设计失效。 新世纪国旅尚未在2014年度完成对上述存在重大缺陷的内部控制的整改工作，但在编制2014年度财务报表时已对这些可能存在的会计差错予以关注和纠正，并对前期对应数据相应进行了追溯调整和重述。 根据2015年4月10日董事会决议，贵公司对2014年度财务报表的前期对应数据及当期相关数据进行了追溯重述及当期调整，更正了涉及营业收入、营业成本、营业税金及附加、销售费用、所得税以及未分配利润等会计科目前期对应数据的重大会计差错。 贵公司管理层已注意到上述内部控制重大缺陷，且在后附的《重庆新世纪游轮股份有限公司2014年度内部控制自我评价报告》中提及，并说明了对实现控制目标的影响。 有效的内部控制能够为企业及时防止或发现会计报表中的重大错报提供合理保证，而上述重大缺陷使贵公司内部控制失去这一功能。 我们认为，除上述内部控制的重大缺陷及其对实现控制目标的影响外，世纪游轮公司于2014年12月31日在所有重大方面保持了按照《公司法》、《公司章程》、《深圳证券交易所中小板企业板上市公司规范运作指引》等相关法律法规与财务报告相关的有效的内部控制。
002694	顾地科技	中勤万信会计师事务所（特殊普通合伙）	否定意见	（一）顾地科技控股股东以预付材料款的名义通过应收票据背书及非关联企业累计发生非经营性占用顾地科技及子公司资金15721.06万元，产生利息665.06万元，顾地科技与之相关的货币资金、票据、关联交易、财务报告等内部控制运行失效。 （二）公司对非全资子公司的管控存在薄弱环节，部分非全资子公司销售业务、采购业务、费用报销等业务未严格履行相应决策程序、审批程序，与之相关的内部控制运行失效。 顾地科技于2014年12月31日未能按照《企业内部控制基本规范》和相关规定在所有重大方面保持了有效的财务报告内部控制。

续表

证券代码	证券简称	会计师事务所	内部控制审计意见	非标内部控制审计意见说明
600145	*ST国创	立信会计师事务所（特殊普通合伙）	否定意见	贵州国创的财务报告内部控制存在如下重大缺陷： 1. 公司制定了银行账号及货币资金管理制度，但在实际业务中未得到有效执行，部分银行账户未纳入财务报表，部分银行账户虽纳入财务报表但未编制余额调节表。上述重大缺陷影响财务报表的货币资金及相关科目的准确性。公司尚未在2014年底完成对上述存在重大缺陷的内部控制的整改工作，但在编制2014年度财务报表时已对这些可能存在的会计差错予以关注和纠正。 2. 公司对外投资未制定有效的控制措施，防止不适当的对外投资业务，亦未对投资业务进行有效的后续管理。上述重大缺陷影响财务报表的长期股权投资、投资收益、营业外支出等科目的准确性。公司尚未在2014年底完成对上述存在重大缺陷的内部控制的整改工作，但在编制2014年度财务报表时已对这些可能存在的会计差错予以关注和纠正，并对前期对应数据相应进行了追溯调整及重述。 3. 公司及子公司对外借款、担保等特殊事项无有效控制措施，同时对类似特殊业务在会计期末也未做出合理的估计和会计处理。上述重大缺陷影响财务报表的营业外支出、预计负债等科目的准确性和完整性。公司尚未在2014年底完成对上述存在重大缺陷的内部控制的整改工作，但在编制2014年度财务报表时已对这些可能存在的会计差错予以关注和纠正。 4. 公司及一子公司未制定对账制度，对应收账款、应付账款、其他应收、应付款等往来科目未定期与对方公司核对。上述重大缺陷影响财务报表应收账款、应付账款、其他应收、应付款等科目的存在及准确性的认定。公司尚未在2014年底完成对上述存在重大缺陷的内部控制的整改工作，但在编制2014年度财务报表时已对这些可能存在的会计差错予以关注。 5. 公司制定了职工薪酬业务循环相关控制，但未得到实际执行，部分职工保险未进行账务处理也未缴纳。上述重大缺陷影响财务报表的应付职工薪酬、管理费用、存货、主营业务成本等项目的准确性和计价认定。公司尚未在2014年底完成对上述存在重大缺陷的内部控制的整改工作，但在编制2014年度财务报表时已对这些可能存在的会计差错予以关注。有效的内部控制能够为财务报告及相关信息的真实完整提供合理保证，而上述重大缺陷使贵州国创内部控制失去这一功能。 贵州国创管理层已识别出上述重大缺陷，并将其包含在企业内部控制评价报告中。在贵州国创2014年度财务报表审计中，我们已经考虑了上述重大缺陷对审计程序的性质、时间安排和范围的影响。 我们认为，由于存在上述重大缺陷及其对实现控制目标的影响，贵州国创未能按照《企业内部控制基本规范》和相关规定在所有重大方面保持有效的财务报告内部控制。

续表

证券代码	证券简称	会计师事务所	内部控制审计意见	非标内部控制审计意见说明
600234	山水文化	中喜会计师事务所（特殊普通合伙）	否定意见	在本次内部控制审计中，我们注意到山水文化的财务报告内部控制存在以下重大缺陷： 1. 山水文化公司未严格执行合同管理业务流程及印鉴管理规定，且存在印鉴外借使用信息登记不完善情况。山水文化公司 2014 年 6 月在向交通银行股份有限公司青岛分行申请借款签署相关协议时，未履行外借印章程序，使用了公司公章、法定代表人名章、财务专用章，但无印鉴使用审批和登记记录。且存在公司公章、法定代表人名章未按照公司管理制度的规定由山水文化公司专人保管、财务专用章不在财务部门保管情况。印鉴保管不善及不规范使用可能导致管控隐患，给公司带来潜在风险。 2. 2014 年 6 月，山水文化公司向交通银行股份有限公司青岛分行申请借款 2000 万元时，内部无审批流程和手续，财务部门未及时入账。该笔借款支出时，未按照山水文化公司财务支出审批核决权限履行相应的程序，亦未按照借款合同约定的用途使用。 3. 公司未按照《支付结算办法》等有关规定，定期检查、清理银行账户的开立及使用情况的问题。且存在新账户的开立未按照公司管理制度的相关规定办理。可能导致银行存款管理不符合国家法律、法规和企业内部规章制度的要求，风险发生时，不能及时发现问题及时处理，企业无法及时采取有效的措施消除不良影响。 4. 公司有部分资金支付未按照公司管理制度的规定履行审批程序，亦未签署相关合同或协议，具体为：广西岑开商贸有限公司 670 万元、上海兆羽资产管理有限公司 400 万元、杭州鑫瀚实业投资有限公司 260 万元。 5. 公司存在使用个人账户的情况，对银行存款管理不善。 有效的内部控制能够为财务报告及相关信息的真实完整提供合理保证，而上述重大缺陷使山水文化公司内部控制失去这一功能。 山水文化公司管理层已识别出上述重大缺陷，并将其包含在企业内部控制评价报告中，上述缺陷在所有重大方面已在《2014 年度内部控制评价报告》中得到公允反映。在山水文化公司 2014 年财务报表审计中，我们已经考虑了上述重大缺陷对审计程序的性质、时间安排和范围的影响。 除第 1 项重大缺陷可能带来不确定性影响外，本报告中其余事项并未对我们在 2015 年 4 月 28 日对山西广和山水文化传播股份有限公司 2014 年财务报表出具的审计报告产生影响。 我们认为，由于存在上述重大缺陷及其对实现控制目标的影响，山水文化公司于 2014 年 12 月 31 日未能按照《企业内部控制基本规范》和相关规定在所有重大方面保持有效的财务报告内部控制。由于存在上述重大缺陷，我们提醒本报告使用者注意相关风险。需要指出的是：我们并不对贵公司非财务报告内部控制发表意见或提供保证，本段内容不影响对财务报告内部控制有效性发表的审计意见。

续表

证券代码	证券简称	会计师事务所	内部控制审计意见	非标内部控制审计意见说明
600403	大有能源	中勤万信会计师事务所（特殊普通合伙）	否定意见	在本次内部控制审计中，我们注意到大有能源的财务报告内部控制存在以下重大缺陷： 1. 大有能源全资子公司天峻义海能源煤炭经营有限公司（以下简称天峻义海）因青海省政府“一个矿区一个开发主体”的整合原则，2013 年 5 月 20 日将其所有的聚乎更矿区一露天首采区采矿权（以下简称聚乎更采矿权）以零价款转让给青海省木里煤业开发集团有限公司（以下简称木里煤业集团）。2014 年 9 月 11 日木里煤业集团与天峻义海签订协议，将聚乎更采矿权以零对价转让给天峻义海，协议约定本次采矿权转让事宜在取得相关主管部门合法有效的批准后生效。截至 2014 年 12 月 31 日，该转让事项尚未取得相关主管部门批准，天峻义海在无形资产中核算的聚乎更采矿权仍未取得采矿许可证，与之相关财务报告内部控制运行失效。 2. 大有能源全资子公司天峻义海从 2013 年开始销售模式由直接销售给终端客户变更为通过青海省矿业集团股份有限公司（以下简称青海矿业）子公司青海省矿业集团天峻煤业开发有限公司及青海木里能源有限公司销售给终端客户。截至审计报告签发日，大有能源未履行相应决策程序，与之相关的财务报告内部控制运行失效。 有效的内部控制能够为财务报告及相关信息的真实完整性提供合理保证，而上述重大缺陷使公司内部控制失去这一功能。 大有能源管理层已识别出上述重大缺陷，并将主要缺陷包含在企业内部控制评价报告中。上述缺陷在所有重大方面得到公允反映。 我们认为，由于存在上述重大缺陷及其对实现控制目标的影响，大有能源于 2014 年 12 月 31 日未能按照《企业内部控制基本规范》和相关规定在所有重大方面保持了有效的财务报告内部控制。
600408	安泰集团	立信会计师事务所（特殊普通合伙）	否定意见	在本次内部控制审计中，我们注意到贵公司的财务报告内部控制存在以下重大缺陷： 1. 贵公司对客户授信额度管理方面的内部控制在执行层面存在重大缺陷。2014 年度在山西新泰钢铁有限公司未能按照日常关联交易协议的约定按时向贵公司及山西安泰集团冶炼有限公司支付销售价款的情况下，仍向山西新泰钢铁有限公司销售铁水及焦炭，形成大额应收账款。 2. 贵公司控股股东控制的关联企业发生占用贵公司及子公司资金的情况，内部控制运行部分失效。

续表

证券代码	证券简称	会计师事务所	内部控制审计意见	非标内部控制审计意见说明
600423	柳化股份	大信会计师事务所（特殊普通合伙）	否定意见	2014年度，贵公司与控股股东柳州化学工业集团有限公司、最终控股股东广西柳州化工控股有限公司及其湖南柳化桂成化工有限公司等附属企业，累计发生资金支付非经营性资金往来106195.10万元。该等非经营性资金往来，贵公司未按照《关联交易管理办法》等内部制度相应决策审批程序、财务报告未予以及时披露、内部监督无效，上述缺陷表明与之相关的内部控制运行失效。 有效的内部控制能够为财务报告及相关信息的真实完整提供合理保证，而上述重大缺陷使贵公司内部控制失去这一功能。 贵公司管理层已识别出上述重大缺陷，并将其包含在企业内部控制评价报告中。上述缺陷在所有重大方面得到公允反映。在贵公司2014年财务报表审计中，我们已经考虑了上述重大缺陷对审计程序的性质、时间安排和范围的影响。本报告并未对我们出具的2014年财务报表审计报告产生影响。
600575	皖江物流	天健会计师事务所（特殊普通合伙）	否定意见	我们发现，皖江物流公司存在以下内部控制重大缺陷： （一）2014年9月，皖江物流公司全资子公司淮矿现代物流有限责任公司（以下简称淮矿物流公司）出现重大信用风险事项，并于2014年10月28日经淮南市中级人民法院裁定重整。淮矿物流公司由于对客户债权未能采取有效的保证、抵押、质押等担保措施，导致出现重大坏账风险。2014年9月末淮矿物流公司对应收和预付款项共计提坏账准备876857.34万元。淮矿物流公司在客户资信评估、应收账款管理、交易授权等方面的内部控制的执行存在重大缺陷。 （二）皖江物流公司对全资子公司淮矿物流公司缺少有效的内部监督及审计等内部控制活动；淮矿物流公司使用银行授信开展商贸银业务操作流程不规范，部分交易和事项的会计处理缺乏审核和审批流程，可能存在虚列收入、成本和虚增资产等情况。 （三）淮矿物流公司未对期末存货进行盘点，无法对存货实施有效控制。 有效的内部控制能够为财务报告及相关信息的真实完整提供合理保证，而上述重大缺陷使皖江物流公司对淮矿物流公司的内部控制失去这一功能。 在皖江物流公司2014年财务报表审计中，我们已经考虑了上述重大缺陷对审计程序的性质、时间安排和范围的影响。由于存在上述内部控制重大缺陷，我们在2015年4月29日对皖江物流公司2014年财务报表出具的审计报告中，就资产减值损失确认期间、期初存货以及商贸银业务收入确认发表了保留意见。

续表

证券代码	证券简称	会计师事务所	内部控制审计意见	非标内部控制审计意见说明
600671	天目药业	中审华寅五洲会计师事务所（特殊普通合伙）	否定意见	天目药业内部控制存在如下重大缺陷： 1. 天目药业下属子公司黄山市天目药业有限公司未能有效执行对在建工程是否达到可使用状态进行检查的控制。上述重大缺陷对财务报表列报中在建工程的存在性、固定资产的完整性和管理费用的准确性存在一定的影响。 2. 天目药业虽建立了期末资产减值测试制度，但未得到有效执行，导致存货未及时、合理计提减值准备。天目药业尚未在2014年度完成对上述重大缺陷的内部控制的整改工作，但在编制2014年度财务报表时已对上述内控失效可能导致的会计差错予以关注、避免和纠正。有效的内部控制能够为财务报告及相关信息的真实完整提供合理保证，而上述重大缺陷使天目药业内部控制失去这一功能。天目药业管理层已识别出上述重大缺陷，并将其包含在企业内部控制评价报告中。在天目药业2014年财务报表审计中，我们已经考虑了上述重大缺陷对审计程序的性质、时间安排和审计范围的影响。本报告并未对我们在2015年4月13日对天目药业2014年财务报表出具的审计报告产生影响。 我们认为，由于存在上述重大缺陷及其对实现控制目标的影响，天目药业于2014年12月31日未能按照《企业内部控制基本规范》和相关规定在所有重大方面保持有效的财务报告内部控制。
600677	航天通信	立信会计师事务所（特殊普通合伙）	否定意见	在本次内部控制审计过程中，我们注意到贵公司的财务报告内部控制存在以下重大缺陷： 贵公司对客户资信等级评估、授信额度管理等方面的内部控制在执行层面存在重大缺陷。 贵公司具有客户资信等级评估、授信额度管理方面的内控设计程序，但业务部门在与客户交易的过程中未严格执行，属于执行层面的内控制度存在重大缺陷。 同时我们注意到，由于未严格执行该内部控制程序，已经给贵公司造成了重大损失。如贵公司与上海中澜贸易发展有限公司（以下简称“上海中澜”）和新疆艾萨尔生物科技股份有限公司（以下简称“新疆艾萨尔”）的交易，由于未严格执行客户资信等级评估和授信额度管理内控程序，给公司的应收款的收回埋下了隐患。 近年来，贵公司与上海中澜和新疆艾萨力一直开展代理进口原毛业务，上海中澜的实际控制人和其控制的新疆艾萨尔公司对贵公司做了9000万元的最高额担保，贵公司未对上海中澜的实际控制人和新疆艾萨力公司是否有能力承担担保义务进行详细调查，并超过最高担保额9000万元后仍向上海中澜和新疆

续表

证券代码	证券简称	会计师事务所	内部控制审计意见	非标内部控制审计意见说明
600677	航天通信	立信会计师事务所（特殊普通合伙）	否定意见	艾萨尔发货，后因对方出现严重的资金问题，造成贵公司应收款项1.35亿元人民币不能按期收回。 我们认为，贵公司未对上海中澜的实际控制人和新疆艾萨尔公司是否有能力承担担保义务进行详细调，属于客户资信等级评估执行内部控制程序存在重大缺陷，超过授信额度发货，属授信额度管理内部控制程序存在重大缺陷。 有效的内部控制能够为财务报告及相关信息的其实完整提供合理保证，而上述重大缺陷使贵公司的内部控制失去这一功能。 贵公司管理层已识别出上述重大缺陷，并将主要缺陷包含在企业内部控制评价报告中。上述缺陷在所有重大方面得到公允反映。 我们认为，由于存在上述重大缺陷及其对实现控制目标的影响，贵公司于2014年12月31日未能按照《企业内部控制基本规范》和相关规定在所有重大方面保持有效的财务报告内部控制。
600696	多伦股份	中喜会计师事务所（特殊普通合伙）	否定意见	在本次内部控制审计中，我们注意到多伦股份公司的财务报告内部控制存在以下重大缺陷： 1. 对外担保未履行审议、披露等程序，与之相关的财务报告内控失效 多伦股份公司控股子公司荆门汉通置业有限公司（以下简称“荆门汉通”）分别为方红星向彭昌平3500万元（2013年3月）、方红星向彭贞甄2000万元（2013年12月）借款提供连带责任担保，未履行对外担保授权审批程序，签署《担保函》使用了荆门汉通公司公章，但无印鉴使用审批和登记记录。 2014年1月6日荆门汉通与中国建设银行股份有限公司荆门广场支行签订《最高额抵押合同》为荆门市宇天建材销售有限公司向荆门广场支行的相关借款（2014年1月6日至2015年1月5日期间）提供最高额抵押担保（最高担保限额为3216万元，抵押物为荆门汉通国用［2010］第01040900603号土地），未履行对外担保授权审批程序，签署《最高额抵押合同》使用了荆门汉通公司公章，但无印鉴使用及实物资产权属证书使用手续审批和登记记录。 发现国用［2010］第01040900602号土地为他人借款担保，荆门汉通已经向公安机关报案，公安机关以涉嫌伪造公司印章罪立案侦查。但无印鉴使用及实物资产权属证书使用手续审批和登记记录。 多伦股份公司未及时确认子公司对外担保事项，未履行授权审批、信息披露等程序，对发生的重大诉讼事项未及时进行信息披露，与之相关的财务报告内部控制运行失效。

续表

证券代码	证券简称	会计师事务所	内部控制审计意见	非标内部控制审计意见说明
600696	多伦股份	中喜会计师事务所（特殊普通合伙）	否定意见	多伦股份公司对重要子公司疏于管理。对实物资产未定期检查所有权属证书，重要的实物资产权属证书使用、外借手续运行存在缺陷，亦存在未严格执行合同管理业务流程及印鉴管理规定。目前，该重大缺陷可能导致多伦股份公司因履行担保责任而承担损失的风险。 2. 重大资金支付未履行审议、披露等程序，与之相关的财务报告内控失效 多伦股份公司及其控股子公司荆门汉通、全资子公司深圳柯塞威基金管理有限公司（以下简称“柯塞威”）有部分资金支付未按照公司财务管理制度的规定履行审批程序及信息披露等程序，未签署相关与资金支付相对应的合同或协议，具体为：2014 年累计支付成都宏达康商贸有限公司 75000000.00 元（已收回 75000000.00 元）、四川蓉记鸿丰投资有限公司 115000000.00 元（已收回 24306723.27 元）。 3. 重大投资未履行审议、披露等程序 2014 年 2 月 18 日，公司第七届董事会第二次会议通过《关于出资设立金融服务公司的议案》，拟出资 1000.00 万元设立金融服务有限公司。截至 2014 年 12 月 31 日，公司设立深圳柯塞威基金管理有限公司实缴注册资本为 11500.00 万元，该项投资增加部分未履行正常授权审批以及信息披露等程序。 有效的内部控制能够为财务报告及相关信息的真实完整提供合理保证，而上述重大缺陷使多伦股份公司内部控制失去这一功能。 多伦股份公司管理层已识别出上述重大缺陷，并将其包含在企业内部控制评价报告中，上述缺陷在所有重大方面已在《2014 年度内部控制评价报告》中得到公允反映。在多伦股份公司 2014 年财务报表审计中，我们已经考虑了上述重大缺陷对审计程序的性质、时间安排和范围的影响。 我们认为，由于存在上述重大缺陷及其对实现控制目标的影响，多伦股份公司于 2014 年 12 月 31 日未能按照《企业内部控制基本规范》和相关规定在所有重大方面保持有效的财务报告内部控制。
600732	上海新梅	众华会计师事务所（特殊普通合伙）	否定意见	通过检查新梅股份公司 2014 年审计部的工作情况，审计部尚不能对新梅股份公司的整体内部控制做出有效的评价和监督。 内部审计在企业经营管理中处于极其重要的地位，上述缺陷会影响到企业预期目标的实现。 有效的内部控制能够为财务报告及相关信息的真实完整提供合理保证，而上述重大缺陷使新梅股份公司内部控制部分失去这一功能。 新梅股份公司管理层已识别出上述重大缺陷，并将其包含在企业内部控制评价报告中。上述缺陷在所有重大方面得到公允反映。在新梅股份公司 2014 年财务报表审计中，我们已经考虑了上述重大缺陷对审计程序的性质、时间安排和范围的影响。本报告并未对我们在 2015 年 4 月 24 日对新梅股份公司 2014 年财务报表出具的审计报告产生影响。

续表

证券代码	证券简称	会计师事务所	内部控制审计意见	非标内部控制审计意见说明
600779	水井坊	毕马威华振会计师事务所（特殊普通合伙）	否定意见	于2014年12月31日，贵公司的财务报告内部控制存在如下重大缺陷： 1. 针对个别政府补助，在相关财政部门备忘录中指明拨付的财政技术改造扶持资金应投入的建设项目出现调整后，贵公司未充分评估其使用该项财政技术改造扶持资金相关合规性的风险，且未与相关部门沟通，贵公司与该项财政技术改造扶持资金有关的财务报告内部控制存在重大缺陷，该重大缺陷可能对合并财务报表中其他流动负债、其他非流动负债及营业外收入的会计处理产生影响。 2. 贵公司与长期股权投资减值准备计提有关的财务报告内部控制运行失效，该重大缺陷可能对财务报表中的长期股权投资和资产减值损失的会计处理产生影响。 有效的内部控制能够为财务报告及相关信息的真实完整提供合理保证，而上述重大缺陷使贵公司内部控制失去这一功能。贵公司管理层未识别出上述重大缺陷，也未将其包含在2014年贵公司内部控制评价报告中。 在对贵公司2014年度财务报表审计中，我们已经考虑了上述重大缺陷对审计程序的性质、时间安排和范围的影响，并对贵公司2014年度财务报表发表了保留意见。
600806	昆明机床	毕马威华振会计师事务所（特殊普通合伙）	否定意见	于2014年12月31日，贵公司的财务报告内部控制存在如下重大缺陷，贵公司尚未建立与砂箱（周转材料之一）、备件和铸件（在产品之一）非经常性交易相关的内部控制。交易发生时，财务部门与业务部门缺乏充分的沟通，并且后续的财务报告流程中的相关复核控制运行失效。该缺陷可能对财务报表中的存货、应收账款、其他应付款、营业收入及营业成本产生重大影响。 有效的内部控制能够为财务报告及相关信息的真实完整提供合理保证，而上述重大缺陷使贵公司内部控制失去这一功能。贵公司管理层已识别上述重大缺陷，并将其包含在2014年贵公司内部控制评价报告中。 在对贵公司2014年度财务报表进行审计的过程中，我们已经考虑了上述重大缺陷对审计程序的性质、时间安排和范围的影响。本报告并未对我们在2015年3月30日对贵公司2014年度财务报表出具的审计报告产生影响。 我们认为，由于存在上述重大缺陷及其对实现控制目标的影响，贵公司于2014年未能按照《企业内部控制基本规范》和相关规定在所有重大方面保持有效的财务报告内部控制。

续表

证券代码	证券简称	会计师事务所	内部控制审计意见	非标内部控制审计意见说明
601003	柳钢股份	中审华寅五洲会计师事务所（特殊普通合伙）	否定意见	贵公司目前组织机构中，部分职能部门如公司办公室、人力资源中心、策划部、审计部等与控股股东广西柳州钢铁（集团）有限公司存在“一套人马、两块牌子”情形，上市公司独立性不强，内部控制环境存在重大缺陷。贵公司日常经营中关联交易比重较大，关联交易对公司经营成果具有重大影响。但贵公司在关联方及关联方交易识别及履行相关的审批和披露方面部分存在重大缺陷，一定程度影响财务报表中关联方及关联方交易完整性和披露准确性，与之相关的财务报告内部控制设计及运行失效。贵公司于 2014 年 12 月制订了《柳州钢铁股份有限公司关联交易管理制度》。 有效的内部控制能够为财务报告及相关信息的真实完整提供合理保证，而上述重大缺陷使柳钢股份内部控制失去这一功能。 公司管理层已识别出上述重大缺陷，并将其包含在企业内部控制评价报告中。上述缺陷在所有重大方面得到公允反映。在柳钢股份 2014 年财务报表审计中，我们已经考虑了上述重大缺陷对审计程序的性质、时间安排和范围的影响。本报告并未对我们在 2014 年 12 月 31 日对柳钢股份 2014 年财务报表出具的审计报告产生影响。 我们认为，由于存在上述重大缺陷及其对实现控制目标的影响，柳钢股份于 2014 年 12 月 31 日未能按照《企业内部控制基本规范》和相关规定在所有重大方面保持有效的财务报告内部控制。
601558	＊ST 锐电	中汇会计师事务所（特殊普通合伙）	否定意见	在本次内部控制审计中，我们注意到华锐风电公司的财务报告内部控制存在以下重大缺陷： 华锐风电公司未对部门实物资产的出、入库实施有效控制，致使部分实物资产的出、入库信息与财务账簿记录不同步。 有效的内部控制能够为财务报告及相关信息的真实完整提供合理保证，而上述重大缺陷使华锐风电公司内部控制失去这一功能。 华锐风电公司管理层已识别出上述重大缺陷，并将其包含在企业内部控制评价报告中。上述缺陷在所有重大方面得到公允反映。在华锐风险公司 2014 年财务报表出具的审计报告产生影响。 我们认为，由于存在上述重大缺陷及其对实现控制目标的影响，华锐风电公司于 2014 年 12 月 31 日未能按照《内部控制基本规范》和相关规定在所有重大方面保持有效的财务报告内部控制。

续表

证券代码	证券简称	会计师事务所	内部控制审计意见	非标内部控制审计意见说明
000594	＊ST国恒	亚太（集团）会计师事务所（特殊普通合伙）	无法表示意见	由于国恒铁路相关人事变动等因素的影响，我们未能获得国恒铁路2014年度实际执行的内部控制制度，导致我们无法判断内部控制制度设计是否合理。 由于审计范围受到上述限制所需的充分、适当证据，因此，我们未能实施必要的审计程序以获取发表意见我们无法对国恒铁路财务报告内部控制的有效性发表意见。
000892	星美联合	天健会计师事务所（特殊普通合伙）	无法表示意见	星美联合公司2014年度处于筹划重大资产重组的状态，全年未开展任何经营业务，因此其采购、销售、投资、筹资等所有重要业务层面的内部控制制度未经过充分运行。 由于审计范围受到上述限制，我们未能实施必要的审计程序以获取发表意见所需的充分、适当证据，因此，我们无法对星美联合公司财务报告内部控制的有效性发表意见。
600247	＊ST成城	亚太（集团）会计师事务所（特殊普通合伙）	无法表示意见	成城股份原执行的《吉林成城集团股份有限公司管理手册（试行）》，存在控制缺陷。新一届治理层、管理层成立后，针对成城股份内部的控制缺陷，专门编制了《防范控股股东或实际控制人及关联方资金占用管理制度》，并组织编制完成了《内部控制手册》，但截至审计报告日，由于成城股份缺乏充分的运行时间，其整改的效果无法确定。 由于审计范围受到上述限制，我们未能实施必要的审计程序以获取发表意见所需的充分、适当证据，因此，我们无法对成城股份财务报告内部控制的有效性发表意见。 重大缺陷是内部控制中存在的、可能导致不能及时防止或发现并纠正财务报表出现重大错报的一项控制缺陷或多项控制缺陷的组合。尽管们无法对成城股份财务报告内部控制的有效性发表意见，但在我们实施的有限程序的过程中，发现了以下重大缺陷： 2014年4月30日之前，成城股份原管理层未经内部控制程序，对外签发了大量的商业承兑汇票，造成成城股份无法入账核算。所签发的商业承兑汇票部分收款人向第三方背书，于2014年最终导致被背书人在法院起诉，截至审计报告日，该事项导致成城股份败诉，可能损失3340万元。

数据来源：DIB内部控制与风险管理数据库 www. ic – erm. com。

主要参考文献

[1] Abbott, L. J., S. Parker, G. F. Peters, and D. V. Rama. 2007. Corporate governance, audit quality, and the Sarbanes – Oxley Act: Evidence from internal audit outsourcing [J]. *The Accounting Review*, 82 (4): 803 – 835.

[2] Alexander, C. R., S. W. Bauguess, G. Bernile, Y. A. Lee, and J. Marietta – Westberg. 2013. Economic effects of SOX Section 404 compliance: A corporate insider perspective [J]. *Journal of Accounting and Economics*, 56 (2): 267 – 290.

[3] Altamuro, J., and A. Beatty. 2010. How does internal control regulation affect financial reporting? [J]. *Journal of Accounting and Economics*, 49 (1): 58 – 74.

[4] Ashbaugh – Skaife, H., D. W. Collins, and J. W. R. Kinney. 2007. The discovery and reporting of internal control deficiencies prior to SOX – mandated audits [J]. *Journal of Accounting and Economics*, 44 (1): 166 – 192.

[5] Ashbaugh – Skaife, H., D. W. Collins, W. R. K. Jr., and R. LaFond. 2008. The effect of SOX internal control deficiencies and their remediation on accrual quality [J]. *The Accounting Review*, 83 (1): 217 – 250.

[6] Asare, S. K., and A. Wright. 2012. The effect of type of internal control report on users' confidence in the accompanying financial statement audit report [J]. *Contemporary Accounting Research*, 29 (1): 152 – 175.

[7] Balsam, S., W. Jiang, and B. Lu. 2014. Equity incentives and internal control weaknesses [J]. *Contemporary Accounting Research*, 31 (1): 178 – 201.

[8] Bedard, J. C., and L. Graham. 2011. Detection and severity classifications of Sarbanes – Oxley Section 404 internal control deficiencies. [J]. *The Accounting Review*, 86 (3): 825 – 855.

[9] Beneish, M. D., M. B. Billings, and L. D. Hodder. 2008. Internal control weaknesses and information uncertainty [J]. *The Accounting Review*, 83 (3): 665 – 703.

[10] Brochet, F. 2010. Information content of insider trades before and after the Sarbanes – Oxley Act [J]. *The Accounting Review*, 85 (2): 419 – 446.

[11] Burks, J. J. 2011. Are investors confused by restatements after Sarbanes – Oxley? [J]. *The Accounting Review*, 86 (2): 507 – 539.

[12] Carter, M. E., L. J. Lynch, and S. L. Zechman. 2009. Changes in bonus contracts in the post – Sarbanes – Oxley era [J]. *Review of Accounting Studies*, 14 (4): 480 – 506.

[13] Cohen, J., G. Krishnamoorthy, and A. Wright. 2010. Corporate Governance in the Post – Sarbanes – Oxley Era: Auditors' Experiences [J]. *Contemporary Accounting Research*, 27 (3): 751 – 786.

[14] Cohen, D. A., A. Dey, and T. Z. Lys. 2008. Real and accrual – based earnings management in the pre – and post – Sarbanes – Oxley periods [J]. *The Accounting Review*, 83 (3): 757 – 787.

[15] Costello, A. M. 2011. The impact of financial reporting quality on debt contracting: Evidence from internal control weakness reports [J]. *Journal of Accounting Research*, 49 (1): 97 - 136.

[16] DeFond, M. L., and C. S. Lennox. 2011. The effect of SOX on small auditor exits and audit quality [J]. *Journal of Accounting and Economics*, 52 (1): 21 - 40.

[17] Doyle, J., W. Ge, and S. McVay. 2007. Determinants of weaknesses in internal control over financial reporting [J]. *Journal of Accounting and Economics*, 44 (1): 193 - 223.

[18] Doyle, J. T., W. Ge, and S. McVay. 2007. Accruals quality and internal control over financial reporting [J]. *The Accounting Review*, 82 (5): 1141 - 1170.

[19] Goh, B. W., and D. Li. 2011. Internal controls and conditional conservatism [J]. *The Accounting Review*, 86 (3): 975 - 1005.

[20] Dhaliwal, D., C. Hogan, R. Trezevant, and M. Wilkins. 2011. Internal control disclosures, monitoring, and the cost of debt [J]. *The Accounting Review*, 86 (4): 1131 - 1156.

[21] Earley, C. E., V. B. Hoffman, and J. R. Joe. 2008. Reducing management's influence on auditors' judgments: An experimental investigation of SOX 404 assessments [J]. *The Accounting Review*, 83 (6): 1461 - 1485.

[22] Gao, F., J. S. Wu, and J. Zimmerman. 2009. Unintended consequences of granting small firms exemptions from securities regulation: Evidence from the Sarbanes - Oxley Act [J]. *Journal of Accounting Research*, 47 (2): 459 - 506.

[23] Gao, Y. 2011. The Sarbanes - Oxley Act and the choice of bond market by foreign firms [J]. *Journal of Accounting Research*, 49 (4): 933 - 968.

[24] Ge, W., and S. McVay. 2005. The disclosure of material weaknesses in internal control after the Sarbanes - Oxley Act [J]. *Accounting Horizons*, 19 (3): 137 - 158.

[25] Gupta, P. P., and J. C. Thomson. 2006. Use of COSO 1992 in management reporting on internal control - A new IMA (R) research study focuses on the current usage, role, and extent of guidance the COSO 1992 Framework provides in helping [J]. *Strategic Finance*, 88 (3): 26 - 33.

[26] Gong, G., B. Ke, and Y. Yu. 2013. Home country investor protection, ownership structure and cross: Listed Firms' compliance with SOX - Mandated internal control deficiency disclosures [J]. *Contemporary Accounting Research*, 30 (4): 1490 - 1523.

[27] Hammersley, J. S., L. A. Myers, and C. Shakespeare. 2008. Market reactions to the disclosure of internal control weaknesses and to the characteristics of those weaknesses under Section 302 of the Sarbanes Oxley Act of 2002 [J]. *Review of Accounting Studies*, 13 (1): 141 - 165.

[28] Hayes, R. M. 2009. Discussion of unintended consequences of granting small firms exemptions from securities regulation: Evidence from the Sarbanes - Oxley Act [J]. *Journal of Accounting Research*, 47 (2): 507 - 518.

[29] Hochberg, Y. V., P. Sapienza, and A. Vissing Jørgensen. 2009. A lobbying approach to evaluating the Sarbanes - Oxley Act of 2002 [J]. *Journal of Accounting Research*, 47 (2): 519 - 583.

[30] Hogan, C. E., and M. S. Wilkins. 2008. Evidence on the audit risk model: Do auditors increase audit fees in the presence of internal control deficiencies? [J]. *Contemporary Accounting Research*, 25 (1): 219 - 242.

[31] Hoitash, R., U. Hoitash, and K. M. Johnstone. 2012. Internal control material weaknesses and CFO compensation [J]. *Contemporary Accounting Research*, 29 (3): 768 - 803.

[32] Hoitash, U., R. Hoitash, and J. C. Bedard. 2009. Corporate governance and internal control over financial reporting: A comparison of regulatory regimes [J]. *The Accounting Review*, 84 (3): 839 - 867.

[33] Johnstone, K., C. Li, and K. H. Rupley. 2011. Changes in corporate governance associated with the revelation of internal control material weaknesses and their subsequent remediation [J]. *Contemporary Accounting Research*, 28 (1): 331 - 383.

[34] Jain, P. K., and Z. Rezaee. 2006. The Sarbanes - Oxley Act of 2002 and capital - market behavior: Early evidence [J]. *Contemporary Accounting Research*, 23 (3): 629 - 654.

[35] Krishnan, J. 2005. Audit committee quality and internal control: An empirical analysis [J]. *The Accounting Review*, 80 (2): 649 - 675.

[36] Kim, J. B., L. Zhang, and B. Y. Song. 2011. Internal control weakness and bank loan contracting: Evidence from SOX Section 404 disclosures [J]. *The Accounting Review*, 86 (4): 1157 - 1188.

[37] Leuz, C. 2007. Was the Sarbanes - Oxley Act of 2002 really this costly? A discussion of evidence from event returns and going - private decisions [J]. *Journal of Accounting and Economics*, 44 (1): 146 - 165.

[38] Lin, S., M. Pizzini, M. Vargus, and I. R. Bardhan. 2011. The role of the internal audit function in the disclosure of material weaknesses [J]. *The Accounting Review*, 86 (1): 287 - 323.

[39] Li, C., L. Sun, and M. Ettredge. 2010. Financial executive qualifications, financial executive turnover, and adverse SOX 404 opinions [J]. *Journal of Accounting and Economics*, 50 (1): 93 - 110.

[40] Moerland, L. 2007. Incentives for reporting on internal control: A study of internal control reporting practices in Finland, Norway, Sweden [Z]. The Netherlands and United Kingdom, Maastricht University.

[41] Masli, A., G. F. Peters, V. J. Richardson, and J. M. Sanchez. 2010. Examining the potential benefits of internal control monitoring technology [J]. *The Accounting Review*, 85 (3): 1001 - 1034.

[42] Naiker, V., and D. S. Sharma. 2009. Former audit partners on the audit committee and internal control deficiencies [J]. *The Accounting Review*, 84 (2): 559 - 587.

[43] Ogneva, M., K. Raghunandan, and K. R. Subramanyam. 2007. Internal control weakness and cost of equity: Evidence from SOX Section 404 disclosures [J]. *Social Science Electronic Publishing*, 82 (5): 1255 - 1297.

[44] Prawitt, D. F., N. Y. Sharp, and D. A. Wood. 2012. Internal audit outsourcing and the risk of misleading or fraudulent financial reporting: Did Sarbanes - Oxley get It wrong? [J]. *Contemporary Accounting Research*, 29 (4): 1109 - 1136.

[45] Patterson, E. R., and J. R. Smith. 2007. The effects of Sarbanes - Oxley on auditing and internal control strength [J]. *The Accounting Review*, 82 (2): 427 - 455.

[46] Rice, S. C., and D. P. Weber. 2012. How effective is internal control reporting under SOX 404? Determinants of the (non -) disclosure of existing material weaknesses [J]. *Journal of Accounting Research*, 50 (3): 811 - 843.

[47] Rose, J. M., C. S. Norman, and A. M. Rose. 2010. Perceptions of investment risk associated with material control weakness pervasiveness and disclosure detail [J]. *The Accounting Review*, 85 (5): 1787 - 1807.

[48] Sun, Y., Y. Yi, and B. Lin. 2012. Board independence, internal information environment and voluntary disclosure of auditors' reports on internal controls [J]. *China Journal of Accounting Research*, 5 (2): 145 - 161.

[49] Wolfe, C. J., E. G. Mauldin, and M. C. Diaz. 2009. Concede or deny: Do management persuasion tactics affect auditor evaluation of internal control deviations? [J]. *The Accounting Review*, 84 (6): 2013 - 2037.

[50] Wu, Y. J., and B. Tuttle. 2014. The interactive effects of internal control audits and manager legal liability on managers' internal controls decisions, investor confidence, and market prices [J]. *Contemporary Accounting Research*, 31 (2): 444 - 468.

[51] Zhang, I. X. 2007. Economic consequences of the Sarbanes - Oxley Act of 2002 [J]. *Journal of Accounting and Economics*, 44 (1): 74 - 115.

[52] 池国华，张传财，韩洪灵．2012. 内部控制缺陷信息披露对个人投资者风险认知的影响：一项实验研究 [J]. 审计研究，2：105 - 112.

[53] 陈汉文，张宜霞．2008. 企业内部控制的有效性及其评价方法 [J]. 审计研究，3：48 - 54.

[54] 陈汉文，周中胜．2014. 内部控制质量与企业债务融资成本 [J]. 南开管理评论，3：103 - 111.

[55] 陈汉文，程智荣．2015. 内部控制、股权成本与企业生命周期 [J]. 厦门大学学报（哲学社会科学版)，2：40 - 49.

[56] 陈关亭，张少华．2003. 论上市公司内部控制的披露及其审核 [J]. 审计研究，6：34 - 38.

[57] 陈关亭，黄小琳，章甜．2013. 基于企业风险管理框架的内部控制评价模型及应用 [J]. 审计研究，6：93 - 101.

[58] 德勤．2007. 2007 中国上市公司内部控制调查分析报告 [Z].

[59] 德勤．2008. 2008 中国上市公司内部控制调查分析报告 [Z].

[60] 德勤．2009. 2009 中国上市公司内部控制调查分析报告 [Z].

[61] 德勤．2010. 2010 中国上市公司内部控制调查分析报告 [Z].

[62] 德勤．2011. 2011 中国上市公司内部控制调查分析报告 [Z].

[63] 德勤．2012. 2012 中国上市公司内部控制调查分析报告 [Z].

[64] 德勤．2014. 危机．变革．价值——中国企业内控十年专题报告 [Z].

[65] 董望，陈汉文．2011. 内部控制、应计质量与盈余反应——基于中国 2009 年 A 股上市公司的经验证据 [J]. 审计研究，4：68 - 78.

[66] 戴捷敏，方红星．2010. 控制风险、风险溢价与审计收费——来自深市上市公司 2007 年年报的经验证据 [J]. 审计与经济研究，3：46 - 53.

[67] 方红星，孙翯，金韵韵．2009. 公司特征、外部审计与内部控制信息的自愿披露——基于沪市上市公司 2003—2005 年年报的经验研究 [J]. 会计研究，10：44 - 52.

[68] 方红星，戴捷敏．2012. 公司动机，审计师声誉和自愿性内部控制鉴证报告——基于 A 股公司 2008—2009 年年报的经验研究 [J]. 会计研究，2：87 - 95.

[69] 方红星，金玉娜．2011. 高质量内部控制能抑制盈余管理吗？——基于自愿性内部控制鉴证报告的经验研究 [J]. 会计研究，8：53 - 60.

[70] 方红星，张志平．2012. 内部控制质量与会计稳健性——来自深市 A 股公司 2007—

2010 年年报的经验证据［J］. 审计与经济研究，5：3 – 10.

［71］方红星，刘丹 . 2013. 内部控制质量与审计师变更——来自我国上市公司的经验证据［J］. 审计与经济研究，2：16 – 24.

［72］方红星，施继坤，张广宝 . 2015. 产权性质、信号显示行为及其效果——以发债公司自愿披露内部控制审计报告为例［J］. 财经问题研究，1：80 – 87.

［73］方红星 . 2002. 内部控制　审计与组织效率［J］. 会计研究，7：41 – 44.

［74］黄寿昌，李芸达，陈圣飞 . 2010. 内部控制报告自愿披露的市场效应——基于股票交易量及股票收益波动率的实证研究［J］. 审计研究，4：44 – 51.

［75］李铁宁，罗建华 . 2012. 担保企业高管领导能力与内部控制绩效的关系——基于直接效应和中介效应的研究［J］. 山西财经大学学报，12：71 – 78.

［76］李宇立 . 2011. 自我感知的内部控制缺陷间的关系——基于问卷调查的路径分析［J］. 审计研究，6：74 – 81.

［77］李越冬，张冬，刘伟伟 . 2014. 内部控制重大缺陷、产权性质与审计定价［J］. 审计研究，2：45 – 52.

［78］李晓慧，杨子萱 . 2013. 内部控制质量与债权人保护研究——基于债务契约特征的视角［J］. 审计与经济研究，2：97 – 105.

［79］林钟高，徐虹 . 2009. 分工、控制权配置与内部控制效率研究［J］. 会计研究，3：64 – 71.

［80］林钟高，郑军 . 2007. 基于契约视角的企业内部控制研究［J］. 会计研究，10：53 – 61.

［81］林钟高，李菊娣，徐虹 . 2014. 关系投资、内部控制与大股东资金占用［J］. 会计与经济研究，2：35 – 51.

［82］林斌，饶静 . 2009. 上市公司为什么自愿披露内部控制鉴证报告？——基于信号传递理论的实证研究［J］. 会计研究，2：45 – 52.

［83］林斌，刘春丽，舒伟，周美华 . 2012. 上市公司为什么参加内部控制试点？——基于信号理论的检验［J］. 会计与经济研究，26：23 – 33.

［84］林斌，舒伟，李万福 . 2012. COSO 框架的新发展及其评述——基于 IC – IF 征求意见稿的讨论［J］. 会计研究，11：64 – 73.

［85］林斌，林东杰，胡为民，谢凡，阳尧 . 2014. 目标导向的内部控制指数研究［J］. 会计研究，8：16 – 24.

［86］林斌，孙烨，刘瑾 . 2012. 内部控制、信息环境与资本成本——来自中国上市公司的经验证据［J］. 证券市场导报，11：26 – 31.

［87］林斌，周美华，舒伟，刘春丽 . 2013. 内部控制、公司诉讼和公司价值［J］. 中国会计评论，4：431 – 456.

［88］李万福，林斌，宋璐 . 2011. 内部控制在公司投资中的角色：效率促进还是抑制？［J］. 管理世界，2：81 – 99.

［89］李万福，林斌，林东杰 . 2012. 内部控制能有效规避财务困境吗？［J］. 财经研究，1：124 – 134.

［90］李万福，林斌，刘春丽 . 2014. 内部控制缺陷异质性如何影响财务报告？——基于中国情境的经验证据［J］. 财经研究，6：71 – 82.

［91］李万福，陈晖丽 . 2012. 内部控制与公司实际税负［J］. 金融研究，9：195 – 206.

［92］缪艳娟，杨雄胜，王则斌 . 2014. 企业内部控制规范实施：进程 · 效果 · 建议——来自

江苏企业的问卷调查研究［J］. 会计研究，1：71 – 78.

［93］缪艳娟，杨雄胜 . 2012. 欧美内部控制监管实践及对中国的启示：法律视角［J］. 江西财经大学学报，4：113 – 119.

［94］卢锐，柳建华，许宁 . 2011. 内部控制、产权与高管薪酬业绩敏感性［J］. 会计研究，10：42 – 48.

［95］刘向伟，王艳丽 . 2012. 高校货币资金内部控制实证研究——以新疆为例［J］. 中央财经大学学报，(01)：86 – 91.

［96］刘启亮，罗乐，何威风，陈汉文 . 2012. 产权性质、制度环境与内部控制［J］. 会计研究，3：52 – 61.

［97］刘启亮，罗乐，张雅曼，陈汉文 . 2013. 高管集权、内部控制与会计信息质量［J］. 南开管理评论，1：15 – 23.

［98］刘焱，姚海鑫 . 2014. 高管权力、审计委员会专业性与内部控制缺陷［J］. 南开管理评论，2：4 – 12.

［99］刘行健，刘昭 . 2014. 内部控制对公允价值与盈余管理的影响研究［J］. 审计研究，2：59 – 66.

［100］逯东，王运陈，付鹏 . 2014. CEO 激励提高了内部控制有效性吗？——来自国有上市公司的经验证据［J］. 会计研究，6：66 – 72.

［101］邱冬阳，陈林，孟卫东 . 2010. 内部控制信息披露与 IPO 抑价——深圳中小板市场的实证研究［J］. 会计研究，10：34 – 39.

［102］舒伟，曹健，左锐 . 2015. 内部控制有效性机理研究——基于熵与耗散结构理论的解释［J］. 西安财经学院学报，2：28 – 33.

［103］孙芳城，梅波，杨兴龙 . 2011. 内部控制、会计信息质量与反倾销应对［J］. 会计研究，9：47 – 54.

［104］田高良，李留闯，齐保垒 . 2011. 内部控制鉴证报告的信号失灵和甄别——一个本土化的实证研究［J］. 南开管理评论，5：109 – 117.

［105］田高良，齐保垒，李留闯 . 2010. 基于财务报告的内部控制缺陷披露影响因素研究［J］. 南开管理评论，4：134 – 141.

［106］田高良，齐保垒，程瑶 . 2011. 内部控制缺陷对会计信息价值相关性的影响——针对中国股票市场的经验研究［J］. 西安交通大学学报（社会科学版），3：27 – 31.

［107］佟岩，冯红卿，吕栋 . 2012. 市场集中、控制权特征与内部控制鉴证报告披露［J］. 会计研究，6：61 – 66.

［108］王君彩，李宇立 . 2010. 内部控制目标、要素认同度及其现状的实证分析——基于两类调查问卷数据［J］. 中央财经大学学报，5：85 – 90.

［109］徐虹，林钟高 . 2011. 信任水平、组织结构与企业内部控制制度设计研究［J］. 会计研究，10：49 – 55.

［110］厦门大学内控指数课题组 . 2010. 中国上市公司内部控制指数（2009）：制定、分析与评价［Z］.

［111］厦门大学内控指数课题组 . 2014. 中国上市公司内部控制指数（2013）：制定、分析与评价［Z］.

［112］于而立 . 2009. 民营企业内部控制环境与控制模式研究——以浙江省为例［J］. 当代财经，11：81 – 85.

[113] 杨玉凤，王火欣，曹琼．2010. 内部控制信息披露质量与代理成本相关性研究——基于沪市 2007 年上市公司的经验数据［J］. 审计研究，1：82－88.

[114] 杨德明，林斌，王彦超．2009. 内部控制、审计质量与代理成本［J］. 财经研究，12：40－49.

[115] 杨德明，林斌，王彦超．2009. 内部控制、审计质量与大股东资金占用［J］. 审计研究，5：74－81.

[116] 杨清香，俞麟，宋丽．2012. 内部控制信息披露与市场反应研究——来自中国沪市上市公司的经验证据［J］. 南开管理评论，1：123－130.

[117] 杨雄胜．2011. 内部控制范畴定义探索［J］. 会计研究，8：46－52.

[118] 杨道广，张传财，陈汉文．2014. 内部控制、并购整合能力与并购业绩——来自我国上市公司的经验证据［J］. 审计研究，3：43－50.

[119] 张龙平，王军只，张军．2010. 内部控制鉴证对会计盈余质量的影响研究——基于沪市 A 股公司的经验证据［J］. 审计研究，2：83－90.

[120] 张先治，戴文涛．2010. 公司治理结构对内部控制影响程度的实证分析［J］. 财经问题研究，7：89－95.

[121] 张先治，张晓东．2004. 基于投资者需求的上市公司内部控制实证分析［J］. 会计研究，12：55－61.

[122] 张川，沈红波，高新梓．2009. 内部控制的有效性、审计师评价与企业绩效［J］. 审计研究，6：79－86.

[123] 张宜霞．2011. 财务报告内部控制审计收费的影响因素——基于中国内地在美上市公司的实证研究［J］. 会计研究，12：70－77.

[124] 张继德，纪佃波，孙永波．2013. 企业内部控制有效性影响因素的实证研究［J］. 管理世界，8：179－180.

[125] 张继勋，周冉，孙鹏．2011. 内部控制披露、审计意见、投资者的风险感知和投资决策：一项实验证据［J］. 会计研究，9：66－73.

[126] 张颖，郑洪涛．2010. 我国企业内部控制有效性及其影响因素的调查与分析［J］. 审计研究，1：75－81.

[127] 张会丽，吴有红．2014. 内部控制、现金持有及经济后果［J］. 会计研究，3：71－78.

[128] 宗文龙，魏紫，于长春．2012. 我国事业单位内部控制现状与改革建议——基于问卷调查的分析［J］. 审计研究，5：106－112.

[129] 郑石桥，徐国强，邓柯，王建军．2009. 内部控制结构类型、影响因素及效果研究［J］. 审计研究，1：81－86.

[130] 郑军，林钟高，彭琳．2013. 高质量的内部控制能增加商业信用融资吗？——基于货币政策变更视角的检验［J］. 会计研究，6：62－68.

[131] 张然，王会娟，许超．2012. 披露内部控制自我评价与鉴证报告会降低资本成本吗？——来自中国 A 股上市公司的经验证据［J］. 审计研究，1：96－102.

[132] 周守华，胡为民，林斌，刘春丽．2013. 2012 年中国上市公司内部控制研究［J］. 会计研究，7：3－12.

[133] 中国上市公司内部控制指数研究课题组．2011. 中国上市公司内部控制指数研究［J］. 会计研究，12：20－24.

后 记

企业内部控制是公司治理的基础，是资本市场的健康、持续发展的重要保证。我国资本市场的发展一直高度重视企业内部控制工作。2001 年证监会发布了《证券公司内部控制指引》，2005 年《国务院批转证监会关于提高上市公司质量意见的通知》明确要求上市公司建立健全内部控制制度，2006 年上交所和深交所先后发布了《上市公司内部控制指引》，2008 年、2010 年财政部、证监会等五部委先后发布了《企业内部控制基本规范》及其配套指引。近年来，证监会稳步推动上市公司实施企业内部控制规范体系。

上市公司建立、健全内部控制机制，对企业保护资产安全、促进经营合法合规、保障财务报告可靠性、提升经营效率和实现战略目标具有重要意义。为全面了解上市公司内部控制运行现状、内部控制规范的实施效果、存在的问题和困难，证监会上市部牵头成立了上市公司内部控制调研课题组，于 2014 年对上市公司内部控制情况进行了深入、全面的调研。课题组综合应用定性和定量的研究方法，多次组织召开上市公司内部控制座谈会，在调研、讨论和咨询国内外专家的基础上，精心设计调查问卷，向上市公司、会计师事务所和机构投资者发放问卷调查，深入上市公司现场进行实地访谈和复核调查问卷数据。调研工作前后历时两年，取得了大量的一手材料。本书是对内部控制调研取得的数据进行系统梳理、分析和总结的成果。

本书的著作人为赵立新、林斌、郭军旺、胡为民和林东杰，参与本书编写的人员主要有证监会上市部副主任兼巡视员赵立新教授，中山大学管理学院和中山大学企业与非营利组织研究中心主任林斌教授，证监会上市部郭军旺处长，深圳市迪博风险管理技术有限公司董事长胡为民，中山大学管理学院博士生林东杰、曹健、何漪漪、陈颖、杜静、刘春丽、朱昊然、吴晓璇和汤晓建等。中山大学管理学院会计学系副主任蔡祥副教授、郑颖副教授参与了本书框架的讨论和部分政策建议的撰写，博士生舒伟和林东杰参与了本书的审校和附录的撰写。

本书的出版要感谢课题调研组同仁们的努力和付出，参与调研工作的领导和成员主要包括：证监会上市部赵立新、郭军旺、张宇玺，证监会会计部邱昱芳、夏文贤、肖进明，中国上市公司协会周军、杨琳、何龙灿、张辉、郑祎楠，北京证监局孙林、柳艺、班波、张畅、王霞，上海证监局张浩、袁同济、周涛、叶妮、金岸睿，广东证监局李立红、黄王侯、温科银，深圳证监局何可清、黄山，上海证券交易所卢文道、张小义、芮会荣、秦懿，深圳证券交易所王红、李鸣钟、肖金锋、陈华敏、陆序生、周稚犀、唐宁、郑玲玲、王岭，中山大学林斌、蔡祥、郑颖、舒伟、林东杰、曹健、陈颖、何漪漪、杜静、黄敬昌、刘春丽、吴晓璇、朱昊然、汤晓建，深圳市迪博企业风险管理技术有限公司胡为民、朱建丰、谢凡、魏玉辉、张国华、王旭、阳尧等。感谢中山大学管理学院、中山大学企业与非营利组织内部控制研究中心的支持。感谢国家自然科学基金委员会重点项目（71332004）、面上项目（71272198）和教育部“专业综合改革试点——会计学专业”项目的资助，感谢中国财政经济出版社对本书出版所给予的支持。

尽管我们在写作时付出了艰辛与努力，书稿也历经多次系统的修改和完善，但由于水平有限，错漏与不足难免，真诚感谢和欢迎广大读者批评指正。

2015 年 9 月